William Holman Bentley, Society Baptist Missionary

Dictionary and Grammar of the Kongo Language

As Spoken at San Salvador, the Ancient Capital of the old Kongo Empire...

William Holman Bentley, Society Baptist Missionary

Dictionary and Grammar of the Kongo Language
As Spoken at San Salvador, the Ancient Capital of the old Kongo Empire...

ISBN/EAN: 9783744751735

Printed in Europe, USA, Canada, Australia, Japan

Cover: Foto ©Thomas Meinert / pixelio.de

More available books at **www.hansebooks.com**

APPENDIX

TO THE

DICTIONARY AND GRAMMAR

OF THE

KONGO LANGUAGE

As spoken at San Salvador, the Ancient Capital of the Old Kongo Empire, West Africa

Compiled and Prepared for the Baptist Mission on the
Kongo River, West Africa

BY THE

Rev. W. HOLMAN BENTLEY

Missionary of the Baptist Missionary Society on the Kongo

———◆———

PUBLISHED BY THE BAPTIST MISSIONARY SOCIETY
19, Furnival Street, Holborn, London, E.C.
AND
KEGAN PAUL, TRENCH, TRÜBNER & CO., Ltd.
Paternoster House, Charing Cross Road, London, W.C.
—
1895

PREFACE

MORE than seven years have passed since the completion of the Dictionary and Grammar of the Kongo language. During this time the New Testament has been translated, and other books for religious instruction and school use have been translated and prepared; a Bi-monthly Magazine, "Se kukianga" (The Dawn is Breaking), has appeared, containing original native articles. School work has been well pushed, and a Kongo correspondence passes freely between the natives about our stations.

Kongo can no longer be spoken of as an unwritten language.

All this literary activity has called for an Appendix to the work published in 1887. Every new word acquired has been most carefully preserved and investigated; obscure idioms, and any constructions throwing light on the Grammar and Syntax, have been noted. While the New Testament was in the press, the Appendix to the Dictionary was printed. Returning to the Kongo a few days after the first hundred copies of the New Testament came from the book-binders, the mass of Grammatical and Syntactical notes which had accumulated was studied and arranged.

The Dictionary of 1887 contains some 10,000 Kongo words, omitting as far as possible the thousands of derivative words, which, being formed from the root-words according to simple rules, needed no special note. As the possibilities of this highly flexible language are so great, these derivatives in actual or possible use would number hundreds of thousands; it was therefore necessary rigorously to exclude them, except such as by their frequent or special usage required special note.

Some 4,000 new words are now added on the same principle, which include, as far as possible, all words or roots which are used in the Kongo literature of the English Baptist Mission published up to the present.

In the same way, the endeavour has been made to reduce the rules of Grammar and Syntax which have been found to be further necessary, during the literary work in which the correctness and sufficiency of the former work was tested. As for the correctness, it has been found that no great changes are necessary; in some two or three cases only it has been necessary to narrow the application of certain rules which had been too widely stated; these cases have been carefully noted in their proper places in the Grammar and Syntax of this Appendix.

In this translation and linguistic work, Nlemvo, who rendered such valuable assistance in the preparation of what was published in 1887, has still continued his aid, rendered all the more efficient by these fourteen years of work, which have trained and developed his great natural aptitude. This gives the uniformity which is of such great importance.

A change has been made in the Kongo Alphabet, which must here be noted.

A large proportion of the people at San Salvador, and in its neighbourhood, pronounce **s** and **z** before **i** as **sh** and **j**; for the sound **sh** the letter **x** was adopted (as in Portuguese), while **z** before **i** was written as **j**. Our books are read over a much wider area than the district of San Salvador, and in those parts where **s** and **z** remain unchanged before **i**, the use of **x** and **j** has proved a difficulty; it has therefore been decided to use **s** and **z** only, and in those parts where the sound of these letters is softened before **i** they will be naturally softened in pronunciation, and where they remain unchanged they will be pronounced as written.

This may cause some difficulty in the use of the Dictionary and Appendix, since **simba** appears as **ximba** under **X** in the Dictionary, and as **simba** under **S** in the Appendix; but that lack of uniformity is of small moment, compared with the importance of the attainment of a permanent form at the earliest possible date, and the wider usefulness of our literary productions.

For reasons noted in the preface to the Grammar of 1887, the frequent elision of final and initial vowels in Kongo has not been made in this Appendix, in order that there might be no obscurity as to the actual forms used.

It may be of interest to note the comparative compactness of Kongo and English, in the number of words used in the expression of ideas. For this purpose the words and letters used in Kongo and English in the 1st Epistle to the Corinthians, 13th chapter, have been counted; in the Kongo version there are 289 words, and 1209 letters; in the English Revised Version there are 274 words, and 1172 letters.

On page xi. of the preface to the work of 1887, reference is made to an old translation of a Portuguese treatise on Christian Doctrine, published in Lisbon in 1624. Fr. Bernardo Maria de Cannecattim, author of the Bunda Grammar (1804), says that the above was "the first work printed in the Kongo language," and we may be most probably correct in saying that it was the first work printed in any of the Bantu languages.

The Rev. G. R. Macphail, who was minister of the Presbyterian Church of Scotland in Lisbon, very kindly arranged to have the work copied for me by hand.

It is a Catechism in Portuguese and Kongo interlinear. Two copies are in the National Library at Lisbon, and one in the Library of the Propaganda in Rome.

The Portuguese from which the translation was made "by the order of Mattheus Cardoso," is still in use in the schools in Madeira, as a standard Catechism; it was written by Marcos Jorge, S.J.

The Portuguese-Kongo work has been very carefully studied, and is a very interesting work, affording evidence of the early usage of certain special words which we find current to-day. It is a creditable production, showing that a good vocabulary has been acquired. There is a liberal admixture of Coast and Mbamba words, suggesting that the early missionaries had picked up the language on the Coast, and carried up the Coast influence with them; this is noticeable in the employment of **cu** (**ku**) as a prefix to the Infinitive Noun. **V** is always written as **b**; **w** as **ü**, **ki** as **qui**; the nasals **m** and **n** are hopelessly confounded, and often omitted or written as in old Portuguese with · er the vowel. But, after all, it affords no evidence of any change in the language. The main points are true to Kongo; but where there are differences, it is impossible to determine how much is due to a mixture of the Coast and other

PREFACE

dialects, and how much to an imperfect knowledge of the language. It is certainly White-man's Kongo, and sometimes the words are awkwardly spelt. The **N** of **Nzambi ampungu**, *God*, never appears on the name itself, but is often found on the end of the preceding word—**dian Zambi ampungu**.

It is interesting to find **untotela** (p. 39) used for *majesty*, so that **Ntotela** is not simply a dynastic name of the present kings. **Anquissi (-ankisi,** *fetish*) is used for *holy, sacred;* and even **uquissi** (*fetish nature*) for *divinity* (p. 30)! This is a very objectionable use of **nkisi,** *fetish*.

The words in use for the " Holy Faith of the Church of Rome" are : " **Canca anquissi yanzuā muquissi acûna Roma**" (p. 85).

Canca is **nkanka**, *devotion, faithfulness*, and, for want of a better word, was strained by these early missionaries into that use ; this explains the expression : " **Dingamena muna nkanka a Nzambi ampungu**," *continue in the Faith of God;* so *fetish devotion* was used for *Holy Faith*. **Yanzuā muquissi** is **ya nzo ankisi**, of the *fetish house* (**nzo ankisi**=*the grave* also); this is the only translation used for the Holy Church (of Rome), not the building called a "church," but the Church of the Saints. So we find " The Holy Faith of the Church of Rome" thus translated, to the mystification of the native mind : " The fetish devotion of the fetish house of at Rome" !

Baptism is always spoken of then, and by the priests to-day, as **dia mungua,** *to eat salt;* the placing of a little salt in the mouth of the infant, with the words, " ye are the salt of the earth," being part of the ceremony of Baptism according to the Romish ritual.

Ecussuilu [ekuswilu, *the place of rubbing on*, or *smearing* (from **kusu,** *to rub on* or *smear*)] is the equivalent of Purgatory.

Nsambu is used for *grace, favour*, as it is still by us ; and much of the " religious terminology," as to-day used, is found in this old book ; only it has been necessary to make a discreet selection. However, the work is certainly creditable for those far-off times, when viewed with a kindly eye, even in these days in which we have learned to value a greater accuracy.

My thanks are due to the Committee of the Baptist Missionary Society, for undertaking the expense of publication of this Appendix, as they did that of the previous work.

May the work be found helpful to all who seek to make known in Kongo the Gospel of the Grace of God, and to extend the Kingdom of Righteousness and Peace.

W. H. B.

WATHEN STATION, B.M.S.,
   CONGO FREE STATE,
      September 1st, 1894.

APPENDIX

TO

ENGLISH-KONGO DICTIONARY.

ABANDON (as of no use), *v.t.*, **tengola.**
ABANDONMENT, *n.*, **luyambulu,** 10 ; **luvunzaisu,** 10 ; **lutengolo,** 10 ; *see* **tengola,** Appendix.
ABDICATE, *v.*, **kunkuka.**
ABHORRENCE, *n.*, **nkenonoka,** 2.
ABILITY, *n.*, **ndwenga,** 2 (*generally plural*) ; **lue,** pl. 6.
'in one's profession or craft, *n.*, **umfuzi,** 12.
(quickness) in learning, *n.*, **zadizadi,** 6.
ABJECT, become, *v.i.*, **boloka.**
ABLE to, be, *v.*, *see* **fwanwa,** Kongo-Eng. Appendix.
may be, *v*, **-fwete** (*v. aux.*).
ABOMINABLE behaviour *or* insolence, *n.*, **nduvu,** 4 ; **lunkulu,** 10.
ABORTIVE, become, *v.*, **funga.**
ABOUND, *v.i.*, *see* abundant, be, App.
ABOUT, *see* **-ina omu,** App.
used verbally to...about, *v.*, **nanga** ...**ye,** App. ; I finished about ten on the spot, **yananga mana ye tezo kia ekumi vana fulu.**
ABOVE the other, one, *adv.*, **e nkundakiani, e nkundieka, e mbandakiani, e mbandieka.**
a., **-ankundakiani, -ankundieka, -ambandieka,-ambandakiani.**
ABUNDANCE, *n.*, **wingi,** 12 ; **ebidi,** 8 ; **wokela,** 9 ; **bidi,** 6 ; **vomo,** 6.
of everything, have, *v.*, **vwama, pututa.**

ABUNDANT, *a.*, **-avomo.**
be, *v.i.*, **selalala, bwembwena, besama, tuta.**
make, *v.t.*, **seleleka, beseka.**
ABUSE, *v.t.*, **duvula, duka.**
n., **luduvuku,** 10 ; **luduku,** 10 ; **nlevo,** 4.
in obscene language, *v.t.*, **bukalala.**
(misuse), *v.t.*, **pitakesa.**
ABUSIVE toward, be, *v.t.*, **duka.**
ABYSS, *n.*, **mbilu,** 2.
ACCENT, *n.*, **nsiamu,** 2.
ACCEPT as true, *v.*, **sia omu matu.**
ACCEPTABLE, *adj.*, **-edienga.**
ACCOMPLISH much, *v.*, **totola.**
ACCORD, *n.*, **ngwawani,** 2.
v. **wawana, kwenda e bambala** (6), **totama.**
ACCORDING to, *adv.*, **muna owu wa.**
ACCURSED, one who is, *n.*, **kiudi,** 5 ; **ziaku,** 2 (P. ——?) ; **mwana** (1) **a kandu** (6); *see* **kandu,** App. ;
you are accursed, **ongeye u kiudi.**
ACCUSATION, *n.*, **mfundu,** 4.
ACCUSE, *v.t.*, **funda.**
ACCUSTOM to, *v.*, **yukisa.**
ACCUSTOMED to, be, *v.i.*, **yukwa.**
ACHE (of the head only), *v.t.*, **tota.**
ACIDITY, *n.*, **nsa,** 2 (Bako) ; **ngani,** 2.
ACQUIT, *v.*, **kangula.**
ACTION, *n.*, **evangu,** 8.
ACTIVE, be very, *v.i.*, **tumpa-tumpa.**
ADAPT, *v.t.*, **sobola.**

3 A

ADD, v.t., **kundika**
further, v., **bandika.**
to, v.t., **yikula.**
together or up, v., **bangumuna, sia e kimbangumuna** (5), **tota.**
ADDITION of a very different character, n., **nswangu,** 4.
ADDRESS (a fetish), v., **vovelela.**
ADHERE to, v.t., **tatidila.**
ADJECTIVE, n., **mbaku,** 4.
ADMONITION, n., **lutemweno,** 10.
ADULATION, n., **lusanisu,** 10; **lusanisinu,** 10.
ADULTERATE, v., **lûmba.**
ADULTERY, commit, v. **kemba nkaza** (1) **angani** (Bako).
ADVANCEMENT, n., **lunungununu,** 10, act.; **lunungunuku,** 10, pass.
ADVANTAGE (profit), n., **luwete,** 10; **mfunu,** 4; see also **vwa o mfunu,** App.
ADVERB, n., **mpangilu,** 2.
ADVERSE (hostile), a., **-atantu.**
ADVISE, v.t., **kubikila.**
ADVOCATE, n., **nzonzi,** 2 (Bako), **nkambakani,** 1 & 4.
ADZE, cut with, v., **vaba.**
AFFAIR (business), n., **nkôlo,** 4.
AFFECT abilities, v., **kuvàka.**
AFFECTION, intense, n., **lunziototo,** 10. (mutual), n., **nzolani,** 2.
AFORESAID person, the, n., **mbana,** 1 (pl. **ambana**).
AFRAID of, no longer be; see **zanuna & zanu,** App.
AFTER, see also **za,** App.
after this or that or awhile, adv., **oku se ntu.**
one after the other, a., **-andandani.** adv., **e ndandani.**
AGAIN (in a discourse), conj., **ye diaka diaka.**
to...over again, v., **vutukila**; see Kongo-Eng. App.
AGITATE, v.t., **tumpanisa.**
AGITATED, be, v.i., **tembela.**
AGONY, n., **mviangalu** (4) **a ntima** (4). unspeakable, n., **tema** (6) **kia nsongo.**
AGREE (coincide), v., **kwenda e bambala** (6), **totama.**

AGREE, continued.
upon a price, **zenga e ntalu** (2).
well together (be on good terms), v., **bakana.**
AGREEABLE, become, v.i.; see **buwa o ntima** (4), App.
(good), a., **-ambote, -abiza.**
AGREED! see **twe lubasa!** App.
to be, v.i., **kwikana**; it is agreed then, **ozevo dikwikanini.**
AGREEMENT, n., **nkangu,** 4; **ekangu,** 8.
AID in the prosecution of some enterprise, v.t., **yakulula.**
one who does so, n., **ngyaku,** 2; **nyakuludi,** 1 & 4.
the aid rendered, n., **nyaku,** 4.
AILMENT of babyhood, any, concerning which we can ask no questions, only be conscious that there is something wrong, **funze,** 6.
AIM, the chief, n.; see **etima,** 8, & **vaki,** 6, App.
ALARM cry, n., **nsakila,** 4 (Bako).
utter such a cry, **ta nsakila** (Bako).
ALCOHOL, n., **kindakidi,** 5.
ALIKE, be, v.i., **totama, kwenda e bambala** (6).
make, v.t., **toteka.**
ALIVE, a., **-amoyo.**
be, v.i., **vûka** (Bako).
ALL, prefix. The prefix all- is applied to some adjectives to make a noun—the All-wise; it is expressed by **Mpungu** applied as a prefix to the abstract noun.
Almighty, the, **Mpungu-ngolo** (2).
All-wise, the, **Mpungu-zayi** (2).
ALL in due course, adv., **oku kukwiziwa.**
not at all, **ke dionso** (7) **dia...ko**; it does not move at all, **ke kuna dionso dia nikuka ko.**
all right (in safety), adv., **o malemba-lemba.**
all sorts of things, n., **wadiwonso,** 12.
ALLUDE to, v., **tôla** (Bako), **zangata, suma.**
ALMIGHTY, the, n., **Nengolo,** 1; **Mpungu-ngolo,** 1.

ALONG the edge, brink, *or* side, *adv.*, o **lunseka-lunseka** (10).
ALOOF, *adv.*, e **vaudi** (6).
ALREADY, *adv.*, *see* **mpasi owu**, App.
ALTER (of a palaver or language only), *v.i.*, **bindama**.
ALTERNATE, *v.t.*, **swanga, swanganisa**.
v.i., **swangana**.
arrangement, *n.*, **nswangani**, 2.
ALTERNATELY, *adv.*, e **nswangani**.
ALTHOUGH, *conj.*, **kana vo, kana una vo, o sia ele vo, kufwila owu...ko**; *see also* **ndivo**, App.; although I took it, **kufwila owu mbongele kio ko**.
(even when), *conj.*, **i muna wau nkutu...ndivo**.
(verbal),**-lembi**; although I scrubbed it, it would not come off, **yalembi kio fusula, kansi ke ikatukidi ko**; *see* **-lembi**, p. 322.
ALWAYS...-ing, be, *v.*, **sama** (=**kwama**), **lakama**.
AMASS, *v.*, **vwisisa**.
AMAZED, be very much, *v.t.*, **kuzèngeneka**.
& utter a cry, **kiololoka**; **kululuka**.
AMBASSADOR, *n.*, **ntumwa**, 2; **nkumbi**, 2; **nlualua**, 4; **mbaku**, 4.
AMBITIOUS, be, *v.*, **kukùndidika**.
AMBUSH, set an, *v.*, **kanga e mbaki** (2).
AMETHYST, *n.*, **ametiste**, 2.
AMONG (*before a pers. pron.*), **vava** *or* **vovo** *or* **vana** (**bena**, &c.); *see* **-ina**, App.
among them, **vana bena**.
among us, **vava twina**.
among you, **vovo nwina**.
ANARCHY, *n.*, **ntumpa-ntumpa**, 4.
ANCESTOR, *n.*, **nkulu**, 1.
ANCIENT times, most, *n.*, **ekulu**, 8.
ancient very, *a.*, **-ankulu-nkumbi**.
AND that, *conj.*, **yovo, yo ovo**.
ANGER, *n.*, **nkafi** 4 (*gen. sing.*=**nsita**); **nkenene**, pl. 2; **nlula**, 4; **efwema**, 8 (Bako).
very great, **makasi** (pl. 8) **mansuva** *or* **mavengenene**.

ANGER, *continued*.
one who is slow to, **nkwa ntima** (4) **a vunda**.
soothe, *v.t.*, **wondeleka**.
ANGLE, *n.*, **nzinga**, 4.
at right angles, *adv.*, **ku nkayikwa**.
ANGRY, to get or be, *v.*, **baika maketo** (Bako); *see also* **fwama** (Bako) & **baka efwema** (Bako), App.
ANGUISH at which one cries out, *n.*, **tâtu**, 6.
ANIMAL, huge, *n.*, **evwendengele**, 8.
ANISE (?), *n.*, **mana-nsusu**, 6.
ANNOY, *v.t.*, **tuntanisa, tokeka**.
(pester) *v.t.*, **lakama**.
ANNOYED, be, *v.t.*, **tuntana, tokama**.
much, *v.*; *see also* **fwama** (Bako) & **baka efwema** (Bako), App.
ANNOYING, *a.*, **-anangi**.
ANOINT with oil, *v.t.*, **lengola** *or* **nwika o mazi** (pl. 7).
ANSWER, make no, *v.i.*, **voloka**.
be unable to make an, **tungama**.
ANT, driver, *n.*, **nsalafu**, 2 (Bako).
white, a variety of, *n.*, **ndaulau**, 2.
nest of (mushroom like), **vava**, 6; **nkuku**, 2.
swarm of winged (perfect) ants, **nkumbi**, 2 (Bako).
see also **vunga sama**, App.
"Ants' bread," a honey-combed cultivation of fungus (?) found in the nests of white ants, or frequented by them, *n.*, **mbungu**, 2.
ANT LION (*myrmeleon formicarius*), *n.*, **nkenge**, 2.
ANTELOPE, gazelle-like, *n.*, **nsiesie**, 2 (Bako).
ANTIPHON, *n.*
to lead with the first antiphonal song, *v.*, **bonga o nkunga** (4).
to answer back, *v.*, **yakula, yakulula, tambulula**.
the choral answer, *n.*, **ngyaku**, 2.
ANXIETY (apprehensiveness), *n.*, **nsumbi**, 2; **nsumbi-nsumbi**, 2.
(care), *n.*, **songololo**, 6; **lunzumbulu**, 10; **swengeti**, 6.
to do, go, &c., *n.*, **kiangula**, 5.

ANXIOUS, be, *v.*, **zanginika** *or* **zangananwa o ntima** (4), **ntima** (u-) **zanganana, yela e nsumbi** (2).
for, **viangalwa** *or* **zinwa** *or* **lakukwa o moyo** (3) *or* **ntima** (4), **ntima** *or* **moyo** (u-) **viangala** *or* **zina**.
make, **zanginika o ntima**.
ANY, *see* **wonso** & **una -ina**, App.
APART, *adv.*, **e kikaka** (5).
(aside), **e kingenga** (2), **kuna mpenga** (2).
(separate), **e vaudi** (6).
from, *prep.*, **e kikaka yo, e vaudi muna**.
APOSTLE, *n.*, **ntumwa**, 2.
APOSTROPHE ('), *n.*, **nienie**, 6.
APPAREL, *n.*, **vwatwa**, 6.
APPEAR suddenly *or* unobserved, *v.i.*, **tema**.
for a moment only, *v.i.*, **sunsumina**.
(come into view, *also* come out of sun, moon, or stars), *v.i.*, **seloka**.
APPEARANCE, *n.*, **zizi**, 6 ; *see* **nsampu**, 2, App.
altered, *n.*, **ekitu**, 8.
APPETITE (taste), *n.*, **kinzola-nzola**, 5.
APPLICATION, close (to one's work), *n.*, **luntati**, 10 ; **sungididi**, 6.
APPLY one's self closely to (one's work), *v.*, **sia...o luntati** (10) *or* **sungididi** (6).
as a brake *or* against the surface (of something revolving), *v.t.* **kakidila**.
APPOINT (fix), *v.*, **sikinisa** (Bako), **konkota, sikana**.
appointed (by), *a.*, **-esika-sika** (yo).
to a duty, *v.t.*, **toneka, sonekena, sila**.
(tell off to a duty), **suma**.
the day appointed, *n.*, **e lumbu kia nkangu** (4) **a ntangwa**.
APPREHENSION (fear), *n.*, **swengenia**, 6 ; **nsumbi**, 2 ; **nsumbi-nsumbi**, 2.
be full of, *v.*, **yela e swengenia** *or* **nsumbi**.
APPROPRIATE, *v.t.*, **lamuna**.
(fitting), *a.*, **-ansongi**.

APPROVE of, *v.*, **ludika** ; **lunganisa** *see also* **tonda**, App.
APRON, *n.*, **lenga**, 6.
ARACHID, harvest season for, *n* **nsungi** (2) **a mpava**.
crushed with pepper and salt, *n* **kindungu**, 5.
ARC, ARCH, *n.*, **ngumbu**, 2.
ARDENT, be, *v.i.*, **vela-vela**.
ARDUOUS, *a.*, **-afuki**.
ARE, *n.*, are, **meta akare** 100.
ARISE, *v.i.*, **zangumuka** (never use by an inferior in reference to superior).
(of a dispute), *v.*, [**e mpaka** (2) **zi lekama**.
ARM, *see* **nkonda a koko**, App.
to cross the arms over the ches and clasp one's shoulders, **ta nk(ndobela** (2) (Bako), **zing nkondo** (4) (Bako).
AROUND, *adv.*, **e kinzieta**.
prep., **muna nzinguluka** (2) **a**.
AROUSE and cause to run away, *v.t* **dikumuna**.
and run away, *v.i.*, **dikumuka**.
ARRANGE, *v.*, **kumpa, lumpika**.
(fix), *v.*, **sikanisa** (Bako), **konkot(sikana**.
in a line, *v.t.*, **kiatumuna, kialt muna**.
together according to size, heigh *or* quality, *v.*, **taka, takanisa**.
(set right straight), *v.*, **ludika**.
be arranged, *as above*, *v.*, **lulama**
ARRANGEMENT (with), make an, *v* **konka dio** (yo) ; **bakonkel dio yo nengandi**, they arrange it with so and so.
ARROGANT, be (arrogate great thing to one's self), *v.*, **kumvalala kuvalala**.
make, **kumvidika, kuvidika, ku mvika**.
ARTICLE (*gram.*), **yikilwa**, 6.
ARTIFICE, *n.*, **lumpeso**, 10.
AS for, *conj.*, **vo i, ngavo, ngavo i**.
as if, as though, *conj.*, **ne banza v(**
as often as you (he, &c.) like, **kie kiele kaka**.

AS, *continued.*
as soon as, *adv.*, una...kaka (*past*), ovo...kaka (*fut.*).
as well, *adv.*, kumosi; he goes as well, oyandi o-kwenda kumosi.
as well, as well as, *conj.*, i *after the demonstrative pronoun in whatever position;* these (people) will go and Nlemvo as well, aya bekwenda, oyu i Nlemvo. As well as we who are here, aya i yeto tuna vava ; we bought those knives on our market, and those hoes (which you hold) as well, tusumbidi e mbele zina vana ezandu dieto, ezo i nsengo ; I cannot come, for I am too busy, and these visitors have come as well, kilendi kwiza ko e kuma e salu kingi ngina kiau, ezi i zau nzenza ezi zizidi.
as well as, musungula (before the noun).
ASCEND, go up (a hill or tree), *v.*, tota, kuma.
(as smoke), *n.*, fotomoka, fita.
ASHES, reduce to, *v.*, komona, bomona.
ASIDE (apart), *adv.*, e kikaka (5), e kingenga (5), kuna mpenga (2), va beko (6).
ASK to come, *v.*, susumuna, vukulula.
ASKEW, *adv.*, o nzungu (4). *a.*, -anzungu.
ASLEEP, fall, *v.*, wondoka yo tulu (pl. 10).
ASPARAGUS, *n.*, kalala, 6 ; nsende, 2 & 11 ; nsende-nsende, 2.
ASSEMBLE, *v.t.*, lunganisa.
(of people only), *v.i.*, lungwa, kuta.
(of things only), *v.t.*, kuta.
ASSEMBLY, *n.*, lukutakanu, 10.
ASSIDUOUS, be, *v.t., see* persevere, App.
ASSISTANCE, *n.*, nsadisa, 2 ; luambu, 10.
render, *v.*, vana o luambu.
withhold, in crisis, *v.t.*, filakesa,

ASSISTANCE, *continued.*
lulumuna, lundumuna, twalakesa ; *see* K.-Eng. App.
ASSUME the government, yala e nkuwu (2), *see* nkuwu, App.
airs, *v.*, kukùndidika.
(some very great work), *v.t.*, kuvàka, vakama, vampama.
become responsible for, *v.*, yekama.
ASSUMPTION, *n.*, kuvàka, 9.
ASSURANCE (guarantee), *n.*, lusikidisu, 10.
ASTONISHMENT (dumbfounded), *n.*, luzengeneko, 10.
utter cries of, *v.*, kululuka, kiololoka.
ASTOUNDED, be, *v.i.*, sivika, kumba.
be very, kuzèngeneka (*refl.*), zenganana, yenganana.
ASTRAY, go, *v.*, tungiana, zieziana.
to lead, send, tungianisa, ziezianisa.
one who has gone, *n.*, ntungianu, 4.
AT all, *adv.*, wonso ; he did not speak at all, yandi kavovi diambu wonso.
first, *adv.*, vana kintete, vana ntete, e ntete.
once, *adv.*, vovo fulu, vovo vau, kikilu; *see also* mu (i mu), App.
at once *is expressed also by the reduplicated verb*, to take at once, bonga-bonga.
ATHWART, *adv.*, oku nkayikwa.
ATTACHED to, be, *or* become, *v.t.*, selomokena, sia...o luntati (10).
ATTACHMENT, great, *n.*, luntati, 10 ; *see* K.-Eng. App.
loving, *n.*, lunziototo, 10.
ATTACK in force, *v.t.*, bundamena.
ATTEMPT to do something, well knowing it to be hopeless, *v.i.*, kufianunga, fianungina.
ATTEND [(listen) to a matter], *v.t.*, vivila.
ATTENTION, give, *v.*, teka o matu (9).
refuse attention to what is heard, *v.* ; *see* pakumuna, App.

ATTENTIVE, *a.*, -anzoko-zoko.
AUDIT, *v.t.*, visa.
AUDITOR, *n.*, mpisa, 2.
AUTHORITY, *n.*, olodi, 2 (P. ordem).
  delegated, *n.*, wiswa, 6 ; wisiswa, 6.
  (over), kiyekwa (kia) 6.
AVARICE, *n.*, evudidila, 8 ; ukabu, 12.
AVARICIOUS person, *n.*, ekabu, 8.
AVENUE, *n.*, mumpumpu, 3.
AVOID carefully, *v.*, kukènka.
AVOIDED, something to be, *n.*, mvengo, 4.
AWAKE, *v.t.*, katumuna.
  v.i., katumuka.
  with a start, *v.i.*, dikumuka.
AWARE, be, *v.*, lubuka.
  make, *v.t.*, tumbulwila.
AWFUL, something, *n.*, tema, 6.
AXE, *n.*, kiubi, 5 (Bako) ; sengele, 6 (Bako) ; kiavu, 5.
AXIS, } *n.*, ezita, 8 ; *see* K.-Eng. App.
AXLE, }
AXLE-TREE, *n.*, nsimbinini (a lungungu) 2.

B.

BABE, innocent, *n.*, wanzio (12) wa nsa (4).
BABY, *n.*, *see* ntiobo and mbobola, App.
BABYHOOD, *n.*, kiswa, 5 ; kisedia, 5.
BACK to back, *adv.*, o lunima-nima.
BACKWARDS, *adv.*, o lunima-nima.
BAD, be *or* become, *v.i.*, yiva.
  very, *a.*, -andudi (bitter).
BAG, with a running string sewn into and around its neck, *n.*, kimpodi, 5.
BALE, *n.*, mfuna, 4.
BAN, *n.*, kandu, 6 ; *see* K.-Eng. App.
BANG ! *interj.*, tewa !
  to make a, *v.*, xia e tewa.
BANK, along the, muna (&c.) nlambu a nlambu ; o lunseka-lunseka.
  bank of earth, *n.*, ekunkwa, 8.
BAPTISM, *n.*, *pass.*, mvubwa, 2.
  after the rite of the Church of Rome; *see* mungwa, App.
BAR, *n.*, mbindi, 2.

BARE, *a.*, -ampenza, -ankulungunzu. (dreary), *a.*, -angidinginza.
  place, *n.*, seswa, 6.
  small, *n.*, evela, 8.
BARENESS, *n.*, seswa, 6 ; nkulungunzu, 4 ; mpenza, 2.
BARGAIN over a price, *v.*, ta *or* vuna e ntalu (2).
BARNACLE, *n.*, eyidi, 8 (Solongo).
BARRIER, *n.*, kaku, 6.
BASE, basis, ezuku, 8 ; *see* K.-Eng. App.
  (foundation), *n.*, nsilu, 2 ; nsidikwa, 2.
  something having no base to stand upon, *n.*, nsundungulu, 4.
BASIN, *n.*, kila, 5 ; lumpinu, 10.
BASIS, *see* base, App.
BASKET of fan palm leaves, *n.*, nteva, 2.
  to carry poultry in, *n.*, valanga, 6.
  of very open work, for things which need air, *n.*, senze, 6.
BAT (small), *n.*, mvinde, 11 & 2.
BATH, take a vapour or steam, *v.*, bukamena e futwa (6).
BAUHINIA, a species of, large yellow flower, ndemba - lemba, 2 ; mundemba, 2.
B.C. (before Christ), V.K., (diavita Kristu).
BE, to, *v.*, -eka (*defective, pres. indef. tense only*) (Bako), -ina, *defective, see* p. 690 & ka &-ina, App.
  who is, was, etc., wa, *see also* -ina vo, App.
BEADS the strings of which are all full count, nzimbu (pl. 2) zasoso.
BEAK, *n.*, nsodia, 2.
BEAR in mind, *v.*, sia oku ntima (4).
  (endure) *v.t.*, siamina.
  patiently, stoically, *v.*, zozoka, zizila, viyidila.
  she who bore, muti (pl. miuti), 3.
BEARD (long), *n.*, papa, 6 ; kievo, 5.
BEAT, *v.t.*, kafa.
  against (as a storm), *v.i.*, wulama muna.
  cruelly, severely, *v.t.*, yosona, yovona, niosona, teva.

BEAT, *continued.*
  with, **zuba, vama, venza.**
  (with a lash *or* rods), **vizula, zwabula.**
  (with a stick), *v.*, **kwangula.**
BEAUTIFUL, be, *v.*, **kenga.**
  very, **kekoka.**
  make, **kekola.**
BECAUSE, *see under* **sia, i sia vo,** and **o kala kwa,** App.
  (for the reason that), *conj.*, **e bila, e bila ye ebandu.**
  (since, now that), **wau vo, wau kina** *or* **kinana vo, wau kadi.**
BECKON, *v.t.*, **labisa** (Bako).
BECOMING, *a.*, **-ansongi.**
  be, *v.*, **songa.**
  it is, **i betela kiki.**
BEDSTEAD, *n.*, **mbuka,** 2 (Kib.); **basa,** 6 (Bako); **kingembo,** 5.
BEETLE, the unicorn, *also* others of fine metallic colour, *n.*, **yunga,** 8 (Bako).
BEFALL, *v.*, **vaika.**
  have befall one, *v.*, **vaikilwa.**
BEFITTING, be, *v.i.*, **songa.**
  it is, **i betela kiki.**
BEFORE (in time), *adv.*, **e nkete,** *preceding the predicate, which should be in the subj. mood, and only used where the action is not yet performed;* before you sit down, tie the goat, **e nkete ofonga, okanga e nkombo.**
  (in place or time), *prep.*, **kuna ntu a.**
  (while as yet...not), *adv.*, **wau** *or* **una ke...ko, vava ke...ko,** *see also* **yavana,** App.; before the time, **wau ke kiafwene e ntangwa ko.**
BEG (beseech), *v.*, **wondelela.**
  I beg you to allow me further to remark, **ke mu simba edi dia vova ko.**
BEGET, he who begat, *n.*, **muti,** 3 (pl. **miuti**).
BEGIN, *v.t.*, **bandama, toza, bantama, dokama.**

BEGIN, *continued.*
  begin crying, *v.*, **seloka o dila** (9).
BEGINNING (the first thing), *n.*, **mbandamu,** 2; **ngyatiku,** 2.
  (the point from which it was commenced), *n.*, **eyatiku,** 8; **ebantiku,** 8.
  (making, creation), **esemo,** 8; from the very beginning, **tuka kuna esemo.**
BEGUILE, *v.t.*, **vukika.**
BEHAVE, *v.*, **sikila.**
BEHIND, *adv.*, **o lunima.**
  be left behind by mistake, *v.*, **sadidila.**
BEING, *n.*, **nkala,** 2.
BELATED, be, *v.i.*, **yididilwa, bwitidilwa.**
BELIEF (creed), *n.*, **kwikizi,** 6.
BELIEVE (a person), *v.t.*, **kwikidila.**
  see think, **zaya,** & **nkanka,** App.
BELIEVED, be (of a matter), *v.i.*, **kwikana.**
  cause to be, *v.t.*, **kwikanisa.**
BELOVED, *a.*, **-anzolwa, -a nsi a ntima** (4).
  one specially, *n.*, **ntambuki,** 1 & 4.
BEND, *v.t.*, **koza.**
  down, *v.t.*, **yizika.**
  v.i., **yizama.**
BENEDICTION, *n.*, **lusambu,** 10.
BENEVOLENCE, *n.*, **luzolo,** 10; **ngemba,** 2 pl.
BENIGHTED, be, *v.i.*, **bwitidilwa** (of time only), **bubalala, yididilwa** (mentally also).
BEREAVED, be, *v.*, **fwilwa, kala ku fwidi.**
  of, **fwidilwa.**
  person, *n.*, **mfwidi,** 1 & 4.
BEREAVEMENT, *n.*, **fwidi,** 6.
BERIBERI (?), *n.*, **mpimbu,** 2.
BERYL, *n.*, **beril,** 2.
BESEECH, *v.*, **wondelela.**
BESIDE, *adv.*, *see* as well, App.
BEST, do one's very, *v.*, **babanisa, vangalela**; he did his best in building it, **obabanisi yo o tunga.**
BET, *n.*, **ntela,** 2.

BETRAY into difficulties, *v.t.*, **sinda-kesa, twalakesa, lundumuna, lulumuna.**
BETROTHED *n.* (used only of the girl), **nzitikila,** 2.
BETTER, become, *v.i., see under* **voza,** *also* **vaza,** App.
  feel much, *v.*, **mona e lo** (6).
  it would be better *or* best to..., *see* **o wete-fiole** (12), *or* **o wete-wete,** *or* **mpasi,** App.
  (rather), **deke, vezi.**
BETWEEN, *adv.*, **kuna** *or* **muna** *or* **vana mposoko** ; *see also under* **kati,** App.
BEVERAGE, *n.*, **ndua,** 2 ; **nua,** 9.
BEWAIL, with gesticulations, *v.i.*, **zazana.**
BEWARE ! *interj.*, **makono !**
BEWILDER, *v.t.*, **zieziansa.**
BEWILDERED, be, *v.*, **zayi** (12 u-) **zenzela, zieziana** ; *see also* perplexed, be, p. 158, & App.
BID (tell), *v.t.*, **samwina.**
  (command), **kanikina.**
BIG, *a.*, **-ambafu, -ankofo** ; *see also* **nkingwa** & **utiangi,** App.
BIGGER, be, *or* become, in size, *v.i.*, **tuntuka e ntela** (2).
  (stout, great), **-atonga.**
  (of pigs *only*), *a.*, **-antongo.**
BIGNESS (corpulence), *n.*, **tonga,** 6.
BIRD, young, *n.*, **nswidi,** 4 (Bako).
BIRTH (a being born), *n.*, **ewutuka,** 8 ; from his birth, **tuka ewutuka diandi.**
  (a bringing forth), *n.*, **ewuta,** 8 ; her first bearing, **ewuta diandi diantete.**
BIRTHRIGHT, *n.*, **efwafwa,** 8.
BISHOP, *n.*, **nkengi,** 1 & 4.
BIT, *n.*, **vasina,** 6 ; **bela,** 6 ; **tente,** 6.
  least little, *n.*, **nsunungina,** 2.
  (slice), *n.*, **sele,** 6.
BITE, *v.*, off a large piece, **vwengomona, vwengona.**
BITTER, excessively, *a.*, **e kiokiolo, e kiolo,** *adv.*
BITTERNESS, *n.*, **nlula,** 4.
  excessive, *n.*, **nkio,** 2.

BITTERNESS, *continued.*
  of speech or feeling, *n.*, **lunkulu,** 10.
BLACK, *a.*, **-afio.**
  be, grow, *v.i.*, **fiota.**
  be very, **via e mpila** (2).
BLACKNESS, *n.*, **ndombola,** 2.
  excessive, *n.*, **nziu,** 2 ; **flo** (pl. 6).
BLAME, *v.*, **semba.**
  n., **lusembo,** 10.
BLASPHEME, *v.*, **tianguna** (o Nzambi).
BLASPHEMER, *n.*, **ntianguni,** 1, 2, & 4.
BLAZE, *n.*, **nkwimu,** 4.
  v. **kwima, lekoka.**
BLEND (combine), *v.t.*, **lûmba.**
BLESS, *v.t.*, **sambula.**
  (as God, not invoke a blessing), *v.* ; **vana e nsambu** (2) ; *see* **sakumuna,** App.
BLESSED, be, *v.*, **sambuka.**
  blessed one, *n.*, **nsambuki,** 1, **nkwa** (1) **nsambu.**
BLESSING, an invocation of a, *n.*, **lusambu,** 10 ; **lutaulwilu,** 10 ; **lukandwilu,** 10 ; *see* **kandwila,** App.
  invoke, utter, pronounce, *v.t.*, **sambula, taulwila.**
BLOCK, single, *n.*, **ebaya,** 8 ; it is one single block only, **ebaya dimosi kiau ekulu.**
BLOCK the view, *v.t.*, **kika o meso** (pl. 7).
  something which blocks the view, **nkakidiswa,** 2.
  up, *see* obstruct, App.
BLOCKED in by, be, *v.*, **bambamena.**
BLOW (a fire) *v.*, **lemona, lemuna.**
  along, *v.i.*, **vekomoka.**
  (as the wind), *v.i.*, **vekomoka, beba.**
  out (distend), *v.t.*, **tuva, tividika.**
  over *or* down (of the wind), *v.t.*, **vitumuna.**
  up (as gunpowder), *v.t.*, **vubuna.**
  (with the breath), *v.t.*, **fula.**
  the manner in which a blow was struck, *n.*, **ewanda,** 8.
BLUNT, *a.*, **-ambufu-bufu.**
BLUNTNESS, *n.*, **bufu-bufu,** 12.
BLUSTER (in speech), *v.*, **vulumukina.**
  rush and bluster (as the wind), *v.i.*, **pekomoka, vekomoka.**

BOAST, *n.*, **lusanu**, 10.
BOASTING, habit of, *n.*, **esemba**, 8.
BODY, dead (of an animal), *n.*, **fwila**, 6.
BOGIE, *n.*, **kakùngu**, 9 ; **ngobodi**, 2.
BOIL, *v.*, **fukusa** (Bako), **bila** (Bako).
  to pieces, *v.t.*, **bombomona**.
  v.i., **bombomoka**.
BOLD, be, *v.*, **kabuka**.
BOLDLY to tell *or* speak, *v.*, **kabula**;
  he went and told it boldly to
  the chief, **wele dio kabula kwa
  mfumu**.
BOLDNESS, *n.*, **unkabu**, 12 ; **ungyamu**, 12 ; **nkabu**, 2.
BOLT (bar), *n.*, **mbindi**, 2.
BOND (covenant), *n.*, **ekangu**, 8 ; **nkangu**, 4.
  (tie), *n.*, **kangwa**, 6.
BONDAGE, *n.*, **wayi**, 12 ; **uwayi**, 12.
BOOTH, *n.*, **lembeka**, 6.
BORDER of a cloth, *n.*, **bayi**, 2 (P. **bainha**).
BORED, in many places, *a.*, **-azokozoko**.
  be (wearied), *v.*, **sukwa o moyo** (3) ; **tantwa e mpasi** (2 pl.).
BORERS, those which destroy wood
  in brackish water, *n.*, **mumbidi**,
  3 (Solongo).
BORNE by many, *adv.*, **e kambakamba, e kakamba**.
BORROW, *v.t.*, *see also* **sombola**, App.
  at interest, **dima**.
BORROWED, *a.*, **-ansompa**.
BOTTLE (for water for travelling), *n.*, **luamba**, 10.
BOULDER, *n.*, **ngengele** (2) **a etadi**.
BOUNDARY, *n.*, **mwingilu**, 3 ; **nkendelo**, 2 ; **nsilu**, 4 ; **luiku**, 10.
BOUNDS of moderation, *n.*, **ngingu**, 2.
Bow down, *v.t.*, **yizika**.
  v.i., **yizama**.
BOWELS, *n.*, **ekati**, 8 ; *see* K.-Eng. App.
  be regular as regards one's bowels,
  v., **mona o mafula** (8).
BOWL, *n.*, **lumpinu**, 10 ; **kila**, 5.
BOY, *n.*, **kiusi**, 5 (Bako).
BRACKISH, *a.*, **-akanga** (Solongo).
BRAIN, *n.*, **tomvi**, pl. 10 (Bako), **wombo** (Solongo).

BRANCH (of a tree only), *n.*, **ta**, 6 (Bako).
  small, **kola**, 6.
  branch out a second time (*i.e.* to put
  out a branch from a branch), *v.*,
  tekola.
BRASS wire, thick, *n.*, **mbienga**, 2.
BRAVERY, to show, *v.*, **songa o mwika** (3) **a kiakala** (5).
BREAD, *n.*, **kwanga**, 6.
BREAK in two, *v.t.*, **minguna**.
  (check), *n.*, **nkakilwa**, 2.
  a law, *n.*, **bangula e nkuwu** (2) ; *see* **nkuwu**, App.
  out (of a free fight), *v.*, [**nkindu** (2) **i-] dituka**.
  pull and break in two, *v.t.*, **duduna, zuzuna**.
  (snap) in two, **kendona**.
  a vow, *v.*, **fumba e ndofi** (2).
BREAKFAST, take, *v.*, **mina e ete** (8) ; *see* **ete**, App.
BREAST-CLOTH, *n.*, **lenga**, 6.
BREAST-PLATE, *n.*, **nkikwa** (2) **a tulu** (6).
BREATHE into, *v.t.*, **fulumwina**.
  the last gasp, *v.*, **kuma o mongo** (3) **a fwa**.
  softly (as one asleep or unconscious),
  v., **tumbula, tundula**.
BREATHING, painful, with difficulty, *n.*, **ekomongo**, 8.
BREED (stock), *n.*, **kuna**, 12.
BREEDER of stock, *n.*, **ntwedi**, 1 & 4.
BREEZE, strong, *n.*, **tembo**, 6 (Bako).
BRIBE (to secure judgment), *n.*, **mbabu**, 2.
  v., **vana e mbabu**.
  given as a, *a.*, **-ambabula**.
BRIBERY, *n.*, **mbabula**, 2.
BRIDE, *n.*, **ndumba**, 2.
BRIDEGROOM, *n.*, **kiyòwa-nkùla**, 5
  (so-called from the custom of
  rubbing a cosmetic of powdered
  camwood all over the body on
  the festal occasion).
BRIDESMAID, *n.*, **ndumbizi**, 2.
BRIEF, *a.*, **-a kolo kiakete**.
BRIEFLY ; so to state things briefly, it
  was arranged that, **kana mengi**,

BRIEFLY, *continued.*
    vuya aka, dikubamene vo;
    see also story, App.
BRIGHT (dazzling), *a.*, e sezi (*adv.*).
    (giving light), *a.*, -antemo.
    be very, *v.i.*, kengomoka.
BRIGHTNESS, *n.*, elezi-lezi, 8.
    dazzling, *n.*, sezi, pl. 6.
BRILLIANCE, *n.*, elezi-lezi, 8.
BRILLIANT, *a*, -elezi-lezi.
BRIM of a hat, matu (pl. 9) ma mpu (2).
BRING up to the surface *or* up from the dead, *v.*, tumbulula.
    to perfection, *see* perfect, App.
    up again (some old affair), *v.t.*, ziotola, *not used of or to one's betters;* yangumuna.
    (foster), *v.*, tongonona, kubulula.
    (rear), *v.*, kudisa.
BRIOPHYLLUM calycinium, *n.*, luyuki, 10 (Bako); luyukia-yukia, 10 (Bako).
BROKEN to atoms, be, *v.*, wesomoka.
BROKERAGE, *n.*, mbata, 2 ; mboko, 2.
BROTHER (used by *or* of the opposite sex only), *n.*, nsanga, 2.
    see also mwana-ngudi, App.
BROW, *n.*, mbunzu, 2.
BRUISE (& cause swelling), *v.t.*, fungumuna.
BRUSHWOOD, just outside a town, *n.*, nganzu, 2 ; nkunku, 2 (Bako).
BRUTE, brutal fellow, *n.*, mbangadi, 1 & 4; mbangazi, 1 & 4; bangazi, 6.
BUBBLE slowly (of thick fluids), *v.*, bwadinga.
BUILD, *n.*, kanda, 12 ; they are both of the same build, yau ewole kanda umosi ; the build of one who comes early to maturity, kanda wa mvudi (4) *or* wa vulu-vulu (6).
BUILDING material, *n.*, ntungu, 2 (*sing. only*).
BULKY, be, *v.i.*, yilalala.
    render, *v.t.*, yididika.
BUMP (protruding lump), *n.*, fungudia, 6.

BUNDLE, *n.*, efunda, 8.
BURDEN, *n.*, enatu, 8 ; zitu, 6.
BURIAL, *n.*, zikwa, 6.
BURN, *v.t.*, yisa (Bako).
    fiercely, *v.i.*, lekoka.
    up, to ashes, *v.*, bomona, fumfula, fumpula.
    v.i., bomoka, boma.
    (set fire to), *v.t.*, vika.
    up with a roar, *v.i.*, kitima.
BURNING fiercely, *a.*, -anyuyi.
    be burning to (anxious), *v.*, viangalwa *or* zinwa o moyo (3) *or* ntima (4); moyo *or* ntima (u-) viangala *or* zina.
    (longing) *v.*, lakukwa o moyo (3) ; *see* K.-Eng. App.
BURNT, be (consumed by fire), *v.i.*, ya (Bako).
    up to ashes, be, *v.i.*, bomoka, boma.
BURROW, *n.*, nduzu, 4.
BUSH (jungle), *n.*, mfuta, 4.
    relapse to, *v.*, futa.
BUSINESS (trade, profession), *n.*, nkono, 4.
    (something to be attended to), nkôlo, 4.
    (work in one's profession), mfunu, 4 ; he brought them a good deal of business, mfunu wingi kabatwasidi.
    pressure of, nziezie, 4 ; nzieta, 4 ; lunzumbulu, 10 ; I am very busy, nziezie wingi ngina wau.
    one's first, *n.*, vaki, 6 ; *see* K.-Eng. App.
    pressure of, nziezie, 4.
BUSTARD, *n.*, nkunda-ngongo, 2.
BUSTLE (rush), *n.*, ngungula-ngungula, 2.
BUSY, be very, *v.i.*, zuwana.
BUSYBODY, *n.*, nyakami, 1 & 4.
    be a, *v.i.*, yakama.
BUT, *conj.*, o nlongo (=mpasi, *which see*).
    (bringing a strong contrast), kaka; do not as you like, but as I like, ke nuvangi luzolo lueno ko luame kaka (mine only).

BUT, *continued.*
(except), *see* evengwa, App.
but now, *see* kasi owu, App.
BUTCHER, *n.*, ntetedi, 4.
BUTTRESS, *n.*, mwekwa, 3; nsikulwa, 2 (Bako); nsiamu, 2.
BUY (a slave *only*), *v.t.*, kutula.
up, *v.t.*, kita.
BUZZARD, jackal (buteo jackal), nkayi-nuni, 2.
white-breasted, *n.*, nkodi (2) ankwata.
BY (day by day, &c.), *see* ke, App.

C.

CAGE, *n.*, *see* nkulubu, App.
CALABAR bean (the true), *n.*, ngongo (2) antela.
CALABASH, medium-sized, *n.*, mfíba, 4.
unripe or blighted, ebubulu, 8.
CALCULATE, *v.t.*, dikula.
CALCULATION, by, *adv.*, muna kimbalu.
CALL, *v.t.*, loka (Bako), loka e mbila (2) (Bako).
for (on the way), *v.*, vitula.
(something to be brought), *v.*, bokelesa.
(name), *v.*, yika.
out (to a duty), *v.*, suma.
over (names, items, &c.), tangumuna.
out loudly, *v.*, kaluluka.
upon (a fetish), *v.*, vovelela.
upon for help (beseech), *v.t.*, wondelela.
upon, make a (visit), *v.*, kangadila.
CALM, be, *v.*, vuvama.
CAMEL, *n.*, samo (Fr. chameau).
CAMŒNSIA maxima (bot.), *n.*, mfundangavu, 4.
CAMP (regular resting-place for travellers), *n.*, eboko, 8.
CANDLE, *n.*, nkengwa, 2.
CANNIBAL, *n.*, mundia-wantu, 3.
CANOE, *n.*, bwatu (Bako, pl. mâtu), 13.
CAPE (headland), *n.*, nkonko, 2 (Solongo), ekunkwa, 8.

CAPITAL (in trade), *n.*, lusalu, 10; kuta, 6.
in slaves, *n.*, kuta, 6.
CAPTIVE, *n.*, mbakami, 1 & 4; muntu (1) ambaki.
a., -ambaki.
CARE (anxiety), *n.*, songololo, 6.
(business), lunzumbulu, 10.
(concern), *n.*, sunga-sunga, 6.
done without any attempt at care, *a.*, -afwatiku -fwatiku.
be full of care, *v.i.*, zumbuluka.
of, take good, *v.*, kenga, keya.
(look after something alive or movable), *v.*, lunga-lunʒa, yenga-yenga.
CAREFUL (against), be very, *v.*, kukènka [*refl.* (muna)].
CARELESS, *a.*, -ankwalu.
manner, in a, *adv.*, o nkwalu.
which involves great loss, *n.*, nsoki (4) a mbwanzi (2); *see* K.-Eng. App.
CARELESSNESS (blundering), *n.*, nsansansalu, 2; *see* sansala.
CARGO, *n.*, enatu, 8.
CARPENTER, *n.*, mbangu (2) a nti (4).
CARRIED on industriously, be, *v.i.*, finiziana.
CARRY away (as a flood, crowd, &c.), *v.*, twalakesa, kukumuna, vitumuna.
(an infant) in a sling, *v.t.*, zembeka.
on industriously, *v.t.*, finizieka.
on the head without holding, nata e ntentela (2).
safely through danger, *v.*, wombesa.
something very heavy, *v.*, kaba.
take up and carry away at once, *v.t.*, kikula.
CARTE BLANCHE, allow, *v.t.*, kutàmisa (*refl.*).
have, *v.i.*, kutàmina (*refl.*).
CARVE (sculpture), *v.t.*, sema.
CASE in point, *n.*, pwa-meso, 6.
to be judged, *n.*, mfundu, 4.
in case that, *or* in case of (lest), *conj.*, -nkwa.
(if perhaps), unkwa, unkwa kala vo; *see* -nkwa, App.

CASING, *n.*, ngumbu, 2.
  permanent, of leather, &c., *n.*, kasu, 6.
CASSAVA leaves, and a dish prepared from them, *n.*, nsaki, 2.
  small field of, *n.*, ntembelela, 2.
CASSIA fistula, *n.*, nsazu, 4.
CAST (into an abyss), *v.t.*, nengona.
  one's self upon one's face, *v.*, bukalala.
CASTRATE, *v.t.*, nwata (Bako).
CAT-FISH (siluroid), long-headed species of, *n.*, dwele, 6; dole, 6.
  broad-headed, ngola, 2.
CATCH (seize), *v.t.*, yimba.
  and carry away, *v.*, kukula.
  by cunning or treachery, *v.t.*, lowela.
  the foot and stumble, *v.i.*, kankalakana, konkalakana.
  catch hold of, *v.t.*, kwata, dima.
  in great numbers (of fish), *v.*, fumuna.
  in the very act (of), *v.*, vumbula (muna).
  sight of, *v.t.*, mona e kelezi (pl. 6).
  up (of one following), *v.*, bakana; at last the other one caught up, okalokala babakanini.
  up in one's speech, yaka o zunu (13).
  (with a hook or snare), *v.t.*, kokeka.
CATTLE, *n.*, twezi, 6 (Bako).
CAUGHT, be, get, become, *v.i.*, baika (Bako).
  of a trap which has been caught somehow, and cannot be sprung, *v.*, fwa e fumbi, 6.
  be caught sight of, *v.i.*, moneka e kelezi (pl. 6).
CAUSE, *n.*, bila, 6; ebandu, 8; eyandu, 8; elonda, 8.
  for this, e bila kiaki (*with the appl. form*), e bila ye ebandu.
  (origin), *n.*, ntondo, 2.
CAUTIOUS, be very (against), *v.*, kukènka [*refl.*, (muna)].
CAVE, *n.*, nzimba, 2; nduka, 4.
CAVITY, *n.*, see esangala, 8, App.
  great, kompodia, 6, wompodia, 6.
CEASE, *v.*, voza.

CEASELESS, *n.*, -ankwamu.
CEASELESSNESS, *n.*, kwaminini, 6.
CELL, *n.*, see esangala, 8, App.
CENSURE, *v.*, semba.
  n., lusembo, 10.
CENTI- (metre, &c.) = × 100, senti- (meta, etc.).
CENTIME, *n.*, sentime, 2.
CENTIPEDE, *n.*, mwalala, 3.
CENTRE, *n.*, ndunda, 2; the centre of the town, ndunda a evata.
  the very, *n.*, ediongi, 8.
  line (of something long, as road, river, plank, &c.), *n.*, munganga, 3.
CEREMONIOUS, *a.*, -afuka.
CEREMONY, *n.*, fuka, 6.
  perform a, *v.*, vanga e fuka.
CERTAIN, be (not fail), *v.*, ke lembi ko; he is certain to go, kelembi kwenda ko.
  it is very certain, e diambu yamu ludi.
  (evident), see also laya, App.
  a certain, *a.*, -mosi, *in the secondary form, and prefixed with the article of its class*; a certain man, o muntu omosi.
CERTAINLY (by all means), *adv.*, kiau tu nki.
  (surely), see mpandi & lembwa, App.
CERTAINTY, *n.*, ziku, 6; lusikidisu, 10.
  (sure knowledge of the facts), *n.*, visa, 6.
CERTIFICATE, *n.*, visa, 6; lusikidisu, 6.
CERTIFY (formally), *v.t.*, visa; see K.-Eng. App.
CHAFE (soreness), *n.*, nlamu, 4.
CHAFF, *n.*, kieya, 5 (Bako); bietula, pl. 5 (Bako).
  v., ta kieya *or* bietula (Bako), kiekielela.
CHAIN (for prisoner), *n.*, kingoyongo, 5.
  to connect a prisoner with his keeper, *n.*, kimpanga-nkanu, 5.
CHALCEDONY, *n.*, kalsedone, 2.
CHALLENGE, *v.i.*, lôba, see tuta o nlembo (4), App.

CHALLENGE, *continued.*
   gun fired as, *n.*, **nzongo** (4) **a sungu** (6).
CHANCE (luck), *n.*, **zumbi**, 6.
   have a chance (means), *v.*, **kala yo owu**.
   (opportunity), **kala ye ntangwa** (2), **baka e ntangwa, vwa e nzila** (2).
   give a, *v.*, **sila e nzila** (2).
CHANGE (alteration), *n.*, **ekitu**, 8.
   bring about (of heart, not of outward form), *v.t.*, **kitumuna**.
   (of appearance), *n.*, **soba-soba**, 6.
   (of food), *n.*, **mbingu**, 2.
   (of a palaver or language only), *v.i.*, **bindama**.
   one's mind, *v.i.*, **vilukwa o ntima** (4).
   or opinion, &c., *v.i*, **vilula**.
CHANGED, be (for the bad), in opinion, character, & heart, *v.i.*, **biondomoka, bendomoka**.
CHANGEABLENESS, *n.*, **vilu-vilu**, 6.
CHANNEL, *n.*, **nkwala**, 2.
CHAPEL, *n.*, **esambilu**, 8.
CHAPTER (in a book), *n.*, **ekono**, 8.
CHARGE not to, to, *v.*, **kanikina**.
   (before judges), *v.*, **funda**.
   (load), *n.*, **zitu**, 6.
   of, place in, *v.*, **sia e kiyekwa** (5) **kia**.
   of, take (of an orphan *or* helpless person *or* something in no one's care), *v.*, **konkolola**.
CHARM (fetish), *n.*, **mpandu**, 2.
CHARMS (beauty), *n.*, **wete**, 12.
CHASE (those fleeing in war), *n.*, **kulana**.
   n., **nkula**, 4.
CHASM caused by the subsidence of the earth, *n.*, **volo**, 6 ; **voloka**, 6.
CHASTENING (discipline), *n.*, **elongi**, 8.
   (punishment), **tumbu**, 6.
CHASTITY, *n.*, see **ziku**, App.
CHATTERBOX, *n.*, **nkwa** (1) **lungwedi** (10), **lumbwambokoso**, 10.
CHEAP, be, *v.*, **fwika** (Bako), **fika**.
CHEAT (overreach), *v.i.*, **teka e ngangu** (2).
   v.t., **tekela e ngangu**.

CHECK (brake), *n.*, **nkakilwa**, 2.
   v., **kakila, kakidila**.
CHECK, *v.t.*, **ningika, kindika**.
CHEEK, a swollen, *n.*, **eyititi**, 8.
CHEWED refuse, *n.*, **nkamvi**, 4.
CHICKEN, little, *n.*, **susubwila**, 6 ; **kinsusubwila**, 5.
CHILD, *n.*, **lezi**, 6.
   little, **bala-bala**, 6 (Bako) ; **kimwana-mwana**, 5 ; **kingyanangyana**, 5.
   undersized, **dwele**, 6.
   the firstborn to a man, *n.*, **mwana** (1) **a toko** (6).
   only begotten, *n.*, **kialati**, 5 ; this is my only child, **kialati kiame kiki**; these are the only two children I have had, **eyayi yau ayole yalati yame**. (*If there were others, but they are dead, this word cannot be used.*)
CHILLINESS, *n.*, **ezizima**, 8.
CHILLY, *a.*, **-ezizima**.
CHIN, *n.*, **zevo**, 6 (Bako).
CHIP, *n.*, **vasina**, 6.
CHOICE, allow free, *v.*, **kutàmisa**.
CHOOSE (select), *v.t*, **dimbuna, ta**.
CHORD of music, *n.*, **eleko**, 8. The following are the names of the ivory horns set to the chord :—
   mi¹, **luenze**, 10.
   do¹, **sengele**, 6.
   sol, **ngandu**, 2.
   mi, **evula**, 8.
   do, **koka-titi**, 6.
   the sound of the key-note, **ekanda**, 8.
CHORUS or choral answer in antiphonal song, *n.*, **nyaku**, 4.
   to sing, *v.*, **yakulula, yakula**.
CHRISTIAN, *n.*, **Nkristu**, 1.
   a., **-ankristu**.
CHRISTIANITY, *n.*, **kikristu**, 5.
CHRONICLES, *n.*, **lusansu**, 10.
CHRYSALIS, *n.*, **kintekwa**, 5 (Bako) ; **kinketa**, 5 (Bako).
CHRYSOLITE, *n.*, **krisolite**, 2.
CHRYSOPRASE, *n.*, **krisoprase**, 2.
CHURCH (building), *n.*, **esambilu**, 8 ; **nzo** (2) **a Nzambi**.

CHURCH, *continued.*
(company of Christians *or* the Church universal), **nsa,** 4 (**a Kristu**).
CHURLISHNESS, *n.,* **nkumfu,** 4 ; **lunkumfu,** 10.
CINNAMON, *n.,* **kanele,** 2 (Fr. *cannelle*).
CIRCLE, *n.,* **zongolo,** 6 ; **nkongolozi,** 2.
CIRCUITOUS, BE, *v.i.,* **viongoloka, viotakana, viondoloka, kondoloka, zieta.**
CIRCUMCISE, *v.t.,* **yotesa.**
CIRCUMCISED, be, *v.i.,* **yota.**
CIRCUMCISION, *n.,* **usewa,** 12.
CIRCUMSPECT, be, *v.,* **kukènka** (*refl.*).
CIVILIZATION, *n., see* **ngwizani,** 2, App.
CLAMOUR, *n.,* **biaula,** pl. 5 (Bako); **miangu.,** pl. 3 ; **lôkôso,** 10.
CLAN, *n.,* **ezimi,** 8.
CLANG, *n.,* **tietiekele,** pl. 6.
CLANGING, *a.,* **-angenge.**
CLANSHIP, *n.,* **uzimi,** 12.
CLAP the hands before beginning to speak, *v.,* **totola.**
(of the hands, showing surprise), *n.,* **efufu,** 8.
clap thus, *v.,* **bunda e efufu.**
(for thanks, congratulation, or surprise), *v.,* **vuba** ; he clapped his hands with surprise, **ovubidi o lukofi.**
CLAPPING (noise), *n.,* **toto,** 6.
CLASP the hands over the head, *v.,* **ta kintanda** (Bako), **zinga e kintanda** (5).
CLASS (of men or society), *n.,* **nzangi,** 2.
CLAY, pottery, *n.,* **luwumba,** 10.
mixture of clay with palm-wine, *see* **towa,** Appendix.
CLEAN, be, *v.,* **lengoka, lenguka.**
make (white and shining), *v.t.,* **kengomona.**
(a child which has made a mess), *v.t.,* **komba, kokanisa** (Bako); **kusuna.**
CLEANING rag, *n.,* **evuya,** 8.
be (as crystal), *v.i.,* **yedima.**
CLEANNESS, *n.,* **tununu,** pl. 6.

CLEAR, be, *v.i.,* **kia.**
make, *v.t.,* **kiesa.**
be (as crystal), *v.i.,* **yedima.**
be (manifest), *v.i.,* **senzama.**
make, *v.t.,* **senzeka.**
off, *v.i.,* **vula.**
the road (to allow some one to pass), *v.,* **sila e nzila** (2) ; why did you not clear the road for me ? **adieyi olembele kunsidila e nzila.**
the throat, *v.,* **kekomona.**
(transparent), *a.,* **-amoni.**
it is (&c.) very clear that, **ditomene kusenga.**
it is quite clear, **e diambu yamu ludi.**
CLEARING, make a good wide, *v.t.,* **venzomona.**
CLEARLY, clearly evidenced, *adv.,* **e pwa-meso** (6).
visible, *adv.,* **e kimona-meso.**
(in a clear open space), **vana mpembe** (2).
CLENCH the teeth, *v.,* **kamika o meno** (pl. 7).
CLEVER, be, *v.i.,* **luenga, luengoloka.** *a.,* **-anluengi.**
person, *n.,* **nluengi,** 1 & 4.
CLEVERNESS, *n.,* **lue,** pl. 6 ; **luenga,** 9 ; **ndwenga,** pl. 2 ; **diela,** 7.
CLICK ! *interj.,* **kwaka ! twe !**
CLIMB, *v.t.,* **kuma, tota.**
CLOD, *n.,* **ebwengelekete,** 8.
CLOSE together, *adv.,* **e kimfini** (5).
up (as a wound), *v.,* **vinduka.**
CLOSENESS, *n.,* **kimfinangani,** 5 ; **mfinangani,** 2 ; **mfini,** 2.
(stuffiness), *n.,* **ndukutila,** 2.
CLOTH, *see also* **ndembi-nona,** App.
of fine texture, *n.,* **nlaya,** 4.
house *or* duster, *n.,* **evuya,** 8.
loin cloth, having a fringe on its lower edge, *n.,* **pamba,** 6.
old *or* rough to wear at one's work, *n.,* **koka,** 6.
red, *n.,* **salazi,** 2 (P. *sarge*).
striped, *n.,* **tuta,** 6.
velvet brocade (native cloth) as woven on the Upper Kasai, *n.,* **nsimba-lusangu,** 2.

CLOTH, *continued.*
white baft, *n.*, **mpanu**, 2 (P. **panno**).
worn over the breasts, *n.*, **lenga**, 6.
CLOTHES-HORSE, line to hang clothes on, *n.*, **ezalu**, 8.
CLOTHING, *n.*, **vwatwa**, 6.
CLUB, (kill with a club), *v.t.*, **bola**.
CLUMSY, *a.*, **-ansansansalu**.
CLUSTER (group), *n.*, **ekutu**, 8; **ekutu-kutu**, 8; **ekuti**, 8; **kuti-kuti**, 6.
CLUTCH, *v.t.*, **fiantikina**.
COALESCE, *v.i.*, **vukana**.
COAT, *n.*, **ekutuwa**, 8.
COCO yam (Taro, Colocasea ?), *n.*, **mvindi** (4) **a elanga** (8), (pl. **mvindi mia malanga**).
COGITATE, *v.*, **lamba, dikula**.
COIL (of ntaku wire), *n.*, **sasa**, 6.
COINCIDE, *v.*, **kwenda e bambala** (6).
COLD (chilliness), **ezizima**, 8; **todi**, pl. 6.
a., **-ezizima**.
COLLECT by degrees, little by little, *v.*, **wonzekela, wonzolola, totolola**.
COLLECTION, *n.*, **ngonzekela**, 2.
COLONY, *n.*, **evanga**, 8; **evanga dia nsi** (2).
COLOUR, *n.*, *see also* **nziu** & **lo**, App.
lose, *v.i.*, **seboka, pukuka**.
COLOURING matter, *n.*, **dima**, pl. 6.
COLUMN (of cloud *or* smoke), *n.*, **kintungila**, 5.
(pillar), *n.*, **elunzi**, 8.
(row), *n.*, **nlonga**, 4.
COME (an angry word), *v.t.*, **viangila**; do not come into my house (you rascal), **kuviangila mu nzo ame ko**.
in crowds, *v.i.*, **nietoka, niotoka**.
in a great crowd, *v.i.*, **buka**.
into one's mind or head, **yima muna ntima** (4).
have come into one's head, **yimwa muna ntima**.
into view, *v.i.*, **seloka**.
out (of new leaves), *v.*, **tomboloka**.
(of sun, moon and stars), *v.i.*, **seloka**.
(of the stars), *v.*, **deka**.

COME, *continued.*
(of sunshine after dulness), *v.*, **teka**.
out (of something in which it was encased *or* embedded), *v.i.*, **sokoka**.
to the point *or* to business, *v.*, **zikula e diambu** (7).
to the surface, up again, *v.*, **tongomoka, tumbuluka**.
to one's senses *or* self, *v.*, **vunguka, vungukilwa, kumòna, kuzàya**.
to the surface of the earth, *v.i.*, **bangumuka**.
together (of persons only), *v.i.*, **lungwa**.
violently (of wind *or* rain), *v.i.*, **vikuka**.
well together (as in a good joint), *v.*, **vinduka**.
COMFORT (peace of mind), *n.*, **lufiauku**, 10; **fiauzi**, 12.
after a good meal, sense of, *n.*, **nzengele**, 2.
COMFORTER (restorer of peace of mind), *n.*, **mfiaulwisi**, 1 & 4.
COMING, reason for, *n.*, **ngizilu**, 2.
COMMAND, *n.*, **nkanikinu**, 4.
v., **kanikina**.
(tell to), **yika**, *followed by its object, otherwise* **vova** *must be used instead*.
COMMENCE, *v.t.*, **toza, bantama, bandama, dokama**.
COMMENCEMENT (the first thing), *n.*, **mbandamu**, 2; **ngyatiku**, 2.
COMMEND, *v.t.*, **sanisa**.
to one's charge, **yekeka**.
COMMISSION (fee), *n.*, **mboko**, 2; **mbata**, 2.
COMMON, have *or* possess in, *v.*, **lendana**.
sense, *n.*, **ntona**, 2.
(ordinary), *a.*, **kibeni**; *see also* **mpasi**, App.
COMMOTION, *n.*, **pita-pita**, pl. 6.
be in great, *v.i.*, **pitakana, pitana, tembela**.
(noise indicating a commotion), *n.*, **ndiki-diki**, 2.

COMMUNION, } *n.*, **untwadi**, 12; **ki-**
COMMUNITY, } **ntwadi**, 5.
COMPANION, *n.*, **mpwa**, 2 (Bako); **mboki**, 2 (Kib).
COMPANIONSHIP, *n.*, **kinkwa**, 5; **unkwa**, 12; **kintwadi**, 5; **untwadi**, 12.
(on the way), **nkangalu**, 4.
COMPANY (large number of people), *n.*, **evwangi**, 8.
joint stock, *n.*, **kibale**, 5.
as a, *adv.*, **e kibale**.
(on the way), *n.*, **nkangalu**, 4.
COMPARE together, *v.t.*, **tezanisa, fwaninika**.
COMPARISON, standard of, **nonganonga**, 6.
make a comparison, *v.*, **sia e nonganonga**.
COMPEL, *v.*, **nwengena**.
COMPLAIN to, *v.t.*, **yidimina**.
COMPLAISANCY, *n.*, *see* **ngemba**, 2, App.
COMPLETE (perfect), be, *v.*, **kunkuka, vangama**.
v.t., **kunkula**.
COMPLETION (of term, quantity), *n.*, **nlungu**, 4.
COMPOSE (a speech, poetry, &c.), *v.*, **yinda**.
COMPOSED (calm), be, **ntima** (4, u-) **bwa**.
COMPOUND, *see* -**anatana**, App.
COMPREHEND, *v.*, **vungula**.
COMPRESS, *v.*, **koneka**.
COMPRESSED, be, *v.i.*, **kona**.
COMPULSION, *n.*, **mfunka**, 2; I was under compulsion, **ku mfunka yasilu**.
CONCAVE, to be, *v.i.*, **kompoka, kofoka, vompoka**.
make, *v.t.*, **kofola, kompola, vompola**.
CONCEALED, *a.*, -**akinswekamena, -asweki**.
CONCERN (anxious), *n.*, **sunga-sunga**, 6.
CONCISION, *n.*, **luseoko**, 10.
CONCLUDE, *v.t.*, **fula**.

CONCLUDE, *continued*.
I conclude with this; *see under* **yekama**, App.
CONCLUSION, bring to a, *v.t.*, **fula**.
(decision), come to a, *v.t.*, **solola**.
(end), *n.*, **nsilu**, 4.
CONCORD, *v.*, **wawana**.
n., **ngwawani**, 2.
CONDUCT, by force, *v.t.*, **filakesa**.
CONE, *n.*, **ekunkwa**, 8.
CONFIDE, *v.i.*, **fiata** (P. **confiar**).
CONFIDENCE, *n.*, **vuvu**, 6; **lufiatu**, 10 (P. **confiar**); *see also* **nkanka**, App.
baseless, **kiememe**, 5.
place, impose, *v.*, **bunda e vuvu** (6).
mutual, **bundana e vuvu**.
CONFLAGRATION, a great, *n.*, **nkitimu**, 4.
CONFORM to, *v.*, **kala e fwani-fwani** (6) **ye**.
to new conditions, **minuka**.
CONFOUND (perplex), *v.*, **kindakesa**.
CONFUSE (derange), *v.*, **vwalangasa** (Bako), **vwangalakesa**.
CONFUSION, *n.*, **evwanga**, 8; **ntiangalakani**, 2; **mpioto**, 2.
in, *a.*, -**evwanga**.
rush along in, *v.i.*, **vindana**.
CONGO FREE STATE, *n.*, **Ekongo diangani**.
CONGRATULATE, *v.*, **lufiaulwisu**, 10; **vana o lukofi**, 10.
CONGRATULATION, *n.*, **lukofi**, 10.
CONJUNCTION (*gram.*), *n.*, **kangilwa**, 6.
CONQUER, *v.t.*, **tufakesa**.
CONQUERED, be, *v.i.*, **tufakana**.
CONSCIENCE, *n.*, **ntona**, pl. 2.
CONSCIOUSNESS, recover, *v.*, **vunguka, vungukilwa, kumòna, kuzàya**.
CONSIDER carefully, *v.*, **lamba, dikula, vimpita**.
CONSIDERATION, show each other, *v.*, **yinduziana**.
CONSOLATION, *n.*, **luwondelelo**, 10 (*act.*), **luwondeleko**, 10 (*pass.*).
(peace of mind), *n.*, **fiauzi**, 12; **lufiauku**, 10.
CONSOLE, *v.t.*, **wondeleka**.

CONSTANT, a., -ankwamu.
  be constant in (unremitting), v.t., finizieka.
CONSTANTLY, be, v., sama, lakama.
CONSTIPATION, n., mfinga, 2.
CONSTRUCT (of many materials), v.t., tudika.
CONSULT, v.i., vetama (lay their heads together) vumbuka (sit up again); they consulted together, and then, bavetamene bavumbukidi.
CONTAIN, v. Kongos do not say what a thing contains, but rather where the things are, or what things are in it; this case contains nails, e nkele yayi nsonso zina mo.
CONTEMPT, n., lutunu, 10 (Bako); luvezo, 10; lutialu, 10.
CONTENTMENT, n., lufiauku, 10; fiauzi, 12.
CONTENTIOUS fellow, n., nganga (2) a mpaka (2).
CONTINUALLY, to...(do, &c.), v., lakama, sama; olakamene o kwenda, he went continually.
CONTINUE to follow, v.t., landidila, lakama.
  doggedly, v.i., dokalala, finizieka.
  long at (a place), v.i., zingila.
CONTINUOUS, a., -ankwamu.
CONTINUOUSNESS, n., kwaminini, 6.
CONTRACT, n., nkangu, 4; ekangu, 8.
  v.t., kanga e ekangu.
  (stipulation), ebika, 8, genly. plural.
CONTRADICT (deny), v.t., vakula o nkalu (4).
CONTRARY, be (of the wind), v. [e tembwa (6) ki-] tala.
  act contrary to advice, kuzuka o malongi (pl. 8).
CONTRIBUTE, v., kuba.
CONTRIBUTION, n., ekau, 8.
CONTROL, beyond all, a., -atununu.
  be, v.i., tununuka.
  proper, n., tunu, 6; lutunu, 10.
  be well under, v., tuna.
CONVALESCENCE, n., lo, 6.
CONVALESCENT, be, v., mona e lo (6).

CONVERSANT, be well, v., via, via e mpila (2), biluka.
CONVERSE with, v.i., yambila yo (Bako).
CONVERSION, n., luviluku (10) lua ntima (4).
CONVERT, n., mvilu, 2.
  v., vilula o ntima.
CONVERTED, be, v., vilukwa o ntima.
COOK sufficiently, v.t., yisa (Bako).
COOKED, be, v.i., ya (Bako).
  be well, but not burnt, v.i., boma.
COOKING, cleverness in making tasty dishes out of little nothings, n., velezieka, 6.
  make such dishes, v., velezieka.
COPPER, n., ngambaka, 2.
COPULATE, v., zoma.
  (of animals), v., vukula.
COPY, v.t., tanginina, tangununa.
  produced, n., tanginina, 6.
  to be imitated, n., mbandu, 2; tangininwa, 6.
  exact, n., nkutu-bandu, 2.
COPY-BOOK, n., nkanda (4) a nkutu-bandu.
CORD, n., mfumvu, 2.
  plaited (of palm frondlets, &c.), n., ebese, 8.
CORDIALITY, n., luyayidilu, 10.
CORDIALLY, treat, v.t., yayidila.
CORE (heart, centre), n., kingudi, 5.
CORN, very soft green, n., ntwenia, 4.
  (grain generally), n., ma (pl. 6) ya mbwaza.
CORNER, n., nzinga, 4.
  v.t., vakika.
  of a sheet, &c., nsambu, 2.
CORPSE, n., see deceased, App.
  dry a corpse, v.t., kavisa.
CORPULENCE, n., tonga, 6.
CORPULENT, a., -atonga.
CORRECT, a., -akosi, -avia e mpila; correct speech, mambu makosi.
  to pattern or gauge, a., -anonganonga.
CORRECTNESS (in manner, style, speech, &c.), n., kosi, 6.
CORRUGATION, a, n., mungumbuti, 3.
CORRUPT (make evil), v., bangumuna

3 B

CORRUPT, *continued.*
se mbi (4) *of persons* or bi (12) *of things*; yivisa.
CORRUPTIBLE (perishing), *a.*, -anwodi. be, *v.*, wolakana.
CORRUPTION, *n.*, uwolezia, 12.
COST (altogether), *v.*, kota muna; they cost 100 brass rods, zikotele muna 100 ntaku.
COUNCILLOR, the most trusted, *n.*, nemfilatu, 1.
COUNSEL, *v.t.*, kubikila.
COUNT carelessly, *v.t.*, lambakesa.
by turning up at one corner, *v.*, samba.
COUNTENANCE, *n.*, zizi, 6.
COUNTRY (in contradistinction to the town), *n.*, evinza, 8.
far away, foreign, *n.*, malongo, pl. 8.
COURAGE, *n.*, unkabu, 12; ungyamu, 12; nkabu, 2.
COURAGEOUS, be, *v.*, kabuka.
COURT, before an open, *adv.*, ova etenda-nkongolo.
(of a king), *n., see* lelelwa, 6, App.
open a, *see* mbazi a nkanu, App.
COURTEOUS, *a.*, -afuka.
COVENANT, *n.*, ekangu, 8; nkangu, 4.
It is better to use the former for the singular, and the latter in the plural, unless the singular and the plural are mentioned close together, to avoid confusion with makangu (*pl.* 8), friends, *and* nkangu (4), a crowd.
make a, *v.*, kanga e ekangu, 8 *or* o nkangu, 4.
COVER, *n.*, fukwa, 6.
imperfectly, *v., see* vunga, App.
COVERING, outer, *n.*, ngumbu, 2.
CRACK! *interj.*, balanganza! kwaka! twe!
in the corner of one's mouth, ndungununa, 2.
in the lip, *n.*, nsivu-sivu, 2.
in the skin between the fingers or toes, *n.*, nsingu (2) a nzi (2).
CRACKING of twigs by an animal in the "bush," *n.*, tie-tie, 6.

CRAFT, *n.*, ekondeka, 8; ekoneka, 8; diela, 7.
CRAFTILY, act, *v.*, teka e ngangu (2).
CRAFTSMAN, a good, *n.*, mfuzi, 2.
CRAG, a beetling, *n.*, lunengananu, 10.
CRAMP and stiffness after sitting a long while, *n.*, suka-suka, 9.
CRASHING, made by a great beast in a forest, *n.*, mfoto, 4.
CRAVING for, *n.*, kinzola-nzola, 5.
mad, *v.*, eketo, 8; he is mad for water, eketo dia maza kena diau.
CREATE (make something shapeless into some form), *v.t.*, sema.
CREATION, *n.*, esemo, 8.
the whole, *n.*, nsema, 4; *see also* lelelwa (pl.6) ya Nzambi, App.
(a creating), nsema, 2.
CREDIT on, *n.*, e kipodi, 5; *see* trust, App.
CREED, *n.*, kwikizi, 6.
CREEK, *n.*, mwidila, 3 (Bako); nsulu, 4.
CREEPER, thorny, *n.*, ewole, 8; ewele, 8.
CRETONNE, any cloth of floral design in many colours, *n.*, esungi, 8.
CREW of a ship, one of, *n.*, mumpambala, 3.
CRICKET, mole, *n.*, nzenze, 2.
(small), *n.*, kinzenze, 5.
CRIME, be guilty of, *v.*, nata o nkanu (4).
capital, nata e mpanda (2).
a terrible crime which can never be atoned for, *n.*, mungadu, 3 (P.? peccado?)
very great, *see* ngungu, App.
CRISP, be hard and, *v.i.*, balalala.
make, *v.t.*, badidika.
CROOKED, be, *v.i.*, bendomoka, benda, viongoloka, viotakana, zungumuka.
(as a road, fence, &c.), *a.*, -ampiolo.
make, *v.t.*, bendesa, bendomona, viongolola, viotakesa.
CROOKEDNESS (of disposition), *n.*, nkumfu, 4; *see also* nya, App.
CROP, *n.*, nkumbu, 4.
CROSS (lay athwart), *v.t.*, kambika.

CROSS-EXAMINE, v., **kunka.**
CROSS-EYED, make, v.t., **vididika o meso** (pl. 7).
  be, **meso (ma-) vilalala.**
CROSS-PIECE or line, n., **nkayikwa,** 2.
CROSS-WISE, adv., **ku nkayikwa.**
CROW, v.i., **kuba.**
CROWD (throng) about (one), v.t., **zadila.**
  around (of a great crowd), v.i., **fitama.**
  around some one, v.t., **fitamena.**
  (come crowding), v.i., **longomoka.**
  a great, n., **bidi,** 6 ; **ebidi,** 8.
  (group, cluster, mob), **ekutu,** 8 ; **ekutu-kutu,** 8 ; **ekuti,** 8 ; **kutikuti,** 6 ; **ntuti,** 4.
  dense, see **koka,** App.
  (things into something), v.t., **komangesa.**
CROWDING and treading upon one another, adv., **o mandiatani** (pl. 7).
  together, go, v.i., **vindana.**
CROWN, n., **kolowa,** 2 (P. **coroa**) ; see also **kiandu,** App.
CRUCIFIX, n., see under **nketekwa,** App.
CRUEL, a., **-anduvu, -alunkulu, -alufuma.**
CRUELTY, n., **nduvu,** 4 ; **lunkulu,** 10 ; **mfunia,** 2 ; **lufuma,** 10.
  (in beating only), **bobobo,** 6.
CRUMB, n., **nkesona,** 2 ; **vesona,** 6.
CRUNCH, v., **kukuta.**
CRUSH, v.t., **tufakesa.**
  against the side of the cooking pot, v.t., **nieta** (Bako), **vota.**
  and make a mess, v.t., **tufuna.**
  into pulp, v.t., **nianzuna, niasuna.**
CRUSHED to atoms, be, v., **wesomoka.**
  with a rubbing movement, v.t., **funta.**
CRUX (chief difficulty), n., **vaki,** 6.
CRY, n., **boko,** 6.
  begin to, v., **seloka o dila** (9).
  loudly, v.t., **loka.**
  (making a great noise), v.i., **vodiana, wodiana.**
  out loudly, v.t., **kaluluka.**

CRY, continued.
  out aloud in song, v., **yengoloka.**
  (scream as an infant), **yabala, yayakiana.**
CUBE, n., **kube,** 2.
CUBIC, a., **-akube.**
CULTIVATED country, n., **evinza,** 8.
CUNNING, n., **ekondeka,** 8 ; **ekoneka,** 8 (generally pl.) ; **diela,** 7.
  false, which fails entirely in its purpose, n., **ngangu** (2) **zezala** (8) or **zavululu.**
  wicked, n., **umpuka,** 12.
  one distinguished for, **kimpuka,** 5.
CUPBOARD, n., **nswekelo,** 4 ; **mvaka,** 4 ; **elundilu,** 8.
CURIOSITY, n., **untongolozi,** 12.
CURIOUS, be (prying), v.t., **tongolola.**
CURRENCY, n., **nzimbu,** 2.
  The oldest currency we can hear of was a mat of palm-fibre cloth, **lusambu** (11 & 2), 6×1 inch, generally made up in bundles of 10. They still linger in use to the north of Matadi. They were replaced about 1830 by red glass olive beads, **mbembe,** 2, which gave way in about 1863 to a hexagonal blue pipe glass bead ¼-inch in diameter, **nzimbu,** 2, **dinga,** 6, which still prevail.
CURRENT, strong, n., **mwalu,** 3.
CURSE, n., **nlaza,** 4 (Bako) ; **ndaza,** 2 ; see **sibu,** 6, & **kandu,** 6, App.
CURSED (infamous), a., **-asungu.**
CURVATURE, amount of, n., **enunga,** 8.
CURVE (winding), n., **mongola,** 3.
CUSHION to support the knee when squatting, n., **nsikinwa,** 2 ; **ndezi,** 2 ; **mfingitunu,** 2 (Bako).
CUSTARD apple, n., **elolo** (8) **dia mputu.**
CUSTOM, established, n., **nkiku,** 4.
  (habit), n., **minu,** 6.
CUSTOMARY, a., **kibeni** ; customary style of writing, **esoneka kibeni.**
CUSTOMS (toll), n., **vaku,** 12.
CUT at, make a (with a sword or large knife), v.t., **saka.**
  (hew, fell), **viva.**

CUT, *continued.*
  in short *or* small pieces (of cassava only), *a.*, -awele-wele.
  make a small cut, venzona.
  off (a slice, piece), vasuna.
  off (trim), kumpa, kumpika.
  of something hollow, *v.t.*, bwanguna.
  (surgically), *v.*, *see* seola, App.
  (on the temples, made in the operation of cupping), *n.*, kioba, 5.
  round the margins of the hair, *v.*, deka e nsuki (2).
  a small piece (of something eatable), *v.t.*, zuna.
  the throat, zenga e elaka (8).
  (trim), kumpa, kumpika.
  up (a carcase of meat), *v.t.*, teta.
  up to pieces (of grass, paper, leaves, &c., kela.
  (wound), *n.*, ndwadi, 2.
  cuts (on cut glass), *n.*, se, 6.
CYCLONE, *n.*, nebidi, 2.
CYLINDER, *n.*, silinda, 2.

D.

DABBLE (as a duck in the mud), *v.t.*, wunzulula.
DANCE, a pause and change in a, *n.*, ekuma, 8.
DANGER, *n.*, sumbu (Bako), 6; vonza, 6; lenga, 6; vangu, 6.
  be in, *v.*, sumbuka (Bako), mona e vonza *or* vangu *or* lenga.
DANGEROUS, *a.*, -ambengo-mbengo, -avangu, -alenga, -avonza.
DARE to, *v.*, kabuka (followed by the infinitive noun); dares he to enter in? nga kabuka kekabuka o kota e?
  not to dare to, *v.*, ke vwa owu wa ...ko, *with the fut. conseq. subj.*; he dared not move, kavwidi owu kanikuna ko.
  to mention, *v.*, kabula; he ventured to go and tell it to the chief, wele dio kabula kwa mfumu.
DARK grow, *or* be, *v.*, [kuma (9)

DARK, *continued.*
  ku-] lakama *or* (ku-) bwita- *or* bwitalala; bubalala.
  be in the dark about (a matter), *v.i.*, yididilwa.
  in the (concerning a matter), oku bubidi (6).
DARKEN, *v.t.*, bwitidika.
DARKENED, be, *v.i.*, bwitalala.
DARKENING, a, *n.*, ndombola, 2.
DARKNESS (blackness), *n.*, ndombola, 2.
  (mental *or* actual), *n.*, bubidi, 6.
  (obscurity), *n.*, lumvungia - mvungia, 10.
DARLING, *n.* (very precious thing), lengezia, 6; diabonda, 7.
  a., -a nsi a ntima.
DASH (bound) at, *v.t.*, vulumukina.
  against, *v.t.*, wula muna.
DASHED against, be, *v.i.*, wulama muna.
DAUGHTER, *n.*, *see* wuta, App.
  daughter *or* son-in-law, *n.*, mwana (1) a longo (10).
DAWN, *n.*, mvunga-vunga, 2; nkielelo, 2; minkia, pl. 3.
  v.i., tendoka; the day is going to dawn, o kuma se kutendoka.
DAY, some *or* one, *adv.*, oku kukwiziwa.
  star, *n.*, ntetembwa (2) a nkielelo (2).
  upon which there is no market, lumbu (6) kiansuwa.
DAYLIGHT, *n.*, minkia, pl. 3.
DAZZLING, *a.*, e sezi (*adv.*).
DEACON, *n.*, selo, 6.
DEAD, be quite, *v.*, fumbuka.
  cold and, vola.
  (a euphemism), budika.
  raise from the, *v.t.*, futumuna (Bako).
  rise from the, *v.i.*, futumuka (Bako).
DEAF, *see also* pupu, App.
  to all arguments, one who is, *n.*, pukidi-matu, 6; pupulu, 6.
DEALINGS with, have, *v.*, kala kumosi ye.
DEATH, the cause of, *n.*, lufwa, 10.
  sudden, *n.*, lufwa (10) luakanku; ntintu, 4.

DEATH, *continued.*
  violent, *n.*, sungu, 6.
DEBAUCH, evil effects of, *n.*, mvunda, 4.
  result of over-feeding, mvunda a dia.
DECA- (metre, &c.) = × 10; deka-
  (meta, &c.).
DECANT, *v.t.*, longolola.
DECAYED, something, *n.*, wolezia, 6.
DECEASED, the, *n.*, *it is not proper to mention the name of one recently dead, and to avoid it the following are used:* mpasi, 2 (the trouble); ezina, 8 (the name), *treated as 1st class nouns,* o mpasi, o ezina (o 'zina); *also* mfu (Bako), 4.
DECEIT, *n.*, luvunginiku, 10; luvuki, 10.
DECEITFULLY, act, *v.i.*, teka e ngangu (2).
DECEITFULNESS, *n.*, umpuki, 12.
DECEIVE, *v.t.*, vukika, vunginika.
DECEIVED, be, *v.*, vukama, vunganana.
DECEPTION (feigning) *n.*, kuvùnina, 9.
DECI-(metre, &c.)=$\frac{1}{10}$; desi-(meta, &c.).
DECIDE (come to a decision), *v.*, yambukwa o moyo (3) *or* ntima (4).
  a case in court ("find"), *v.t.*, solola.
DECISION, prepare *or* come to a, *v.*, kubika.
  in a law court, *n.*, nzengo, 2.
  (judgment), *n.*, *see* mpiku, 2, App.
DECLARE officially, *v.*, teleka.
DECOMPOSING, *a.*, -anwodi.
DECREASE (in size), *v.i.*, keva.
DECREASED, *a.*, -akeva.
DEED, *n.*, evangu, 8.
DEFACE, *v.*, bandula.
DEFECT, *n.*, twangu, 6.
DEFENCE, make a (by concocting some excuse), *v.*, vala o mabungwa (pl. 8) *or* e mpiku (2).
  prepare a, lamba o mabungwa *or* e mpiku.
  make a defence (in a court), *v.*, songa e yeleka (pl. 5), *lit. to show the true facts.*

DEFENCE, *continued.*
  speech in defence of, *n.*, vovelo, 6.
DEFEND, *v.t.*, kangula.
DEFER, *v.t.*, vengekela.
  the day (&c.), lambula e lumbu (&c.).
DEFICIENCY, } *n.*, nkondwa, 2.
DEFICIT,
DEFILE, *v.t.*, safula, bolola.
DEFILEMENT, *n.*, nsafu, 4; esafu, 8.
DEFINE (explain), *v.t.*, sasuna.
DEFLOWER, *v.*, tetela.
DEFRAUD, *v.t.*, tekela e ngangu (2).
DEGRADE, *v.t.*, *see* bolola, App.
  (of persons only), kunkula.
DEGREE, in no small degree, ke -andwelo, ke vevi ko.
DEJECTION of spirits, *n.*, zowalala, 9.
DELAY, *v.t.*, kindika, ningika.
  (tarrying), *n.*, mazinga, pl. 8; ezingu, 8.
DELICATE, a thing which is very, *n.*, bekenge, 6.
DELIGHT, *n.*, ekembo, 8.
DELIGHTED, be (because of some great acquisition), *v.*, pata.
DELIVER (protect), *v.*, kankana.
DELIVERER, *n.*, kangi, 6.
DELUDE, *v.*, vukika, vunginika.
DELUDED, be, *v.*, vukama, vunganana.
DEMANDED of one, to have it, *v.*, zolelwa; it was demanded of him by the chief, i kazolelwa kwa mfumu.
DEMIJOHN, small, *n.*, nzanda, 4.
DEMON, *n.*, nkwiya, 4.
DEMONSTRATE (prove), *v.*, sia e yeleka (pl. 5).
DENY, *v.*, vakula o nkalu (4).
DEPART (*of many only*), *v.i.*, wunguka.
  far away, *v.i.*, vekomoka.
DEPEND (upon), *v.*, sia e fika (6) ye kamba (6) muna, sia *or* bunda e vuvu (6).
DEPENDABLE, *a.*, -afika ye kamba, -akwikizi, -avuvu, -aziku.
DEPOSE, *v.t.*, kunkula.
DEPRESS (the spirits), *v.*, zoweleka.
DEPRESSED in spirits, be, *v.*, zowalala.

DEPRESSION of spirits, *n.*, **zowalala,** 9.
DERANGE, *v.*, **vwalangasa** (Bako).
DERANGEMENT, *n.*, **mpioto,** 2 ; **mpitiku-mpitiku,** 2 ; **ntiaku-ntiaku,** 4.
DESCENDANTS, *n.*, **mbongo,** 2 (*sing. only*).
DESERVE, *v.i.*, **fwanukina, fwanukwa.**
DESIRE, *n.*, **nzola,** 2.
   earnestly, intensely, *v.*, **lekokelwa** *or* **lekukilwa** *or* **lengokelwa** *or* **lengukilwa** *or* **zinwa** *or* **lakukilwa o moyo; sia...e etima** (8) ; **fwila...e baba** (6).
   (for something, longing), *n.*, **luema,** 10 ; **evelema,** 8.
   (after), intense, *n.*, **elemena,** 8 (**dia**) ; **eketo,** 8 (**dia**) ; **nlekoko** (4) **a moyo** (3) ; **baba,** 6.
   of one's heart, *n.*, **etima,** 8 ; **nsi** (2) **a ntima** (4).
   passionately, *v.t.*, **ketokela** (8).
DESIRED to, be, **zolesela** ; he desired him to go, **unzolesèle kenda.**
DESOLATION (of a deserted town), *n.*, **uzumbu,** 12 ; **mfuta,** 2.
DESOLATE (bare), *a.*, **-angidinginza.**
   (solitary, of places only), *a.*, **-asombe;** a solitary town, **evata diasombe.**
DESPAIR, *v.i.*, **moyo** (3, **u-**) **zeza.**
DESPISE, *v.t.*, **veza, bembola.**
DESTITUTE, *a.*, **-ansukami** (pl. **asukami**).
DESTROY, *v.t.*, **bunga, fwasa.**
   (make an end of), *v.*, **funka.**
   (spoil), *v.t.*, **bwangalakesa.**
   (scatter about), *v.t.*, **pangalakesa.**
DESTROYED utterly, be, *v.*, **kufwila.**
DESTRUCTION, *n.*, **lufwasu,** 10.
DETAIL (give a detailed account), *v.t.*, **tetomona.**
   (give the details, items), *v.*, **tangumuna.**
DETECT in the very act (of), *v.*, **vumbula** (**muna**).
DETERMINATION, have a strong, *v.*, **kanama.**
   to do *something bad*, *v.*, **sulama.**
   fierce, *n.*, **nkasi,** 2.

DETERMINED (to), be very, *v.*, **sia e ekami** (8, **dia**).
DETHRONE, *v.t.*, **kunkula.**
DEVASTATE, *v.t.*, **fwantakesa.**
DEVIL, *n.*, **bilungi,** 2 (Angola ?) ; *see also* **nkadi,** App.
DEVOTEDNESS, *n., see* **nkanka,** App.
DEVOUR greedily, *v.t.*, **piantula.**
DIADEM, *n.*, **kolowa,** 2 (P. **coroa**).
DIARRHŒA, severe, *n.*, **nsiènène,** 2.
DIE, *v.* (an euphemism used of great people), **yekama e nima a kiandu.**
   natural death (of one's own accord), not by violence, *v.*, **kufwila.**
   slowly and without apparent cause, *v.*, **singa.**
   suddenly, *v.*, **kankuka.**
DIFFERENCE (between), the nature of the, *n.*, **luswaswanu,** 10 ; they carefully explained to me the difference, **batomene kunsonga o luswaswanu.**
   (indefinite),**nswaswani,**2; there is a difference, **nswaswani ina ko.**
DIFFERENT, be (of a palaver *or* language only), *v.i.*, **bindama ;** their language is different, **e ndinga au ibindamene ;** the palaver takes a different form, assumes a different aspect, **e diambu se dibindama.**
DIFFICULT (arduous), *a.*, **-afuki.**
   to comprehend *or* explain, *a.*, **-ampimpita.**
DIFFICULTY, *n.*, **lenga,** pl. 6 ; **vangu,** pl. 6 ; **vonza,** pl. 6.
DIFFUSED (of an odour), be, *v.i.*, **bundumuka.**
DIG up (things close to the surface), *v.i.*, **funta.**
   root and all together, *v.t.*, **sebola.**
DIGEST, *v.*, **bululwisa.**
DIGESTED, be, *v.i.*, **bululuka.**
DIGESTION, *n.*, **mbululuka,** 2 ; **lubululwisu,** 10.
DIGNIFIED bearing, *n.*, **tifu,** 2 (P. **chefia**).
   maintain, *v.*, **tifuka** (*perf.* **-ini**).

DILIGENCE, *n.*, **kiàkasa,** 5 ; **sungididi,** 6.
DILIGENT about, be very, *v.*, **kuzika, siamisa, sia...e etima** (8) *or* **sungididi** (6) *or* **swiswi** (6) *or* **o luntati** (10).
DIMPLED, be, *v.i.*, **kompoka, koboka.**
DIP (as a morsel in the gravy), *v.*, **vungila.**
(with a quick movement), *v.t.*, **zaba.**
DIRECT (of some part of the body), *v.t.*, **fila,** to place the legs, **fila o malu** (9 pl.).
direct path, a, *n.*, **nzila** (2) -**abatu-abatu.**
DIRECTION, *n.*, **nsongi,** 2 ; he is gone in the direction of my town, **kuna nsongi a evata diame kele.**
in which one's head lay when lying down, *n.*, **mfilu** (2) **a ntu** (4).
of the feet, **ndambilu** (2) **a malu** (9).
DIRTY, become (tarnish, grimed), *v.i.*, **vesoka.**
a., -**eveso.**
make dirty and spoil, *v.t.*, **bandula, bolola.**
make foul, **safula.**
DISAGREEABLE person, *see* **mungania,** 3, App.
DISANNUL a covenant, *v.*, **kangula e ekangu** (8).
DISAPPEAR, *v.i.*, **pumuka, vempoka, lala.**
slowly, *v.i.*, **komoka.**
DISAPPOINTED, be, *v.*, **tionga, kafalala, ntima** (4 u-) **kafalala.**
DISAPPOINTMENT, *n.*, **lukonananu** (10) **lua ntima** (4).
DISARRANGE, *v.*, **tiangalakesa.**
DISCIPLE, *n.*, **nlongoki,** 1 & 4.
v., **longakesa.**
DISCIPLINE (chastening), *n.*, **elongi,** 8.
DISCLOSE, inadvertently, *v.t.*, **sundakesa, lutakesa.**
DISCONTINUE a habit which was once frequent, *v.*, **kenga.**
DISCOVER (find), *v.t.*, **dimbula, zimbula.**
(invent), *v.t.*, **semona, selomona, solomona.**

DISCOVER, *continued.*
one's self (leave a hiding-place), *v.*, **kusènga.**
DISCOVERED with, be, *v.*, **soloka ye.**
DISCREET, be very, *v.*, **kukènka** (*refl.*).
DISCUSS point by point, *v.*, **balula.**
together very obstinately or strongly, *v.*, **bambana, zekana.**
DISCUSSION, be much under, *v.i.*, **yaya.**
DISENTANGLE (something hitched), *v.t.*, **tandula.**
DISESTEEM, *v.*, **savula, bembola.**
n., **nsavu,** 4.
DISFIGURE, *v.*, **bandula.**
DISGRACE, *n.*, **luvungu,** 10; **lutumbuku,** 10.
DISGUSTED, be, *v.*, **kenonoka.**
DISGUSTING (sickening), *a.*, -**aluenia.**
DISHEARTEN, *v.*, **vonda o ntima** (4).
DISHEARTENED, be, *v.i.*, **fuwa o ntima** (4).
in, *v.t.*, **fwilwa...o ntima.**
DISHONOUR, *n.*, **nsavu,** 4 ; **lutumbuku,** 10.
DISINTER, *v.*, **vundumuna.**
DISLIKE, for some fault or defect, *v.t.*, **twanga.**
DISLIKED, be strongly (in consequence of wrong committed), *v.*, **sumukwa.**
DISMAY (fright, fear), *n.*, **kinkenda,** 5 ; **keza,** 9.
DISMISS, as of no further use, *v.t.*, **tengola.**
DISOBEDIENCE, *n.*, **bukòlo,** 12 (Bako); **nganzi,** 2.
(regardlessness), **nlandu,** 4.
DISOBEDIENT (regardless), *a.*, -**anlandu.**
DISORDER (derangement), *n.*, **mpitiku-mpitiku,** 2 ; **mpioto,** 2 ; **ntiaku-ntiaku,** 4 ; **evwanga,** 8.
v.t., **vwalangasa** (Bako).
in, *a.*, -**evwanga.**
(anarchy), *n.*, **ntumpa-ntumpa,** 4.
DISPARAGEMENT, *n.*, **nsavu,** 4.
DISPENSATION (régime), *n.*, **esansu,** 8.
DISPERSE (of crowds, clouds, &c.), *v.i.*, **vula.**

DISPERSE, *continued*.
   in all directions, in disorder, *v.t.*, sia
   o ntiaku-ntiaku (4).
DISPIRITED, be, *v.*, fuwa o ntima (4);
   see also kufiânunga, App.
DISPLACE (by taking the place of),
   v.t., lufa.
DISPLEASE, *v.t.*, kafidika (o ntıma,4).
DISPLEASED, be, *v.*, [ntima (4) u-]
   kafalala.
DISPUTE, love of, *n.*, nzekani, 2.
   to start a, *v.*, leka e mpaka (2).
   (wrangle), *v.*, zekana, bambana.
DISREGARD, *n.*, *see* umpavuludia, 12,
   App.
   (contempt) lutialu, 10, *n.*
   (put up with) *v.t.*, vukula.
   utterly, *v.t.*, zengeneka.
DISRESPECT, *v.t.*, bembola, savula,
   veza.
   utter, *n.*, nzengenga, 2.
   utterly, *v.t.*, zengeneka.
DISSEMBLER, *n.*, kuvùnina, 1.
DISSOLUTENESS, *n.*, yingalu, pl. 5.
DISSUADE, *v.*, kulula.
DISTEND (blow out), *v.t.*, tuva, tuvi-
   dika, tividika.
DISTENDED, be, *v.i.*, tuvalala.
   something, *n.*, tuvala, 6.
DISTENSION, *n.*, tuvalala, 9.
DISTINCTLY, do, *v.t.*, tumbula.
   speak, *v.t.*, tumbula o vova (9) *or*
   e ndinga (2).
   write, *v.t.*, tumbula o soneka (9).
DISTORT (make crooked), *v.t.*, viongo-
   lola, viotakesa, vioteka, zu-
   ngumuna.
DISTORTED, be, *v.i.*, viongoloka,
   viotakana, viotama, zungu-
   muka.
DISTRACT, *v.*, vukula.
DISTRESS, to, *v.t.*, zubana, kendalala,
   kandidika o ntima (4).
   (worry), *v.t.*, funtuna.
DISTRESSED, be very, *v.i.*, kendalala,
   ntima (4, u-) kandalala.
DISTRESSING, very, *a.*, -alukendalalu.
DISTRICT, *n.*, zunga, 6 ; mvivu, 4.
DISTURBANCE (riot), *n.*, nsonsa (4)
   yo niku-niku (4).

DIVIDE, by cutting right through, *of
   something which is hollow*, *v.t.*,
   bwanguna.
   up something which is very small to
   be divided among so many, *v.*,
   kankana.
DIVIDED, be (in a state of division),
   v., bulana.
DIVISION (mathematical), *n.*, luka-
   yanisu, 10 ; lukayilu, 10.
   (a separation), *n.*, mpambula, 2.
DIVISOR in arithmetic, *n.*, vaudi, 6.
DIZZINESS, *n.*, nzieta, 4 ; nziezie, 4.
DO, *v.t.*, sadika.
   do...a little, *v. aux.*, vuna ; wait
   a little, vuna dingama ; lift it
   up a trifle, vuna kio zangula.
   as one likes with, *v.*, *see* zanuna &
   zanu, App.
   at once, *v.t.*, vanga-vanga.
   clearly, *v.t.*, tumbula.
   do much, exceedingly, repeatedly, *v.*,
   vangulula ; he treated him
   repeatedly in manner which
   would destroy all kindly feel-
   ing, umvangulwidioma ma
   nkatulu a unkanka.
   (have much to show for *it*),
   v.t., totola.
   slowly, gently, *v.t.*, lelemba.
   that which is bad only, *v.t.*, sula.
   thoroughly well, *v.*, vangalala ye,
   vangalela ; do this work thor-
   oughly, toma vangalala ye
   salu kiaki *or* toma vangalela
   e salu kiaki.
   this is all that I can do for you, i
   ndenda kuvangila aka didi.
DOCTRINE, *n.*, nlongi, 4.
DODGE about, *v.i.*, vezozioka.
DOER, *n.*, *see* mumpanga, App.
DOME, *n.*, ngumba, 2.
DONE, be, *v.i.*, salama, saluka.
DONKEY, *n.*, ebuluku, 8 (P. burro).
DOUBLE up (as with pain in the
   stomach), *v.i.*, fumbalala.
DOUBT, no, *adv.*, e kieleka kiau.
DOWRY paid *for* a wife, *n.*, nzimbu
   (pl. 2) *or* mbiya (sing. 2) *or*
   nkanda (4) a longo.

DRAG about, *v.t.*, **tuluza.**
heavily, *v.i.*, **sindama.**
DRAGON, *n.*, **ngobodi**, 2 ; **kakùngu**, 9.
DRAPE, *v.t.*, **zembeleka.**
DRAUGHT (drunk), *n.*, **ndua**, 2.
(of air), **mwalu** (3) **a kiozi** (5).
DRAW aside (a curtain, &c.), *v.t.*, **vungumuna.**
away, off (in numbers), *v.t.*, **kokela.**
(a bow), *v.t.*, **nanumuna, vuna.**
up into folds or puckers, *v.t.*, **kutidika.**
v.i., **kutalala**.
draw (water), something with which to, *n.*, **tekwa**, 6.
DRAWER, *n.* (a shelf under a native bed), **mvaka**, 4.
DREAD, *n.*, **kiongomena**, 5.
DREAR, *a.*, **-angidinginza.**
DRIFT with the current, *v.i.*, **bebwa** (Osolongo).
DRILL, instruct in evolutions, *v.t.*, **vangisa e fuka** (6).
DRINK, a, *n.*, **nua**, 9.
making a great noise in swallowing, *v.t.*, **bokomona.**
DRIP (of sticky, viscous fluids), *v.*, **zelomoka.**
DRIVE in (cause to pierce), *v.t.*, **sumika.**
into a corner, *v.t.*, **vakika.**
drive out (a woman's word when angry), *v.t.* **longomona** ; I will drive the whole crowd of you out, **ikunulongomona.**
DRIVEN about, first here and then there, *adv.*, **e nangia-nangia** (2).
DROVE, *n.*, **bemba**, 6.
DRUM, small, having two diaphragms, played during the wailing for the dead, *n.*, **duku**, 6.
DRUMMER, *n.*, **kingoma**, 5.
DRUNK and furious, become very, *v.i.*, **wuyana.**
DRUNKARD, *n.*, **kolwa** (6) **kia malavu** (pl. 8), (Bako).
a wretched (a slave to drink), **bwe** (7) **kia malavu** (pl. 8).
DRUNKEN madness, *n.*, **uwuya**, 12, man, *n.*, **nkwa nkolwa** (2).

DRUNKENNESS, the after-effects of, *n.*, **mvunda** (4) **a nua.**
DRY (a corpse), *v.t.*, **kavisa.**
be hard and, *v.*, **koya.**
very, *adv.*, **e koyo.**
be (as paint, mud, gum, &c., *of films only*), *v.*, **babalala.**
become (of things not liquids), *v.i.*, **wuminina.**
DUMBFOUNDED, be, *v.i.*, **zenganana, yenganana, kuzèngeneka.**
DUNG, *n.*, **uyi**, 12 ; **wiyi**, 12 ; **yi**, 12.
of birds, *n.*, **nsasa**, 2.
DUSTY state, in a very, *adv.*, **e bundukutu.**
DUTY, one's first, *n.*, **vaki**, 6.
DWELLING-place, *n.*, **kalu**, 6.
DYE, *n.*, **dima**, pl. 6.
DYNASTY, *n.*, **vumu**, 6.
DYSENTERY, *n.*, **makulu**, pl. 8.
DYSPNŒA, *n.*, **ekomongo**, 8.

E.

EACH, *a.*, **konso, konto** (Bako) ; they came each man with his gun, **bezidi konso muntu yo ta wandi.**
EAGERNESS (excitement), *n.*, **kiangula**, 5.
eagerness and yet fear, *n.*, **nzala** (2) **a fiwonga.**
EAGLE, *n.*, **nkunku**, 2 ; **vungu**, 6 ; **kavùngu**, 9.
EAR, *n.*, **kutu**, 8 (pl. **makutu**), (Bako).
ears ready to hear, **wa** (9) **kwanzo-ko-zoko.**
EARLIEST ages (when things were created), *n.*, **esemo**, 8.
EARNEST, *n.*, **ngyeleka**, 2.
about, be very, *n.*, **kuzika, siamisa.**
be (diligent), *v.i.*, **sungama, sia e sungididi** (6) *or* **swiswi** (6) *or* **luntati** (10).
(intent) grow, be, *v.*, **vela-vela.**
be (whole-hearted), **sia e etima** (8).
EARNESTLY (whole-heartedly), *adv.*, **kuna nsi a ntima.**

EARNESTNESS (diligence), *n.*, **sungididi**, 6 ; **swiswi**, 6 ; **luntati**, 10.
EARTH, *n.*, **mavu**, pl. 7.
EARTHQUAKE, *n.*, **ludedemo** (10) **lua ntoto** (4), **nzakama** (2) a **ntoto**.
EARWIG, *n.*, **mwelele**, 3.
EAST, *n.*, **lunene**, 10.
EAT, *v.t.*, **puta**.
  without having washed the hands, **dia e kidia-ùna** (5).
  up greedily, *v.*, **piantula**.
EAVES, *n.*, **veve**, 6.
EBB (of the tide), *v.*, **kwenda, vola**.
EBONY, *n.*, **sila**, 6.
ECCLESIASTES (the preacher), *n.*, **kimpovela**, 5.
ECLIPSE (outdo), *v.*, **vandalala, vatalala**.
ECONOMY, *n.*, *see* **kinkani**, App.
EDGE, *v.*, **bombola**.
  n., **lunseka**, 10.
  brink, **mfumfula**, 4.
  (of a precipice), *n.*, **lunengananu**, 10 ; **mfumfula**, 4.
  have a rough, untrimmed, *v.i.*, **zananana**.
  rough, of broken wood *or* torn cloth, *n.*, **zavuti**, 6.
EDGED, two, *a.*, **-a meno mole**.
EDGING of a cloth, **bayi**, 2 (P. **bainha**).
  to put on an, *v.*, **bombola**.
EDIBLE, *a.*, **-andia**.
EDIFICATION, *n.*, (*act.*) **luvangameso**, 10 ; (*pass.*) **luvangamu**, 10.
EDIFY, *v.t.*, **vangamesa**.
EDUCATE, *v.t.*, **sansa**.
EDUCATED, be well, *v.i.*, **lumbuluka**.
EDUCATION, *n.*, **lusansu**, 10; **nsansa**, 2.
  (teaching), **ndonga**, 2.
EEL, *n.*, **nsomvi**, 4 ; **nsonzi**, 4.
EFFECT, *n.*, **kumu**, 6.
EFFECTIVE, effectual, *a.*, **-akumu**.
EFFEMINACY, *n.*, **zeze**, 12 ; **uzeze**, 12.
EFFICACY, *n.*, **kumu**, 6.
EFFULGENCE (the shining forth), *n.*, **lutemo**, 10.
EGG, *n.*, **diki** (pl. **meki**), 7 (Kib.); **etadi**, 8.
  (word sometimes used for fowl's eggs, lest the hen should hear her

EGG, *continued.*
  eggs spoken of, and stop laying), **vidiza**, 8 (Kib.) ; **evilanu**, 8.
  plant, *n.*, **lezo**, 6.
  the fruit of a variety of the, **kinsukulu**, 5 ; **kindukulu**, 5.
ELBOW one's way, *v.*, **kulàkasa, kulàka** (*refl.*).
ELDER, *n.*, *see* **nkuluntu** (2), App.
ELECT (the selected), *n.*, **ndimbuki**, 1 & 4.
ELEMENT, *n.*, **ezuku**, 8.
ELEMENTARY, *a.*, **-ezuku**.
ELEPHANTIASIS (of foot), *n.*, **mbadi**, 2.
ELEVATION of a gun, the proper, *n* ; *see* **zengo**, 6, App.
ELSE, or, *conj.*, **ke mpela ko**.
ELSEWHERE, *adv.*, **e kikaka**.
EMACIATED, be, *v.i.*, **kamuka, kava**. *a.*, **-ankâlati**.
EMACIATION, *n.*, **nkâlati**, 2.
EMBALM, *v.t.*, **kavisa**.
EMBRACE, *v.*, **bimbakana**.
  the feet, etc., *v.*, **kwenda** *or* **kwiza e ngangala, yilama**.
  see also **e ntayi**, App.
EMERALD, *n.*, **emeraude**, 2.
EMIGRANT, *n.*, **ntangu**, 2.
EMIGRATE, *v.i.*, **tanguka**.
EMOTION, *n.*, **vengenene**, 6.
EMPHASIZE strongly, *v.*, **kuzika**.
EMPTINESS, *n.*, **mpenza**, 2 ; **vela**, 6.
EMPTY, *a.*, **-ampenza, -avela**.
  be left, *v.i.*, **sâdila**.
  leave, *v.t.*, **sâdisa**.
ENCLOSURE for drying ground of nuts, &c., *n.*, **saku**, 6.
ENCUMBERED by, to be, *v.*, **bambamena**.
END, *n.*, **nsilu**, 4 ; *see also* **nsukisilu**, 2, App.
  of, make an, *v.*, **funka**.
  (of a piece of cloth), *n.*, **nsambu**, 2.
ENDEAVOUR (to do something beyond one's power), *v.t.*, **kuvàka** (*refl.*).
  earnestly, *v.i.*, **siamanana**.
  to know *or* obtain, *v.*, **longota**.
ENDLESS, *a.*, **ke -suki** ; endless life, **moyo ke usuki**.

ENDURANCE, brave, *n.*, **viyidila**, 9; **zizi**, 6.
lack of, *n.*, **kiangula**, 5.
(persistence), *n.*, **luzindalalu**, 10.
ENDURE (bear), *v.t.*, **siamina**.
patiently, bravely, *v.*, **zozoka, zizila, viyidila**.
(persist), *v.i.*, **zindalala**.
(last), **zingila**.
very long, **zinguluka**.
ENEMA, administer by *or* an, *v.*, **tuba**.
ENERGETIC, be very, *v.i.*, **tumpatumpa**.
ENERGY, *n.*, **telamiana**, 9 (ability to move briskly); *see also* **nkonzo**, App.
(go), *n.*, **sakala-sakala**, pl. 6, **ngungula-ngungula**, 2.
(potential), *n.*, **nkuma**, 4; **mfunka**, 4.
put out, *v.*, **sia e mfunka** (2).
(active), *n.*, **mfunka**, 2.
ENGAGEMENT (occupation), *n.*, **vaki**, 6.
ENGLISH, *a.*, **-angelezo**.
ENGLISHMAN, *n.*, **Ngelezo**, 2.
ENGINE, *n.*, **màkina**, 2 (P. machina).
ENGRAVE, *v.t.*, **vosa**.
ENGROSSED in, be, *v.*, **sia...o moyo** (3).
ENJOIN strictly, *v.t.*, **kanikina**.
ENLARGE, *v.t.* (a thing which has been already made, as a hole, house, &c.), **vudisa**; he has enlarged his house, **ovudisi e nzo andi**.
ENLARGED, be, *v.i.* (*as above*), **vula**.
ENLIGHTEN, *v.t.*, **temona**.
ENORMOUS (massive) thing, an, *n.*, **kiengele**, 5; an enormous tree, **kiengele kia nti**.
ENOUGH, be, *v.i.*, **lungila**.
not enough, *adv.*, *see under* **yavana**, App.
ENRAPTURED, be, **sanguna**.
ENSNARE, *v.t.*, **kokeka**.
ENTANGLEMENT, *n.*, **mpioto**, 2.
ENTER rudely *or* without leave, *v.*, **kuniùnga** (*refl.*).
ENTERTAIN a hope, *v.*, **sia e vuvu** (6).
ENTICE, *v.*, **leba**.
ENTRUST with, *v.t.*, **sia...e mbebe** (2).
ENVIRONMENT, *n.*, **kinzieta**, 5; **nzinguluka**, 2.

EPILEPSY, *n.*, **nkisi** (4) **a teke** (Bako); **nsansi**, 4 (fits of all kinds).
EPILEPTIC fit, to have, *or* be liable to, *v.*, **yela o nkisi** (4) **a teke** (6).
EPIPHYTIC plant growing on the **nsafu**, *n.*, **kinkundila**, 5.
EQUALLY (of division), *adv.*, **e bulakati**.
ERECT, & throwing the chest out, *or* bowed, be very, *v.i.*, **manganana, minganana**.
(set up), *v.t.*, **kuma**.
ERODE slowly, *v.i.*, **komoka**.
v.t., **komona**.
ERROR, erratum, *n.*, **vilwa**, 12; **mpilakeno**, 2; **mpilwa**, 2.
ERUPTION (on the ear), *n.*, **mpekeveke**, 2.
ESCAPE, allow to, *or* to have escape from one, *v.*, **kutisa**.
allow to, *v.*, **vukisa**.
secretly, *v.i.*, **bubumuka**.
(slip away), *v.t.*, **sunuka**.
ESPECIALLY, *adv.*, **musungula**.
ESSENCE, *n.*, **mwema**, 3.
ESTABLISH securely, *v.t.*, **sidika**.
ESTEEM, *n.*, **ntondo**, 4.
ESTRANGED, be, *v.i.*, **kuvàva**.
ESTRANGEMENT, *n.*, **umpavuludia**, 12.
ETERNAL, *a.*, **-a koko yakuna, -a mvu ya mvu, ke -suki**.
ETERNALLY, *adv.*, **yakwele mvu**.
EUNUCH, *n.*, **nzimba**, 2.
EUPHEMISM, *n.*, **senswa**, 6.
speak in, *v.*, **vova muna senswa**.
EVANESCENT, be, *v.i.*, **sunsumina**.
EVASION,
EVASIVENESS, } *n.*, **mavenga**, pl. 8.
EVASIVE answers, give, *v.*, **ziezianisa**.
EVEN, *adv.*, **utu** (Bako), **ele, tu**; even we, **oyeto tu**.
even if *or* when, *conj.*, **kana nkutu** *or* **vo, kana una, wau nkutu** *or* **vo, kufwila owu...ko, o vova ele vo, vova ele vo**; *see also* **o sia ele vo**, App.; **i muna wau nkutu...ndivo** (emph.); even if you go, **kufwila owu okwenda ko**.
even if (supposing), **kana una, vo**.

EVEN, *continued.*
even then *or* in that case, e kana nkutu.
even number, *n.*, etoka, 8 ; nzanza, 2.
even, *a.*, -etoka, -anzanza.
even at the top, *a.*, -elalangoma.
EVENTUALLY, *adv.*, oku kukwiziwa (*future*).
EVER, for, *adv.*, yakwele mvu.
for ever and ever, yamu tandu ke tandu.
EVERLASTING, *a.*, ke -suki, -a mvu ya mvu, -a koko ya kuna ; everlasting life, moyo ke usuki.
EVERY, *a.*, konto (Bako), konso.
EVERYTHING, *n.*, wadiwonso.
(abstract), wonso, 12.
EVIDENCE, substantial & overwhelming, *n.*, ntunguluzi, 2.
EVIDENT, be, *v.i.*, kia ; *see also* laya, App.
make, *v.t.*, kiesa.
EVIL, *n.*, bubi, 12 (Bako).
determine against, *v.t.*, kanama.
one, person, *n.*, mbi, 4.
EVIL-DOER, *n.*, mumpanga-mayi, 3 ; munsula-mayi, 3.
EVOLUTION, *n.*, esemo, 8 ; nsema, 2.
EXACT (correct to pattern), *a.*, -anonga-nonga.
EXACTLY the same, in exactly the same way, *adv.*, e nonga-nonga (6).
EXALT, to, *v.t.*, kundidika, tundidika.
EXALTED, be, *v.*, kundalala, tundalala.
EXAMINE, gently, tenderly, or carefully, something very painful or fragile, *v.*, wunza.
EXAMINE, *v.*, sandulula, satulula.
EXAMINATION, *n.*, nsandulula, 2 ; lusandululu, 10 ; nsatulula, 2 ; lusatululu, 10.
EXAMPLE (instance), *n.*, nona, 6.
give an, *v.*, sia e nona.
(clear, in full view), *n.*, pwa-meso, 6.
(something to be copied), mbandu, 2.
set an, *v.*, songesela.
(warning, pattern), *n.*, elongi, 8 ;

EXAMPLE, *continued.*
sisa, 6 ; he made an example of him, unsidi se elongi.
EXCEED (have, do more), *v.t.*, beta.
EXCEEDING (great), *a.*, -ansita ; exceedingly sweet, zenza kwansita.
EXCELLENCY, your, *see* lekela & etá, App.
EXCEPT, *conj.*, nanga, nangi, nangu ; *see also* be excepted, *below*, & evengwa, App.
EXCEPTED, be, *v.i.*, katuka ; this thing only excepted, e lekwa kiaki kaka kikatuka ; any one except Lutu and Ntoni, konso muntu, o Lutu yo Ntoni aka bakatuka.
EXCESS, *n.*, nsundidi, 2 ; nsavu, 4 ; *see also* tununu, App.
a., *see* -ansuwa, App.
of one's due, in, *a.*, -evudidila.
money taken in excess of one's due, *n.*, nzimbu (2) zevudidila.
EXCESSIVE, *a.*, -ansita, -ansuva.
EXCESSIVENESS (exceeding greatness), *n.*, *see* nsita, pl. 2, & ebiki, 8 ; & mbiki, 4, App.
EXCHANGE, in, *adv.*, e nsobani (2).
to give in, *v.*, vana e nsobani.
make a mutual, *v.t.*, toteka, vilangesa.
EXCITED, be (with impatience, eagerness), *v.*, kala ye kiangula (5).
be (with pleasure), *v.i.*, pialuzioka.
EXCITEMENT (of impatience), *n.*, kiangula, 5.
EXCOMMUNICATE, *v.t.*, dila e kandu (6) ; *see* kandu, App.
EXCOMMUNICATED person, *n.*, mwana (1) a kandu (6).
EXCOMMUNICATION, *n.*, *see* kandu, 6, App.
EXCREMENT, *n.*, uyi, 12 ; yi, 12 ; wiyi, 12.
EXCUSE, *n.*, ebungwa, 8 ; mpiku, 2 (*see* K.-Eng. App.) ; evunzavewa, 8 (*see* evunza, App.) ; eveko, 8.
(artifice), lumpeso, 10.

EXCUSE, *continued.*
  make an, *v.*, **vala o mabungwa** *or* **e mpiku.**
  make up (concoct), **lamba o mabungwa** *or* **e mpiku.**
  (unsatisfactory), *n.*, **viaku, 6.**
EXECRATE strongly, *v.t.*, **duka.**
EXECUTION, place of, *n.*, **etetelo, 8.**
EXECUTOR of a will, *n.*, **masilu,** pl. 8.
EXHORT, *v.*, **wondelela.**
  one another, *v.*, **wonzaziana.**
  to no purpose, *v.t.*, **kuza.**
EXHORTATION, *n.*, **luwondelelo,** 10.
EXODUS, *n.*, **luvaiku,** 10.
EXPAND, *v.i.*, **sanzana.**
EXPANSE, *n.*, **esanzamu, 8.**
EXPATIATE, *v.t.*, **bwasumuna, tialumuna.**
EXPECT, *v.*, **tala.**
  great things, *v.*, **sia e mpunguvuvu** (2).
EXPECTATION, great, *n.*, **mpunguvuvu, 2.**
EXPEDIENT, be, *v.*, **songa.**
EXPENSE, *n.*, **mfwilu, 4.**
EXPLAIN, *v.t.*, **sasuna.**
  thoroughly (make plain), *v.t.*, **senzeka.**
  (state clearly), *v.*, **samuna e peka** (6).
EXPLANATION, *n.*, **nsansumuna, 2; bâka, 6.**
  full, *n.*, **mpitu** (2) **ye nsengo** (4).
  as to how something comes to be, **nsengo, 4.**
  explanation is further required, it is not sufficiently clear, **e diambu diadi e mbula ye mbasa** (proverb).
EXPLODE very slowly, and after much fizzing (of gunpowder), *v.*, **yinda.**
EXPLORE (spy), *v.t.*, **senga.**
  (track out), **tongonona.**
EXPOSE (lay bare), *v.t.*, **vununa.**
  by clearly showing the facts, *v.*, *see* **venzomona,** App.
  one's self to view, **kusènga** (*refl.*).
  to view, *v.t.*, **senzeka.**
EXPOSED, be, *v.i.*, **vunuka.**
EXPOSURE, *n.*, **mvenene, 4.**

EXPOSURE, *continued.*
  (to view), *n.*, **mpenza, 2.**
EXPOUND clearly, *v.t.*, **senzeka.**
EXTEND, *v.t.*, **nanumuna.**
  (apply) to all, *v.t.*, **lungidisa.**
EXTENT (limit), *n.*, **luiku,** 10.
EXTINGUISH, *v.t.*, **patika.**
EXTOL, *v.t.*, **sensemeka.**
EXTORT money under pretence that the taboo law has been violated, *v.*, **teka o nkanu** (4).
EXTRA, *a.*, **-ansuwa.**
EXTRACT (as a tooth), *v.t.*, **kongona.**
EXTRAORDINARY, *a.*, **-avava.**
EXTREMITY (farthest point), *n.*, **nsilu, 4 ; nsukisilu, 2.**
EXULT, *v.t.*, **sanguna.**
EXULTATION, **nsangunia, 4.**
  cry of, *n.*, **yaya, 6.**
  to utter such a cry, **vana e yaya.**
EYE of needle, *v.*, **ekozi dia ntumbu** (2).
EYE-SERVICE, *n.*, **nsala** (2) **a siwa meso** (pl. 7).
EYELASH, *n.*, **ndabu, 2** (Bako).

F.

FACE, *n.*, **mbunzu, 2.**
  of, before the, *prep.*, **oku** (&c.) **luse** (10) **lua, oku** (&c.) **ndose** (2) a.
  (countenance), *n.*, **zizi, 6.**
  fall upon one's face (intentionally), *v.*, **bukalala.**
  on one's, *adv.*, **o mambukama** (pl. 7), **o mambuka-buka** (pl. 7).
  to one's, **vana mpolo** (2).
  face to face, *adv.*, **o mantalani** (pl. 7).
  (in the very presence), *adv.*, **e pwa-meso** (6).
FADE (lose colour), *v.*, **seboka, pukuka, tukuka.**
  v.t., **sebola, pukula.**
FAIL, *v.*, **lakwa ;** he failed to do it, **olakilu kio vanga.**
  fail in rendering expected help in a crisis, *v.*, **sindakesa, filakesa, lundumuna, lulumuna, twalakesa.**

FAINT (indistinct), be, *v.i.*, **vilalala**.
(weak), *v.i.*, **lewoka, leoka, leuka, leboka**.
FAITH (creed), *n.*, **kwikizi**, 6 ; *see also* **nkanka**, App.
FAITHFUL, *see* **nkwa luzolo**, App.
(devoted), *a.*, **nkwa nkanka, -ankanka**.
(reliable), **-akwikizi, -avuvu**.
FAITHFULNESS (reliability), *n.*, **kwikizi**, 12.
(devotion), *n.*, **nkanka**, 2.
FALL by accident, be let, *v.i.*, **sunuka**.
let, *v.t.*, **sununa**.
(accidental) from a tree, *n.*, **lusunzi**, 10.
against or down upon, *v.i.*, **wulama**.
cause to, *v.t.*, **wudika**.
short of (the mark or aim), *v.i.*, **funga muna**.
at or into, *v.t.*, **fungila (muna)** ; **diafungila muna maza**, it fell short into the water.
upon, *v.t.*, **bwidila (Bako)**.
upon one's face (intentionally), *v.*, **bukalala**.
FALLOW, lie, *v.i.*, **futa**.
FALSEHOOD (falsity), *n.*, **luvunginiku**, 10 ; **luvukiku**, 10 ; **luvuki**, 10 ; **vuni**, 12.
FAMILY (matriarchal, a sub-division of a clan), *n.*, **vumu**, 6 ; **ezimi**, 8.
the head of, **ngudi** (2) *or* **ntu** (4) a **vumu**.
(stock), *n.*, **kuna**, 12.
of a good family *or* stock, **-a kuna wambote**.
FANCY, *v.*, *see also under* **zaya**, App.
FANGS, poison fangs, *n.*, **nsoso**, 4.
FAR better, *adv.*, **o wete-fiole** (12), **o wete-wete** (12) ; *see* K.-Eng. App., **deke, vezi**.
go *or* come (there is a grumble implied at the distance), *v.*, **lakata**.
far-off lands, *n.*, **malongo**, pl. 8.
far away, to a far country, *adv.*, **malà**.
FAREWELL (in a letter), *interj.*, **kiambote ekio**.
bid each other, *v.*, **kanana**.
FASHION (habit, nature), *n.*, **minu**, 6.

FASHION, *continued*.
(kind), *n.*, **mvila**, 4.
adopt *or* follow the fashion, *v.*, **kala e fwani-fwani** (6) **ye**.
keeping in the fashion, *n.*, *see* **nyenge-yenge**, 4, App.
FAST, make thoroughly, *v.t.*, **siamikina, siamitina**.
be made, **siamanana**.
(go without food), *v.*, **fionkonona**.
FASTEN (by tying), *v.t.*, **pita**.
exceedingly tightly, **kwitika**.
loosely (tie, nail, &c.), **zeyeleka**.
FASTENED loosely, be, *v.i.*, **zeyalala**.
(upon), *v.i.*, **ziatidila**.
v.t., **ziatidika**.
(upon), be, *v.i.*, **ziatalala**.
FAT, *a.*, **-atonga**.
be very full of fat, *v.i.*, **siololoka**.
FATHER of the bride (at a wedding), *n.*, **nkomba**, 2.
FAULT, find, *v.*, **semba, sia e tumbu** (6).
(flaw, failing), *n.*, **tumbu**, 6 ; **twangu**.
FAULT-FINDING, *n.*, **manguna-wuna**, pl. 7.
FAVOUR of, be in (of the wind), *v.*, **filakesa** ; the wind was in our favour, **e tembwa kitufilakese**.
FAVOURITE, *n.*, **ntambuki**, 1 & 4.
a., **-antambuki**.
FEAR, *n.*, **boma**, 12 (Bako) ; **kiongomena**, 5.
(cowardly), *n.*, **unkuta**, 12.
v., **mona o unkuta**.
great, *n.*, **swengenia**, 6 (choking apprehension).
lose fear, *v.*, *see* **zanuna** & **zanu**, App.
FEATHER (oars), *v.*, **tialumuna o maza muna nkafi**.
FEATHERING of an arrow, *n.*, **etita**, 8 ; **vezo**, 6.
FEE, doctor's, *n.*, **kwezi**, 6.
paid to a doctor when he undertakes a case or divination, *n.*, **natu**, 4.
FEEDING-GROUND, *n.*, **madilu**, pl. 8.
FEELING (emotion), *n.*, **vengenene**, 6.
FEIGN, *v.i.*, **kukita** (*refl.*).
FELLOW, *n.*, **mpwa**, 2 (Bako) ; *see also under* **ya**, App.

FELLOWSHIP, *n.*, **kinkwa**, 5 ; **unkwa**, 12 ; **kintwadi**, 5 ; **untwadi**, 12.
FEMALE sex, the, *n.*, **kento**, 6.
FERN, lycopodium, *n.*, **nzonzanga**, 2.
FETCH away (in numbers), *v.t.*, **kokela**.
FÊTE, *n.*, **epele**, 8.
FETISH, *n.*, **mpandu**, 2.
   bundle, the powder in, *n.*, **mfula**, 2.
   image, source of power, *see* **nkinda**, 2, App.
FETTERS, *n.*, **ku**, 6 ; **nsuku**, 4 (Bako).
   (any instrument for the fastening of a prisoner), *n.*, **kingoyongo**, 5.
FETUS, *n.*, **ngyadi**, 2.
FICKLENESS, *n.*, **vilu-vilu**, 6.
FIERCE, *a.*, **-ayezi**.
FIERCENESS, *n.*, **kiezi**, 5.
FIGHT, to break out into a free, *v.*, **nkindu** (2 i-) **dituka**.
   the first shot in a, *n.*, **lole**, 6.
   to fire, *v.*, **tuba e lole**.
   (struggle together), *v.*, **kankana**.
   together, *v.*, **bulana** (Bako).
FILL, *v.t.*, **dandisa**, **fulusa** (Bako) ; *see also* **zala**, App.
   (completely), *v.i.*, **lungila**.
   up (a hole), *v.t.*, **langalakesa**.
   up (something) which has been partly filled already, *v.*, **zalulwisa**.
FILLED up, be (as a hole), *v.i.*, **langalakana**.
FILM, *n.*, **mbolo**, 2 ; **mbabala**, 2.
FILTHINESS, *n.*, **nsafu**, 4 ; **esafu**, 8.
FILTHY, make, *v.t.*, **safula**.
FINALLY, *adv.*, **oku nsuka** (4) ; *see also* at last, p. 126.
   (for the rest), *conj.*, **vo i maka**.
FIND, *v.t.*, **ziongola**.
   out (discover), *v.t.*, **zimbula**, **selomona**, **solomona**.
FINE (beautiful), *a.*, **-ankeko**.
   very (of fibres, &c.), *a.*, **-anlaya**.
   handsome young man, *n.*, **mvoyongo** (4) **etoko** (8).
   young woman, *n.*, **mvoyongo a ndumba** (2).
FINISH, *v.t.*, **fula** ; *see also under* **kala mo**, App.

FINISH, *continued*.
   off well, give a good finish to, *v.t.*, **fienza**, **kwezika** (Bako).
   (thoroughly complete), **kunkula**.
   (make an end of), *v.*, *see* **funka**, App.
FINISHED (perfect), be, *v.*, **kunkuka**.
   to have, *v.i.*, *see* **koka**, App.
FIRE, *n.*, **kioto**, 5 (Zombo).
   the first shot, *v.*, **tuba e lole** (6).
   point at which fire was applied in setting anything on fire *or* any small burning patch, *n.*, **esonso**, 8.
   rake out (an ember) from the, *v.*, **lava**.
   set on, *v.*, **tumpa o tiya kuna**.
FIREWOOD that burns very badly, *n.*, **mfwiba**, 4.
   a great piece of, *n.*, **nkidibita**, 4.
   piece of (more or less rotten), *n.*, **ewombolo**, 8.
   (twigs), *n.*, **vulùlu**, 6.
FIREWORKS, *n.*, **mbomba**, 2 (P. **bomba**).
FIRM, *a.*, **-aziku**.
   be (secure), *v.i.*, **siamanana**, **silama kala e kekete** (6).
   make thoroughly, *v.t.*, **siamikina**, **siamitina**, **sidika**.
   stand, *v.i.*, **kindama**.
   be (very tight), *v.i.*, **kwitama**.
FIRMLY, *adv.*, **e ngi** (2), **e ngwi** (2), **e tele** (pl. 6), **e kekete**.
FIRMNESS, *n.*, **kekete**, 6.
FIRST, at, in the first place, *adv.*, **oku kutùkilu**, **kuna** *or* **vana ntete**, **e ntete-ntete**.
   do, &c., *v.*, *see* **tekelela**, App.
   from the very first, *adv.*, **tuka kuna tuka** (9).
   fruits, *n.*, **ntomoni**, 2 ; **ntomo** (2) **a mbongo** (2 sing.).
   eat, *v.t.*, **tomona**.
   go *or* be, *v.*, **vitidila**.
   times (when things were created), *n.*, **esemo**, 8.
   from the very first times, **tuka kuna esemo**.
   to wish each other to go first, *see* **singana**.

FISH, small, *n.*, **kinsiedi**, 5 (Bako);
   nlulu, 4 (Bako); **vadi**, 6;
   kimpadi, 5; **wadi**, 6.
   dead, & floating on the water, *n.*,
      etidi, 8.
   a siluroid (mud fish?), *n.*, **nzombo**
      see also cat-fish, App.
FIT (of any kind), *n.*, **nsansi**, 4.
   be, be made, be found, **fwaneswa**.
   make a good, *v.t.*, **vuwika**.
   together (accurately), *v.t.*, **toteka**.
   well, *v.i.*, **vuwama**.
FITNESS, *n.*, **lufwanu**, 10.
FIX (appoint, name a day), *v.*, **sikinisa** (Bako); **konkota, kuma, sikana**.
   as how to arrange something, to be in a, *v.*, **tukama**.
   (make firm), *v.t.*, **sidika**.
   be, **silama**.
   be in a, *v.i.*, **tungama**.
   through, *v.i.*, **bindamwa**.
   very tightly, *v.t.*, **kwitika**.
FIXED very tightly, be, *v.i.*, **kwitama**.
   (by), *a.*, **-esika-sika** (yo).
FLANGE, *n.*, **nkakilwa**, 2.
FLASH (as lightning), *v.i.*, **sekima**.
FLAT, *a.*, **-elalangoma**.
   piece, *n.*, **babu**, 6.
   place, **efongo**, 8.
   place *or* thing, **elalangoma**, 8.
FLAW, *n.*, **twangu**, 6; **tumbu**, 6.
FLAX, *n.*, **lino**, 2 (P. **linho**).
FLIMSY thing, that goes to pieces at a touch, *n.*, **etampala**, 8.
FLINCH, *v.t.*, **sunsumuka**.
FLOCK, *n.*, **ekuti**, 8; **kuti-kuti**, 6; **ekutu**, 8; **ekutu-kutu**, 8.
FLOURISH, *v.*, **sakumuka**.
   (of plants, &c.), *v.*, **tokomoka**.
   (to be in excellent condition), **tombana**.
FLOW down, *v.i.*, **voloma**.
   from, *v.i.*, **buka muna**.
   with (have flowing), *v.t.*, **buka**.
   to have the water flow in through the walls during a storm, *v.*, **budikila**.
   out copiously (from a hole or wound), *v.i.*, **fwamfumuka**.

FLOW, *continued.*
   out slowly (as viscid fluids), *v.*, **zenzomoka, yenzomoka, zelomoka**.
FLOWER, *n.*, **fulu**, 6 (Bako).
   of one's age, *n.*, **zikuka**, 9.
   be in the, *v.*, **zikuka**.
FLUTTER, *v.*, **papa**.
FLY, *v.i.*, **dumuka, pamuka**.
   rapidly, *v.i.*, **vekomoka**.
FOAM (as the sea), *v.*, **fululuka**.
FOG, *n.*, **mbunge**, 4.
FOLD of the loin cloth above girdle (often used as a pocket), *n.*, **mfokola**, 2.
FOLLOW after eagerly, *v.t.*, **tatidila**.
   the fashion, *v.*, **kwenda e elambi-lambi**.
   the habit of so doing, *n.*, **elambi-lambi**, 8.
   immediately after (at once *or* be next to), *v.t.*, **landakana**.
FOLLOWER, *n.*, **landi**, 6.
FOLLOWING each other, *a.*, **-andandani**.
FOLLOWS, as, *adv.*, **o sia vo, e kisamuna o zaya vo** *or* **o sia vo** *or* **o vova vo** *or* **vo**.
FOMENTED, be, *v.i.*, **futwa**.
FOND of, be very, but have no chance of getting, *v.*, **lalwa**.
FOOD, *see also* **mbela-mbela, mbelekela**.
   (generally), food-stuffs, *n.*, **edia**, 8.
   a tasty stuff to eat with one's bread *or* kwanga, *n.*, **dilwa**, 6.
   stuff wrapped in a leaf for roasting, *n.*, **evumba**, 8.
FOOL, *n.*, **ezengenene**, 8; **nzengelevwa**, 4; **ezeze**, 8.
   (an empty-headed, useless lout), *n.*, **dudu**, 6; **mama**, 6; **yidi**, 6; **tunga**, 6; **dunga**, 6; a foolish fellow, **dudu kia muntu**.
   (a great hulk of a fellow), *n.*, **ebubulu**, 8; **ebobolo**, 8.
   (who does not consider the result of his actions), *n.*, **mvutwa**, 4; **edunia**, 8; **mvilwa**, 1 & 4.
   (slovenly), **mvoni**, 4.

FOOL, *continued.*
'useless fellow), *n.*, **mfwanti**, 2.
(witless), **evoso**, 8.
FOOLISH (of things), *a.*, **-azowa**.
(of a person), **-ezowa**.
(senseless), *a* , **-a uvoso**.
become, be, **zeboka**.
talk, *n.*, **mambu ma mazengele ngonde, mfwanti**, 2.
FOOT : from beside *or* at *or* from the feet (of persons), **vana ekolo** (8) **dia**.
FOR since,
FORASMUCH as, } *conj.*, **wau kina vo** *or* **kinana vo, wau vo**.
FORBEAR, *v.*, **veza** *or* **landula** *or* **vukula o mambu** (pl. 7).
FORBEARANCE (the paying no heed to violence, annoyance, &c.), *n.*, **nlandu**, 4 ; **mvuku**, 4.
FORCE, *v.*, **nwengena**.
out, in, &c., with violence (of living creatures only), *v.t.*, **lulumuna, lundumuna**.
(active), **mfunka**, 2.
(potential), **mfunka**, 4.
nervous, *n.*, **nkonzo**, 2.
FORCED, be (obliged), *v.*, **nwengwa**.
FOREFATHER, *n.*, **nkulu**, 1.
FOREHEAD, middle of the, *n.*, **nkuta** (2) **a luse** (10).
FOREIGNER, *n.*, **ntangu**, 2.
FOREMOST man in a caravan, *n.*, **nsongi** (2) **a nzila** (2).
FOREWARNED, be, *v.*, **luka, lukiswa, lubuka**.
FORGE, furnace hollow in, *n.*, **lûvu**, 10.
FORGET, *v.*, **vilwa**.
completely, *v.*, **zietakanwa**.
for the time being, *v.t.*, **yididilwa**.
FORGETFUL, *a.*, **-ampilakeno**.
FORM (shape, appearance), *n.*, **mpwa**, 2.
(likeness), **fwaniswa**, 6.
(reduce to some form), *v.t.*, **sema**.
FORTE (in music), *n.*, **nzangu**, 2.
FORTITUDE, *n.*, *see* **findu**, 6, App.
lack of, **kiangula**, 5.
FORTUNATE, be (blessed), *v.*, **sambuka**.
FORTUNE, good, *n.*, **zumbi**, 6.

FOSTER, *v.*, **tongonona, kubulula**.
child, *n.*, **ntongonona**, 10; **kubululwa**, 6.
FOUL, *a.*, **-ansafu, -esafu**.
v., **safula**.
FOULNESS, *n.*, **nsafu**, 4 ; **esafu**, 8.
FOUND (set firmly), *v.t.*, **sidika**.
FOUNDATION, *n.*, **nkubilwa**, 4.
(base), *n.*, **nsilu**, 2 ; **nsidikwa**, 2.
lay, *v.t.*, **kuba**.
lines, to mark out, *v.t.*, **sema o lufulu** (10).
FOUNDED, be, *v.i.*, **silama**.
FOWLS, disease of (?), *n.*, **luwumi**, 10 (Bako.) ; **mata**, 4.
FRACTURE (of bones), *n.*, *see* **ntoloki**, 2, App.
FRAGILE, a thing which is very, *n.*, **bekenge**, 6.
FRAGMENT, *n.*, **ebembele**, 8 ; **tente**, 6.
FRAIL, a thing which is very, *n.*, **bɔkenge**, 6.
FRAILTY, *n.*, **ubekenge**, 12.
FRAMEWORK, *n.*, **vangala**, 6.
FRANC, *n.*, **frank**, 2.
FRANK, be perfectly (in conversation, &c., keeping nothing back), *v.*, **tenda o ntima** (4).
FRANKNESS, *n.*, **ntendo** (4) **a ntima**.
FREE, be (not under restrictions), *v.*, **vevoka, vevokwa, vevokelwa**.
a., **-amvevoki**.
FREEDOM, *n.*, **vevoka**, 9.
from all obstruction and difficulties, *n.*, **nkolomona**, 2.
present with one's freedom, *v.*, **vana o nkanda** (4) **a basia** (2).
FREELY (generously), *adv.*, **kuna mvevo** (4).
FRENCH, *a.*, **-afwalansa**.
FRENCHMAN, *n.*, **Mfwalansa**, 4.
FRENZY, be seized with, *v.i.*, **zengomoka**.
FREQUENT (be always found at), *v.*, **kumbama, kunda**.
FREQUENT, *a.*, **-ankwamu**.
FRET and snivel (as a child), *v.*, **kemona**.
FRICTION, *n.*, **efwenka**, 8.
FRIEND, *n.*, **kumatele**, 9 sing.

3 C

FRIENDLINESS (as opposed to enmity), *n.*, **ungudi**, 12.
FRIGHTEN, *v.t.*, **sisisa**.
FRIGHTENED, be, *v.i.*, **sisa**.
 be exceedingly, *v.*, **mona o keza** (9) *or* **e kinkenda** (5).
 be, and run away, *v.i.*, **dikumuka**.
FRINGE, *n.*, **zamba**, 6.
FROM, *see also* **wa**, App.
 commencing from, **tuka vana**.
 which is from, *adj.*, **-akwa kwa**; this present is from Diamoneka, **o lukau lualu luakwa kwa Diamoneka**.
FRONT, in the, *adv.*, **o ntu** (4).
FRUIT, *n.*, **mbongo**, 2 (*sing. only*).
 (generic), **mpelo**, 2.
FRUITLESSLY, *adv.*, **e nkaya-kaya**.
FRUSTRATE, *v.t.*, **budidisa**.
FRYING-PAN, *n.*, **kangilwa**, 6.
FULFIL, *v.t.*, **lunganisa**.
FULFILLED, be, *v.*, **lungana, kwenda e bambala** (6).
FULFILMENT, *n.*, **nlungu**, 4.
FULL, be, *v.i.*, **danda**.
 grown, be, *v.i.*, **vangama**.
 to overflowing, be *or* full of fat ; *see under* **yengela**, App.
 quite, densely full, *adv.*, **e ndibwa** (2) **yo**; **e mbwi** (2); *see also* **nda**, App.
FULNESS, *n.*, **luzalu**, 10.
FUN, *n.*, **kieya**, 5 (Bake.).
 make fun, *v.*, **ta kieya**.
FUNCTION, great public, *n.*, **nkungi**, 4.
FUNERAL (burial), *n.*, **zikwa**, 6.
FUNGUS mass, growing underground, *n.*, **etondo**, 8.
 of dry rot, also that which destroys the palm-tree, *n.*, **bwakuku**, 6.
FUR on the tongue in sickness, *n.*, **lenzi**, 8 (Bako.); *see* **elenzi**, App.
FURIOUS, *a.*, **-ayezi**.
 be, *v.*, **fuluta yo makasi** (8).
FURLONG, *n.*, **mavwata** 100, ⅕ **kia kilometa**.
FURNISH, *v.*, **vambula**.
 to *or* with, *v.*, **vambwila**.
FURTHER, go, *v.i.*, **nungunuka**.
 (in a discourse), *conj.*, **ye diaka diaka**.

FURTHERANCE, *n.*, **lunungununu**, 10 (*act.*).
FURY, *n.*, **ntema**, 2 ; **ofuluta**, 8; **kiezi**, 5; **nkenene**, pl. 2.
 (of madness or drunkenness), *n.*, **uwuya**, 12.
FUTURE, in the, *adv.*, **oku se ntu**.

G.

GAIN (that which is gained or acquired), *n.*, **mbaku**, 2.
GALL, *n.*, **nsumba-ndudi**, 2 (Bako.).
GARDEN round the house in a town, *n.*, **kiala**, 5.
GARRULOSITY, *n.*, **mpova** (2) **anzoko-zoko** (4), **vova** (9) **kwanzoko-zoko**.
GASH, *n.*, **ndwadi**, 2.
GASP, breathe the last, *v.*, **kuma o mongo** (3) **a fwa**.
GATE-KEEPER, *n.*, **nemavitu**, 1.
GATHER, little by little, *v.*, **wonzakela, wonzolola, totolola**.
 large fruit, *v.t.*, **konga**.
 together, *v.t.*, **kutisa, kunga**.
 of people, *v.i.*, } **kuta**.
 of things, *v.t.*, }
GATHERING, *n.*, **ekutu**, 8 ; **ekutu-kutu**, 8; **ekuti**, 8; **kuti-kuti**, 6.
GAUGE (standard), *n.*, **nonga-nonga**, 6; **mbandu**, 2.
 set — as a, *v.*, **sia — o nonga-nonga**.
GAZE at, *v.*, **tadikila**.
 fixedly, *v.t.*, **tala e tonia** (6) *or* **tungununu** (6), **sia e tukutuku** (6).
GENEALOGY, *n.*, **luwutuku**, 10.
GENERAL, in general use, *a.*, **kibeni**; the general style of dress, **mpwata kibeni**.
GENERATION, a, *n.*, **mbandu**, 2.
 (a bringing forth), **nguta**, 2.
 (a making), **mpanga**, 2.
 (epoch), *n.*, **tandu**, 6.
GENEROSITY, *n.*, **mvevo**, 4.
 (prodigal), *n.*, **nlungu-lungu**, 4 ; **esanzu** (8) **dia kaya**.

GENEROUS person, *n.*, **nkwa** (1) **zayi** (12); *see* **zayi**, App.
GENEROUSLY, *adv.*, **kuna mvevo** (4).
GENESIS, *n.*, **etuku**, 8.
GENIUS, *n.*, **lue**, 6; **ndwenga**, 2 (*generally pl.*); **mamoni**, pl. 8.
natural, *n.*, **ntona**, pl. 2.
GENTILE, *n.*, **Nzenza**, 2.
GENTLE, be, *v.i.*, **lembalala**.
make, *v.t.*, **lembeleka**.
by gentle means, *adv.*, **kuna u-ngomba**.
GENTLENESS (of manner), *n.*, **ungomba**, 12.
n., **lembama**, 9; **unleka**, 12.
GENTLY, do, *v.t.*, **lelemba**.
GENUINE (pure), *a.*, *see under* **ya**, App.
GET ... more, *v.t.*, **batakesa**; if I get two more, **ovo mbatakesa zizole**.
from (a seat), *v.*, **telama vana**.
into a hammock, *v.i.*, **zembama muna wanda**, 13.
out of, **zeloka**.
on well, *v.i.*, **vangama**, **kukòlela** (*refl.*).
together, *v.*, **wizana**.
up, *v.i.*, **zangumuka**.
up quickly, *v.*, **telamiana**.
every one getting what he can, *a.*, **-ambakidi**; their portions were whatever each could get for himself, **kunku yau yambakidi**.
GIANT, *n.*, **ndiangula**, 4; **nkwa ntela** (4) **anda**.
GIFT, *n.*, **ekabu**, 8.
given at betrothal *or* engagement of a labourer, *n.*, **nzitikila**, 2.
given in the full expectation of ample returns, **evongo**, 8.
give such a gift, **sia e evongo**.
see also **mpongo**, App.
GIRD, *v.t.*, *see* **kamina**, App.
GIRDER (iron), *n.*, **mwangu**, 3.
GIRDLE, *n.*, *see* **mbama** & **mbuti**, App.
GIRL, a little, *n.*, **dumbalala**, 6; **kindumbalala**, 5 (*women's words*); **kindumba - ndumba**, 5; **dumbelele**, 6.

GIST (of a matter), *n.*, **mfiku**, 2.
GIVE, *v.t.*, **va** (*perf.*, **vene**), **vanika**.
a chance, opportunity, scope, *v.*, **vana e nzila** (2).
a small quantity of what one has in abundance to another, *v.t.*, **zeolola**.
one's self to, *v.*, **kusia muna**.
up (hand over), *v.*, **yekola**.
(never to...any more), **kenga**; they have given up killing witches, **bavwidi kenga kio e fu kia vonda e ndoki**; he has given up telling lies, **okengele ko o vuna kwandi**.
as of no further use, *v.t.*, **tengola**.
(waste on one), **bunga** (used only in complaint when a thing is not given); you did not give me anything, **kumbungidi ma nkutu ko**.
GLADLY, very (with much appreciation), **yo moko kwalu**.
GLARE fiercely *or* angrily, *v.t.*, **vulumuna** *or* **tuvidika** *or* **tuvula o meso** (pl. 7).
GLASS ware, which is very frail, *n.*, **belengenze**, 6.
GLEAM, *v.i.*, **sekima**, **yedima**.
GLEAMING, *a.*, **-elezi-lezi**, **-ansemi**.
GLITTER, *v.*, **niania**.
GLUTTON, *n.*, **dia-yuma**, 6.
GNAW, *v.*, **kesumuna**, **kesomona**.
Go (an angry word), *v.*, **viangila**; do not go into my house (you rascal), **kuviangila mu nzo ame ko**.
away, in a rage, *v.i.*, **bubumuka**.
away, never to return, *v.*, **langala**.
away unobserved, *v.*, **vialuka**.
backwards and forwards, *v.*, **kidibila**.
crowding, *v.*, **longomoka** (an angry word).
(energy), *n.*, **sakala-sakala**, pl. 6; **ngungula-ngungula**, 2.
about in all directions (as one searching for something lost), *v.i.*, **zungana**.
away (*of many only*), *v.i.*, **wunguka**.
far away, *v.*, **vekomoka**.

Go, *continued.*
  for a change of air, *v.*, **kiesa e zunga** (6).
  in a mass, *v.i.*, **kokomoka**.
  into all the particulars (detail), **tapututa, kumbulula**.
  a little way from, *v.i.*, **vengomoka**.
  off accidentally (of a gun), *v.i.*, **bubumuka**.
  out quickly, *v.*, **vayizieka**.
  over to the other side *or* party, *v.i.*, **zungumuka, tekomoka**.
  go and return quickly, *v.i.*, **laka**.
  round to the other side, *v.*, **zeloka**.
  (start), *v.i.*, **londola**.
  to meet, *v.*, **kamba**.
  to stool, *v.*, **swama**.
  up, *v.*, **tota, kuma**.
  far away (into the sky), *v.i.*, **pemoka, pumuka**.
GOAD, *n.*, **mpalu**, 2.
GOD forbid, *interj.*, **siba venda**.
GOD-FATHER, *n.*, *see* **ese dia mungwa** *or* **nzila a ezulu**; *and* **lemba**, App.
GODLY fear, *n.*, *see* **umpumina-Nzambi**.
GOING, the reason for, *n.*, **ngyendelo**, 2.
GOOD, that which is good, *n.*, **mbote**, 2.
  for good, *adv.*, **kiamakulu** (*with the applied form*); they have gone for good, **bendele kiamakulu**.
  (profit), *n.*, **luwete**, 10; **ke dikumvanga luwete ko**, it will not do him any good.
  (sound), *a.*, **-avimpi**.
GOODS, all one's (possessions), *n.*, **salangani**, pl. 6; **salanganu**, pl. 6; **fwalangani**, pl. 6.
possessed, *n.*, **lusalu**, 10.
GOODWILL, *n.*, **luyayidilu**, 10.
GORE, *v.*, **tulangesa**.
GORGE, *n.*, **mvonzi**, 4.
GORGEOUS (bright), be, *v.*, **kengomoka**.
GORILLA, *n.*, **masika**, pl. 13.
GOSSIP, *n.*, **lalabu**, 6.
  a woman who spends her time gossiping, **nkento** (1) **ne i mumu yamuna**.
GOURD, wild, *n.*, **esalala**, 8.

GOVERN, *v.*, **ludika**.
  with a firm hand, *v.t.*, **boselela**.
GOVERNMENT, established, *see* **nkuwu**, 2, App.
GOVERNOR, *n.*, **nyazi**, 1 & 4; **nkuluntu**, 2.
  (viceroy), **nkumbi**, 2.
GRACE, your, *see* **lekela** and **età**, App.
GRAFT into (a tree), *v.t.*, *see* **dikila** and **dika**, App.
GRAIN (generally), *n.*, **ma** (pl. 6) **ya mbwaza**.
GRAMMAR, *n.*, **nkiku** (4) **mia ndinga**.
GRAMMATICAL (correct), *a.*, **-akosi**.
GRAMME, *n.*, **grame**, 2.
GRANDCHILD born to one, have a, *v.*, **tekola**.
GRANDPARENT, great, *n.*, **nkaka** (2) **a ekunda** (8).
  great-great, *n.*, **nkakuludia**, 2.
GRASS (generic), *n.*, **lunianga**, 11 & 8.
  (the blades of which are covered with a long, soft, downy hair), **efwatakala**, 8.
  climbing (razor-edged), *n.*, **nkengezi**, 2 (Bako.).
  young sprouting, *n.*, **ndula**, 2; **ntuku-tuku**, 2.
  variety of, *see under* **kimbulu**, App.
GRAVE of great hunter, *n.*, *see* **nkalamenga**, 4, App.
  temporary, *n.*, *see* **ngunga**, 2, App.
GRAVITY *or* weight of something tending to fall from the perpendicular, as the weight of a ladder being placed in position, *n.*, **vweto**, 6.
GREAT, *a.*, **-apoto** (Osolongo), **-ankofo, ankomfo, -ambafu, -atonga**; *see also* huge, App.
  (arduous), *a.*, **-afuki**.
  (of birds only), **-ambudangi**.
  (of trees & things made of wood), **-ambondo-ngolo, -ambombo-ngolo**.
  grow *or* be very *or* too, *v.i.*, **vangana**.
  how, *see under* **wingi**, App.
  make, **vanginika, nenevesa** (Kib.).

GREAT, *continued.*
  one, the (a title of profound respect as chief of all), **kinene**, 5; **kinene-a-nza**, 5.
  one [of children, cubs, &c. (**wana**)], **efwenka-fwenka**, 8.
GREATER, become (in wealth *or* dignity), *v.i.*, **tunduka.**
GREED, *n.*, **kwilu**, 9 (Bako.); **evudidila**, 8; **lueba**, 10; **ukabu**, 8.
GREEDY person, *n.*, **ekabu**, 8.
GREEK, *a.*, **-akingrekia.**
  language & customs, *n.*, **kingrekia**, 5.
GREENNESS, *n.*, **yisu**, 6.
GREENS (vegetables), *n.*, **mvûdi**, 4.
GREET with news, *see under* **ekaya**, App.
GREETING, *n.*, **ekaya**, 8; **emiangana**, 8 (of women).
  (a manner of), **nkayiswa**, 2 (*active*); **nkayiswa**, 2 (*passive*); **mbiangana**, 2 (*active*, of women).
GRIEF, *n.*, *see* **nkondo-nkondo**, App.
GRIEVE greatly, *v.t.*, **kendeleka**, **kaudidika o ntima**, 4; **zubanisa.**
GRIEVED, be, *v.i.*, **kendalala**, **ntima** (4 u-) **kandalala** *or* **yanduka** *or* **timvuka**; **ndunzi** (2, i-) **tiukwa**; **zubana**, **tiukwa o ntima** (4).
GRIME, *n.*, **nkuku**, 2.
GRIMED, *a.*, **e kuku** (*advl.*).
GRIND down, *v.t.*, **kwankuna.**
  (rub) hard on, *v.t.*, **fwenka.**
GRIP, *v.t.*, **fiantikina.**
GROAN (as one deeply moved), *v.*, **funduluka.**
GROPE about, *v.i.*, **bumbula.**
GROUND, low down near the, *adv.*, **omu mbetela** (2) **a nsi** (2).
GROUP, *n.*, **ekutu**, 8; **ekutu-kutu**, 8; **ekuti**, 8; **kuti-kuti**, 6.
GROW, in size or length, *v.i.*, **vulumuka.**
  higher (or in value), *v.i.*, **tuntuluka.**
GROWN up, be, *v.i.*, **vangama**; *see also under* **kala mo**, App.
GRUMBLE, *v.i.*, **yidima**, **vunguta**, **lola**, **funduluka.**

GRUMBLING, *n.*, **nyidimu**, 4; **manguna-wuna**, pl. 7.
GRUNT (as a pig), **kwinga.**
  with vexation, *v.*, **fululuka.**
GUARD (protecting projection), *n.*, **nkakilwa**, 2.
  (watch), *n.*, **mayingila**, pl. 8.
GUILTY, be (bear the guilt), *v.*, **nata o masumu** (8).
  of a capital offence, **nata e mpanda** (2).
  of a criminal offence, **nata o nkanu** (4).
GUNPOWDER, a 20-lb. barrel of, *n.*, **mbandu**, 2 (Bako.); **nkoyo**, 2.
  larger size, *n.*, **ngoma**, 2 (Bako.).
GUSH out, *v.i.*, **fwamfumuka.**

H.

HABIT (nature), *n.*, **butukulu**, 6 (Bako.); **wutukilwa**, 6; **wutukilu**, 6.
  one who has the habit of, *n.*, *see under* **mwisi**, App.
HACK (cut with a blunt instrument), *v.*, **fuba.**
HAIR growing upon the chest, *n.*, **nlenda**, 4.
HALF released, be (as the spring of a trap which has caught on something), *v.*, **zonda.**
  in half, *adv.*, **e bula-kati.**
HALT, *v.i.*, **kindama.**
HAMMER, *n.*, **nkonko**, 2.
HAMMOCK, be swung *or* supported in *or* get into a, **zembama muna wanda** (13).
  get out of a, **zeloka.**
HAND, *v.*, *see under* **koko**, App.
  over, *v.t.*, **yekola.**
  to hold up the hand for silence *or* to cause to retire, **babidila.**
  remain long on hand, *v.*, **kunda.**
HANDBOOK of—, *n.*, **mpitu ye nsengo** (pl. 2) **za—.**
HANDLE, of a cup, *n.*, **ekonge**, 8.
  of knife, *n.*, **nyini**, 4 (Bako.).

HANDS, the imposition of, *n.*, **ngyambika** (2) **a moko** (9); *see* **yambika**, App.
lay on, impose, **yambika o moko**.
HANDSOME, *a.*, **-ankeko**.
person, *n.*, **nkenga**, 4.
HANG tightly, to, *v.i.*, **ziatalala**.
(curtains, flags, &c.), *v.t.*, **zembeleka**.
v.i., **zembalala**.
down (one's head), *v.t.*, **boleka** (o ntu, 4).
down low (of the breast), *v.i.*, **bokola**.
down to the ground (of drapery), *v.i.*, **yulumuka**.
down (of branches), *v.i.*, **votalala**.
HAPPEN (take place), *v.*, **vaika**; *see also under* **ya**, App.
since, **vinga**; what has happened since in the town? **nkia mambu mavingidi oko evata?**
have happen to one, *v.*, **vaikilwa**.
HAPPINESS, *n.*, **luflauku**, 10; **fiauzi**, 12.
HAPPY, be (fortunate), *v.*, **sambuka**.
HARASSED, be, *v.i.*, **finangeswa**, **finangana**.
HARD, *a.*, **-ankulungunzu** (2).
and warped, be, *v.i.*, **balalala**.
make, *v.t.*, **badidika**.
and dry, be, *v.*, **koya**.
very, *adv.*, **e koyo**.
and giving a ringing sound, *a.*, **-akalati**.
to explain *or* understand, *a.*, **-ampimpita**.
(of water), *a.*, **-ansinzi**.
HARDLY..., *v.*, *see under* **lendakesa**, App.
HARDNESS, *n.*, **nkulungunzu**, 2.
of water, *n.*, **nsinzi**, 2.
which gives a ringing sound, *n.*, **kalati**, 6.
HARMONIZE, *v.i.*, **totama**.
v.t., **toteka**.
HARMONY (accord), *n.*, **ngwawani**, 2.
be in, *v.*, **wawana**.
HARVEST, *n.*, **nsâlu**, 4.
time, **nsungi** (2) **a nsâlu**.

HARVEST, *continued.*
time for arachis, **nsungi a mpava**
HASSOCK, *n.*, *see* **nsikinwa**, 2, App; **ndezi**, 2.
HASTE, in great, *adv.*, **o nzalala**.
be in too great haste about, and fail, *v.*, **tukika**.
HASTY thoughtlessness, *n.*, **nkwalu**, 4. *a.*, **-ankwalu**.
adv., **o nkwalu**.
HATCH, *v.t.*, **lalamena**.
HATE fiercely, & determine evil, *v.i.*, **kanama**.
and plot against one another, *v.*, **kanana**.
HATRED, bitter, *n.*, **efwenka**, 8.
HAUNT, *n.*, **nkunda**, 2.
v., **kunda**, **kumbama**.
HAVE, *see under* **kala ye**, App.
in, *v.*, **-iniwa** (*passive of* **-ina**).
to have to (be obliged to), *v.*, **nwengwa**, **fwanukwa**; *see also under* **must**, App.
HAVOC of, make, *v.t.*, **fwantakesa**.
HAZARD, *v.*, **kaya**.
HEAD man (of a party, leading man), **ntu**, 4.
in a discourse, *n.*, **ekono**, 8.
HEADLAND, *n.*, **ekunkwa**, 8.
HEADLONG, headforemost, *adv.*, **e kimfitu** (5).
to fall, *v.*, **ta** *or* **bwa e kimfitu**.
HEADMAN of a gang, &c., *n.*, **munsinda**, 3; **ekota**, 8; **kapita**, 2 (P. capitão).
HEADSHIP, *n.*, **kuluntu**, 12.
HEALING (act), *n.*, **nwuku**, 4.
HEALTH, restored, *n.*, **lo**, 6.
HEALTHY, *a.*, **-avimpi**.
person, *n.*, **mvimpi**, 1 & 4.
HEAP of dust or rubbish, **ntumba** (4) **a efuku** (8).
on, *v.*, **kundakesa**.
put all in a, *v.t.*, **fwatika**, **fitika**.
up, on, *v.*, **vomona**.
HEAR, willingness to, *n.*, **matu** (9) **manzoko-zoko**.
HEARING, the sense of, *n.*, **ngwilu**, 2.
dull of hearing, be, *v.*, **vimpakana**.
be very, *v.*, **bandama**.

HEART, in the inmost or at the bottom of one's heart, **kuna nsi** or **muna nsi-nsi a ntima.**
faint heart (which soon abandons any pursuit), **ntima (4) -ampevo.**
lose, *v.i.*, **fuwa o ntima**, *see also* **kufiànunga**, App.
into (any work, &c.), put, *v.*, **sia o moyo (3)** *or* **ntima (4).**
set one's heart on, *v.*, **sia ... e etima (8).**
spasm of the heart, slight (supposed to be the result of being mentioned by some one far away), **ntima (4, u-) dikumuka.**
(wholeheartedness), *n.*, **etima**, 8; *see* K.-Eng. App.
with the whole, **kuna nsi a ntima (4).**
HEAT, *n.*, **yo**, pl. 6.
white, *n.*, **ngaluka**, 2.
HEATHEN, *n.*, **mùluzu**, 3 (pl. **miu-**).
HEAVEN, highest, *n.*, **kayenge**, 9, & **kayengele**, 9 (Bako.); **kayè**, 9; **kapemo**, 9; **kapeko**, 9.
HEAVILY burden *or* load, *v.t.*, **bimuna.**
burdened, be, *v.i.*, **bimuka.**
HEAVINESS, *n.*, **nzu**, 2; *see also* **nsinsi**, 2, App.
HEAVY with sleep, be, *v.*, **kala e nzu yo tulu (10).**
heavy to drag or move, be, *v.i.*, **sindama.**
render, *v.t.*, **sindika.**
HEBREW, *n.*, **Ibri**, 1.
language & customs, **kiyibri**, 5.
HECTARE, *n.*, **ektare**, 2; are, 100.
HECTO- (metre, &c.)= × 100; **ekto-** (**meta**, &c.).
HEDGE of thick bushes, *n.*, **kanka**, 6.
HEEDLESS, be, *v.*, **veza, landula.**
HEIGHT, *n.*, **kungu**, 6.
(of persons), *n.*, **mbandu**, 2 (Bako.).
of one plane surface above another or of a horizontal beam above a given point (*not the measure of anything perpendicular*), *n.*, **ngengo**, 2.
the proper, usual height, *see* **zengo**, 6, App.

HELD by the extreme end, be, *v.i.*, **zananana.**
back, be, *v.i.*, **vakama, simbininwa, tatama.**
HELL, *n.*, **mbilu**, 2 (bottomless pit).
HELLISH (which will bring a man to hell), *a.*, **-asungu.**
HELP, *see also under* aid, App.
any one to pick up his load, *v.t.*, **twikila.**
n., **luambu**, 10.
render, *v.t.*, **vana o luambu.**
in a crisis, fail to, *v.t.*, **lulumuna, lundumuna, filakesa, twalakesa.**
in trouble, *v.*, **kankana.**
HELPLESS, *see* **kintanta**, App.
HEM into a corner, *v.t.*, **vakika.**
HENCEFORTH, *adv.*, **oku se ntu.**
HERALD, *n.*, **mboki** (1 & 4) **a nkoki** (4); **nteleki**, 1 & 4.
v., **teleka.**
HERBALIST, **mbangi** (1 & 4) **a nti** (4).
HERD, *n.*, **bemba**, 6; **ekutu**, 8; **ekutukutu**, 8; **ekuti**, 8; **kutikuti**, 6.
HERE and there, *adv.*, **i nko i nko.**
here, there and everywhere, *adv.*, **wa-ya-wa.**
HERESY (schism), *n.*, **mpambani**, 2.
HESITATE, *v.*, **ntima (4, u-) simpama** (Bako.) *or* **kokoma** *or* **tintama.**
to (shrink from), *v.*, **susa, mona e nsusidi** (2).
HESITATION, *n.*, **dingu-dingu**, 6; **kokoma**, 9.
HICCUP, *v.i.*, **sikula.**
HIDDEN, *a.*, **-akinswekamena, -asweki.**
be, *v.i.*, **vilama.**
HIDE, *v.i.*, **swama** (Bako.).
(put away), *v.t.*, **velekela.**
HIDING-PLACE (passive), *n.*, **eswekameno**, 8.
HIGH, be very (of a price), *n.*, **bangala.**
priced, *a.*, **-ambangadi.**
of the forehead, *a*, **-alundalala.**
up, be or stand, *v.*, **tundalala, kundalala.**

HIGHEST, *n.*, **kayenge,** 9, & **kayengele,** 9 (Bako.); **kayè,** 9; **kapèmo,** 9; **kapeko,** 9; the bird went far away up into the sky, e nuni yele muna kayè.
HIGHWAY, *n.*, **nkwala,** 2.
HILL, flat top of, *n.*, **esela,** 8.
HINDERED from (something) by, be, *v.*, **bambamena.**
HINDRANCE, *n.*, **eveko,** 8; **ezingu,** 8. (important business), **vaki,** 6.
HIRE (labourers, &c.), *v.*, **sumba** (Bako.), **soneka.** (things), **sompa.**
HIRED, *a.*, **-ansompa.**
HISTORY, *n.*, **lusansu,** 10.
HIT with something, *v.*, **bafa.**
HITCH (upon *or* over), *v.t.*, **vokeka** *or* **voteka (muna).**
HOE, large, broad, *n.*, **elanga,** 8.
strike with, *v.*, **vaba.**
up the earth round a plant, *v.t.*, **vundanena, vundena.**
HOIST (a sail *or* flag), *v.t.*, **vwika.**
HOLD fast, *v.*, **simbinina, tatidila.**
firmly, tightly, **fingitina.**
on very firmly, *v.i.*, **zitalala, ziatalala;** *see also* persevere, App.
out from the body (as a fowl her wings on a very hot day), *v.t.*, **tiakidila.**
out resolutely, *v.i.*, **bamba.**
take thorough, *v.i.* (as a disease), **koleka** (Bako.), **kukòlela, kuluka.**
upon the hands with great care, *v.*, **lelela.**
with the claws, **vuta e nzala** (2 & 11).
HOLE (burrow), *n.*, **nduzu,** 4.
caused by the subsidence of the earth, *n.*, **volo,** 6; **voloka,** 6.
(hollow), *n.*, **kimpolokoso,** 5.
in the bed of a river, *n.*, **zanga,** 8 (Bako.); **zinga,** 6.
in the earth, *n.*, **kobodia,** 6; **kobonga,** 6.
large, in trunk of a tree or piece of wood, *n.*, **esasa,** 8.
of large area, not necessarily deep, *n.*, **evongona,** 8.

HOLE, *continued.*
make a round, *v.t.*, **ziongola.**
very deep, *n.*, **mbilu,** 2.
HOLLOW, be (of the eye), *v.i.*, **vompoka.**
a., **-akoboka, -avompoka.**
HOMAGE, *n.*, the formalities, kneeling, &c., which have to be observed in approaching a great chief, **fuka,** 6.
to perform such ceremonies, **vanga e fuka.**
to kneel three times in approaching the king, **bwa e nzula** (pl. 4).
to mark a cross on the ground in doing, *v.*, **tenda e nsi** (2).
to roll in the dust in abject homage, **lengomoka.**
HOME, *n.*, **nkunda,** 2.
remain, stay at, *v.*, **kunda.**
HONEY, *n.*, **niosi,** 2 (Bako.); **bwiti,** 12 (Bako.).
HONOUR (exalt), *v.t.*, **kundidika, tundidika.**
HONOURED, be, *v.i.*, **kundalala, tundalala, zita.**
HOPE, *n.*, **lufiatu,** 10 (P. confiar).
baseless, **kiememe,** 5.
foolishly, without any basis, *v.*, **sia e kiememe.**
HOPE against hope, } *n.*, *see* **wazi wa**
HOPES, false, } **nsi a vuvu.**
live in hopes of, *v.t.*, **lekelela.**
HORIZON, *n.*, **zietwela,** 6.
HORN, small of antelope, **mfiba,** 4; **fiba,** 6.
HORRIBLE (pain, trouble, suffering), *n.*, **têma,** 6; horrible sufferin ; **têma kia mpasi.**
HORRID, *a.*, **-ansisi, -angemi.**
HORROR, *n.*, **nkitimu** (4) **a ntima** (4); **nsisi,** 2.
HOSTILE, *a.*, **-atantu.**
HOT, be very (of the sun), *v.*, **sanuka.**
HOUR, *n.*, **ntangwa,** 2.
HOUSE, built to keep fetish *or* charm in, *n.*, **vela,** 6.
house cloth, *n.*, **evuya,** 8.

HOUSE, *continued.*
(family), *n.*, vumu, 6.
for shelter, *n.*, nsampa, 4 (Bako.).
without walls, *n.*, nduka, 4.
tie on the inner bamboo lining of the walls, *v.*, pela (Bako), bimba.
How many? *inter. pron.*, ekwa, 8 [a what number (*n.*)]; how many are left? ekwa disidi?
each, ekwa-ekwa.
very, *see* biza & mbote, App.
HOWEVER, *adv., see* mpasi owu & oku mpe, App.
HOYDEN, *n.*, nkwa kindumba, 5.
HUGE, *a., see also* great.
  animal, *n.*, evwendengele (8) dia—.
  for its age (of children, cubs, &c.), *n.*, efwenka-fwenka (8) dia—; huge child, efwenka-fwenka dia mwana.
  something (fear-inspiring), *n.*, ngobodi, 2.
  thing, a, *n.*, kiolo, 5 (a woman's word), kokosi, 6; mbofongo, 4; look at those huge tusks of ivory, se tadi e kokosi ya mpungi; a huge snake, kiolo kia nioka.
  a., -ambofongo.
  (of wood), mbombo-ngolo, 4.
  a., -ambombo-ngolo.
HUMAN, *a.*, -awuntu.
HUMANITY (human nature), *n.*, wuntu, 12; uwuntu, 12.
HUMILITY, *n.*, lulembamu, 10.
HUNCHBACK, *n.*, kingunda, 5.
HUNGER, which seems insatiable, *n.*, dio-dio, 6.
  one suffering from, ndio-dio, 4.
  in the morning, supposed to be caused by a new secretion of saliva, *n.*, ete (8) dia ewawa.
HUNGRY, be, *v.*, moya (3, u-) fwama (Bako.); *see* vilwa e nzala (2), App.
HUNT, rat, *n.*, esaku, 8.
HUNTING skill (in stalking), ekondeka, 8; ekoneka, 8.
HURL far away, *v.*, swanga.
HURRICANE, *n.*, nebidi, 2.

HURRY, *n.*, esûta, 8.
  along by force, *v.t.*, sindakesa, filakesa, lundumuna, lulumuna.
  be in, *v.*, kala ku esûta.
  in a great hurry, *adv.*, o nzalala (4).
HUSBAND, *n., see* nkama, 4, App
HUSH-MONEY, *see* evunza, App.
HUT, *n.*, sudi, 6.
HYPOCRISY, *n.*, kuvùnina, 9.
HYPOCRITE, *n.*, kuvùnina, 1.

I.

ICHNEUMON (herpestes), *n.*, mfwenge, 2.
IDEA (intention), *n.*, ekani, 8.
  (thought), ngindu, 2.
  (whim), *n.*, ntiti, 4.
  have an idea that—, eki, with the possessive pron. in class 7 sing.; I had an idea that I should find it, eki diame, yasolola kio.
IDENTIFICATION, means of, *n.*, zikiziki, 6.
IDLE talk, *see under* nsumi, App.
IF (in the event that), *conj.*, vozevo; *see also under* kana vo kala, & ova, App.
  as if, *conj.*, ne banza vo.
  even if, *conj.*, o vova ele vo *or* vova ele vo.
  if not, *conj.*, ke mpela ko.
  perfect, *n.*, ebumbu dia ebumbu (8).
IGNORANCE (darkness), *n.*, bubidi, 6.
  in, *adv.*, oku bubidi.
IGNORANT about a matter, be, *v.i.*, yididilwa.
  person, *n.*, mvilwa, 1 & 4.
  one who is (uneducated), mùluzu, 3.
ILL, be very, *v.*, ke kala biza ko.
ILLEGAL, *a.*, -ansi (2) a nkuwu (2).
  thing, *n.*, nlongo, 4.
ILLUMINATING, *n.* (*act.*), ntema, 2.
ILLUMINATION, *n.*, lutemo, 10.
IMAGE, reflected, *n., see* tungununu, 6, & nkangazi, 4, App.

IMAGES, maker of, *n.*, **nsemi**, (1 & 4) *or* **mvadi** (1 & 4) **a teke** (6).
IMAGINE, *v.*, **kala diau**; what did he imagine, **adieyi kakedi diau**. (think), *see also under* **zaya**, App.
IMITATE, *v.t.*, **tanginina, tangununa**.
IMITATED, be, *v.i.*, **tangunuka**.
IMITATING, habit of, *n.*, **tanginini**, 6.
IMITATION (copy), *n.*, **tanginina**, 6. act of, *n.*, **ntanginina**, 2.
IMMATURE, be, *v.i.*, **ke yeboka ko**.
IMMEDIATELY, *adv.*, **mu** *or* **vovo** *or* **vana fulu, vovo vau**; *see also under* **mu (i mu)**, App. ; *also expressed by the reduplicated verb*, to take immediately, **bonga-bonga**. (*following a verb*), *adv.*, **kikilu**; he died immediately, **ofwidi kikilu**.
IMMENSE thing, *n.*, **kokosi**, 6.
IMMERSE, *v.t.*, **zaba**.
IMMODERATE, *a.*, **-atununu**. be, *v.i.*, **tununuka**.
IMMODERATION, *n.*, **yingalu**, pl. 5; *see also* **tununu**, 6, App.
IMMORTAL, be, *v.*, **lembi fwa**.
IMMORTALITY (immortal nature), *n.*, **owu ulembi fwanga**. (not to die), **lembi (9) fwa**; because of his immortality, **muna diambu dia mfwa kelembi fwa**.
IMMOVABLE, be (very tight), *v.i.*, **kwitama**; *see also* firm. be, stand, *v.i.*, **kindama**.
IMPART part of something which was given to one, *v.t.*, **kawulula**.
IMPATIENCE, *n.*, **mpiaviana** (2) **a ntima** (4), **mpiaviani**, 2; **esûta**, 8; **kiangula**, 5.
IMPEDE, *v.t.*, **kindika**.
IMPLY that, which would, *conj.*, *see* **mpangu**, App.
IMPORTANCE, great, *n.*, **luvanginiku**, 10; **luvangananu**, 10.
IMPORTANT, *a.*, **-abindama**. grow, be, *v.i.*, **vanganana**. make, *v.t.*, **vanginika**.
IMPORTUNATE, be, *v.*, **sia e ntâla** (pl. 2).

IMPORTUNITY, *n.*, **ntâla**, pl. 2.
IMPOSE hands, *v.*, *see* **yambika o moko** (9), App.
IMPOSITION of hands, *n.*, **ngyambila** (2) **a moko** (9); *see* **yambika**, App.
IMPOSSIBLE, be, *v.i.*, **lembwa o kndakana**.
IMPREGNATE, *v.t.*, **vidika**.
IMPRESSION, give a false, *v.t.*, **vunginika**. left by a seal, *n.*, **nkutu-bandu**, 2. vivid, *n.*, **kienze**, 5.
IMPRINT, *v.*, **kweza, kwezeka**. *n.*, **kwezo**, 6.
IMPROPRIETY, *n.*, **eyanga**, 8; *see also* **tununu**, 6, App. commit an, *v.*, **bula e eyanga**.
IMPUDENCE, *n.*, **mfiandu**, 2; **ntiamvuna**, 2.
INADVERTENTLY, do, say, disclose a matter, pass a place, or otherwise act, *v.*, **lutakana, sundakana**. cause to act thus, **sundakesa, lutakesa, lutisa**. let a matter slip thus, **lutakesa e diambu** (7).
INCANDESCENCE, *n.*, **ngaluka**, 2.
INCENSE, *n.*, **ndumbu**, 2.
INCESSANT, *a.*, **-ankwamu**.
INCITE, *v.t.*, **yangumuna**.
INCONTINENCE, *n.*, **yingalu**, pl. 5.
INCREASE, *v.i.*, **tuntuka**, *see also* **vaza**, App. (add to), *v.t.*, **yikula**. (grow greater), *v.i.*, **saka**. (in height, value, &c.), *v.i.*, **tuntuluka**. (in wealth *or* dignity), *v.i.*, **tunduka**. (swell out as rice, &c., in water), *v.*, **futuluka**.
INCREASINGLY, go on, *v.i.*, *see under* **vaza**.
INDEED (by all means), *adv.*, **kiaù tu nki**, *at the head of the clause*.
INDENT, *v.t.*, **kofola**.
INDENTED, *a.*, **-akofoka**.

INDEPENDENCE (holding aloof), *n.*, umpavuludia, 12.
INDICATE, *v.*, zikinisa.
specially, *v.*, ta.
INDICATION, *n.*, ziki-ziki, 6.
INDICATIVE, *a.*, -aziki-ziki.
INDIFFERENCE (holding aloof), *n.*, umpavuludia, 12.
INDIFFERENT, be, *v.*, kuvàva (*refl.*). (disregardful), be, *v.i.*, kumvalala.
INDISCREETLY, do, *v.*, swatakesa.
INDISCRETION, *n.*, nswatakesa, 2.
INDISTINCT, be, *v.i.*, vilalala, fufuka.
INDIVIDUAL, *n.*, mbana, 1 ; *pl.* ambana.
INDIVISIBILITY, *n.*, kidè-kidè, 5.
INDIVISIBLY, *adv.*, e kidè-kidè.
INDUCED, be, *v.*, kala ye evukuvuku.
INDUCEMENT, *n.*, evuku-vuku, 8.
offer as an, *v.*, sia e evuku-vuku.
INDUSTRIOUS, be, finizieka.
INEQUALITY, *n.*, ntuka, 4 ; ntula, 4.
INFAMOUS (cursed), *a.*, -asungu.
INFANCY, *n.*, kiswa, 5.
INFIRMITY, *n.*, eyovoka, 8.
INFLATE, *v.t.*, tuva, tuvula, tividika.
INFORM, *v.*, sunzula (e diambu, 7).
INFORMATION as to the sickness *or* death of a relative *or* some disaster which has befallen him, *n.*, etamba, 8.
give the fullest, sia oku kukiele.
INFORMED, be well, *v.*, lumbuluka biluka, via, via e mpila (2).
INFURIATED, be, *v.i.*, zengomoka.
INHERIT, *v.*, vwa e efwafwa, 8 ; *see* efwafwa, App.
(real property), *v.*, vingila.
INHERITANCE (birthright), *n.*, *see* efwafwa, 8, App.
INITIATED, be well, *n.*, via, lumbuluka.
INITIATIVE in, take the, *n.*, tomona.
INJUSTICE, *n.*, vilwa, 12.
(wrongful violence), *n.*, bâlu, 12.
INK, *n.*, dima, pl. 6.

INNOCENT, *a.*, ke -ina mu kuma (6) ko, -alembwa e kuma; innocent blood, menga ke mena mu kuma ko *or* menga malembwa e kuma.
be, *v.*, ke kala mu kuma ko, lembwa e kuma (6).
INQUIRE about, after, *v.t.*, yandala.
INQUISITIVE about, be, *v.t.*, tongolola.
person, *n.*, ntongolozi, 2 ; nembumba-kalutwa, 1.
INQUISITIVENESS, *n.*, untongolozi, 12.
habit of, luntongolozi, 10.
INSATIABILITY, *n.*, kinzola-nzola, 5.
INSEPARABILITY (of two *or* more separate things), *n.*, kidè-kidè, 5.
INSEPARABLY, *adv.*, e kidè-kidè.
INSIGNIFICANT, *see* small, unimportant.
INSIST very strongly upon, *v.*, kuzika, siamisa.
INSOLENCE, *n.*, lutiangu, 10 ; ntiangu, 2 ; nduvu, 4 ; ntiamvuna, 2 ; etingu, 8 (*generally pl.*) ; lutiu, 10.
INSOLENTLY, treat, *v.t.*, tiakidila.
INSPECT, *v.t.*, laya, senga.
INSPECTOR (spy), *n.*, nsengi, 2.
INSPIRE, *v.t.*, fulumwina, vumwina.
INSTANCE, *n.*, nona, 6 ; pwa-meso, 6.
give an, *v.*, sia e nona.
for, *conj.*, kasika.
INSTANTLY, *adv.*, *see* immediately, App.
INSTEAD of, *conj.*, ke mu...ko ; *see* also kaka, App.
INSTINCT, *n.*, ntona, pl. 2.
INSTRUCT, in art, mysteries of doctoring, *v.*, tambika e kinganga (5).
INSTRUCTED, be, *v.i.*, longoka.
thoroughly, *v.t.*, lumbulula, via.
INSTRUCTION, thorough, *n.*, visa, 6.
INSTRUCTIONS, give imperative, *v.*, kanikina.
(order), yika.
INSTRUMENT, musical, *n.*, sikwa, 6.
INSUBORDINATE, be, *v.*, *see* tununuka & zanu, App.

NTEGRITY (correctness of manner), *n.*, **kosi**, 6 ; **nsongi**, 2.
INTELLECT, *n.*, **nyindu**, 4 ; **diela**, 7.
INTELLIGENCE (some small, very imperfect intelligence of something), **kiundu**, 5 (scent in hunting).
INTENSE (eager), to grow, *v.i.*, **velavela**.
INTENSITY (of love or longing), *n.*, **ebiki**, 8 ; **mbiki**, 4 ; **elusu**, 8 ; **esunga**, 8.
INTENTION, *n.*, **ekani**, 8.
one who has evil intentions, *n.*, **nkani**, 2.
endeavour artfully to find out the intentions of another, *v.t.*, **konda**.
INTERCOURSE, friendly, *n.*, *see* **ngwizani**, 2, App.
with, have, *v.*, **kala kumosi yo**.
INTERDICTION (strong), *n.*, *see* **kandu**, 6, App.
INTEREST, absorb all the, *v.i.*, **vanganana**.
deprive of, *v.*, **vonda o ntima** (4).
lose its, *v.*, **tukumuka**.
lose one's, *v.*, **tukumukwa, fuwa o ntima** (4).
(on a loan), *n.*, **mazuka**, 8 pl. only.
INTERESTED in, be much, *v.*, **sia...o moyo** (3).
INTERIOR, the far, *n.*, **ediongi**, 8.
INTERJECTION, *n.*, **tâtu**, 6.
INTERSPACE, } *n.*, **mposoko**, 2 ;
INTERVAL, } **mpwasila**, 2.
INTESTINE, *n.*, **ekati**, 8, App.
INTIMATE terms, be on the most, *v.*, *see* **yambana**, App.
INTREAT, *v.*, **dodokela, wondelela**.
INVENT, *v.t.*, **semona, solomona, selomona**.
INVESTIGATE, *v.*, **longota**.
(trace out), *v.t.*, **tongonona**.
INVESTIGATION, *n.*, **ndongota**, 2.
habit of careful, *n.*, **luntongolozi**, 10.
INVESTIGATOR, *n.*, **ndongoti**, 2.
INVISIBLE, be, *v.t.*, **vilama**.

INVISIBLE, *continued*.
be almost, *v.i.*, **vilalala**.
IRKSOME (annoying), *n.*, **-anangi**.
IRRITATE, *v.t.*, **tutisa e ekudi** (8), **zekanisa**.
IRRITATION, *n.* (*active*), **luseko**, 10 (*passive*), *n.*, **nkafi**, 4 (*geny. sing.*).
ITEM (point), *n.*, **ekono**, 8 ; *see also under* **nkumbi** & **nkungulu**, App.
IVORY horn, performer upon, **kimpungi**, 5.

J.

JACINTH, *n.*, **yasinte**, 2.
JACKET, *n.*, **ekutuwa**, 8.
JAR, *n.*, **bungwa**, 6.
JASPER, *n.*, **yaspe**, 2.
JEALOUS (as regards one's husband or wife), *a.*, **-aneongo**.
person, **nganga** (2) a **nsongo**.
JEALOUSY (*as above*), *n.*, **nsongo**, pl. 2.
JERK off, *v.t.*, **zazuna**.
JEST, *n.*, **kieya**, 5 (Bako.).
v., **ta kieya**.
JET, *v.*, **sianzuka**.
JEWEL, JEWELRY, *n.*, **nkembo**, 2.
JIGGER which has not penetrated, *n.*, **nkanza**, 2.
which has been in some time, **ntunga**, 2 ; **ntanda**, 4.
JILT, *v.t.*, **tiala**.
n., **ntiangu-ntiangu**, 2.
JILTING, habit of, *n.*, **untiangu-ntiangu**, 12.
JOINT (in the limbs), *n.*, **mboko**, 2.
JOKE, *n.*, **kieya**, 5 (Bako.).
v., **ta kieya**.
JOSTLE together in running, *v.i.*, **vindana**.
JOURNEY about, *v.*, **kiba** (Bako.) **beba** (Bako.).
JOY, *n.*, **kienzi**, 5 (Bako.); **ekembo**, 8. (**Nkembo** *causes* **ekembo** *in the heart.*)
JUDGE, *v.t.*, **fundisa**.
n., **mfundisi**, 1 & 4.
(determine a matter), *v.*, **kubika**.
(a matter in one's mind), **lamba**.

JUDGE, *continued.*
to be a judge (of), *v.*, **zaya e mpambula** (2) (a).
JUDGMENT [process of (*active*)], *n.*, **lufundisu**, 10.
(*active applied and passive*), **lufundisilu**, 10.
give, *v.t.*, **solola, sia e nzengo** (2).
(in a law court), *n.*, **nzengo**, 2.
(of a judge), *n.*, **mpiku**, 2.
prepare, *or* take counsel as to a, *v.*, **lamba e mpiku**.
JUMP, *v.*, **yoma, doma, dumuka**.
(start), *v.i.*, **kitumuka**.
JUNGLE (when spoken of generally, not of some part of the jungle), *n.*, **mfuta**, 4.
great patch left unburnt, *n.*, **ebembia**, 8.
left by the fires and affording shelter to game, *n.*, **tumbu**, 6.
which was not burnt last season, *n.*, **nkunku**, 2.
JUNIOR, *n., see* **nsakila**, pl. 2, App.
JUST, *adv., see under* **ozevo** & **i...aka**, App.
(proper), *a.*, **-akosi, -ansongi**.
just as if *or* like, *adv.* ; *see under* **vanga**, *and* not, App.
to...just...only, *v. aux.* ; *see* **vika**, App.
JUXTAPOSITION, put together in, *v.*, **sila e mbadi kumosi**.

K.

KEEN edge, have a, *v.*, **vela-vela**.
KEEP on ...ing, *v.*, **sama, kwama, kwaminina, lakama**.
clear (of), **kuvàva (muna)**.
on at, keep on trying, *v.*, **vanamiana, vampamiana**.
(reserve, put aside), *v.*, **velekela**.
proudly to one's self, *v.i.*, **tintila**.
(maintain) well, in good condition and order, **simbinina**.
KEY, *v.*, **mwivi**, 3 (Bako.).
note (in music), *n.*, **ekanda**, 8.

KICK, *n.*, **kinkala**, 5 (Bako.).
v., **tua kinkala** (Bako.) ; **bala** *or* **pala e kinsi** (5).
anything along, **pala**.
up *or* along, **vubuna**.
KILL in great numbers, *v.t.*, **fumuna**.
KILO- (metre, &c.) = × 1,000 ; **kilo-** (**meta**, &c.).
KILOMETRE, *n.*, **kilometa**, 2 ; **mavwata** 546¾.
KIND action, *n.*, **ewete**, 8.
(sort), *n.*, **mvila**, 4 ; **mpwa**, 2.
to each other, be, *v.*, **lembamiana**.
of any kind, of the kind, **una -ina** ;
I did not see anything of the kind in there, **kimwene mo ma una kina ko**.
of many good kinds, *a.*, **-a miza ya miza**.
KINDLINESS, *n.*, **luyayidilu**, 10.
KINDLY feeling, *n.*, **ngemba**, 2.
KINDNESS, *n., see* **ungudi**, 12, App.
(motherly), **ngemba** (2) a **ngudi** (Bako.) ; **walakazi**, 12.
KINDNESS, show, *v.t.*, **yayidila**.
KING (in cards), *n.*, **elei**, 8 (P. rei).
KNAVE (in cards), *n.*, **ekonde**, 8 (P. conde).
KNEADING trough, *n.*, **elonga**, 8.
KNEEL down to, *v.t.*, **fukamena**.
KNEELING, *adv.*, **o mamfukama** (pl. 7).
KNIFE having a lateral curve for hollowing out rattles, &c., *n.*, **lukombo**, 10.
KNOCK, *n.*, **dodo**, 6.
(anything) along, *v.t.*, **pala**.
over backwards, *v.t.*, **manguna, makuna**.
up (a small piece of skin, bark, &c.), *v.t.*, **kewona**.
KNOT, *n., see* **ekolo**, 8, App.

L.

LABORIOUS (arduous), *a.*, **-afuki**.
LABOUR, hard, *n.*, **mfuntu**, 4.
LACK ; something of which a part is lacking, and therefore useless *n.*, **ntuka**, 4.

LAD, *n.*, lezi, 6; kiusi, 5 (Bako.).
  of about 15 or 16 years of age,
    n., luntoko-toko, 10; luntoko-
    ntoko, 10.
LADDER, *n.*, sikada, 2 (P. escada);
    tombokelo, 6.
LADY-BIRD, *n.*, kumbi-kumbi, 6.
LAITY, one of the, *n.*, nsonzolo, 2.
LAMB, *n.*, meme-meme, 6.
LAME person, *n.*, fwa-mboko, 6.
LAMENT, with gesticulations, *v.i.*, za-
    zana.
LAMP, *n.*, nkengwa, 2.
LANDSCAPE (fine view), *n.*, tunda, 6.
LANGUAGE, abusive, bad, *n.*, ludu-
    vuku, 10.
LAP (as a dog), *v.t.*, leta.
LARGE, *a., see* great, App.
LARYNX, *n.*, lulaka, 10 (Bako.).
LASCIVIOUSNESS, *n.*, yingalu, pl. 5.
LASH, *v.t.*, zwabula, vizula.
  (stripe), *n.*, nzila, 4; mvibu, 4;
    nsila, 4.
  whip, *n.*, nzila, 4.
LASHED, be, *or* scarred with lashing,
    v.i., vilumuka.
LAST, at, *adv.*, oku nsuka, oku
    nsuka a ntu; *see also* mbangi,
    App.
  (in the future), kuna ntu kukwi-
    ziwa.
  (remain), *v.i.*, zingila.
  (very long), zinguluka.
  the (of persons), *n.*, nsuka, 4.
  the last cup of wine in a calabash,
    n., nsi, 2, sing. (pl. 2, Bako.).
LATITUDE, *also* a parallel of, *n.*, nka-
    mbiku, 2.
LAUGH at, *v.t.*, kiekielela.
  heartily, *v.*, yemba o makaka (pl. 8)
    or tusevu (pl. 10), diekomoka.
LAUGHTER, roar with scornful, *v.t.*,
    kumbulwila.
LAW of nature, *n.*, minu, 6; nkiku, 4.
  details of (statutes), *n.*, mina, pl. 3.
LAWLESSNESS, *n.*, umpumbulu, 12.
  (utter disorder), *n.*, ntumpa-ntu-
    mpa, 4.
LAY before (something in motion to
    stop it), *v.t.*, kakidila.

LAY, *continued.*
  down (something great), *v.*, bubi-
    dika.
  hold of, *v.t.*, vwila.
  wash & lay out the dead, *v.*, sunga.
  (of the laity), *a.*, -ansonzolo.
  waste, *v.t.*, fwantakesa.
LAYER, *n.*, mbandu, 2; tenso, 5;
    kunda, 6.
  in layers, *adv.*, e mbandu-mbandu.
  of thatch, *n.*, ntembe, 2.
LAYMAN (uninitiated), *n.*, nsonzolo, 2.
LAZINESS, *n.*, uleza, 12.
LAZY, *a.*, -eleza.
  fellow, eleza, 8.
LEAD, *n.*, kiumbu, 5 (P. chumbo).
  off, away (bear away), *v.t.*, twala-
    kesa, filakesa.
  by fair promises *or* excuses, *v.t.*, ko-
    kela.
LEADER of the refrain in antiphonal
    singing, *n.*, ntozi, 2.
LEADING man, *n.*, ntu, 4.
LEAK out fast, *v.i.*, fwamfumuka.
LEATHERY, be, *v.*, sinita.
LEAVE (avoiding observation), *v.*, ku-
    vava.
  leave (depart, of many only), *v.i.*,
    wunguka.
  (a thing) not in the charge of any
    one, *v.*, yambika.
  one's work (for a time), sonsoka.
  constantly, sonsozioka.
LEAVEN, *v.t.*, funisa.
  n., funa, 12.
LEAVENED, be, *v.i.*, funa.
LEAVINGS (left on one's plate after a
    meal), *n.*, nswa-koko, *sing.*, 2.
LEE (back, shelter), *n.*, nima, 2.
LEEWARD, to, *adv.*, ku ntala (2) a
    tembwa (6).
LEFT behind by mistake, be, *v.i.*, sa-
    didila.
  empty, be, *v.*, sadila.
  out, be (of something which one
    wished to keep secret or hidden;
    of things only), *v.i.*, beleleka.
LEFT-HANDED person, *n.*, monso, 3.
LEGAL (properly constituted), *a.*, -a
    nsi a nkuwu (2).

LEND at interest, *v.t.*, **dimisa**.
LENGTH, at, *adv.*, **oku nsuka a ntu, oku se ntu, oku kwakwiziwa**.
   be irregular in length, *v.i.*, **swandana**.
LENTIL bush and fruit, *n.*, **wandu**, 11 & 12.
LESS (in size), *a.*, **-akeva**.
   grow, be, *v.*, **keva**.
   make, *v.t.*, **kevesa**.
LESSON (warning), *n.*, **elongi**, 8.
LET, *v.*, **yeka** (Zombo).
   (imperative), *see* **mbudi**, App.
   off, free, *v.*, **vûkisa**.
   out (rent), *v.*, **sompeka**.
LETHARGY, *n.*, **nsindu**, 4.
LEVITICUS, book of, *n.*, **Fuka**, 6.
LIABLE for, be, *v.*, **lama**.
LIBERALITY, ruinous, giving away everything possessed, **esanzu** (8) **dia kaya, nlungu-lungu**, 4.
LIBERTY, be at, *v.*, **vevoka, vevokwa, vevokelwa**.
LIE, *v.t.*, **vunginika**.
   habit of telling anything but the truth, *n.*, **mpova** (2) **a ndambu**.
   face upwards, on one's back, *v.i.*, **kayama**.
   face downwards, **bukalala**.
   (of something great), *v.i.*, **bubalala**.
LIFE, *n.*, **moya**, 3 (Bako.).
   n. (the living principle), **fulumunu**, 6 (Bako.); **umunu**, 6 (Bako.); **fulumwinu**, 6; **vumwinu**, 6.
   the length of, *n.*, **ezinga**, 8.
   manner of, *n.*, **kadilu**, 6; **nkala**, 2.
LIFT (one's opponent off the ground in wrestling), *v.t.*, **sela**.
LIGAMENT, *n.*, **nsimbininu**, 2.
LIGHT (not the thing which causes light, but the light resultant), *n.*, **ntemo**, 4.
   (candle), *n.*, **nkengwa**, 2.
   give light to, *v.*, **temona**.
   (not heavy), *a.*, **-ampevo**.
   shed, impart, *v.i.*, **tema**.
   [of affliction (**mpasi**) only], *a.*, **-ezala**.
   (not heavy), **-ampevo**.
LIKELY, be very, *v.*, **nanga**; he was very likely right, **onanga lunga**.

LIKEN to (compare), *v.t.*, **tezanisa yo** (&c.).
LIKING (for), *n.*, **nlaku** (a), 4; **elemena** (dia), 8.
LIMIT, *n.*, **nsilu**, 4; **luiku**, 10.
   in height *or* depth, *n.*, **zengo**, 6.
LIMP, be, *v.i.*, **lewoka, leoka, leuka, zewoka, tukuka**.
LINE (row), *n.*, **mbangu**, 4; **nlôlo**, 4.
   take one's place in a line, *v.*, **yika o mbangu**.
   in a line, *adv.*, **e kia-kia, e ndongeleka**.
   arrange, *v.t.*, **kialumuna**.
   up (be arranged in a line), *v.i.*, **kiatumuka**.
   (cord) for clothes, *n.*, **ezalu**, 8.
LINEN, *n.*, **lino**, 2 (P. **linho**).
LIP, *n.*, **koba**, 6 (Bako.).
   (of an animal), **befo**, 6.
LISTEN! **wete**! (= **wa**+**ete**, Bako.).
   carefully, *v.*, **teka** *or* **kelesa o matu** (9).
   to, *v.t.*, **widikila** (Bako.), **wila, vivila**.
   to be troublesome to, *v.*, **tekesa o matu** (9).
   willingness to listen to each other, *n.*, **ngwizani**, 2.
LITRE, *n.* (1·76 pints), **lita**, 2.
LITTLE, take too, *v.*, **kusàkidika** (*refl.*); do not take too little, take what you will, **kwiyisakidika ko, bonga konso eyi ozolele**.
LIVE by (make a living by), *v.*, **vulukila**.
   luxuriously, *v.t.*, **pututa, vwama**.
LIVE stock, *n.*, **twelezi**, 6; **twezi**, 6 (Bako.).
LIVING by, make a, *v.*, **vulukila**.
   means of getting a, *n.*, **mpulukilu**, 2.
LIZARD, *n.*, **ndiasala**, 4 (Bako.); **ndiala**, 4 (Bako.).
LOAD (burden), *n.*, **zitu**, 6; **enatu**, 6.
LOAFER, *n.*, **nzengelevwa**, 4.
LOAN, *n.*, **zuka**, 6; **kindundu**, 5.
LOATHING, *n.*, **nkenonoka**, 2.
   of food after over-feeding, *n.*, **elenzi**, 8; *see* **lenzi** (App.).

LOBSTER, *n.*, **nkosa**, 4 ; **nkosa a mbu** (4).
LOCATE, *v.*, **kuma**.
LODGE, *v.i.*, **wunda**.
LODGING, *n.*, **lêko**, 6.
LOG, *n.*, *see* **mpombolo**, App.
LONE, *a.*, *see* lonely.
LONELINESS, *n.*, **kinzunga**, 5 ; **sombe**, 6 ; **lunzungulu**, 10.
LONELY, *n.* (of places only), **-asombe**, **-akinzunga**.
LONG ago (the remote past), *n.* **kavèngelele**, 9.
  long long ago, ever so long ago, *adv.*, **vana kavengelele**.
  be (tarry), *v.*, **zinguluka**.
  for, *v.*, **tantama** ; *see also* desire, & App.
  (intensely), *v.*, **zinwa** *or* **lakukwa o moyo** (3) ; *see* K.-Eng. App. ; **ketokela, fwila e ebaba** (8).
  (in length), be, become, grow, *v.i.*, **leva**.
  make, *v.t.*, **levesa**.
  long range (of weapons), *a.*, **-antunta, -antwala**.
  so long as (while), *adv.*, *see* **yavana**, App.
  & thin, *a.*, **-ansioni**.
LONGER, no, *adv.*, **ke...diaka ko** ;
  I will stand no longer, **kitelama diaka ko**.
LONGING, *n.*, **nlekoko** (4) **a moyo** (3) ; **evelema**, 8 ; **eluema**, 8.
  to be able to do something which one cannot *or* must not do, *n.*, **tiki-tiki**, 6.
  to have such a longing, *v.*, **sala e tiki-tiki**.
LONGINGLY at, to look, *v.*, **lengokelwa** *or* **yengola o meso** (pl. 7).
LONGITUDE, *also* a parallel of, *n.*, **ntongeka**, 2.
LONG-SUFFERING (the paying no heed to violence, annoyance, &c.), *n.*, **nlandu**, 4 ; **mvuku**, 4.
  be, *v.*, **landula, lazula**.
LOOK at, for, after, *v.*, **tadikila**.
  blank, *v.i.*, **tungama, monganana**.

LOOK, *continued*.
  down, *v.*, **veteka o meso** (7).
  (slily), *v.*, **ketoka**.
  fiercely, angrily, *v.*, **tuvula** *or* **vulumuna o meso** (pl. 7).
  fixedly, *v.i.*, **sia e tuku-tuku** (6).
  for (seek), *v.*, **sata**.
  forward to, *v.t.*, **lekelela**.
  longingly at, *v.*, **lengokelwa** *or* **lengukilwa** *or* **yengola...o meso** (pl. 7).
  out ! *interj.*, **makono** !
  up, *v.t.*, **sengola o meso** (pl. 7).
  well after, *v.t.*, **kenga, keya**.
  well at, *v.t.*, **tadidila**.
LOOKED at lovingly, lustfully by, be, *v.*, **lengokelwa** *or* **lengukilwa o meso kwa**.
LOOSE (earth *or* sand), *n.*, *see* **efwese-fwese dia—**, App.
LOOSELY, tie, *v.t.*, **zeyeleka**.
  be tied, *v.i.*, **zeyalala**.
LOQUACITY, *n.*, **lumpintula**, 10 ; **luetola**, 10.
LORDSHIP over, to exercise, *v.t.*, **boselela**.
LOSE all energy *or* power to say *or* do, *v.*, **tionga**.
  (in gambling, war, &c.), *v.i.*, **yela**. *v.t.*, **yelwa**.
  the taste (for a thing), **nlaku** (4, u-) **saka** ; he has lost the taste for palm-wine, **o nlaku andi a malavu usakidi**.
LOSS (in trade), *n.*, **nkuluki**, 2.
  (a losing), **nkulukwa**, 2.
  suffer, *v.*, **fwilwa**.
  of, **fwidilwa**.
  be at a loss to know how to do *or* make something, *v.*, **yitakiana**.
LOST, be *or* get, *v.i.*, **vianda**.
  be lost and wandering, *v.*, **vuvana**.
  (disappear), be, *v.*, **lala**.
  hopelessly, be, *v.*, **langala**.
LOT, of a, **mundu a** (P. **mundo**, the world).
  what a lot, *see* **biza** & **mbote**, App.
LOUD (of the voice), *a.*, **-abakuka**.

LOUDLY, to speak, *v.*, **bakula e ndinga** (2).
LOVE, *v.*, *see* **tonda**, App.
  brotherly, **ungudi**, 12.
  (mutual), *n.*, **nzolani**, 2.
LOVED, best (the favourite), *a.*, **-antambuki**.
LOW down, near the ground, *adv.*, **omu mbetela** (2) **a nsi** (2).
  and flat, *a.*, **-elalangoma**.
  and spreading, be, *v.*, **batalala**.
LOWER a price, *v.t.*, **bufa**.
LOWERING, be (of the weather), *v.*, [**kuma** (9) **ku-**] **yitalala**.
LUBRICATE, *v.*, **lelemesa, lelomona**.
LUBRICATED, be, *v.*, **lelomoka, lelema**.
LUCK (good), *n.*, **zumbi**, 6.
LUMP, *n.*, **ebungela**, 8; **ebwengelekete**, 8.
  left in something imperfectly ground *or* crushed, *n.*, **elusu**, 8; **vanzikwa**, 6; **dindusu**, 7 (Bako.).
  (which protrudes), *n.*, **fungudia**, 6.
  (mass), *n.*, **mbumba**, 4.
LUNCH, *n.*, **mbela-mbela**, 2.
LUPUS exedens, *n.*, **matamba**, pl. 8.
LURE, *v.*, **volela**.
  n., **volela**, 6.
LUST, *n.*, **eketo**, 8.
  after, *v.t.*, **ketokela**.
  (any one), *v.*, **mwena...o longo** (10).
LUXURY, live in, *v.*, **vwama, pututa**.

M.

MACHINE, *n.*, **màkina**, 2 (P. *machina*).
MADE, be, *v.i.*, **salama**.
  up (not real), *a.*, **-ansoka**.
MAGISTRATE, *n.*, **mungwizi**, 3.
MAIDEN, young, *n.*, **dumbelele**, 6; *see also* **mwenze**, App.
MAINTAIN in good condition, *v.t.*, **simbinina**.
MAKE, *v.t.*, **sadika**.

MAKE, *continued.*
  (build, style), *n.*, **kanda**, 12.
  little cuts in, *v.*, **nwata**.
  (manner of making), *n.*, **ebangu**, 8.
  one's self out to be, *v.i.*, **kukita** (*refl.*), **kikitula** (*refl.*).
  out the total of an amount to stand at, **balula**; I make it 10,000 rods, **mbalwidi kiazi kia ntaku**.
  quickly, *v.*, **vangizieka**.
  up one's mind, *v.*, **yambukwa o ntima** (4) *or* **moyo** (3).
  a way (through), *v.*, **teta e nzila** [(2) **muna**].
  way (to allow some one to pass), *v.*, **sila e nzila** (2).
MALE, a, **-abakala** (Bako.), **-ambakala** (Bako.).
  plant, *n.*, **nlomba**, 4.
  sex, *n.*, **kiakala**, 5; **lungisa e kento ye kiakala**, assemble all the population (*lit.*, all womankind and mankind).
MALICE, *n.*, **efwenka**, 8; **lutongeneko**, 10.
  bear against, *v.t.*, **tongeneka**.
MALIGNITY, *n.*, **efwenka**, 8; **lutongeneko**, 10.
MALLET, *n.*, **nkonko**, 2.
MAN, *see also* **mbana**, App.
  of importance *or* position, *n.*, **mwingi**, 3.
MANAGE, *v.*, **ludika**.
MANE, *n.*, **nsamba-samba**, 2.
MANGROVE tree, *n.*, **mwema**, 3 (Solongo).
MANHOOD (that which constitutes a man, a human being), *n.*, **wuntu**, 12; **uwuntu**, 12.
MANIOC, a very soft, immature root of, *n.*, **nsiau**, 4.
MANNER, in the same, *adv.*, **kumosi**.
  (style) of carrying *or* speaking, **ndata**, 2.
MANTIS, *n.*, **lunkunza-mbuku**, 10 (Kib.); **lunkunza-nkonzo**, 10 (Bako.); **lunsunga-nkombo**, 10 (Makuta).
MANURE (vegetable), *n.*, **mvûku**, 2.

3 D

MANY *or* too many, take, *v.*, **kwendelesa**.
  have, **kwendelelwa**.
  because (there were) so many, *see* **wingi**, App.
  very many, *see* **e ke ye kingi**, App.
MAR, *v.*, **bandula**.
MARK, *v.*, **vianga**.
  made on the road to show the route taken by a caravan, *n.*, **nkolomona**, 2.
  make a, *v.*, **kolomona, tenda e nzila** (2).
MARRIAGE, *n.*, **nsompani**, 2.
MARRIED, be, *v.i.*, **sompoka** (of women only).
MARSH, *n.*, **ntabala**, 4.
MARVEL at, *v.*, **kumuna**.
  (to utter a cry of surprise), *v.i.*, **kululuka**.
  (wonderful thing), *n.*, **nkumbi**, 4; **nkungulu**, 4.
MASH, *v.t.*, **vota**.
MASK, *n.*, **ngobodi**, 2; from **ngobodi**, something which inspires awe, on account of its size.
MASS (lump), *n.*, **mbumba**, 4.
  (great number), *n.*, **bidi**, 6; **ebidi**, 8.
  huge, **kiengele**, 5; **ngengele**, 2; huge mass of rock, a boulder, **kiengele kia etadi** (8); *see also under* **nkingu**, App.
MASSIVENESS, *n.*, **silu**, pl. 6.
MASTER (of his profession), *n.*, **nkunku**, 2; **i salu kia nkunku kiki**, this is the work of a master-hand.
MAT, circular, of the same make as the native baskets, *n.*, **etanda**, 8.
  or be matted together, *v.i.*, **tungalakana, tungalakiana**.
MATTER (to talk about), *n.*, **lusangu**, 10.
  most important, *n.*, *see under* **nkumbi & nkungula**, App.
MATURE, be, *v.i.*, **yeboka, kola**.
MATURITY (puberty), *n.*, **etuluka**, 8.
MBADI cloth, twelve sheets of, *n.*, **mbondo**, 2.
MEAN person, *n.*, **mbaba**, 4.

MEAN, *continued.*
  that, *conj.*, *see* **mpangu**, App.
MEANING, *n.*, **nsosa**, 2.
MEANS (ability), **ndenda**, 2; every one according to his means, **konso muntu muna ndenda andi**.
  (of obtaining), *n.*, **mpwilu**, 2; **bakilu**, 6.
  by all means, *adv.*, **kiaù tu nki**.
MEANWHILE, *adv.*, **wau** (during); *the sentence being reconstructed to admit of the use of during.*
MEASLES in pork, a cyst of, *n.*, **yinga**, 8 (Bako.); **disa**, 7.
MEASURE (a stick, &c., cut *or* marked to the exact length), *n.*, **ezengo**, 8.
  with overflowing measure, *adv.*, **o mabetomona** (pl. 8).
  thus, to, *v.*, **sia o mabetomona**.
MEDIATE, *v.*, **kambakana**.
MEDIATOR, *n.*, **nzonzi**, 2 (Bako.); **nkambakani**, 1 & 4.
MEDICINAL bark and roots, to search for, collect, *v.*, **banga**.
  one who collects, *n.*, **mbangi**, 1 & 4.
  leaves, to collect, *v.*, **kaya**.
  one who collects, *n.*, **nkayi**, 1 & 4.
MEDICINE, bundle of (fetish), *n.*, **ebunda**, 8; *see also* **mfula**, App.
MEDITATE, *n.*, **vimpita, lamba, dikula**.
MEEK, be, *v.*, **lembalala**.
  person, *n.*, **nlembami**, 1 & 4; **nleka**, 4.
MEET, go to, *v.*, **kamba**; *see also* **batidila**, App.
MEETING, *n.*, **lukutakanu**, 10.
MELT down, *v.t.*, **zelomona**.
  (metals), *v.t.*, **zelola, zunza**.
  v.i., **zeloka, zunzuka**.
MEMBER of the body, *n.*, **kikwa**, 6.
MEMORIAL, *n.*, **lubanzilu**, 10.
MEMORY, *n.*, **lubanzu**, 10.
  something indelible from the memory, *n.*, **kienze**, 5.
MEND, *v.*, *see* **lusoka**, App.
MENSTRUATE, *v.i.*, **nokwa** (a euphemism).

MENTION, *v.t.*, tola (Bako.); zangata, suma (*with respect*); ziotola (*not used of* or *to one's betters*).
unintentionally, *v.t.*, sundakesa, lutakesa.
item by item, *v.t.*, tangumuna.
MESS (play with one's food), *v.*, zeba.
MESSAGE, *n.*, lutumu, 10.
MESSENGER, *n.*, ntumwa, 2; nekwenda, 1 (*sing.*).
(respected), mbâku, 4.
send a, *v.*, sia e ntumwa.
METAL, a hard, bright, such as tin, alloys of tin, *n.*, kinzazi, 5.
METAMORPHOSIS, *n.*, ekitu, 8.
METRE, *n.*, meta, 2.
METRIC system, *n.*, kimeta, 5 (Fr. mètre); *see* meta, lita, stere, are, & mili-, senti-, desi-, deka-, ekto-, kilo-, miria, &c.
MICA, tiny scales of, *n.*, ekwa (8) dia nzazi (2).
MIDDAY, nlungu (4) a ntangwa (2), elunga (8) dia ntangwa.
MIDDLE (centre), *n.*, ndunda, 2.
MILLI- (metre, &c.) — ~~tuuu~~, mili- (meta, &c.).
MIND (intellect), *n.*, nyindu, 4.
(intelligence), *n.*, diela, 7.
bear in, *v.i.*, sungamena, sia oku ntima (4).
have one's mind at rest, *v.*, moyo (4, u-) bwa *or* kuluka.
set, *v.t.*, bwisa *or* kulula o moyo (3) *or* mbundu (2).
make up one's mind (decide), *v.*, kubika, yambukwa o ntima (4).
make up one's mind to (earnestly), *n.*, sia e etima (8) dia.
MINDED, be strong, *v.*, kuzolela.
MINUTE (point for discussion), *n.*, ekono, 8.
MISERABLE, be, *v.*, kafalala, ntima (4 u-) kafalala, bobalala (Bako.).
condition, *n.*, lukendeleko, 10.
MISERY, *n.*, nkangu (4) a ntima (4).
MISFORTUNE, *n.*, ndaza, 2; nlaza, 4 (Bako.).

MISS the object, *v.i.*, tikumuka.
very much, *v.*, mona o nzuwa (4) *or* ntuka (4).
MISSIONARY, *n.*, ntumwa, 2.
MIST, *n.*, mbunge, 4.
MISTAKE, *n.*, vilwa, 12; mpilwa, 2; mpilakeno, 2.
make a, *v.i.*, tundangana, vilwa.
be put in by, *v.i.*, kwendelela.
put, *v.t.*, kwendelesa.
MISUSE, *v.t.*, pitakesa.
MIX up together (combine), *v.t.*, lûmba.
MIXED in with, be, *v.i.*, lûmbana muna.
MIXTURE, *n.*, nsangu, 4; *see also* nswangu, 4, App.
MODERATE, be, *v.i.*, tuna.
MODERATION, *n.*, tunu, 6; lutunu, 10.
exercise, *v.i.*, tuna.
lose all, *v.i.*, tununuka.
in, *adv.*, e ngingu kole.
(self-control), *n.*, volo, 6.
exercise, *v.*, vololoka.
MOLE (the animal), *n.*, mbumbulu, 2.
MOMENT, at the very, *adv.*, vana *or* vovo fulu, vovo vau.
MONEY lent on interest, *n.*, zuka, 6.
a piece of money, *n.*, mpanza, 2 & 11.
MONSTER of a (of animals only), *n.*, evwendengele dia— (8); *see also* huge, App.; a monster of a pig, evwendengele dia ngulu.
MONTH, The following are the names of the 13 "moons" in the year, in Luangu:—1, Mbula-mazi; 2, Mbùla-màzi-mbù (plenty of fish this month); 3, Nkombe difole; 4, Mambunyi-mambunyi; 5, Kufulu (budding); 6, Minoka (small rains); 7, Ntombo; 8, Nuni-ntombo; 9, Mwanga-masangu; 10, Mwanda; 11, Ndolo; 12, Mawala; 13, Mbangala.
MOON, *n.*, ngonda, 2 (Bako.).
MORE and more, to..., *v.*, tuntulula (*the object being the action*),

MORE, *continued.*
nungunuka; *see also* vaza, App.; they loved him more and more, batuntulwidi o kunzola; it became more and more heavy, kinungunukini e ezitu.
have, do, *v.t.*, beta, sunda, suva, luta; he was stronger than his companion, oyandi obetele o nkwa andi e ngolo.
put, *v.t.*, kundikila, kudikila.
than, *adv.*, ke mu...ko.
MORNING star, *n.*, ntetembwa (2) a nkielelo (2).
in the morning, when it was morning, *adv.*, oku leka mene-mene.
MORSEL (bit), *n.*, tente, 6.
(fragrant), nkesona, 2.
MORTAL (causing death), *a.*, -amfwila.
MORTAR hollowed out in the side of a log instead of at the end, *n.*, su (6) kiandamba (Bako.).
MORTUARY, *n.*, ngamela, 2 (P. camera).
MOTHER-IN-LAW, *n.*
of wife, ngudi (2) a longo (10).
of husband, ko, 13.
MOTHERLY love, *n.*, ngemba a ngudi, 2 (Bako.); walakazi, 12.
MOULD into some form, *v.t.*, sema.
MOULDING, a (projection), *n.*, mungumbuti, 3.
of pottery, the manner of, *n.*, ngumba, 2.
the operation of, luwumbilu, 10.
MOUND, slight, raised by a certain species of white ant, *n.*, kimpanda-ngongo, 5.
MOUSTACHE, *n.*, esunia, 8.
MOUTH of a bell, trumpet, funnel *or* any enlargement at the end of a cylinder, *n.*, nsanza, 2.
MOUTHFUL, *n.*, nkanzika, 4.
MOVE (of fetus in utero), *v.i.*, dukula.
slowly and heavily, *v.i.*, kokomoka.
(stir), *v.i.*, sonsola.
up and down (as grass, &c., when a rat is making its way under it, *v.*, tunduka.

MUCH more, much less, *see* ozevo weyi, App.
give, do, take, do too much, *v.*, sakisa.
the habit of making much ado about a slight ailment or accident, *n.*, mfwidi-mfwidi (I am dead).
MUDDY place, *n.*, ntabala, 4.
MULTIPLIER, *n.*, fokwelwa, 6.
MULTIPLY, *v.*, fokola.
the number of times multiplied, *n.*, mfoko, 2; 6 times 20, mfoko 6 za 20.
MULTITUDE (great number), *n.*, wingi, 12; ebidi, 8; bidi, 6.
MURDEROUS nature, *n.*, umpondi, 12.
MUD-FISH, *n.*, ngola-maza, 2.
MURMUR, *v.t.*, vunguta; *see also* mutter, App.
MUSACEA strelitzia (bot.), *n.*, zeke, 6; zieke, 6; *see* K.-Eng. App.
MUSCULAR fellow, *n.*, kingundu, 5; dingundu, 7.
pad (as at the base of the thumb, on the heel, &c.), *n.*, mfunda, pl. 2.
MUSHROOM, *n.*, *see* evamba, 8, App.
a cluster of a small white variety, nzau, 2; sazi, 6 (Bako.).
MUST, *v. aux.*, kala ye ekami (8) kamika; *see* kamika, App.; I must go, ekami ngina diau dia kwenda.
see also under kaka, mbula, fwanukwa, mpandi, & lembwa, App.
the narrative tense (or a form identical with it) may also be used of future events; in such case it is very emphatic—must, have to; *when it is used there can be no question or hesitation;* I must go, yakwenda; I must give it to him, yakumvana kio; you will have to drink it, wanuà tu kio; I must run, yalundumuka. *The negative must be formed by means of the auxiliary verb*, lembi, to not...; you must not sell it, walembi kio teka.

MUTE (grammatical), a, **ku mfundu** (*adv.*).
MUTILATION, *n.*, **luseoko**, 10 (*pass.*) ; **luseolo**, 10 (*act.*).
MUTTER to one's self, *v.i.*, **vunguta** (Bako.), **yidima, lola, fundulula**.
MUTTERING, *n.*, **nyidimu**, 4.
MYRIA- (metre, &c.) = multiply 10,000, **miria-** (meta, &c.).
MYRRH, *n.*, **mor**, 2 (Heb. mor).
MYSTERY, *n.*, **mfundu**, 2 ; **kimpindi**, 5 ; **kimbinda**, 5 (something "locked up").
the explanation of a mystery, *n.*, **diambu** (7) **dia kinsamuna**.
long, a, *a.*, **-akinsamuna**.

N.

NAKED, *a.*, **-ankulungunzu**.
in a naked state, *adv.*, **o nkulungunzu** (4).
NAKEDNESS, *n.*, **evene**, 8 ; **nkulungunzu**, 4.
NAME (mention), *v.*, **tola** (Bako.) ; **zangata, suma**.
a price, *v.*, **sia e ntalu** (2) *or* **esumbu** (8).
after any one, give a family name, *v.t.*, **luka**.
family, *n.*, **nluku**, 4.
(fix), *v.*, **sikinisa** (Bako.), **sikana**.
named (by), *a.*, **-esika-sika** (yo).
what are their names, **nani yo nani** (*lit.* who & who).
NARROWNESS, *n.*, **kimfinangani**, 5.
NATION, *n., see* **vula**, 6 ; **zula**, 6, App.
NATURAL (as a human being), *a.*, **-awuntu, -akiwuntu**.
(to a tree *or* plant), *a.*, **-a mumbenena** (3).
NATURE (inborn), *n.*, **butukulu**, 6 (Bako.) ; **wutukilu**, 6 ; **wutukilwa**.
(normal state), *n.*, **minu**, 6.
NAVEL, protruding, *n.*, **ekumba**, 8.
NDEMBO mystery, language of, *n.* ; *see* **kizengi**, 5, App.

NEAR (aside), *adv.*, **kuna mpenza** (2).
very near, *adv.*, **e kimfini** (5).
NEARLY, very, **fianziè nga** ; the plate was nearly broken, **fianziè nga elonga diwudikidi**.
NEARNESS, *n.*, **kimfinangani**, 5 ; **kimfini**, 5.
NEATNESS, done without any attempt at, *a.*, **-afwatiku-fwatiku**.
NECESSITY, *n.*, **nkondwa**, 2.
NECK, *n.*, **nsingu**, 2 ; **nkingu**, 2 (Bako.).
NECKLACE, *n.*, **nsanga**, 4.
(of beads), *n.*, **dita**, 6 ; **diongo**, 6.
NEED of, be in great, *v.*, **mona o nzuwa** (4) *or* **ntuka** (4).
NEEDY, *a.*, **-a nsukami** (pl. **asukami**).
NEIGHBOURHOOD, *n.*, **mvivu**, 4 ; **zunga**, 6.
NERVE, nervous energy, *n.* ; *see* **nkonzo**, 2, App.
of a tooth, *n.*, **nsunùngu**, 2.
nerve in suffering, lack of, *n.*, **kiangula**, 5.
NERVOUS, be (impatient), *v.*, **kala ye kiangula**, 5.
NERVOUSNESS, *n.*, **kiangula**, 5.
NEST of twigs, *n.*, **kialwa**, 5.
NETTLE, *n.*, **vidi**, 6 ; **dinsiensia**, 7.
NEVER (not for ever), *adv.*, **ke...ko yakwele mvu**.
NEVERTHELESS, *conj.*, **e kana nkutu, nkaya-kaya**.
NEW, *a.*, **-amona**.
(strange), *a.*, **-ampimpita**.
NEWS, *n.*, **kinsamu**, 5.
(report), **nsangu**, 2 sing.
second-hand, *n.*, **nsangu** (2) **zankambwa**.
concerning the sickness *or* death of *or* some disaster which has befallen a relative, *n.*, **etamba**, 8.
wonderful, *n.*, **diambu** (7) **dia kinsamuna**, the explanation of a mystery, something which was never heard of before.
NEXT to, be, *v.t.*, **landakana**.
NIBBLE, *v.*, **kela**.
NICKNAME, *n.*, **nkumbu** (2) **ansokela**.

NIGHT, in the middle of the, *adv.*;
see **-ediki**, App.
be *or* sit up all night, *v.*, **kielwa.**
NO, *interj.*, **pe.**
no little, no small, *a.*, **ke -andwelo.**
NOBLE (exalted), be, **kundalala, tundalala.**
NOISE (bustle, rush), *n.*, **ngungula-ngungula,** 2.
at an incantation, *n.*, **nsangu,** 4.
clamour, *n.*, **lokôso,** 10; **biaula,** pl. 5 (Bako.).
expressive of wonder, *n.*, **ekumbu,** 8.
a great noise, *n.*; *see* **eyokosa,** 8, App.
(loud), of some commotion, **ndikidiki,** 2.
made when the new moon appears *or* at the birth of a child *or* decision of a tribunal, **lozi,** 10.
make the above noise, *v.*, **ta o lozi.**
make a noise as of a free fight, *v.*, **dituka.**
make a thundering, **dudula, tutula.**
of something moving, *n.*, **nsonsa,** 4.
make such, *v.*, **sia o nsonsa.**
NOISED abroad, be, *v.i.*, **kumba, yaya.**
NONSENSE, *n.*, **ungolokoso,** 12; **u-ngongolokoso,** 12; **mavamba,** pl. 8.
NOR, *conj.*, **musungula, ngatu** (*with the verb in the infinite affirmative*); I neither bought nor even saw it, **kisumbidi kio ko ngatu mona kio.**
NORTH, *n.*, note, 2, n. (P. **norte**).
NOSE, swelling (hyperæmic) of inside of, *n.*, **nsute,** 2.
NOT, *adv.*, **ka...ko** (Bako.); *see also under* **sa,** App.
was *or* is...he (&c.) not; *see* **biza & mbote,** App.
not a few, *a.*, **ke -andwelo.**
when two negative sentences are joined by as though, just as if, as if, the second particle of negation appears only once, and that at the end of the combined sentences; do not treat me as if I were not your chief, **ku-**

NOT, *continued.*
mpangi diau adimosi ne ki mfumu eno ko; do not carry the box as if it were not heavy, **kunati e nkele ne banza vo ke izita ko.**
NOTE especially, *v.*, **ta.**
take note of (mentally), *v.t.*, **sia e dimbu** (6), **tonekena.**
NOTHING, *n.*, **mpesa,** 2; **mpena,** 2; **nkatu,** 2; **vela,** 6.
bring to, *v.t.*, **vondesela.**
come to, *v.i.*, **kufwila.**
for nothing, *a.*, **-angovo.**
(utterly wasted), *adv.*, **e ngofwila.**
NOTICE of, take no, (put up with), *v.i.* **vukula.**
NOTION, *n.*, **ntiti,** 4.
NOTWITHSTANDING, *conj.*, **e kana nkutu, nkaya-kaya.**
conj., **i muna wau nkutu...ndivo.**
(in protesting), *conj.*, **watu.**
NOUN, *n.*, **nkumbu,** 2.
NOURISH (of food only), *v.t.*, **fikuna, finuna.**
NOURISHMENT (that which food imparts), *n.*, **mfiku,** 2.
Now see (what has become of it), see now, *conj.*; *see* **kasi owu,** App.
indeed *or* at length, *conj.*, **wau i bosi.**
that, *conj.*, **wau kina vo** *or* **kinana vo, wau kadi.**
NSAFU kernel, *n.*, **mungizi,** 3.
NUCLEUS, *n.*, **ezuku,** 8.
NUDGE (anyone, unobserved, to call his attention), *v.*, **takula, viangula.**
NUISANCE (danger and annoyance), *n.*, **vangu,** 6.
NULLIFY, *v.t.*, **bwangalakesa, pangalakesa.**
NUMBER, a great, *n.*, **ebidi,** 8; **bidi,** 6; **ntuti,** 4; *see also* **e ke ye kingi,** App.
NUMEROUS, *a.*, **-ankangu.**
be, *v.*, **tuta, bwembena, besama.**
NURSING sling, *n.*, **luayi,** 10.
be borne on a, *v.*, **zembama muna luayi** (10).

NURSING, *continued.*
   take out of *or* set down from a, ze-lola.
NUT (for a bolt), *n.*, **kasu,** 6.

O.

OATH, take an, *v.*, **bindumuka e ndofi** (2), **bindumuka.**
OBEDIENCE, *n.*, **ngwilu,** 2.
OBLIGED to, be, *v.i.*, **fwanukwa**; *see also* **must,** App.
OBSCENE, *a.*, **-ansafu.**
OBSCENITY, *n.*, **nsafu,** 4.
OBEY, *v.t.*, **widikila** (Bako.), **wila** (*the object being the person, not the command*).
OBJECT, the chief, *n.*, **etima,** 8.
OBLIGATION, *n.*, **ekami,** 8.
   be under great, *v.*, **bindakana.**
OBLIGATORY, be, *v.i.*, **kamama.**
OBLIGED to do something, be, **zolelwa** (be desired, required to); because we had to give the ntaku, e **kuma twazolèlo o vana e ntaku.**
   be *or* feel obliged to, *v.*, **kamika, kala ye ekami** (8), **nwengwa;** I am obliged to go, **ngina ye ekami dia kwenda, ndwengeno** *or* **nkamikini o kwenda.**
   be much, *v.*, **bindakana.**
OBLONG, *see under* oval, App.
OBSERVE, *v.*, **tadikila.**
   (carefully), **tadidila.**
OBSTINACY, *n.*, **lufutu,** 10 (Bako.), **nkumfu,** 4; *see also* **kinkani,** App.
   (of children), **sebe,** 6.
   (persistence), *n.*, **luzindalalu,** 10.
   which will only yield in the last extreme, and perhaps not then, *n.*, **findu,** 6.
OBSTINATE heedlessness to advice and warning, *n.*, **tibingi,** 6.
   (indifferent to all), *v.i.*, **kumvalala.**
OBSTINATELY, hold on (perseveringly), *v.*, **zindalala.**

OBSTRUCT, *v.*, **kakidika.**
   (be an obstruction), **kakalala.**
OBSTRUCTION, *n.*, **kaku,** 6.
   freedom from all, *n.*, **nkolomona,** 2.
   ...in, place as an, **kakidika... muna.**
OBTAIN further *or* beside, *v.t.*, **batakesa.**
OCCUPATION, pressing, *n.*, **vaki,** 6.
   (trade), *n.*, **nkono,** 4.
OCCUR (happen), *v.*, **vaika.**
   to one, *v.*, **yima muna ntima;** it occurred to him to see whether the thing was there, **diyimini muna ntima andi edi dia tala vo e lekwa kikedi ko.**
OCEAN, *n.*, **mùwu,** 3 (pl. **miuwu**).
ODD number, *n.*, **ntula,** 4; **ntuka,** 4.
   a., **-antula, -antuka, -answangani.**
   (of no particular use), *a.*, **-ansuwa.**
ODDS and evens, the game of, *n.*, **mpweso,** 4; *see* **mpinzi, nsibidi,** App.; games, p. 493.
ODOUR, emit a delightful, *v.*, **tombana.**
   give out an, *v.*, **vumbana.**
OF (such and such a town, class, &c.), **-akwa;** Nsafu of Kimbanda, **Nsafu akwa Kimbanda;** the chiefs of Ewombe, **a mfumu zakwa Ewombe.**
   (*before a pers. pron.*), *see* **-ina** (*preceded by a locative*), App.; *see also* **mwa,** App.
OFFENCE (something wrong *or* improper), *n.*, **eyanga.**
   commit an, *v.*, **bula e eyanga.**
   take, *v.*, **baka e efwema** (8).
OFFENSIVE (stinking) condition, in a, *adv.*, **e bokoto** (pl. 6).
OFFSPRING, *n.*, **wutwa,** 6; **nwutuki,** 1 & 4.
OH! (of regret), *interj.*, **ekwe.**
OLD & tough *or* useless, be, *v.i.*, **kuva.**
   person, *n.*, **nenùnu,** 4.
   (very), **nkosa,** 4.
OLIVE, *also* the tree, *n.*, **olive,** 2; **zetona,** 2 (P. azeitona; Heb. zethan).
OMISSION, *n.*, **evengwa,** 8.
OMITTED, *see* **evengwa,** App.

ON, *see also* **mwa**, App.
ONCE for all, *adv.*, **i...aka** *or* **kaka**, *with the emph. dem. pron.; also* **kiamakulu** *with the applied form;* I tell you once for all, **i nsamwina aka yiyi isamwini** *or* **ivosèle wo kiamakulu.**
at once, *adv.*, **i mu**; *also expressed by the reduplicated verb.*
to have been once, but not now, *v.*, *see* **-adi**, *v. defective*, App.
ONE above the other, *a.*, **-ankundakiani, -ankundieka, -ambandieka.**
adv., **e nkundakiani, e mbandieka, e nkundieka.**
after the other, *a.*, **-andandani.**
adv., **e ndandani.**
ONLY, *conj.*, **nlongo** (=**mpasi**, p. 354).
a., **-ampivi.**
child, *n.*, **kialati**, 5.
ONYX, *n.*, **onis**, 2.
OPEN, *a.*, **-a mwasi** (3), pl. **-a miasi.**
(in an open state), *adv.*, **o mwasi.**
(the mouth), *v.*, **yasuna.**
wide (a door), **bengomona.**
OPINION, **edi** *or* **e diambu** (7) **-ina diau**; this is my opinion, **i diau didi ngina diau**; what is his opinion? **nkia diambu kena diau?** our opinion is different, **edi tuna diau diakaka.**
(judgment of the mind), *n.*, **nzengo**, 2.
OPINIONATED, be very, *v.*, **bamba.**
OPPORTUNITY, give an, *v.*, **vana** *or* **sila e nzila** (2).
have an, *v.*, **baka e ntangwa** (2) **vwa e nzila** (2).
OPPOSE, *v.t.*, *see* **palana**, App.
the wishes of (another), *v.*, **sia e kintanta** (5).
OPPOSITE, be, *v.i.*, **singalakana, talana.**
OPPOSITION, place in, *v.t.*, **kakidila.**
OPPRESS, *v.t.*, **futuna** (Bako.), **funtuna.**
OR, or else, *conj.*, **ke mpela ko.**
ORANGE tree, *n.*, **nlalanza**, 4 (P. **laranja**).

ORATOR, *n.*, **ngwèlele-ngwènze**, 2.
ORCHID (var.?) *n.*, **mwenzi** (3) **amputu.**
ORDER to go, *v.t.*, **tuma.**
(command), *n.*, **nkanikinu**, 4.
v., **kanikina.**
(give instructions to), **yika.**
of rank *or* precedence, *n.*, **ndandani**, 2.
done without any attempt at order, *a.*, **-afwatiku-fwatiku.**
ORDINANCES (regulations), *n.*, **mina**, pl. 3; **siwa**, 6.
ORDINARY, *a.*, **kibeni**; ordinary dress, **mpwata kibeni.**
ORE, hard piece of iron, which presents the appearance of furnace slag, *n.*, **ekongwankela**, 8.
ORIGIN, *n.*, *see* **ezuku**, 8, App.
(cause), *n.*, **ntondo**, 2.
ORIGINATE, *v.t.*, **solomona, selomona, semona.**
ORNAMENT, *n.*, **nkembo**, 2.
ORNAMENTAL, *a.*, **-ankèko.**
OSTENTATIOUS, be provokingly, *v.t.*, **ta kimpadi** (5, Bako.); **ta e mpadi** (2).
OTHER, *a.*, **-ankaka** (Bako.).
OTHERWISE, *conj.*, **ke mpela ko**; come at once otherwise it will be too late, **wizidila, ke mpela ko e ntangwa isaka.**
OTTER, as large as a water rat, white belly, flat tail, *n.*, **lungola-ngola**, 10.
OUGHT, *see* **nga**, App.
OVAL, an, *n.*, **nswatata**, 4.
be, *v.*, **swatumuka, sungumuka.**
make, *v.*, **sungumuna, swatumuna.**
OVERHAUL, *v.t.*, **satulula, sandulula.**
OVERREACH, *v.t.*, **sunda, sundidila, luta, lutidila.**
OVERSHADOW, *v.t.*, **yitalela.**
OVERWHELMED, be, *v.i.*, **finangeswa.**
OWN, of one's, *a.*, **-akuvwila**; he has a knife of his own, **wina ye mbele akuvwila.**
OWNER, *n.*, **vwa**, 1; the owner of the house, **o vwa-nzo.**

P.

PACIFY, v.t., wondeleka.
PACK closely, v.t., bandila.
PADDING, n., mfwadu, 4 (P. fardo).
PÆDOBAPTIST, n., mundemba-wana, 3 ; see lemba o mwana, App.
PAGE, where a passage may be found, n., ezikila, 8 ; evika, 8.
PAIN (terrible), n., mviàngalu (4) a ntima (4), tema (6) kia mpasi.
PAINED in the heart, be, v., tiukwa o ntima (4).
PAINS, take, v., songola.
PAIR (of animals or birds which mate), n., kialwa, 5.
PALAVER-PLACE, in a town, n., eboko, 8 ; ntanda-ndembo, 4 ; mbazi (2) a ekongo.
PALE, become, v.i., sêboka, pukuka.
PALENESS, n., seswa, 6.
PALM, fruit of mpusu, etombe, & date palm, n., nkulu, 2.
  midrib of leaf, n., keke, 6.
  of leaflet, n., siensiele, 6 ; lusiensiele, 11 & 2 ; lusiensie, 11 & 2.
  large, of Raphia vinifera, ebanga, 8.
  oil, n., nzeta, 2 (P. azeite ; see zetona, App.).
  wine, old & sour, n., dikaya, 7.
  wine, which is not more than 12 hours old, malavu (pl. 8) manswa.
PANT, v.i., lakala, sakasa.
PARAGRAPH, n., ekono, 8.
PARALLAX, n., zumbulu, 6.
PARALLEL, be, singamena kumosi.
  of latitude, n., nkambiku, 2.
  of longitude, ntongeka, 2.
PARALLELOGRAM, n., ba, 6.
PARALYSE, v.t., vola.
PARALYSIS, n., evola, 8.
PARALYTIC, n., mbevo (2) a evola.
PARAMOUR, n., nkembi, 4 ; mwambizi, 3 (Mbamba).
PARCHMENT, n., ngungu, 2.
PART, n., bela, 6.

PART, continued.
  (allotted), n., kwa, 6.
  (integral), n., see kikwa, 6, App.
  (slice), n., sele, 6.
PARTAKE of (eat), v.t., dia.
  (have a share in), kala e ntwadi (2) muna.
  (take or receive a portion), bonga or tambula e kunku (6).
PARTIAL, be (in judgment), v., kusia vana esambu dimosi.
PARTISAN, n., kamba, 6.
PARTITION, n., yaka (6) kiansungi, ngumbu, 2.
PARTNER, n., mbale, 2.
PARTNERSHIP of women, n., kindumbi, 5 ; kindumbizi, 5.
  in, adv., e kindumbi, e kindumbizi.
  enter into, vanga e kindumbi, &c.
  in trapping only, n., bunda, 6.
  enter into, v., leka e bunda.
PASS, allow to, v., sila e nzila (2).
  by or round something (carefully avoiding it through fear, respect or disgust), v.i., kengoloka.
  over (an obstacle) or across (a space), v., sumbuka.
  over a wrong or breach of discipline until it should be again repeated ; see zinga e ebu (8), App.
  through safely or unhurt or without being interfered with, v., kuwòmba (refl.).
PASSAGE money, n., nzambu, 2.
  pay, v., zamba.
  a clear passage (a long, open roadway), n., mumpumpu, 3.
PASSES, make, v. ; see mika, App.
PASSION, n., eketo, 8.
  (emotion), n., vengenene, 6 (sing. only).
  overmastering, n., efwenka, 8.
PASSOVER, n., nduta, 2.
PAST, the remote, n., kavèngelele, 9 ; ngodia-ngodia, 2.
PASTURAGE, n., madilu, pl. 8.
PAT playfully, v.t., wanda o ntayi (4).

PATCH of cultivated ground, small, v., lua, 6.
PATH, n., nzia-zia, 4.
  a direct path, nzila (2) -abatu-abatu.
PATIENCE, n., nlekoko (4) or nkuluku (4) a ntima (4) or moyo (3).
  in suffering, lack of, n., kiangula, 5.
  (perseverance), n., luzindalalu, 10.
PATIENT (long suffering), be, v., landula, lazula.
  plodding disposition, ntima (4) -azizi.
PATRIARCH, n., nkulu, 1.
PATTERN, n., pwa-meso, 6 ; mbandu, 2.
  (design, figure), n., kimpa, 5 ; pa, 6.
  (gauge), n., nonga-nonga, 6.
  (make), n., kanda, 12.
  (style), n., mpwa, 2.
PAUSE, v., kuma, kindama.
  n., nkuminu, 2.
PAW, n., buba, 6.
PAY of a blacksmith or doctor, n., kwezi, 6.
  a passing visit or call, v., vitamena.
  for a service or a ferry or passage money, v., zamba.
  n., nzambu, 2.
PAYMENT, n., efuta, 8 ; nsendo, 4.
  (the manner of paying), mfuta, 2.
PEACE, n., ungudi, 12 (see K.-Eng. App.).
  make peace again, vutula o ungudi.
  make, v.t., sia e ngemba (pl. 2) ; sia o ungudi ; see also nwika o nsangalavwa (4), App. (nsa-).
  of mind, n., fiauzi, 12 ; nkuluku or nlêkoko a moyo (3).
  (safety), n., luvuvamu, 10.
  sue for, n., lomba o luve (10).
PEAK (of mountain), n., lusangidika, 10.
PEARL, n., perle, 2.
PEDIGREE, n., mvila, 2.
PEEP out of a hole or door, just the head appearing, v.i., lumbalala.
PEER (into, over, under, &c.), v.t., dionga.

PEG upon which to hang things, n., nketekwa, 2.
PENAL, a., see -ansi a nkuwu (2), App.
PENDULOUS, be (of the breast), v.i., bokola.
PEOPLE, great number of, n. ; see zelele, 6, App.
PERDITION, n., lufwasu, 10.
PERFECT, bring to perfection (of plans, studies, hopes, &c.), v.t., zikula.
  make, kunkula.
  be (complete), v.i., vangama, kunkuka.
  (in prime), zikuka.
  (in idiom or style), a., -akosi.
PERFECTION, n., eziku, 8 ; see zikuka, App.
  be at, v.i., zikuka, kunkuka.
  bring to, see perfect.
PERFORATED in many places a., -azoko-zoko.
PERFUME, something emitting a, v., dinsunga-nsunga, 7.
PERHAPS, used verbally, to...perhaps, nanga...ye (&c.) ; I may buy it perhaps to-morrow, ndanga kio sumba yo mbazi ; he was perhaps right, onanga lunga.
  possible to be, v., nanga kala vo, generally impersonal, dinanga kala vo ; it is perhaps possible that, also dinanga lungana vo.
  perhaps it may be that, if perhaps, conj. ; see unkwa, unkwa kala vo, & (kala) owu diakalanga, ke vete ko, App.
PERIL, n., lenga, pl. 6 ; vonza, 6 ; vangu, 6 ; sumbu, 6 (Bako.).
  be in, v., mona e vonza, &c., sumbuka (Bako.).
PERILOUS, a., -ambengo-mbengo, -avangu, -alenga, -avonza.
PERIOD (epoch), n., sungi, 6.
PERISH, v.i., kufwila.
PERITONEUM, n., luvungu, 10.
PERJURE one's self, v., fumba e ndofi (2).
PERMANENT, be, v.i., zingila.
PERMISSION, v., ngyambu, 2 ; kiambu, 5.

PERMISSION, *continued*.
  give, *v.*, **vana o lukaya lua kanga o wiki**.
PERPLEX, *v.*, **kindakesa, finangesa, yitakesa**.
PERPLEXED, be, *v.i.*, **kindakana, finangeswa, yitakiana**.
PERSECUTE, *v.t.*, **futuna** (Bako.), **funtuna, banganisa**.
PERSECUTED, *v.i.*, be, **futuka** (Bako), **funtuka, bangama**.
PERSECUTOR, *n.*, **ntantabadi**, 2; **sungubadi**, 6.
PERSEVERANCE, *n.*, **fululu**, 6; **luzindalalu**, 10; **swiswi**, 6; **sungididi**, 6.
  (continuance), *n.*, **kwaminini**, 6.
PERSEVERE, *v.i.*, **zindalala, dokalala, sungama, finizieka, sia e ntâla** (2) *or* **fulula** (6), **zitalala, vanamiana, vampamiana**.
PERSEVERING in, be, **finizieka, zindalela, dokalela, sungamena**; we will persevere in our work, **tufinizieka e salu kieto**.
PERSIST, *v.*, **sia e ntâla** (2), **dokalala**.
  foolishly in a request, **folokosa**.
  in, *v.i.*, **kwamanana**.
  in following, *v.t.*, **landidila, lakama**.
  in (a statement *or* idea), *v.*, **selomoka**.
PERSISTENCE, *n.*, **ntâla**, pl. 2; **luzindalalu**, 10.
PERSISTENT, be, *v.*, *see* persevere.
  in one's own opinion, to be very, *v.i.*, **bamba**.
PERSON, *n.*, **mbana**, 1 (pl. **ambana**).
  young person whose name you forget *or* do not wish others to hear, *n.*, **netoko**, 1.
PERSPIRATION, *n.*, **ndukutila**, 2.
PERSUADE, try ineffectually to, *v.t.*, **kuza**.
PERSUADED, be, *v.*, **kwikidisa**.
PERSUASIVE, *a.*, **-anlebo**.
PERSUASIVENESS, *n.*, **nlebo**, 4.
PERTINACITY, *n.*, *see* **kinkani**, App.
PERVADE, *v.i.*, *see* **zala**, App.
PERVERSION (act), *n.*, **lubiondomono**, 10; **lubendomono**, 10.

PERVERSITY, *n.*, **lufutu**, 10 (Bako.); **nkumfu**, 4.
PERVERT, *v.t.*, **biondomona, bendomona**.
PESTER, *v.t.*, **lakama**.
PETITION, *n.*, **mvingu**, 4.
  also the thing asked for, **ndomba**, 2.
PHILOSOPHER, *n.*, **ndongoti**, 2.
PHYLACTERY, *n.*, **nkinda**, 2.
PICK out (select), *v.*, **ta, dimbuna**.
  out (maize), *v.*, **bwenia**.
PIECE of cloth of double *or* extra length, *see* **su**, App.
  (bit, small), *n.*, **nkesona**, 2; **vasina**, 6; **tente**, 6.
  (slice), **sele**, 6; **lumemo**, 10.
  entire, **baya**, 6; it was of one piece throughout, **baya kimosi kiau ekulu**.
  (entire, of cloth, braid, &c.), *n.*, **mfofeka**, 4.
  (part), *n.*, **bela**, 6; **ebembele**, 8.
PIECES, in *or* to, *adv.*, **e bela-bela**; it is torn to pieces, **kibakilu e bela-bela**.
PIERCE (into), *v.i.*, **sumama** (**muna**).
  with, *v.t.*, **sumika, someka**.
PIGEON (green), *n.*, **nkutuluzia**, 2; **ntunguluzia**, 2.
PILE, in one place, *v.t.*, **fitika**.
  on, *v.*, **kundakesa**.
PILLAR of cloud, *n.*, **etuti** (8) **dia kintungila** (5), **kintungila**, 5.
PILLOW, *n.*, **lukuba**, 11 & 2.
  (carved wooden), *n.*, **nkindi** 4 (Bako.).
  to sit on, *n.*, **mfwadu**, 4 (P. **fardo**).
PINAFORE, *n.*, **lenga**, 6.
PIPE (tube), *n.*, **mvuvu**, 4.
PITCH, highest *or* lowest, *n.*, *see* **zengo**, 6, App.
  (slope) of a roof, &c., *n.*, **nkunka**, 4.
PITIABLENESS, *n.*, **lukendeleko**, 10.
PLACE, *v.t.*, **kuma, sikidika**.
  apart, separate, *n.*, **beko**, 6.
  in a separate, **vabeko**.
  before, *v.t.*, **tumbika**.
  by the roadside where food is offered for sale, *n.*, **lalu**, 6.

PLACE, *continued.*
the end *or* point against (something), *v.t.*, **tutika.**
good, *n.*, **kiudi**, 5 (Bako.).
a heavy weight upon, *v.t.*, **nieteka.**
in full view, *v.t.*, **senzeka.**
in a town where a daily market is held, *n.*, **eboko**, 8.
a level, *n.*, **nlela-nlela**, 4.
(seat), *n.*, **fongo**, 6.
sleeping-, *n.*, **leko**, 6.
take, *v.i.*, *see* **vinga**, App.
(things) in a handy position, where any one can easily get them, *v.t.*, **bembeka.**
together, *v.t.*, **fitika.**
where anything or anyone is to be surely found, *n.*, **ezikila**, 8 ; **evika**, 8 ; I know where he always is, **nzeye dio evika diandi.**
where highway robbery was committed, **fumbi**, 6.
places, in various (but not all), *adv.*, **i nko i nko.**
PLAIN, *n.*, **nlela-nlela**, 4.
alluvial, **ebwila**, 8.
(clear), be, *v.i.*, **kia.**
make, *v.t.*, **kiesa.**
PLAIT loosely, *v.t.*, **laba.**
PLANT, aromatic, *n.*, **ndumbu**, 2.
a cane-like plant used in native medicine, *n.* ; *see* **nsangalavwa**, 4, App.
epiphytic growing on the nsafu tree, *n.*, **nkunda-nkunda**, 2.
non-fruit-bearing on account of sterility *or* sex, *n.*, **nlomba**, 4.
(planted), *n.*, **nkuna**, 2, n.
self-sown, *n.*, **ekunda**, 8.
a single, *n.*, **zo**, 6.
(seedlings for transplanting), *n.*, **mpuza**, 2, *sing. only.*
PLANTAIN, the last hand on a bunch, *n.*, **zangama**, 6.
PLANTAIN EATER, the blue, *n.*, **ntoyo**, 2 ; **mundanda**, 3.
PLANTATION prepared, but not yet planted, *n.*, **nsaya**, 2.
PLATE (slab *or* sheet), *n.*, **baya**, 6 (P. **taboa**).

PLATEAU, long stretch of, *n.*, **ekombe**, 8.
PLATEN, of a press, *n.*, **koni**, 6.
PLAYTHING, *n.*, *see* **sakesa**, 6, App.
PLEASE, if you, **do, dodòkolo di-** (**aku**, &c.).
PLEASURE, *n.*, **ekombo**, 8 ; **ewete** (*generally used in the plural* **mawete**), 8.
PLENTIFUL, *a.*, **-avomo.**
be, *v.i.*, **bwembwena, besama, tuta.**
PLENTY, *n.*, **vomo**, 6.
PLOD on, *v.i.*, **zindalala, dokalala, sia e fululu** (6) *or* **sungididi** (6).
PLODDING, patient disposition, *n.*, **ntima** (4) **azizi.**
PLOT, *n.*, **ekani**, 8.
against, *v.*, **sia e ekani.**
against one another, *v.*, **kanana.**
of ground, *n.*, **efwe**, 8.
PLUCK, *n.*, **nkabu**, 2 ; **unkabu**, 12.
close off by the stalk, *v.t.*, **kongona.**
(large fruit), *v.t.*, **konga.**
(small things), **kongona, zonzona, zotona.**
PLUMED tuft, *n.*, **yondo**, 6 ; **bondo**, 6.
PLUNGE the head into water, *v.t.*, **boteka.**
PLURAL, in the, *adv.*, **e nkundikwa** (2).
PLUSH, *n.*, **mbumbulu**, 2.
POINT to anything, cut a, *v.t.*, **sonsona.**
farthest, *n.*, **nsilu**, 4.
(headland), *n.*, **nkonko**, 2 (Solongo) ; **ekunkwa**, 8.
(highest), *n.*, **lusangidika**, 10.
of importance, arrive at, *v.*, **zikula.**
most important point ; *see under* **nkumbi** & **nkungulu**, App.
(item) in a discussion, *n.*, **ekono**, 8.
out specially, *v.t.*, **zikinisa.**
(of punctuation), *n.*, **ekuminu**, 8.
POINTED, be, *v.i.*, **sonsoka.**
POISON of a snake, &c., *n.*, **manga**, 4.
for fish, *n.*, **bumi**, 12 (Bako.).
POKE out (protrude), *v.i.*, **zonzomoka.**
with the end of something long, *v.*, **tukika, tutika.**

POLE, n., ezita, 8 ; see K.-Eng. App.
  north pole, ezita dia note.
  south pole, ezita dia sud.
POLICEMAN, n., nkawu, 2.
POLLUTE, v., safula.
POLLUTION, n., nsafu, 4 ; esafu, 8.
POLYPUS, n., mbadi, 2.
POOL left by the fall of a river, n., zanga, 8 (Bako.); zinga, 6; eziya, 8.
POOR, a., -a nsukami (pl. asukami), -amputu.
  (commiserating), see also under mbadi, nkenda, podi, App.
PORT, n., esenselo, 8.
PORTION (allotted), n., kwa, 6.
  (birthright), n., efwafwa, 8.
  (integral), n., kikwa, 6.
  (share), n., ekau, 8.
  see also under part.
POSITION (definite place or post), n., esiku, 8.
POSSESS, v., wa (Bako.).
  in common, v., lendana.
POSSESSIONS, n., lusalu, 10.
  in slaves, kuta, 6.
  all one's, n., salangani, pl. 6 ; salanganu, pl. 6.
POSSIBLE, be, v.i., lendakana.
POST to serve as a buttress, n., nsikulwa, 2 (Bako.); mwekwa, 3.
  (position), n., esiku, 8.
  main posts of house, n., nkubilwa, 4.
POSTPONE, v.t., vengekela.
  the day, v., lambula e lumbu (6).
POT, n., bungwa, 6.
  cooking pot (large, of mottled ware), n., luwandu, 10.
POT-HOLE, n., wompodia, 6 ; kompodia, 6.
POTTERY, which is very frail, n., belengenze, 6.
POUNCE upon, v.t., bwidila (Bako.), yimba.
POUND at the same time in one mortar (of two or more people), v.t., bandana.
POUR down, v.i., voloma.
  forth, v.t., bungula.
  (gush) forth, v.i., fwamfumuka.

POUR, continued.
  out (decant), v.t., longolola.
  out (of much only), v.i., vongoka.
  v t., vongola.
POVERTY, n., umputu, 12.
POWER (physical), n., nkuma, 4.
  (potential), mfunka, 4.
  (active), mfunka, 2.
  to command, n., olodi (P. ordem), 2.
POWERFUL (man or nation), a., -a-nkavi.
  man, n., nkavi, 2.
PRACTICE of, make a, v., tatila.
PRAISE, n., lusanisu, 2 ; lusanisinu, 10 ; lukembeso, 10 ; lusensemeko, 10.
  v.t., sensemeka.
  (thanks), n., ntondo, 4.
PRAISED, be by all, v.i., saniswa.
PREACH, v., teleka.
PREACHER, n., nteleki, 1 & 4.
PREACHING, n., nteleko, 4; nteleka, 2.
PRECIOUS thing, very, n., lengezia, 6.
PRECIPICE (having sides slightly sloping, n., lunenge-nenge, 10.
  edge, of lunengananu, 10.
PRECIPITANCY, n., nzalala, 4.
PREFACE (to a book), n., bâka, 6.
PREGNANCY, to be far advanced in, v., e vumu (6) kianunguka.
PREGNANT, be, become, v.i., vidika, kokama.
  by, vidikwa kwa.
PREJUDICED, be, v., kuzèngela.
PREMATURE, be, v.i., ke yeboka ko.
PREPARE (arrange), v., kumpa, ludika.
  for the reception of a guest, kubikila o zitu (12).
  (make) quickly, v., vangizieka.
PREPARED, be, v.i., lulama.
  (made) quickly, v.i., vangaziana.
PREPOSITION, n., va-ku-mu, 14.
PRESENT, v.t., bemba.
  n., kibwanga, 5.
  made for purpose of insulting, n., mpadi, 2.
  to give such, v., sia e mpadi.
  (for service rendered), give a, v. zamba.

PRESENTLY, *adv.*, **oku se ntu.**
PRESERVE from danger, *v.t.*, **kankana.**
  safely through danger, **wombesa.**
PRESS (compress), *v.*, **koneka.**
  n., **eniemo,** 8.
  for printing, *n.*, **kwezi,** 6.
  for squeezing, *n.*, **kaminwa,** 6.
  (urge) ineffectually, *v.t.*, **kuza.**
  under heavy weight, *v.t.*, **nieteka.**
PRESSED thus, be, *v.i.*, **nietama.**
PRESSURE (dynamic *or* moral), *n.*, **koni,** 6.
  of business, **nzieta,** 4; **nziezie,** 4.
PRESUMPTION (the idea that one can do anything that he sees another do), *n.*, **nyenge-nyenge,** 4.
PRETENCE of, make, *v.*, **sia e ezu (8) dia.**
PRETEND, *v.*, **kuvùnginika, kuvùkika, kukita** (*refl.*).
PRETENDER, *n.*, **kuvùnina,** 1.
PRETENTIOUSNESS, *n.*, **kuvàka,** 9; **kumvalala,** 9.
PRETEXT, *n.*, **lumpeso,** 10.
PREVARICATE, *v.t.*, **kwenkona.**
PREVENT, *v.t.*, **kutula;** he prevented my going, **unkutwidi o kwenda yadi kwenda.**
  (by standing in front to stop any one) from going somewhere, *v.*, **kesela.**
PREVENTED, be (by *something*), *v.i.*, **takama (muna), bambamena (muna).**
PREVIOUS to, *adv.*, **e nkete** *preceding the predicate;* previous to sitting down, tie the goat, **e nkete wafonga, okanga e nkombo.**
PREVIOUSLY, *adv., see also* **ekulu,** p. 268.
PRICE agreed upon, contract price *n.*, **nzengo,** 2.
  bargain over the price of, *v.*, **ta** *or* **vuna e esumbu (8).**
  at any *or* a high, *v.*, **kûla.**
  buying, *n.*, **esumbu,** 8.
  name, *v.*, **sia e esumbu.**
  be of a high, *v.*, **bangala.**
  raise excessively, **bangidika e ntalu (2).**

PRICE, *continued.*
  at an absurdly low price, *adv.*, **o mfiku (4).**
  buy thus, *v.*, **sumba o mfiku.**
  have a thing sold to one thus, **tekelwa o mfiku.**
PRIDE, *n.*, **mvwania,** 2.
  intoxication with, *n.*, **lungumvi-ngumvi,** 10.
PRIME of life, *n.*, **zikuka,** 9; **eziku,** 8.
  be in, *n.*, **zikuka.**
PRINT, *v.t.*, **kweza, kwezeka.**
  (something printed), *n.*, **kwezo,** 6.
PRINTER, *n.*, **nkwezi,** 1 & 4.
PRISON, *n.*, **pelezo,** 2 (P. **prisão** *or* **prezo**).
PRIVATE, *a.*, **-abeko.**
  in (aside), *adv.*, **e kingenga (5), e mpenga (2), kuna beko (6).**
PRIVATELY, *adv.*, **kuna kinsweki (5), kuna beko (6).**
PROCLAIM, *v.t.*, **teleka.**
PROCLAMATION, *n.*, **nteleko,** 4; **nteleka,** 2.
PROCRASTINATE, *v.t.*, **sia e lele (6).**
PROCURABLE, be, *v.*, **bongakana** ("getable"), **bakakana** ("catchable"), **sumbakana** ("purchaseable").
  (of medicinal herbs only), **bangakana.**
  (leaves only), **kayakana.**
PRODIGALITY, *n.*, **nlungu-lungu,** 4.
PROFANE, *v.t.*, **zengeneka.**
  a., **-anzengenga.**
PROFANITY, *n.*, **nzengenga,** 2.
PROFESSION (boast), *n.*, **lusanu,** 10.
  (trade), *n.*, **nkono,** 4.
PROFESSIONAL man, *n.*, **mfuzi,** 2.
PROFICIENT, be thoroughly, *v.i.*, **lumbuluka, kunkuka.**
PROFIT (advantage), *n.*, **luwete,** 10.
  (in loaning *or* investments), *n.*, **mazuka,** 8, pl. only.
  (in trade), *n.*, **ndandu,** 2; **ebundavumu,** 8.
PROGNATHOUS, *a.*, **-aduka.**
PROHIBITION, *n.*, **nkandu,** 2; **nkandikilwa,** 2.

PROMINENT, be, *v.i.*, **lundalala, tundalala, zundalala.**
make, *v.t.*, **lundidika,** &c.
PROMISE (of good *or* bad), *n.*, **nkanikinu,** 4.
PROMISER, one who has made a promise, *n.*, **masila,** pl. 8.
PROMONTORY, *n.*, **nkonko,** 2 (Solongo); **ekunkwa,** 8.
PRONOUN, *n.*, **nkumbi,** 2.
PRONOUNCE, *v.*, **fokola.**
PRONUNCIATION, *n.*, **mfoko,** 2.
manner of, **mfokola,** 2.
PROOF, *n.*, **ntonto,** 2; **ntonta** (proving), 2.
circumstantial, *n.*, **ntunguluzi,** 2.
clear & unmistakeable, **mona-meso** (6).
prove to be true, *v.*, **ludika.**
PROPER, be, *v.i.*, **songa.**
(correct), *a.*, **-avimpila, -akosi.**
make, *or* of proper length, by cutting off a piece, *v.*, **kumpika, kumpa.**
(right), *a.*, **-ansongi.**
PROPERTY, *n.*, **lusalu,** 10.
in slaves, *n.*, **kuta,** 6.¹
all one's, *n.*, **salangani,** pl. 6; **salanganu,** pl. 6.
PROPHESY, *v.t.*, **sakula.**
PROPITIATE a fetish for breaking some restriction, *v.t., see* **fulula,** App.
PROPITIATION (means of), *n.*, **lembeka,** 6.
PROPRIETY (correctness of manner), *n.*, **kosi,** 6.
(rectitude), *n.*, **nsongi,** 2.
PROSCRIBED, *a., see* **-ansi a nkuwu** (2) App.
PROSPER, *v.i.*, **vangama.**
PROSTITUTE, *n.*, **mputa,** 2 (P. puta).
PROTECT, *v.*, **kankana.**
PROTECTION of, to assume the, *v.*, **konkolola.**
PROTECTOR, *n.*, **kangi,** 6.
PROTRUDE, *v.i.*, **lundalala, tundalala, zundalala, dûka.**
(of a point), *v.i.*, **zonzomoka.**
(of the eyes only), **lanzuka.**

PROTRUDED, be, from a hole *or* spathe, *v.i.*, **longomoka,** *see* K.-Eng. App.
PROTRUDING, *a.*, **-alundalala.**
(of the ears), *a.*, **-apakalala.**
PROTUBERANT, be (of forehead, lips, &c.), *v.*, **bumvalala.**
PROUD & reserved, be, *v.i.*, **fumana, fumina, tintila.**
PROUDLY, walk *or* go, *v.*, **kwenda e vunia-vunia** (pl. 6).
PROVE (demonstrate), *v.*, **sia e yeleka** (pl. 5).
PROVIDE for one's self, *v.*, **kuvàvila** (*refl.*).
(furnish), *n.*, **vambula.**
to, **vambwila.**
PROVOCATION (active), *n.*, **luseko,** 10.
PROVOKE, *v.t.*, **tutisa e ekudi** (8).
PROVOKED much, be, *v.i.*, **ntima** (4, u-) *or* **moyo** (3, u-) **kangama, kangamwa o ntima** *or* **moyo.**
PRYING disposition, *n.*, **untongolozi,** 12.
PSALM, the book of Psalms, *n.*, **Sambu,** 6.
PUBERTY, *n.*, **etuluka,** 8.
PUBLIC property, to be used by any one, *a.*, **-evwanga.**
PUBLICITY, *n.*, **mpenza,** 2; **evwangi,** 8; **mvenene,** 4.
PUBLICLY, *adv.*, **e** *or* **ku** (&c.) **mpenza**; *see also* **ova etenda,** App.
PUBLISH widely, *v.t.*, **sanzanisa.**
PUCKER, *v.t.*, **kutidika.**
v.i., **kutalala.**
PULL down, from a high position (persons only), *v.t.*, **kunkula.**
out (something which has stuck in), *v.t.*, **sumuna.**
PULP, crush into, *v.t.*, **nianzuna, niasuna.**
PUMP, *n.*, **mpola,** 2.
PUMPKIN, a small variety of, *n.*, **nsudia,** 2.
PUPIL, *n.*, **nlongoki,** 1 & 4.
of eye, *n.*, **ngengele,** 2 (Bako.).
PURE (genuine), *a., see under* **ya,** App.
PURPLE (the colour), *n.*, **mpilu,** 2.

PURPOSE (determination), n., **ekani**, 8.
(raison d'être), n., **evangu**, 8 ; **mfunu**, 4.
(reason), n., **ebandu**, 8 ; **bila**, 6 ; **eyandu**, 8 ; **elonda**, 8.
for what purpose, **e elonda, e eyandu, e ebandu**.
some great thing given *or* done for a purpose, n., **mpongo**, 2 ; *see* K.-Eng. App.

PURPOSELESS (for nothing), a., **-angofwila**.

PURSLAIN, n., **madia** (pl. 9) **ma ngulu**.

PUSH on (of things in motion), v.t., **vitumuna**.
on well with, v.t., **tôtola**.

PUT aside, to keep, v.t., **velekela**.
something, n., **velekela**, 6.
aside. out of the way (of something which one has), v.t., **vengeka**.
(of something which comes in one's way *or* is apart from one), v.t., **vengomona**.
back again (the earth into a hole), v.t., **langa**.
be, v.t., **langama**.
down (of many things only), v.t., **vindakesa**.
(of something great), v.t., **bubidika**.
further apart, v.t., **tâvula**.
in a position, v., **sikidika**.
in a handy position, v., **bembeka**.
in a prominent position, v.t., **senzeka**.
into (the fire), v., **fumpa**.
off the day, v., **lambula e lumbu** (6).
on the top, v., **bandika**.
out (extinguish), v., **patika**.
out strength *or* energy, v., **sia e mfunka** (2).
with violence (of living creatures only), v.t., **lulumuna, lundumuna**.
plenty, v.t., **tudidika**.
in plenty, be, v.i., **tulalala**.
have plenty put down to *or* on one, **tulalala ye**.
(of some part of body), v.t., **fila**.

PUT, *continued*.
the legs, v., **fila o malu** (pl. 9).
together, v.t., **fitika, tota**.
(of many parts), v.t., **tudika**.
in good order, v.t., **lumpika**.
be, v.i., **lumpama**.
without any attempt at arrangement *or* order, v., **fwatikafwatika**.
up with (an inconvenience, &c.), v.t., **vukula**.
upon a man's shoulder (the load he is to carry), v.t., **twikila**.

PUTRID, something, n., **wolezia**, 6.

PUZZLED at, be, v., **yitakiana, kindakana, finangana**.

Q.

QUAKE, v., **dedema**.
an earthquake, n., **ludedemo lua ntoto** (4).

QUAKING, n., **ludedemo**, 10.

QUALIFY (*gram*.), v., **yikula**.

QUANTITY, a great, n., **ebidi**, 8 ; **bidi**, 6 ; **vomo**, 6 ; *see* **ndibwa**, 2, App.

QUARRELSOMENESS (great), n., **uwuya**, 12.

QUEEN (in cards), n., **mputa**, 2 (P. **puta**, harlot).

QUESTION, beyond all, *see also* **laya**, App.

QUICK in making *or* preparing, be, v., **vangamiana (ye)**; be quick with your work, **vangamiana ye salu kiaku**.
temper, **ntima** (4) **a kimfi kia nsomvi**; *see* K.-Eng. App. (**nsomvi**).

QUICKLY, adv., **e ntinu yo nswalu, kipalu**.
do *or* prepare, v., **vangizieka (ye), wala, wala-wala**.
do, go, &c., v., **vika** (*aux. v*).; *see* soon, Eng.-K.; *also* **vika**, App.
go out, v., **vayizieka**.
work, v.t., **salamiana**.

QUICKLY, *continued.*
to do a thing quickly is also expressed by a reduplication of the verb. Cut it quickly! **zenga-zenga kio!**
QUICKNESS (in acquirement), **zadizadi,** 6.
QUIET, be (still), *v.i.,* **kindama, ningama, dingama.**
down, *v.t.,* **lembelela.**
v.i., **lembalala.**

R.

RACE (breed), *n.,* **kuṇa,** 12.
(descendants of one parent stock), *n.,* **nzimbakani,** 2, *n.;* the whole human race, **nzimbakani a wuntu.**
RAGE, *n.,* **kiezi,** 5 ; **nkenene,** pl. 2 ; **nlula,** 4 ; **ntema,** 2 ; **efuluta,** 8.
in a, *adv.,* **o nlula.**
RAGS, in rags & tatters, **-anlanzinlanzi.**
RAID for slaves, *v.t.,* **bunda.**
RAIDER, *n.,* **mfunia,** 2.
RAILROAD, *n.,* **nzila** (2) **a tadi** (12).
RAIN, fine, *n.,* **mamwanga-mwanga,** pl. 7 (Bako.) ; **manyanga-nyanga,** pl. 7 (Bako.) ; **mfwefo,** 4 (Bako.).
to be constantly threatening to rain & again clearing up a little, *v.i.* [**ezulu** (8, di-) *or* **kuma** (9, ku-)] **yinda.**
very heavy, *n.,* **mvumbi,** 4.
RAINING, cease, *v.i.,* **kauka.**
RAISE a price excessively, *v.,* **bangidika e ntalu** (2).
the voice, *v.,* **bakula** *or* **zangula** *or* **siamisa e ndinga** (2).
up upon some support, *v.,* **kundikila.**
RAM (things into something), *v.t.,* **komangesa.**
tightly, *v.,* **diatidila.**
RANGE (of a throw), *n.,* **sunsa,** 6.
of a weapon, **ntunta,** 2 ; **ntwala,** 2.

RANGE, *continued.*
long range (in guns), *a.,* **-antunta, -antwala.**
RANK, *n.,* **esiku,** 8.
RAP (knock), *v.,* **tota.**
RARE, *a.,* **-ampava.**
RARELY, *adv.,* **tutu** (6) **kiatundangani.**
RASCAL, *n.,* **baza,** 6 ; **tuzu,** 6 ; **têma,** 6.
unscrupulous, *n.,* **ntwanga,** 2.
RASCALITY, *n.,* **untwanga,** 12.
RASHLY, *adv.,* **e nswalala.**
do, *v.,* **swatakesa.**
RASHNESS, *n.,* **nswatakani,** 2 ; **nswatakesa,** 2.
RAT hunting, *n.,* **esaku,** 8.
RATHER, *adv.,* **vezi.**
(instead), *see also* **kaka** & **mpasi,** App.
than, *adv.,* **ke mu...ko.**
RAVAGE, *v.,* **fwantakesa.**
RAVINE, *n.,* **mvonzi,** 4.
RAW, without previously cooking, *adv.,* **e nse** (2), **e mbisu** (2).
condition, **yisu,** 6 ; **nse,** 2.
READ & write, know how to, *v.,* **via o masona** (pl. 8).
over *or* from a list, *v.t.,* **tangumuna.**
READINESS, *n.,* **lululamu,** 10 ; **lukubamu,** 10.
to do a kind action, *n.,* **ngemba,** 2.
READY, be, *v.i.,* **lulama.**
(willing), be, *v.,* **vevola o ntima** (4).
ready to, be, *v.,* **vevolwela o ntima ;** he was ready to go for me, **wavevolwela o kungendela o ntima.**
willingness, *n.,* **mvevo** (4) **a ntima** (4).
REAR (bring up), *v.,* **tongonona, kubulula.**
REASON, *n.,* **bila,** 6 ; **eyandu,** 8 ; **ebandu,** 8 ; **elonda,** 8 ; **ebungu,** 8.
for this, **e bila kiaki, eyandu diadi, elonda diadi, e bila ye ebandu.**
for what, **wa eyandu,** &c.
& explanation, *n.,* **mpitu** (2) **yo nsengo** (4).
for coming, *n.,* **ngizilu,** 2.

REASON, *continued.*
  for going, **ngyendelo,** 2.
  for what, **wa edi.**
  the real reason is that, **ina ntangwa kina** *or* **kinana vo.**
  it cannot have happened without some reason; *see* **diambu,** App.
REASONING, the power of, *n.,* **nyindu,** 4.
REBEL against, *v.i.,* **télama.**
REBUKE, *v.t.,* **yika, sungula.**
  (strongly), *v.t.,* **bâdila.**
RECEIVE instruction as a doctor, *v.,* **tambula e kinganga** (5).
  respectfully, *see under* **koko,** App.
RECKLESSNESS, thoughtless, *n.,* **nswatakesa,** 2; **nswatakani,** 2.
RECKON, *v.t.,* **dikula.**
RECLAIM, *v.t.,* **vukulula.**
RECOGNISE, } *v.t.,* **tona, tonena.**
RECOLLECT,
RECOLLECTION, a, *n.,* **lubanzu,** 10.
  very distinct, *n.,* **kienze,** 5.
RECOMMEND (counsel), *v.t.,* **kubikila.**
RECOMPENSE, *n.,* **vutudi,** 6; **nsendo,** 4.
RECONCILE, *v.t.,* **bakanisa.**
RECONCILED, be, *v.i.,* **bakana.**
RECONCILIATION, *n.,* **lubakanisu,** 10 (*act.*); **lubakanu,** 10 (*pass.*).
RECOVER (from a fit of drunkenness), *v.,* **vungumuna o nzieta** (4) **a malavu** (pl. 8).
  (get well), *v.i.,* **vûka** (Bako.), **vatumuka.**
  (revive), *v.i.,* **vatumuka.**
RED, be *or* turn, *v.i.,* **biluluka.**
REDEMPTION (*active*), *n.,* **lukûlu,** 10; **nkûla,** 2.
  (*passive*), **nkûlu,** 2; **nkûlwa,** 2; **nkûka,** 2; **kûlwa,** 9.
REDNESS, brilliant, *n.,* **lo,** pl. 6.
REED, small round, *n.,* **nsaku-saku,** 2 & 11; **ndebela,** 2 & 11; **nsiesie,** 2 & 11.
  weaver's (the stick which takes the place of this in native looms), *n.,* **mbota,** 2.
REFER to, item by item, *v.t.,* **tangumuna.**

REFERENCE to, in, *see* **-ina omu,** App.
REFLECTION, *n.,* **kíta,** 5 (Bako.); **nkangazi,** 4.
REFRESHED in body, be, *v.,* **nitu** (2 i-) **sakumuka; moyo** (3, u-) **vutula.**
  after thirst, **nitu** (2, i-) **vola.**
  in mind, **moyo** (3, u-) **sakumuka.**
REFUSE, *v.,* **vakula o nkalu** (4).
REGRETFULLY, *adv.,* **kuna nkenda** (*with appl. form*).
REGULAR, *a.,* **kibeni;** the regular route, **e nzila kibeni.**
REGULATIONS, *n.,* **mina,** pl. 3.
REHEARSE a matter with full detail from the beginning to the end, **kumbulula, tapututa.**
RELATIONS, to have the most intimate, *see* **yambana,** App.
RELATIONSHIP, *n.,* *see also under* **ndia** (4) **mosi,** & **wutukiana yo,** App.
RELATIVE, *n.,* **yutu,** 6.
  by marriage, *n.,* **nkwezi,** 2.
  one's own, *n.,* **kiandi,** 1 (pl. **akiandi**).
RELAX one's severity, *v.i.,* **buwa o ntima** (4).
RELAXATION, take, *v.,* **volesa o ntima** (if mental) *or* **e to** (6) *or* **e nitu** (2) (if physical).
  have some, *v.,* **nitu** (2, i-) **vola,** *lit.* to cool down.
RELEASE (abandon), *v.t.,* **tengola.**
RELIABLE, *a.,* **afika ye kamba, -aziku, -akwikizi, -avuvu.**
  person, *n.,* **nkwa** (1) **ziku.**
RELIABILITY, *n.,* **ziku,** 6; **kwikizi,** 12.
RELIGION, *n.,* **kwikizi,** 6.
  (faith), **lukwikilu,** 10.
  (religious principle), **unkwikizi,** 12.
RELINQUISHMENT, *n.,* **luyambulu,** 10; **luvunzanisu,** 10.
RELUCTANCE, *n.,* **kiongomena,** 5.
RELUCTANT, be, *v.,* **kala ye** *or* **sia e kiongomena** (5).
  to move, &c., be, *v.i.,* **sindama.**
RELY (upon), *v.,* **sia e fika** (6) **ye kamba** (6) (**muna**); **bunda e vuvu** (6).

REMAIN long (at a place *also* last), *v.*, **zingila.**
 still, *v.*, **kindama, ningama, dingama.**
 (stay for while), *v.i.*, **wunda.**
REMAINDER, *n.*, **nsadidila,** 2.
REMARK (upon something said), *n.*, **ndandu,** 2 ; *see* reply, App.
 make such a, *v.*, **landa.**
REMARKS, scornful, *n.*, **lutiangu,** 10.
REMEMBER (recall to mind), *v.i.*, **bambukwa o moyo** (3).
 (recognise), *v.t.*, **tona, tonena.**
 (something forgotten), *v.t.*, **bakula.**
 cause to, *v.*, **bakulwisa.**
REMIND, *v.t.*, **bambula o moyo** (3).
REMNANT (few *or* a little remaining), *n.*, **nsodiodio,** 2.
REMORSE, *n.*, **lubanzu,** 10.
REMOVE soft, sticky stuff, *v.t.*, **tampula.**
RENEWED, be, *v.i.*, **nungunukina o va** (12).
RENT (let out on hire), *v.t.*, **sompeka.**
 (hire), *v.t.*, **sompa.**
REPEAT (an instruction), *v.t.*, **kunka** (e diambu, 7).
 over & over again, *v.*, **landulula.**
REPENT, *v.i.*, **vilukwa o ntima** (4).
REPETITION, *n.*, **nkumbuluka,** 2.
REPLY, *n.*, **ndandu,** 2 ; he could make no reply to what I said to him, **kavwidi dio ndandu ko edi imvovese.**
 in antiphonal song, *v.t.*, **yakulula.**
 n., **nyaku,** 4.
 leave no room for, *v.t.*, **zengeneka, yengeneka, tungika.**
REPORT to, *v.t.*, **samwina.**
 (reputation), evil, *n.*, **lutumbuku,** 10.
 good, *n.*, **lusanisinu,** 10.
 a man of good, *n.*, **nkwa** (1) **ezina** (8) **diambote.**
REPRODUCTION (copy), *n.*, **nkutubandu,** 2.
REPUDIATE, *v.t.*, **vakula o nkalu** (4).
REQUIRE, *v.*, **zolesela.**
RESCUED, be, *v.i.*, **vûka** (Bako.).
RESEMBLANCE, *n.*, **fwani-fwani,** 6.

RESEMBLANCE, *continued*.
 exact, *n.*, **nonga-nonga,** 6.
RESERVE (proud), *n.*, **etinti,** 8.
 maintain a, *v.*, **tintila, fumana, fumina.**
RESIDE (for a time), *v.*, **wunda.**
RESIGN, *v.t.*, **yekola.**
RESIGNATION (of mind), *n.*, **nkululu** (4) *or* **nlekoko** (4) **a moyo** (3).
RESIN, a very inflammable, *n.*, **elengo,** 8.
RESIST (an attack, &c.), *v.t.*, **kakidila.**
RESOLUTELY, to hold out, *v.i.*, **bamba.**
RESOLUTION (intention), *n.*, **ekani,** 8.
 to make a very strong, *v.*, **sia o ekami** (8).
RESPECT of persons, *n.*, **mandangi,** pl. 7.
RESPECTED, be, *v.i.*, **zita.**
 (exalted), *v.i.*, **kundalala, tundalala.**
RESPECTFUL (courteous), *a.*, **-afuka.**
RESPECTFULLY, to hand *or* receive, *see under* **koko,** App.
RESPONSIBLE for, be *or* undertake to be, *v.*, **lama.**
 make, for, **sia e kiyekwa** (5) **kia ; sia e mbebe.**
RESPONSIBILITY, *n.*, **mbebe,** 2.
 (charge), *n.*, **kiyekwa,** 5.
 habit of throwing responsibility upon others, **mavenga,** pl. 8.
REST, for the (finally), **vo i maka.**
RESTING-PLACE for travellers, *n.*, **eboko,** 8.
RESTLESSNESS, *n.*, **mpiaviana** (2) **a ntima** (4), **mpiaviani,** 2.
RESTORED to health & vigour, be, *v.i.*, **sakumuka.**
RESTRAIN, *v.t.*, **kindika, ningika, dingika.**
RESURRECTION (*passive*), **lufutumuki,** 10 (Bako.) ; **lufuluku,** 10.
RETAIL (dry measure goods), *adv.*, **e nzongela** (2).
 sell, *v.*, **zongela.**
 (liquids), *adv.*, **e mbukwila** (2).
 sell, *v.*, **bukwila.**
 (flesh), *adv.*, **e mbakila** (2).
 sell, *v.*, **bakila.**

RETAIL, *continued.*
by linear *or* superficial measurement, *adv.*, **e ntendela** (2).
sell, *v.*, **tendela.**
RETAIN in possession ("stick to"), *v.t.*, **tatidila.**
RETAINING fee, *n.*, **ezita**, 8.
RETREATING (of the forehead), *a.*, **-akofoka.**
RETURN, a, *n.*, **vutudi**, 6.
v.i., **kâla** (Bako.).
go and return quickly, *v.i.*, **laka.**
RETURNING some other day, *adv.*, **e nkuluki.**
the same day, **e mputuki.**
REVEAL, *v.t.*, **sengomona, selola.**
REVELATION, *n.* (*act.*), **lusengomono,** 10.
(*pass.*), **lusengomoko**, 10.
REVENGEFUL feelings, *n.*, **lutima**, 10.
REVERSED, *adv.*, **lunima-nima.**
good and bad are the opposites of each other, **yo wete yo bi lunima-nima.**
REVIVE (restore to vigour and life), *v.t.*, **sakumuna.**
(recover), *v.i.*, **vûka** (Bako.), **vatumuka.**
(some old question), *v.*, **yangumuna, ziotola**; *not used of or to one's betters.*
REVOLUTION, be in rapid, *v.i.*, **kala mu zuwana.**
REVOLVE rapidly, *v.i.*, **zuwana.**
(in a perpendicular position), *v.i.*, **nimba.**
(in opposite directions as wheels in contact, endless bands, &c.), *v.i.*, **volozioka.**
REWARD, *n.*, **nsendo**, 4.
v., **senda.**
(return), *n.*, **vutudi**, 6.
RIBS, skeleton of the (complete & n position), *n.*, **volongonzo**, 6
RICHES, *n.*, **lusalu**, 10.
(richness), *n.*, **umvwama**, 12.
RIDICULE (laugh at), *v.t.*, **kiekielela.**
RIDICULOUS, become, be, *v.i.*, **tumpalala.**
RIGHT, be, *v.i.*, **songa.**

RIGHT, *continued.*
all right, *adv.*, **e vie** (pl. 6).
it will be *or* is, **kia matondo** (pl. 8).
be in the right, *v.*, **nunga** (Bako.).
(correct, proper), *a.*, **-ansongi, -akosi, -avimpila.**
hand side of anything, *n.*, **nene**, 12;
to the right hand side of, **kuna lunene lua, kuna nene wa.**
a., **-alunene, -anene.**
on the, *adv.*, **kuna lunene.**
and proper, to do what is, *v.*, **tomesa.**
a right to, *n.*, **nsongi**, 2 (*with the verb in the applied form*); you have no right to enter my house, **kuna ya nsongi a kotela muna nzo ame ko.**
RIGHTEOUSNESS (in actions), *n.*, **nsongi**, 2.
the principle of, **unsongi**, 12.
(legal), **ndungidi**, 2.
RIGID, *a.*, **-antintibidi.**
RIGIDITY, *n.*, **ntintibidi**, 4.
RING (as a bell), *v.*, **kuba.**
(circle), *n.*, **zongolo**, 6; **nkongolozi**, 2.
(finger, &c.), *n.*, **ndambi**, 2.
ornamental, metal, **ngondo**, 2.
RIPE, be, *v.*, **yeboka, kola.**
RISE (as leavened dough), *v.i.*, **funa.**
from (a seat), *v.*, **telama vana.**
(of the stars), *v.*, **deka.**
to the surface, *v.*, **tongomoka, tumbuluka.**
(of the tide), *v.i.*, **zala.**
RISK, *v.*, **kaya.**
ROAD, a broad, *n.*, **mvulêla**, 4.
to make a mark on the ground to show the road taken (to help stragglers), *v.*, **tenda e nzila** (2).
point where 2 roads branch, *n.*, **bunda-mpambu**, 6.
ROAM (prowl), *v.*, **lasa, vema.**
(wander), **vuvuta, bembela.**
ROAR, *n.*, **ekumbu**, 8.
(as the fire *or* blast furnace), *v.i.*, **yidima.**
ROAST, *v.t.*, **babula.**
ROCK (not detached rocks), *n.*, **nsenzele**, 4.
ROLL, any parcel *or* packet done

ROLL, *continued.*
   up in shape as a roll, *n.*, **mungonga**, 3.
ROOF, *n.*, **mwanzu**, 3 (Mboma).
ROOT (origin, base), *n.*; *see* **ezuku**, 8, App.
   up *or* out (by handfuls), *v.*, **yaba**.
ROPE, *n.*, **mfumvu**, 2.
ROT and swarm with maggots, *v.*, **komoka**.
ROTATION (turn), *n.*, **tete**, 6.
ROTTEN, something, *n.*, **wolezia**, 6.
   thing that goes to pieces at a touch, *n.*, **etampala**, 8.
ROTTENNESS, *n.*, **uwolezia**, 12.
ROTTING, *a.*, **-anwodi**.
ROUND (around), *adv.*, **e kinzieta, muna nzinguluka** (2).
   about, *prep.*, **muna nzinguluka a.**
   about, be, *v.*, **viongoloka, viotakana**.
   hole, *n.*, **zongolo**, 6.
   make a, *v.*, **ziongola**.
   the trunk (of a true), **ku vumu** (6); measure round the trunk, **teza ku vumu**.
ROUSE, *v.t.*, **katumuna** (Bako.).
   up, *v.i.*, **katumuka** (Bako.).
   (stir up as dust, passion, &c.), *v.*, **yangumuna**.
   with a start, *v.t.*, **dikumuna**. *v.i.*, **dikumuka**.
ROUT, *v.t.*, **tufakesa**.
ROUTE, *n.*, **mwalu**, 3.
ROUTED utterly, be, *v.i.*, **tufakana**.
ROW, *n.*, **mbangu**, 4; **nlôlo**, 4.
   to take one's place in a row, *v.*, **yika o mbangu**.
   all in a row, *adv.*, **e kia-kia**.
   put all in a row, *v.*, **kialumuna, kiatumuna**.
ROWDY, *n.*, **wuya**, 6.
RUB a part of the body (as when it itches), *v.*, **finta**.
   hard on (grind), *v.t.*, **fwenka**.
RUBBISH (foolish talk), *n.*, **mambu ma mazengele ngonde, mfwanti**, 2.
   talk, *v.*, **folokosa**.
RUDE, be, *v.i.*, *see* **tununuka**, App.

RUDELY, to enter, *v.*, **kuniùnga** (*refl.*).
RUDENESS, *see* **tununu**, 6, App.
RUDIMENT, *n.*, **ezuku**, 8.
RULE, general (grammar, &c.), *n.*, **nkiku**, 4.
   (regulations), **mina**, pl. 3.
   with a firm hand, *v.t.*, **boselela**.
RULER, *n.*, **nyazi**, 1 & 4.
   (one in authority), *n.*, **mungwizi**, 3.
RUMMAGE (search), *v.t.*, **satulula, sandulula**.
RUN, *v.*, **kwaka, toteka**.
   at one's utmost speed, *v.*, **vaningina**.
   away, *v.i.*, **kungumuka**.
   (escape secretly), *v.i.*, **bubumuka**.
   down (of liquids), *v.i.*, **voloma**.
   (of something great), *v.i.*, **dikita**.
   (tack, in sewing), *v.t.*, **sumpa**.
   very fast, *v.*, **kwakidila**.
RUNNING (quickly), *adv.*, **e lunda-lunda** (6).
   power, *n.*, **nlaka** (4) **a ntinu**; they raced together, *i.e.*, tried their running powers, **batezanini o nlaka a ntinu**.
RUSE, *n.*, **mana**, pl. 7; **lumpeso**, 10.
RUSH, *v.t.*, **lundangana**.
   about (be very active), *v.*, **tumpa-tumpa**.
   in all directions, *v.*, **tumpa**.
   along, *v.i.*, **zikumuka**.
   rush and bluster (as the wind), *v.i.*, **pekomoka, vekomoka**.
   start up and rush at, *v.t.*, **vulumukina**.
   (flow), *n.*, **ngungula-ngungula**, 2.
   violently, of wind *or* rain, *v.i.*, **vikuka**.
RUSTLE (as the jungle when a man *or* large animal forces his way through it), *v.*, **fofota**.
   (as leaves in the wind), *v.i.*, **pukutiswa, pukuta**.
   and sway about as the branches of a tree (when animals are moving about in them), *v.i.*, **vwamvwana**.

S.

SAD, be or look, v.i., **kafalala, kotama.**
make, v.t., **kafidika, koteka.**
(distressing), very, a., **-alukendalalu.**
be (dull, pensive), v.i., **futalala.**
make, v.t., **futidika.**
SAFE and sound, adv., **e nkiti-nkiti nsangu-nsangu.**
be, v.i., **vûka** (Bako.), **vodoka.**
a., **afika ye kamba.**
SAFETY (from danger), n., **luvuvamu,** 10.
(security), n., **fika** (6) **ye kamba** (6).
SAG, v., **fumbalala.**
cause to, make, **fumbidika.**
SAID, it is, see **wa ele nkutu.**
SAIL (start), v.i., **nengoka.**
SAILOR, n., **mumpambala,** 3.
SALT, be (of salt), v.i., see **tua,** App.
without, a., **-atompodia.**
SALUTATION, n., **ekaya,** 8; **emiangana,** 8 (of women).
SALUTE with a blessing, v.t., **sambula.**
SALVATION (act), n., **luvukusu,** 10 (Bako.).
SAME, see under **-mosi & okumosi,** also **a-,** App.
(of things compared), **diau adimosi.**
time, at the, adv., **oku mpe.**
while...at the same time, **wau... oku mpe.**
In the same way, just the same, adv., **okumosi, e de** (6).
just the same with (**ya, ye** or) **yo... una nkutu**; see K.-Eng. App. under **una.**
SAMPLE, n., **pwa-meso,** 6.
SAND, n., **kinyengese,** 5 (Bako.); **kinyenge,** 5 (Bako.).
SAND-MARTIN, n., **volo,** 6.
SANDSTONE, n., **etadi** (8) **dia esenge.**
SAPPHIRE, n., **safire,** 2.
SARCASTIC manner, n., **nsendomona,** 2.
to speak in a, v., **vova e nsendomona** (2), **sendomona.**
SARD, n., **sardi,** 2.

SARDONYX, n., **sardonis,** 2.
SATAN, n. (the adversary), **Mbeni,** 2, **Satan.**
SATISFACTION after a good meal, sense of, n., **nzengele,** 2.
SATISFIED, be, v.i., **sunanana, dasanana.**
SATISFY, v.t., **suninika, dasidika.**
SATYRIASIS, n., **lonzo,** 10.
SAVAGE, a., **-ayezi** (pl. 5).
SAVIOUR, n., **kangi,** 6.
SAWDUST, n., **vesona ya nti,** pl. 6.
SAY, v., **ta** (Bako.), **totola** (a woman's word); **ziotola,** not used of or to one's betters.
says, said (he, &c.), **i...wau**; for, said Nlemvo, I will come, **okala vo kadi, i Nlemvo wau, kwiza nkwiza**; said he, **i yandi wau.**
have nothing to say for one's self, v.i., **tungama, yenganana, zenganana.**
into (one's) ear, v., **longesela muna kutu** (9).
over and over again, v.t., **ziotolola,** not used of or to one's betters.
that is to say, **i sia vo, i sia o zaya vo.**
not to say that, **ke sia ko vo.**
to, v.t., **vovesa, samwina, zingwila.**
SCAMP, n., **baza,** 6; **tuzu,** 6; **têma,** 6.
SCARCE, a., **-ampava.**
SCARCELY...to, v.t., see under **lendakesa,** App.
SCARECROW, n., **sisa,** 6.
SCATTER, in all directions, v.t., **tendanisa.**
of shot, v.i., **baza.**
SCATTERED condition, in a, adv., **o mwangu** (4), **o mwangani** (4).
far and wide in great numbers, be, v., **sanzana.**
in all directions, be, v.i., **tendana.**
SCENT (hunting term), n., **kiundu,** 5.
(natural to human beings), **mvuku,** 2.
SCHISM, n., **mpambula,** 2.
SCOLD, v.t., **boma** (Bako.), **baza.**
(speak angrily, loudly), v., **badila;** see also **vovesa,** App.

SCOLDING, *n.*, **lubalumukinu**, 10.
SCOPE to, give, *v.*, **sila e nzila** (2).
SCORN, *n.*, **lutunu**, 10 (Bako.).
  v.t., **tuna** (Bako.), **vweza** (Bako.), **yeza**.
SCORNFUL remarks, *n.*, **ntiangu**, 2.
SCOUNDREL, *n.*, *see* rascal.
SCOURGE, *v.t.*, **zwabula, vizula**.
SCOUT, *v.t.*, **senga, laya**.
  n., **nsengi**, 2.
SCOWL, with a, *adv.*, **e koyo** (pl. 6).
SCRAPE, *v.t.*, **kwempa** (Kib.=**vempa**).
  off (something which has adhered), *v.t.*, **kona**.
SCRATCH, *v.t.*, **kuluta**.
  with claws *or* nails, **kwatika** (e nzala).
  (the surface), **kwanza** (Bako.).
  (mark), *n.*, **kwalati**, 6.
SCREEN, *n.*, **ngumbu**, 2 ; **kubu**, 6 ; **nkakidiswa**, 2.
  from, *v.t.*, **kika** (o meso, pl. 7).
SCREAM, *v.i.*, **yabala, yayakiana**.
SCRUPULOUSLY to avoid anything dirty, *v.*, **tintila**.
SCRUTINIZE, *v.t.*, **ziongola**.
SCULPTOR, *n.*, **nsemi**, 1 & 4.
SCUM, *n.*, **ebo**, 8.
SCURRILOUS, *a.*, *see* **-esutu** & **-a usutu**.
SEA, *n.*, **mùwu**, 3 (pl. **miuwu**).
SEARCH, far and wide in all directions, *v.i.*, **veyana**.
  (for a road *or* track), *v.t.*, **tota**.
  (overhaul, examine), *v.*, **sanda** (Zombo) **sata**.
  (rummage), *v.t.*, **satulula, sandulula**.
SEARCHING, a, *n.*, **mpava**, 2.
SEASON, *n.*, *see* **sungi**, 6, App.
  (for certain things), *n.*, **mbingu**, 2.
  early rainy, *n.*, **kianzu**, 5 (sowing-time).
  for game, &c., a close, *n.*, **lukandu**, 10.
  hot, **nsungi** (2) **a kala** (6).
  unhealthy, *n.*, **nlanda**, 4.
  (of a condiment), *v.t.*, **tua muna**.
SEAT, *n.*, **fongo**, 6.
SECOND, *n.*, **sekonde**, 2.
  (a proposal), *v.*, **yikesa**.

SECRECY, *n.*, **mfundu**, 2 ; **bubidi**, 6.
SECRET (something kept secret), *n.*, **mfundu**, 2.
  a., **-amfundu, -akinswekamena, -akinsweki, -ambumba**.
  keep (a matter), *v.i.*, **volokela** (o **diambu**, 7).
SECRETLY, *adv.*, **ku mfundu** (2), **ku bubidi** (6), **ku kinsweki** (5), **kuna beko** (6).
SECT, *n.*, **vaudi**, 6.
SECTION (of anything built *or* made in sections), *n.*, **kikwa**, 5.
SECURE, be, stand, *v.i.*, **kindama**.
  be very, *v.i.*, **silama, kuzama**.
  make, *v.t.*, **sidika, kuzika, siamisa, siamikina, siamitina, kindika**.
SECURELY, *adv.*, **e ngi** (2) ; **e ngwi** (2) ; **e tele** (pl. 6).
SECURITY, paid into court before a decision is given, *n.*, **ntela**, 2 : **nkiedi**, 2.
  (sureness), *n.*, **fika** (6) **ye kamba** (6).
SEDATE, be, *v.i.*, **fumina, fumana**.
SEDIMENT (of wine, &c.), *n.*, **ebo**, 8.
  (muddy), *n.*, **mvunzu**, 2.
SEDUCE, *v.t.*, **biondomona, bendomona, biangumuna**.
  away a man's wife as a set off against a debt he owes, *v.*, **pela**; *see under* **pela**, App.
SEDUCTION, *n.*, **lubiondomono**, 10 ; **lubiangumunu**, 10.
SEE (find), *v.t.*, **ziongola**.
  plainly, *v.*, **mona e mpenza** (2).
SEED, *n.*, **mbongo**, 2 (*sing. only*).
  husk unbroken but empty through atrophy, *n.*, **ebefele**, 8.
SEEDLINGS (for transplanting), *n.*, **mpuza**, 2 (*sing. only*).
SEEING, that, *conj.*, **wau kina vo, wau kinana vo**.
SEEK, *v.t.*, **sanda** (Zombo), **sata**.
SEGMENT, of anything made up of segments, *n.*, **kikwa**, 6.
SEIZE, *v.t.*, **yimba**.
  by force, with violence, *v.t.*, **bumba**.
  upon, *v.t.*, **bwidila** (Bako.).

SELDOM, *adv.*, tutu (6) kiatundangani.
SELECT, *v.t.*, dimbuna, ta.
SELF-CONTROL, *n.*, volo, 6.
  cause, help to exercise, *v.*, vololola.
  exercise, vololoka.
  lack of, *n.*, yingalu, pl. 5.
SELF-SOWN, *a.*, -amakunda, -akimbenena.
SELFISHNESS, *n.*, mvûla, 4.
SELL, at a low (price), *v.t.*, bufa.
SELVEDGE, *n.*, bayi (2) a kindele.
SENATOR, *n.*, *see* nkuluntu (2), App.
SEND after *or* behind, *v.t.*, landesa.
  alone (of a person), *v.t.*, tuma.
  in charge of some one, *v.t.*, twika.
  a messenger, *v.*, sia e ntumwa (2).
  (things), *v.*, fidisa.
  up very far away, *v.t.*, pemona, pumuna.
SENIOR, *n.*, *see* nkuluntu (2), App.
SENIORITY, *n.*, kuluntu, 12.
SENSE (meaning), *n.*, nsosa, 2.
  (wits), *n.*, mamoni, pl. 8 ; diela, 7.
SENSELESS, *a.*, -azengi, -a uvoso.
SENSELESSNESS, *n.*, uzengi, 12 ; uvoso, 12.
SENTENCE, *n.*, nlôlo, 4.
  (of a judge), *n.*, nzengo, 2.
  give, *v.*, sia e nzengo.
SEPARATE, *a.*, -akikàka.
  (from), *adv.*, e vaudi (6, muna).
  be, *v.i.*, vauka (muna).
  put, make, *v.t.*, vaula (muna).
  position, in a, *adv.*, e kikaka.
SEPARATED portion, *n.*, vaudi, 6.
SEPARATELY, *adv.*, vabeko, e kikaka.
  each, e kikaka-kikaka, -mosi-mosi (kimosi-kimosi, &c.).
SEPARATION, *n.*, mpambula, 2.
SERVANT, *n.*, ntaudi, 2 ; lezi, 6.
SET (before others), *v.t.*, tumbika.
  be, *v. mid.*, tumbama.
  (construct), *v.t.*, tudika.
  firmly, *v.t.*, sidika.
  be, *v.i.*, silama.
  (food) before, *v.t.*, tumbikila.
  one's heart upon, *see* desire, p. 55.
  in order (arrange), *v.*, kumpika, kumpa, lumpika, ludika.

SET, *continued.*
  in a position, *v.t.*, sikidika.
  be, *v.i.*, sikalala.
  up, *v.t.*, sikidika.
  be, *v.i.*, sikalala, dongalala.
SETTLE (fix), *v.*, konkota, kuma, sikana.
  (a matter), *v.*, lekola.
SETTLED, be well (long established), *v.i.*, koba.
  (fixed), *a.*, -esika-sika.
SEVERE, be, towards, *v.*, ziatalala.
  become very (of a disease), *v.i.*, [e kimbevo (5 ki-)] koleka (Bako.) ; kukòlela, kuluka.
SEVERITY, *n.*, luziatalalu, 10.
SEX, female, *n.*, kento, 6.
  male, kiyakala, 5.
SEXUAL intercourse together, have, *v.i.*, vukana.
SHACKLE (by which a prisoner is fastened to his keeper), *n.*, kimpanga-nkanu, 5.
SHADE, *n.*, kimpozi, 5 (Bako.), kimpewa, 5 (Bako.), kita, 5 (Bako.).
  make a (as a spreading tree), *v.i.*, vwandangana, vwandangiana.
SHADOW, *n.*, *see* shade, App.
SHAGGY, be, *v.i.*, sapalala.
SHAKE (tremble), *v.*, titila.
  (with fear *or* cold), *v.*, to (6, ki-) *or* ntima (4, u-) kitima.
  down closely (of a basket of grain, &c.), *v.t.*, bandila.
SHAKING, *n.*, ezakamu, 8 ; ntembelela, 2.
SHAME, *n.*, lunsoni-nsoni, 10.
  with, *adv.*, kuna lunsoni-nsoni.
  (disgrace), *n.*, luvungu, 10.
SHAMEFULLY treat, *v.t.*, tiakidila.
SHANK, *n.*, ekolo, 8.
SHAPE, *n.*, mpwa, 2.
SHARE (allotted), *n.*, kwa, 6.
  (impart) out with another, *v.t.*, kawulula.
  (portion), *n.*, ekau, 8.
SHARP, *a.*, -ameno.
  make, *v.t.*, twisa ; *see* tua, App.

SHATTERED to atoms, be, v., **wesomoka**.
SHAVE the head entirely (not the whiskers or beard), **tenda o luvanda** (1c).
SHED, n., **nsampa**, 2 (Bako.); **sudi**, 6; **saba**, 6.
 forth, v.t., **bungula**.
SHELF, n., **kianga**, 5.
SHELTER (of boughs or grass), n., **lembeka**, 6.
 (screen), n., **nkakidiswa**, 2.
SHERIFF, one whose duty it is to demand the execution of a murderer, n., **mbamba**, 2; **mpunga**, 2.
SHIFT aside, out of the way, v.t., **vengomona** (something encountered), **vengeka** (something which one has).
 v.i., **vengama, vengomoka**.
SHIN, n., **ekolo**, 8.
SHINE, as a spark or as a small point of light, v., **deka**.
 [be bright, of the daylight (**kuma**)], v., **tondoka**.
 brightly, v.i., **yedima, semenena**.
 forth (after dulness), v., **têka**.
 (glitter), v.i., **niania**.
SHINING with splendour, a, **elezilezi**.
SHIVER, v., **titila**.
SHOOT (spring up), v., **vasumuka**.
 send up a, v., **wuta e nsanga** (2).
SHORT, cut in short pieces, of cassava only, a., **-awele-wele**.
 make short work of (a thing), v.i., **fudila muna kufi** (12).
SHOT, a good, n., **nkwa** (1) **sunsa** (6); **malangula** (pl. 9).
SHOULD (if), see under **kana vo kala**, App.
SHOUT, v.i., **lôka**.
 n., **bôko**, 6.
 at derisively, v.t., **kumbulwila**.
SHOW how, v., **songesela**.
 make a good show, have plenty to show for it, v.t., **totola**.
 up, v.t., see **venzomona**, App.
SHREDS, to, adv., **e bela-bela**; it is

SHREDS, continued.
 torn to shreds, **kibâkilu e bela-bela**.
SHRINE (heathen), n., **vela**, 6.
SHRINK from, v., **susa, mona e nsusidi** (2).
SHRUNKEN in, be, v.i., **kompoka, kofoka, vompoka, wotoka**.
SHUDDER, v., to (6, ki-) or **ntima** (4, u-) **kitima, kankamwa e nitu** (2), **titila**.
 n., **ewawa**, 8.
SHUT in or up by, be, v., **bambamana**.
SHUTTLE-STICK, weaver's, n., **adonga**, 2; **munòngo**, 3 (Zombo).
SHYNESS on the part of children, n., **umbiu** (refractoriness!), 12.
SICK of (a thing), be, v.i., **tukumukwa**.
SIDE, on every, adv., **aniziè, anaziè**.
 the other, n., **mpiluka**, 2.
SIFT, v.t., **tika**.
SIGH, as the wind among the branches of trees, v.i., **pukuta**.
SIGHT (seeing), n., **mbweno**, 2.
 catch sight of, v.t., **mona e kelezi** (pl. 6).
 be caught, v.i., **moneka e kelezi**.
 a great, n., **mona-meso**, 6; **kimona-meso**, 5.
 in sight of each other, adv., **o mambonani** (pl. 7).
 (spectacle), see **nkungi**, App.
SIGNS (by which dumb persons make themselves understood), **mfundu**, 2.
SILENCE, v.t., **butika o nua** (4).
 a dead, n., **eyidingingi**, 8.
 put to (leave without a reply), v.t., **tungika, mongeneka**.
SILENT, be perfectly, v.i., **dikalala**.
 be, v.i., **tungama, monganana**.
 observe a sullen, **funakana**.
 be (stop talking, &c.), v.i., **kindama, ningama**.
 make, v.t., **kindika, ningika**.
 remain (unable or unwilling to speak or reply), **monganana, tungama**.
SILVER coin, n., **palata**, 2 (P. prata).

SIMPLETON, *n.*, **mvudi-a-ngungu**, 4.
SIN, *n.*, **esoki**, 8=**nsoki**, *which see,*
p. 392.
  against, *v.*, **sumuka.**
  (guilt), *n.*, **esumu**, 8.
  (unpardonable sin), *n.*, **mungâdu**, 3
    (P. **peccado ?**).
SINCE (now that), *conj.*, **wau kadi.**
  that (forasmuch as, seeing that),
    conj., **diadi dina vo, wau kina**
    vo, wau kinana vo.
SINCERITY, *n.*, **ntendo** (4) **a ntima** (4).
SING a chorus *or* in antiphonal song,
    v.t., see **yakulula**; a psalm *or*
    ode at a grave of a great man,
    see **yinda**, App.
  loudly, *v.*, **yengoloka.**
  to the music of some instrument, *v.*,
    vovelela e esikilu (8).
SINGLE, *a.*, **a-** *prefixed to the secondary form of* **mosi**; he carried
    all in a single day, **onete ya-**
    wonso muna lumbu akimosi.
  (*in negative sentences only*), *a.*,
    wonso; he did not say a single
    word, **yandi kavovi diambu**
    wonso.
SINGULAR (number), *n.*, **kimosi**, 5.
  in the, *adv.*, **e kimosi.**
  (strange), *a.*, **-ampimpita.**
SINK to the ground under a load, *v.*,
    fwankalakana.
  utterly (overwhelmed), *v.i.*, **sinka.**
SIP up (last drops left in a vessel), *v.i.*,
    wunzulula.
SISTER (*used by or of the opposite sex only*), *n.*, **nsanga**, 2.
SIT carelessly so as to expose one's
    self, *v.i.*, **venanana, vananana.**
  in council, *v.*, **vwanda e mfulu** (2).
  (on eggs), *v.t.*, **lalamena.**
  up all night, *v.*, **kielwa.**
  up late, *v.i.*, **yididilwa, tongamena.**
SITUATION, fine, *n.*, **kiudi**, 5 (Bako.).
SKEWER, *n.*, **nsomo**, 2.
SKILL, *n.*, **ndwenga**, 2 (*generally pl.*).
  in one's craft, **fuzi**, 12.
  (professional), *n.*, **umfuzi**, 12.
  done without any attempt at, *n.*,
    -afwatiku-fwatiku.

SKIN, folds of (in emaciated people),
    n., **nketa**, 4.
  disease, a contagious, *see* **kinsa-**
    mpala, App.
SKULL, *n.*, **valanganza**, 6.
SLAB, *n.*, **baya**, 6 (P. **taboa**); **babu**, 6.
SLAG, piece of furnace, *n.*, **ekongwa-**
    nkela, 8.
SLAKED, to have one's thirst, *v.*,
    ntima (4 u-) **bwita.**
SLAVE, *n.*, **muwayi**, 1; *see also* **ntau-**
    di.
SLAVERY, *n.*, **wayi**, 12; **uwayi**, 12.
SLEEP heavily, fall into a heavy sleep,
    v., **wondoka** *or* **wonanana yo**
    tulu (pl. 10).
  throw into a dead, *v.t.*, **vonda o**
    tulu (10).
  sleep thus, **fwa o tulu.**
  sickness, *n.*, **makwende**, pl. 8;
    manimba, pl. 9.
SLEEPER, railway, *n.*, **nzadilwa**, 4.
SLEEPING-PLACE, *n.*, **leko**, 6.
SLEEPLESS, be, *v.*, **kayiwa** *or* **kawa**
    o meso (pl. 7).
SLEEPLESSNESS, *n.*, **nkawa-meso**, 4.
SLICE, *n.*, **sele**, 6.
SLING, netted, in which a calabash is
    carried, *n.*, **nselwa**, 4.
SLIP away, *v.i.*, **sunuka.**
SLOPE of a roof, &c., *n.*, **nkunka**, 4.
  a steep dangerous, *n.*, **ngengo**, 2.
SLOW, *a.*, **-akomboka.**
SLOWLY, go, *v.*, **komboka.**
  wear away, *v.i.*, **komoka.**
SMALL, *a.*, **-abuziè** (Bako.).
  be, grow, *v.*, **keva.**
  cut in small pieces, *of cassava only*
    a., **-awele-wele.**
SMASHED up, *v.i.*, **tufakana.**
SMEAR on thickly, *v.t.*, **leba.**
  thinly, *v.t.*, **vianga.**
SMELL, *v.t.*, **nukuta.**
  of the steam of hot food, *n.*, **mùfu**, 3
    (pl. **miufu**).
  the sense of, *n.*, **ndukana**, 2; **ndu-**
    kuta, 2.
SMITE with something great *or* with
    sickness, *v.*, **buma**; *see also*
    strike, App.

SMITHY, *n.*, luvu, 10 (Bako.) ; lunga, 10.
SMOKE, make a, *v.t.*, fita, fita o mwisi (3).
SNACK of food eaten before meal-time, *n.*, mbela-mbela, 2.
SNAP ! *interj.*, twe, balanganza.
 (of something small), *v.t.*, twengona.
 in two, *v.t.*, kendona.
 the finger & thumb, *v.*, sika kindokela (5, Bako.), sika e kinsansa (5).
 in two, *v.t.*, minguna.
 pull & snap in two, duduna, zuzuna.
SNATCH away with violence, *v.*, vuzumuna.
SNIFF, *v.*, swena, sweta.
 (when disgusted with a nasty smell), *v.i.*, vunguzioka.
SNORE, *v.*, sa ngozi (Bako.).
SNORING, *n.*, ngozi, 2 (Bako.).
SNUFF, *v.*, sweta, swena.
So, to be, *v.*, -ina una, kala una ; are you so foolish ? nga o usowa weno wina una ?
 so *or* is it so that, edi kamba vo ; so you bought it, did you ? edi kamba vo osumbidi kio ?
 long as..., *see* yavana, App.
 (if only), *see* only, if.
 much, hard, well, that, *see* wingi, App.
 that, *conj.* yavana ; *see also* ingi, to say *or* speak, i vova vo.
SOFT, be (as of fine textures), *v.*, lelema.
 and green (of corn), *a.*, -antwenia.
 be (limp, not stiff), *v.*, tukuka.
 (tender, fragile), *a.*, -etwenga.
 thing, *n.*, etwenga.
 be in a soft & sticky condition, *v.i.*, tampwa.
SOFTEN by placing in water, *v.t.*, vundika.
 by rubbing in the hands, *v.*, tukuna.
SOIL, rich, *n.*, ntoto (4) andia.
SOLDIER, *n.*, ebamba-ngolo, 8.

SOLE (only), *a.*, ampivi.
SOLITARINESS (of places only), *n.*, kinzunga, 5 ; sombe, 6.
SOLITARY (of places only), *a.*, -asombe, -akinzunga.
 (drear), *a.*, -angidi-nginza.
SOME, *see* wonso, App.
 day *or* time or other, *adv.*, e tandu mvu wonso, oku kukwiziwa.
 one whose name one does not care to mention (if a young man), *n.*, netoko, 1.
 thing as above, salamesa, 6.
SON, *see also* wuta, App.
SOON after (after a while), *adv.*, oku se ntu ; soon after he went, oku se ntu, wele kwandi.
 ..., to, *v.*, sa, *v. aux.* ; we shall soon go, tusa kwenda.
 be, come, go, do, *v.*, vuka (Bako. =vika).
SOONER (rather), *adv.*, vezi.
SOOTHE (a child), *v.t.*, bonda (Bako.), wondeleka.
SORCERER, *n.*, mvandi (1 & 4) a mpandu.
SORCERY, *n.*, mpandu, 2.
 practise, *v.*, vanda e mpandu.
SORE, *n.*, mbenza, 2.
 be (of the throat), *v.i.*, kwayala.
SORGHUM, *n.*, masa (pl. 7) ma mbala, mbala, 2.
SORROW, *n.*, niènge, 4.
SORROWFULLY, *adv.*, kuna nkenda-nkenda.(*with applied form of the verb*).
SORT, *n.*, mpwa, 2.
SOUL, *n.*, fulumunu, 6 (Bako.) ; wumunu, 6 (Bako.) ; fulumwinu, 6 ; vumwinu, 6.
SOUND (that which our ears perceive), *n.*, mpuku-vuku, 2.
 a great, *see* eyokosa, App.
 (healthy, good), *a*, -avimpi.
 of something moving, *n.*, nsonsa, 4.
 make such, *v.*, sia o nsonsa.
 (a trumpet), *v.t.*, tiantisa.
 v.i., tianta.
SOUNDING (giving a ringing sound), *a.*, -angenge.

SOURCE (basis), *n., see* ezuku, 8, App.
  (cause), *n.,* ntondo, 2.
SOURNESS,*n.,* nsa, 2 (Bako.); ngani, 2.
SOUTH, *n.,* sud, 2 (Fr. sud).
SOW.
  self-sown, *a.,* -amakunda, -akimbenena.
SPARE (save), *v.t.,* vukisa.
  (protect), kankana.
SPARKLE, *n.,* niania.
SPEAK; *v.,* totola (a woman's word).
  against..., *v.,* sia...e diambu (7).
  (angrily), *v.i.,* balata.
  to, *v.t.,* badila ; *see also* vovesa, App.
  highly of, *v.t.,* sensemeka.
  insolently about, *v.t.,* tiala, tianguna.
  in very low tones, *v.,* vunguta.
  of, *v.t.,* tôla (Bako.), suma, zangata.
  of *or* about, *v.,* ziotola (*not used of or to one's betters*).
  over & over again, ziotolola, *as above*.
  privately, secretly, in a whisper to—, *v.t.,* longesela.
  sarcastically, *v.i.,* sendomona, vova e nsendomona (2).
  scornfully, *v.t.,* tianguna.
  to (a fetish), *v.,* vovelela.
  (unadvisedly, what you afterwards wish had been left unsaid), lutisa *or* lutakesa *or* sundakesa (e diambu, 7).
  without care & propriety (blurt out), tempa.
SPEAKER, great, *n.,* ngwélele-ngwénze, 2.
SPECIES, *n.,* mpwa, 2.
SPECTACLE, *n.,* mona-meso, 6 ; kimona-meso, 5.
  great public, *n., see* nkungi, 4, App.
SPEECH in defence of, *n.,* vovelo, 6.
  hasty, careless, mambu mankwalu.
  elegant, proper, grammatical, mambu makosi.
SPEECHLESS (dumbfounded), *adv.,* e mome (6).
  be, *v.,* fwa e mome.
SPEND lavishly, *v.t.,* pututa.

SPENT in vain, *a.,* -angofwila.
SPHERE, *n.,* bulungunzu, 6.
SPHERICAL, *a.,* -abulungunzu.
SPIKE made of sharpened pieces of mbasa buried in the ground, point upwards, to pierce the feet of trespassers in gardens, &c., *n.,* esomba, 8, *n.*
SPILL, *v.t.,* vongomona, vongola, pongola.
SPIN loosely, *v.t.,* laba.
SPIRIT, *n.,* fulumunu, 6 (Bako.) ; wumunu, 6 (Bako.) ; vumwinu, 6 ; fulumwinu, 6.
SPIRITUAL nature, *n.,* umwanda, 12.
  & characteristics, *n.,* kimwanda, 5.
  a., -amwanda, -akimwanda, -a umwanda.
SPIRITUALLY, *adv.,* e kimwanda (5).
SPIRT, *v.t.,* tialumuna.
SPIT upon, *v.t.,* vuma o mete (pl. 8).
SPITE, *n.,* lutongeneko, 10.
  against, have, *v.t.,* tongeneka.
  in spite of all, *adv.,* e nkaya-kaya.
  in spite of the fact that—, *conj.,* kufwila owu...ko.
SPLASH about (as water when carried), *v.,* dukinga, dukunga.
SPLASHING sound, make, *v.,* dikinga.
SPLENDOUR, *n.,* elezi-lezi, 8.
SPOIL (destroy), *v.t.,* fwasa, vondesela.
  (mar), *v.,* bandula.
  (nullify), *v.t.,* pangalakesa, bwangalakesa.
SPOILED, become (tarnished), *v.i.,* vesoka.
  be (so that it cannot come to completion *or* perfection), *v.,* funga.
SPONGE, *n.,* sipanzi, 2 (Eng.).
SPOON, *n.,* zawulu, 6 (Bako. = zalu).
  (of metal), *n.,* ngutu, 2.
SPOT, *n.,* ekeya, 8.
  (place), fulu, 6.
  on the, *adv.,* vana *or* vovo fulu, vovo (&c.) vau.
  where anything may be surely found, *n.,* ezikila, 8.

SPREAD about, be (scattered), *v.i.*, **tendangiana**.
  abroad, *v.t.*, **sanzanisa**.
  v.i., **sanzana**.
  from one to the other, *v.i.*, **yalangana**.
  out in great numbers, *v.*, **sanzana**.
  (occupy much space), *v.i.*, **yalangana**.
  cause to, *v.t.*, **yalangesa**.
  (of things which had been heaped together), *v.t.*, **bungula**.
  widely, *v.t.*, **balumuna**.
SPREADING (of a tree), *a.*, **-anyevi**.
  be, *v.*, **yeva**.
SPRING suddenly at, *v.t.*, **vulumukina**.
  up (as seedlings), *v.*, **tomboloka, teka**.
  in abundance, **vasumuka**.
SPUTTER & frizzle in cooking, *v.*, **siosia**.
SPY, *n.t.*, **laya, senga**.
  n., **nsengi**, 2.
SQUANDER, *v.*, **fumba, pututa**.
SQUANDERING ways, *n.*, **nlungu lungu**, 4.
SQUARE, the great, of a town, *n.*, **ntanda-ndembo**, 4 ; **mbazi** (2) a **ekongo, eboko**, 8.
  n., **karè**, 2 (Fr. carré).
  a., **-akarè**.
SQUASH, *v.t.*, **tufuna**.
SQUAT, be (low & spreading), *v.*, **batalala**.
SQUEAK (as a mouse), *v.t.*, **kienga**.
SQUEAL (as a pig), *v.i.*, **kwinga, winga**.
SQUEEZE through a small hole, *v.t.*, **fiunununa**.
SQUIRREL, *n.*, **ebala**, 8 ; **ngondo**, 2 ; **ekasa**, 8.
SQUIRT, *v.t.*, **tialumuna**.
STAB, *v.*, **suka e mbele** (2).
STADIUM (Greek furlong), **mavwata**, 100, ⅛ **kia kilometa**.
STAGNANT, be, *v.i.*, **dikalala**.
STAIN (colouring matter), *n.*, **dima**, pl. 6.
STAIRCASE, *n.*, **sikada**, 2 (P. escada); **tombokelo**, 6; **tombokelwa**, 6.

STALKING, skill in, *n.*, **ekondeka**, 8 ; **ekoneka**, 8.
STAMMER, *v.*, **kokoma**.
STAND, *n.*, **zangikilwa**, 6.
  aside (to allow some one to pass), *v.*, **sila e nzila** (2).
  head downwards *or* upon the head, *v.i.*, **bolama**.
  v.t., **boleka**.
  high up, *v.i.*, **zundalala, tundalala, kundalala**.
  the point against (of something long), *v.t.*, **tutika**.
  still, *v.i.*, **kindama, ningama**.
  cause to, *v.t.*, **kindika, ningika**.
  be at a loss (because of), **takama** (**muna**), **vakama** (**muna**).
  & wonder, the right hand under chin *or* on the side of the face, attitude of perplexity, **fumana**.
  in frightened perplexity & apprehension, *v.i.*, **zumbalala**.
  up suddenly, *adv.*, **kankuka**.
  (place), *v.t.*, **sikidika**.
  v.i., **sikalala**.
STANDARD (of comparison), *n.*, **mbandu**, 2 ; **nonga-nonga**, 6.
STANDING (position), *n.*, **esiku**, 8.
START (begin to go), *v.i.*, *see* **londola**, App.
  (begin to do), **toteka**.
  a dispute, *v.*, **leka e mpaka** (2).
  v.i. (of many people), **vombola**.
  (originate), *v.t.*, **selomona, solomona, soka**.
  (of a ship, &c.), *v.i.*, **nengoka**.
  up and rush off, *v.i.*, **dikumuka**.
  (with pain, fright, shock), *v.i.*, **kitumuka**.
STARTLE, *v.t.*, **dikumuna**.
STARTLED & run, be, *v.i.*, **dikumuka**.
STARVE, *v.i.*, **zika ye nzala** (2), **vilwa e nzala**.
STATE a case (in court), *v.*, **songa** *or* **sia e yeleka** (pl. 5), *lit.* show the true facts.
  clearly, plainly, *v.t.*, **kiesa**.
STATIONARY, be, *v.i.*, **kindama**.
STATURE, *n.*, **utiangi**, 12.
STATUTES, *n.*, **mina**, pl. 3.

STAY, *v.i.*, **kindama**.
  (for a long time), *v.*, **zinguluka**.
  for a while, *v.i.*, **wunda**.
  n., **nangu**, 4.
  (support), *n.*, **nsimbininu**, 2.
STEAL, *v.t.*, **yemba** (Bako.).
STEALTHILY go, move, *v.*, **komboka**.
STEERING (of a ship), the, *n.*, **ebindiku**, 8.
  manner of, **mbindika**, 2.
STEP, *n.*, **tenso**, 6; **kunda**, 6.
STEPS, *n.*, **sikada**, 2 (P. **escada**); **tombokelo**, 6; **tombokelwa**, 6.
STERE, *n.*, **stere**, 2; **meta mosi akube**.
STERILE, *see* **nzimba** & **nlomba**, App.
STICK far out, and only be held by the extreme end, *v.i.*, **zananana**.
  in (cause to pierce), *v.t.*, **sumika, someka**.
  (one's head a little way out of a door or hole), *v.t.*, **lumbidika**.
  out (protrude), *v.i.*, *see* protrude, App.
  to (retain), *v.t.*, **tatidila**.
  (persist), *v.*, **lakama, landidila**; *see also* persevere, persist.
  (a statement *or* idea), *v.t.*, **selomokena**.
  upon a stick *or* spike, by sticking the spike into the object, *v.t.*, **someka, sumika**.
STIFF, *a.*, **-antintibidi**.
STIFFENER to a parcel, *n.*, *see* **padipadi**, 6, App.
STIFFNESS (rigidity), *n.*, **ntintibidi**, 4.
STILE, *n.*, **sumbuka**, 6.
STILL, *adv.*, **yanginu, yakinu**; *see also* yet, p. 243 & App.
  (however), *adv.*, *see* **mpasi owu** & **oku mpe**, App.
  (in protesting), *conj.*, **watu**.
  (there was no change in the circumstances), *adv.*, **kaka**; still there was nothing alive, **ke vakedi kaka ma kiamoyo una kina ko**; he was still in the house, **wakedi kaka muna nzo**.
  (yet) to be, *v.*, **kini**; *v. defective, perf. only;* some are still at the water, **akaka bakini kuna**

STILL, *continued*.
  maza; others are still alive, **akaka bakini yo moyo**.
  keep, *v.t.*, **kindika**.
  v.i., **kindama**.
STING, *n.*, **nswa**, 4 (Bako.); **ba**, 6 (Bako.); **nanga**, 4 (Bako.); **nsoso**, 4.
STINGINESS, *n.*, **bwimi**, 12 (Bako.).
STINGY person, *n.*, **mbaba**, 4.
STINKING condition, in a, *adv.*, **e bokoto** (pl. 6).
STIR (move), *v.i.*, **sonsola**.
  (a pot), *v.t.*, **ziungasa** (Bako.).
  up (rouse), *v.*, **yangumuna**.
STIRRED, be, *v.i.*, **ziungana** (Bako.).
STITCH of basting, *n.*, **esumpu**, 8.
STOCK (breed), *n.*, **kuna**, 12.
  parent *or* common stock from which all have sprung, *n.*, **nzimbakani**, 2.
  remain long in stock, *v.*, **kunda**.
STOCKS, *n.*, **nsuku**, 2 (Bako.); **ku**, 6.
STOMACH (of rat *or* nsizi), *n.*, **efingidikiti**, 8.
STONE, *v.*, **zuka o matadi** (pl. 8).
  to death, **vondela muna matadi**.
  used for crushing pepper, &c., on another stone, *n.*, **nsindulu**, 2 (Bako.); **nikinwa**, 6; **nsindu**, 2.
STOP, *v.i.*, **kindama, ningama**.
  cause to, *v.t.*, **kindika, ningika**.
  (cease), *v.i.*, **voza**.
  for a while, *v.i.*, **wunda**.
  (of punctuation), *n.*, **ekuminu**, 8.
STOPPING without, *adv.*, **o ntusu** (4).
STORM, *n.*, **tembo**, 6 (Bako.).
STORY, *n.*, **lusansu**, 10.
  to make a long story short (proverb), **o mwana a kinsamuna kakala mpasi ko**.
STOUT, *a.*, **-atonga**.
  be, grow, *v.*, **yeva**.
STOW closely, *v.t.*, **bandila**.
STRAIGHT, *a.*, **-ansingingi, -ansinini**.
  be, *v.i.*, **singanana**.
  make, *v.t.*, **singinika**.
  down into the earth, *adv.*, **e kimbonga-nsi**; dig straight down into

STRAIGHT, *continued.*
   the earth, **nutima e kimbo-nga-nsi.**
   on, over, &c., *adv.,* **o nsingamu** (4).
   (of trees, shafts, &c.), *a.,* **-ansioni.**
   out of the straight, *adv.,* **o nzungu** (4).
   a., **-anzungu.**
STRAIGHTEN the sides of a pit, *v.,* **sonsa.**
STRAIGHTFORWARD (of a course), *a.,* **-ankolomona.**
STRAIGHTNESS, *n.,* **nsingingi,** 4 ; **nsinini,** 4.
   (of trees, shafts, &c.), **nsioni,** 4.
STRANGE, *a.,* **-ampimpita** ; a strange affair, **diambu diampimpita.**
   how strange indeed, **kadi tu, se diakaka.**
   this is very *or* it is very, **se diakaka.**
STRANGER, *n., see* **ntangu,** App.
STRANGLE, *v.t.,* **fiontona.**
STRATAGEM, *n.,* **mana,** pl. 7.
   (artifice), *n.,* **lumpeso,** 10.
   by, *adv.,* **kuna lumpeso.**
   (careful circumventing), *n.,* **ekoneka,** 8 (*generally pl.*).
STRATUM, *n.,* **kunda,** 6.
STRAY, *v.,* **vuvuta.**
STRENGTH, *n.* (active), **mfunka,** 2.
   (physical), **nkuma,** 4.
   (potential), **mfunka,** 4 ; *see* K.-Eng. App.
   (essence of meat, herbs, &c.), **mwema,** 3.
STRETCH, *v.t.,* **nanumuna.**
STRICT (carefully correct), *a.,* **-anonga-nonga.**
STRIFE, *n.,* **nzekani,** 2.
STRIKE, *v.t.,* **kafa.**
   (as a clock), *v.,* **kuba.**
   a blow with—, *v.t.,* **zuba, venza, vama.**
   a hoe, **vaba.**
   a heavy blow, *v.t.,* **tiama.**
   with (a stick *or* blunt instrument), **bufuna, bufa.**
   something great, **buma.**
   (pat), playfully, *v.,* **wanda o ntayi** (4).

STRIP, *n.* a short narrow strip of grass jungle, which has remained untouched after a great bush-fire, **swa,** 6 ; **swanga,** 6.
   long ditto, **nlanga,** 4.
   (coloured strip sewn on the end of a cloth), *n.,* **babatu,** 2.
   off, *v.t.,* **vuzumuna** ; they stripped him of his cloth, **bamvuzumwini o nlele.**
STRIPE, *n.,* **mvibu,** 4 ; **nzila,** 4.
STRIVE one's utmost, *v.,* **seneta.**
   hard, *v.i.,* **siamanana, vama.**
   to do (something beyond one's power), *v.t.,* **kuvàka.**
   together in hot discussion, *v.,* **bambana, zekana.**
STROKE (mark), *n.,* **kwalati,** 6.
STROLL about, *v.,* **beba** (Bako.), **kiba** (Bako.), **bembela.**
STRONG, be, *v.i.,* **siamanana, vama.**
   (earnest), grow, *v.i.,* **vela-vela.**
   man, a very, *n.,* **ekabu,** 8 ; **vavi,** 6 ; **mpami,** 2.
   (of the voice). *a.,* **-abakuka.**
STRUGGLE together, *v.t.,* **kankana.**
   (violently), *v.,* **seneta.**
   (with some great task *or* burden), *v.,* **vanama** (ye), **zekana** (ye).
STUBBORNNESS, *n.,* **lufutu,** 10 (Bako.), **nkumfu,** 4.
STUMBLING-BLOCK, *n.,* **sakuba,** 6.
STUPID, be, become, *v.i.,* **bobalala** (Bako.), **tumpalala.**
   be, either through drink *or* severe sickness, *v.i.,* **dungiana.**
   the condition *or* one who is so affected, *n.,* **ndungianu,** 4.
   one who is utterly, *n.,* **efweke,** 8.
   n. & *a., see* fool, &c., App.
STUTTER, *v.i.,* **kokoma.**
STYLE, *n.,* **mvila,** 4.
   (build), *n.,* **kanda,** 12.
   (of make), *n.,* **ebangu,** 8.
   of writing, *n.,* **esoneka,** 8.
SUBJECT, start *or* refer to a, **nikuna e diambu** (7).
SUBJECTION (lowliness), **lusakalalu,** 10.
   be absolutely in, *v.,* **bosalala.**

SUB-SUR   (800)

SUBJECTS (of a king), the, *n.*, **nsa,** 4, *sing.*
SUBMISSION, a goat presented in token of, *n.*, **nkombo** (2) **a maboko** (pl. 8); *see* **-eboko,** App.
SUBMIT (treat for peace), **vana e nkombo a maboko.**
SUBSEQUENT, *see* **nsukinina,** App.
SUBSIDE (of earth when it caves in), *v.i.*, **wotomoka.**
SUBSTANCE, *n.*, *see* **mfiku,** App.
SUBTERFUGE, *n.*, **ebungwa,** 8; **mpiku,** 2.
 make a (to concoct some story in excuse), **lamba o mabungwa.**
 to make use of, **vala o mabungwa.**
SUCCESSFUL, be, *v.i.*, **vangama.**
SUCCOUR, *n.*, **luambu,** 10.
 render, *v.*, **vana o luambu.**
SUCH, *see* **-ina una,** App.; such a thing, **e ma kina una.**
 in such a way, *adv.*, *see under* **-ingi** & **wingi,** App.
SUCKLING, *n.*, **ngyemo,** 2.
SUDDEN death, *n.*, **lufwa** (10) **luakanku.**
SUE for peace, *v.*, **lomba o luve** (10).
SUFFICE for all, *v.i.*, **lungila.**
SUFFICIENCY, *n.*, **lufwanu,** 10.
SUFFICIENTLY, not, *adv.*, *see under* **yavana,** App.
SUGAR-CANE, a soft, immature, *n.*, **efubu** (8) **dia munse** (3).
SUGGEST (a matter), *v.t.*, **selomona, solomona.**
SULK, } *v.i.*, **funakana.**
SULLEN, be, }
SULPHUR, *n.*, *see* **elengo,** App.
SULPHURETTED hydrogen, *n.*, **biandungula,** *n.*, 6.
SUM (total), *n.*, **kimbangumuna,** 5.
 (add), *v.*, **bangumuna, tota.**
 up (the point in a debate), *v.t.*, **songola.**
SUMMIT, *n.*, **lusangidika,** 10.
SUNKEN in, be, *v.*, **vompoka, kofoka.**
SUPERABUNDANCE, } *n.*, **nsavu,** 4.
SUPERFLUITY, }
SUPPLY (furnish), *v.*, **vambula.**
 to, **vambwila.**

SUPPORT (aid), *n.*, **luambu,** 10.
 v., **vana o luambu.**
 give one's support to a matter, *v.t.*, **nunguna o mvungu** (4), **yikesa.**
 upon the hands with great care, *v.*, **lelela.**
SUPPORTERS (of a king), *n.*, **lelelwa,** 6.
SUPPOSE, *v.*, **kala** *or* **-ina diau**; what did he suppose? **adieyi kakedi diau?**
 (if) *conj.*, **kana vo kala,** *with the subj. mood in reference to the past &* *indicative mood for the future.* Suppose I had gone, would he have seen me? **kana vo kala ngyenda, nga mona kadi kumbona e?**
 (I, &c.), suppose, **owu diakalanga**; *see also* **mpangu,** App.; I suppose that he is going, **owu diakalanga kwenda kekwenda.**
SURE (dependable), *a.*, **-aziku, -afika ye kamba.**
 (to be believed, trusted), *a.*, **-akwikizi.**
 be sure to, *v.*, **ke lembi ko.**
 make very, *v.t.*, **kuzika, siamisa.**
SURELY, *adv.*, **e kieleka kiau**; *see also* **lembwa** & **mpandi,** App.
SURFACE, *of water only, n.*, **nkandakanda,** 4.
 (of water, ground, &c.). *The water, &c., is mentioned,* **vana ntandu** *a being sometimes prefaced to it, but the simple mention of the water, ground, &c., is generally sufficient.* The surface of the ground was wet *is expressed by saying that* the ground itself was wet, **o ntoto ukedi e mvutu.**
 make a smooth level, *v.t.*, **kumba.**
 scratch the surface of the ground with a hoe, *v.*, **buka.**
SURLINESS, *n.*, **lunkumfu,** 10; **nkumfu,** 4.
SURPASS (outdo, eclipse), *v.i.*, **vandalala, vatalala.**

SURPASS, *continued.*
  exceedingly, *v.t.*, **sundidila, lutidila.**
  (have, do more), *v.t.*, **beta.**
SURPRISE (blank), *n.*, **luzengeneko,** 10.
  utter cries of, *v.*, **kululuka, kumba.**
SURROUNDING country, *n.*, **zunga,** 6 ; **mvivu,** 4.
SURROUNDINGS (environment), *n.*, **nzinguluka,** 2 ; **kinzieta,** 5.
SURVEY, *v.t.*, **laya, senga.**
SWALLOW with one gulp *or* whole, *v.t.*, **kiubula, kiutula.**
SWALLOWED up, be, *v.i.*, **sinka.**
SWAMP (muddy place), *n.*, **ntabala,** 4.
SWAY (about as water when carried), *v.*, **dukinga, dukunga.**
SWAYING, *n.*, **ntembelela,** 2.
SWEAR (an oath), *v.*, **bindumuka, bindumuka e ndofi** (2).
  at, *v.t.*, **duka.**
  falsely, *v.*, **fumba e ndofi** (2).
SWEET, be, *v.i., see* **tua,** App.
  (as sugar), *a.*, **-anzenzo.**
SWEETHEART, *n.*, **diabonda,** 7 ; **lengezia,** 6.
SWEETNESS, *n.*, **nzenzo,** 4.
SWELL up to its original size (as something dried, which has been well soaked), *v.i.*, **funduluka.**
SWERVE, *v.i.*, **tikumuka.**
SWIM, *v.i.*, **loba.**
  (as a fish), *v.*, **beba** (Bako.), **kiba** (Bako.).
SYLLABLE, *n.*, **kibale,** 5.
  in *or* by syllables, *adv.*, **e kibale.**
SYMPATHISE with, *v.t.*, **tantilwa...e mpasi** (2) ; *see also* **yambana,** App.
SYMPATHY, *n., see under* **ngyambani & yambana,** App.
SYNAGOGUE, *n.*, **esambilu,** 8 (**dia Ayuda**).

T.

TABLET, *n.*, **babu,** 6.
TACK (in sewing), *v.t.*, **sumpa.**
TAIL feathers of a bird set up as a trophy *or* tail of a fish, *n.*, **vezo,** 6.

TAKE (appropriate), *v.t.*, **lamuna.**
  by force, *v.t.*, **bumba.**
  care of (a living creature *or* something moveable), *v.*, **lungalunga.**
  in things put into the sun to air *or* warm, **yanuna.**
  a large piece (of something), *v.t.*, **yengomona.**
  very little at a time, *v.t.*, **debola, dekola.**
  much, plenty, too much, *v.t.*, **wunga, tuta, duda, vudidila, puta, pututa.**
  the habit *or* act of taking too much *or* very much, *n.*, **vudidi,** 6.
  off outer casing, upper part of a pile *or* heap *or* one's outer garments *or* anything **tensama,** *v.*, **tensola.**
  off the surface, *v.t., see* **lalula,** App.
  out (of something in which it was encased *or* embedded), *v.t.*, **sokola.**
  up and carry away at once without remark, *v.t.*, **kikula.**
  up & carry on *or* through some enterprise *or* take up some refrain *or* song, **yakulula.**
  one who does so, *n.*, **ngyaku,** 2 ; **nyakuludi,** 1 & 4.
  up by the end, *v.t.*, **zaninika.**
  (something which is very long, as a rope, snake, &c.), *v.t.*, **langumuna.**
  up with, *v.*, **kusia muna.**
  upon oneself, *v.i.*, **yakama.**
TALENT, *n.*, **lue,** pl. 6 ; **ndwenga,** pl. 2.
TALENT (biblical weight), *n.*, **talanta,** (**ezitu dia vimpa ya tadi**).
TALENTED, be, *v.*, **luengoloka.**
TALK, constantly, *v.i.*, **kwaya.**
  empty, senseless talk, *n.*, **malaza,** pl. 8 ; **mawulumuna,** pl. 8.
  favourably of, *v.t.*, **sanisa.**
  on endlessly, *v.t.*, **bwasumuna, tialumuna.**
  rubbish *or* uselessly, *v.*, **folokosa.**
TALKATIVE (full of chatter), *a.*, **-ampi-**

3 F

TALKATIVE, *continued.*
  ntudi, -ampintuludi, -ambiodi.
  be, pintula, pintulula, biola.
  child, *n.*, mpintudi, 1 & 4 ; mpintuludi, 1 & 4 ; mbiodi, 1 & 4.
TALKATIVENESS, *n.*, nzoko-zoko, 4.
TALKED of, be much, *v.i.*, kumba, yaya.
TALL person, *n.*, etiangi, 8.
  straight tree, *or* tall, thin man, *n.*, ndiokololo, 4.
  & thin, *a.*, -ansioni.
TAMARIND fruit, *n.*, nsakabadi, 2.
  tree, nsakabadi, 4.
TAME, be, *v.*, lembalala.
TAN leather, *v.*, tovola o nkanda (4).
TANTALIZATION, *n.*, nsondi, 2 (Bako.).
TANTALIZE, *v.*, ta nsondi (Bako.) tekela e ngengo (2).
TAP, *n.*, kakilwa, 6.
TARNISHED appearance, *n.*, evesoka, 8 ; kuku, pl. 6.
  become, *v.*, vesoka.
  a., -eveso.
TARO, coco yam (colocasia ?), mvindi (4) a elanga (8).
TARRY (be long), *v.*, zinguluka.
  (stay), wunda.
TARTNESS, *n.*, nsa, 2 (Bako.); ngani, 2.
TASK, have a very laborious, *v.*, lengana (ye).
TASTE (appetite), *n.*, kinzola-nzola, 5.
  (for), *n.*, nlaku, 4 (a).
  delicious, *n.*, ngwenzo, 2.
  (a tasting), ngyeleka, 2.
  a very little, *v.t.*, leveta.
TASTELESSNESS (too watery), *n.*, mbuyu-buyu, 4.
TATTER, *n.*, nlanzi, 4.
  in rags & tatters, *a.*, -anlanzi-nlanzi.
TAUGHT well, be, *v.*, via.
TAX, *n.*, vaku, 12.
TEACH well, *v.t.*, visa.
TEACHABLE, be, *v.*, longakana.
TEACHING, *n.*, nlongi, 4.
TEAR, *v.*, kaza.
  off a piece, *v.*, zazuna.
TEARS, have tears fill one's eyes, *v.*, kinsanga (5, ki-) yengela.

TEASE, *v.t.*, tuntanisa.
TELL, to, *v.t.*, samwina, ta (Bako.).
  all the details minutely, *v.t.*, tapututa, kumbulula.
  off to a duty, *v.*, suma.
TEMPERANCE, *n.*, volo, 6 ; tunu, 6.
TEMPERATE, be, *v.*, vololoka, tuna.
TEMPT, *v.*, tambidila ; *see* nkanu, p. 380.
TEMPTED, be (to do something which one knows to be wrong), *v.i.*, vungidilwa ; *see* K. App.
TENDER, soft, *a.*, -etwenga.
  thing, *n.*, etwenga, 8.
  mercy, *n.*, ngemba (2) a ngudi, 2 (Bako.) ; walakazi, 12.
TENDERLY, touch, handle (when examining something very fragile *or* painful), *v.*, wunza.
TENSE, be, *v.i.*, nanama.
TERMINATION, *n.*, nsilu, 4.
TERMS of peace, *n.*, e mpanga (2) a ungudi (12).
  be on good (agree well), *v.*, bakana.
  with, *v.*, kala kumosi ye.
TERRIBLE, *a.*, -ansisi.
  something, *n.*, tema, 6.
  what a terrible thing ! *interj.*, nkitimu (4) a ntima (4) kikilu ! nkitimisu (4) a ntima kikilu !
TERROR, *n.*, nsisi, 2.
TEST, *n.*, ntonto, 2 ; ntonta (a testing), 2.
TESTAMENT (covenant), *n.*, ekangu, 8 ; nkangu, 4.
  (will), nkanda (4) a efwa.
TESTIS, *n.*, mbanga, 2.
THAN, rather than, more than, *adv.*, ke mu...ko.
THANKS, *n.*, matondo, pl. 8 ; ntondo, 4.
  with many, *adv.*, kuna matondo.
THAT, } *see* mpangu *or* sia
THAT is to say, } *or* samuna *or* -ina vo, App.
  (saying that), *pron.*, e kisamuna o zaya vo *or* o sia vo *or* o vovo vo *or* vo; o sia vo.
THEN (next, after that), *conj.*, mba (Bako.), mbangi (Bako.) ; i

THEN, *continued.*
    mbangi; i mbengi; *see also* za, App.
    after an interrogation, see vo, App.
    (*impatient*), utu (Bako.), tu, vutu, vele, ele; go then ! wenda ele (*as* wendèle).
    (so), *see* nga, App.
    then it is *or* was that, *adv., see* i, App.
    (in those days), *adv.*, o luaka muna lumbu ina.
    then too, *conj.*, e diaka mpe.
    then, well then, *conj.*, buni (Bako.), ozevo se; let us go then, ozevo se twenda kweto.
THERE—, *adv. In initiating impersonal clauses, prefix the locative to the verb, with or without the addition of* ya, ye *or* yo *after it; see also under* i, App.; there are at *or* on, &c., vena *or* kwina *or* mwina ye (ya, yo).
THEREFORE, *conj.*, dianu vo, diau vo. (*The appl. form is not required when* diau & dianu *are thus combined with* vo.) e bila kiaki (*with the applied form*).
THICK; something very *or* singularly, *n.*, mbomongo, 4.
    a., -ambomongo.
    smear on a thick coat *or* thickly, *v.t.*, leba.
THIGH, *n.*, ebunda (8) dia kulu (9).
THIMBLE, *n.*, mpu (2) a nlembo (4).
THIN, *a.*, -akasa (Bako.), -ankalati.
    be *or* become, *v.i.*, kava, kamuka, pala.
    make, *v.t.*, padisa, kavisa, kamuna.
    smear on a thin coat *or* thinly, *v.t.*, vianga.
    thin stick of a thing, mbiengele, 2; oh, what thin sticks of legs ! kuna kwa mbiengele za malu!
THING (material), *n.*, leko, 6 (Bako.).
    very precious, *n.*, lengezia, 6.
THINGS of no use, *n.*, mfwantakani, 2.
    the many things (one saw *or* has to attend to), o mambu, nkama ya nsambu a mbumba.

THINK, *v.*, bala.
    about (puzzle over), *v.*, vimpita.
    (have an idea that), *v.*, eki, *with the poss. pron. in class* 7 *sing.*; I thought that I should find it,. eki diame, yasolola kio.
    (suppose, believe), kala *or* -ina. diau; what do you think ? adieyi wina diau? he thought that they were here, edi kake-. di diau vo kwaku ina.
    over, *v.t.*, dikula.
    too little of...to make such a present *or* to render such a service *or* do such a kindness, *v.*, fumbila.
    too much of (a thing) to dispose of it (to so & so), *v.*, fumba.
THINNESS (emaciation), *n.*, nkalati, 2.
THIRST, *n.*, kodi-kodi, 6 (Bako.), laka-laka, 6
    burning, *n.*, elemena (8) dia maza (pl. 7).
    which seems insatiable, *n.*, nuinui, 5.
    to have slaked one's, *v.i.*, ntima (4, u-) bwita; he is no longer thirsty, o ntima andi ubwitidi.
THISTLE, growing in the woods, *n.*, nkeka (2) a mfinda (2).
THONGS of skin *or* leather twisted together, *n.*, nkasi, 2.
THOROUGH (perfect), *a.*, -akosi.
THOROUGHLY (clearly), *adv.*, e peka (6).
    do (well), *v.*, toma (*aux. v.*).
    but not too much, *adv.*, e ngingu kole.
THOUGH, *conj.*, kufwila owu...ko, o sia ele vo, kana vo, kana una vo; *see also* ndivo, App.; though you go, kufwila owu okwenda ko.
    as though, *conj.*, ne banza vo.
THOUGHT (purpose), *n.*, ekani, 8.
THOUGHTLESSNESS, utter, *n.*, *see under* ntu ukula, &c., App.
THOUSAND, *n.*, efunda, 8.
THREAT, *n.*, nkanikinu, 4.
THREATEN, *v.t.*, sisisa.
THRESHOLD, *n.*, mfietoto, 4 (Bako.); . nsiekolo, 4 (Bako.).

THRILL, n., **ewawa**, 8.
THRONE, n., **kiandu**, 5.
THRONG, v., **zadila, fitama**.
  n., **ntuti**, 4.
THROW, v.t., **laka**.
  down (something heavy), v., **yuva**.
  down (on the ground or into water), v., **lakika**.
  far away, v.t., **swanga**.
  & miss, v.t., **tikumuna**.
  out the chest, v.i., **manganana**.
  something large (into the water), v.t., **kuvula, kuvumuna**.
  up (mpanza & catch them before casting), v., **yaka**.
  (in wrestling), v.t., **nongona**.
THROWN, be, otherwise than was intended, v.i., **tikumuka**.
THRUST in by force or something not intended to enter, v.t., **tumpa**.
THUNDER or make a thundering noise, v.i., **dudula, tutula, didima**.
THUS, conj., e **kisamuna o zaya** or **o sia vo** or **o vova vo** or **vo**; **o sia vo**.
TICK, jungle, n., **kasa**, 8 (Bako.); **nkuba**, 2.
TIE, n., **kangwa**, 6.
  v.t., **kuta**.
  firmly, v.t., **kwitika, pita, bamba, volola**.
  round one as a girdle, v., **kanga o mbuti** (4).
  loosely, to, v.t., **zeyeleka**.
TIED loosely, be, v.i., **zeyalala**.
  up, adv., **o nkangu**; he sent it tied up, **otwikidi kio o nkangu**.
TIER, n., **tenso**, 6; **kunda**, 6.
TIGHTEN (make firm, sure), v., **kuzika**.
  the girding (of one's cloth), v., **kamina**.
TIGHTLY, adv., e **ngi** (2), e **ngwi** (2), e **tele** (pl. 6).
TIME or number of times, n., **nkumbuluka**, 2.
  (in multiplication), **mfoko**, 2; 6 times 20, **mfoko 6 za 20**.
  after some time, some time elapsed,

TIME, *continued*.
  then, adv., **o leka o temona** (*lit.*, after sleeping & waking).
  (epoch), n., **sungi**, 6.
  time spent in being, **kalu**, 6.
  in staying temporarily or visiting, **enangu**, 8.
  spent in delay, **mazinga**, pl. 8.
TIMIDITY, n., **nsumbi**, 2; **nsumbi-nsumbi**, 2.
TIRE of a wheel, n., **nkunkula**, 4.
TIRED, grow (of something), v., **sukwa o moyo** (3), **tantwa e mpasi** (pl. 2), **tukumukwa, banduka**; I am tired of teaching him, **yabanduka o kunlonganga aka**.
TOAD, large species, n., **sote**, 6.
TODDLE about, v., **kankata**.
TOGETHER, adv., e **kibale** (5), **o sangi** (12).
  (all at one time), adv., **o mànkokàngo**.
  all put together, adv., e **bundu**, 6.
TOIL, v., **futuka** (Bako.), **funtuka**.
  n., **mfuntu**, 4.
  (at), v.t., **funtuka** or **lengana (ye), sia e mfunka** [(2) **muna**].
TOLL (customs), n., **vaku**, 12,
  (of a bell), v.i., **kuba**.
  for passing over a bridge or river, n., **nzambu**, 2.
  pay, v., **zamba**.
TOO, *expressed generally by recasting the sentence, so that instead of saying*, it is too white, *say* very white, *thus*: because it is too white = **kadi pemba kwingi**.
  There are a few verbal adjectives implying too:—
  too little, small, **-luelo, -ke**.
  too long, high, deep, **-la**.
  too short, **-kufi**.
  too new, **-va**.
  too old, **-kulu**.
  too little, few, short, to be, v., **fwa o ke** (12).
  too much, large, many, be, v., **fwa o nene** (12).
  (as well), adv., *see also* as well, App.

TOOTH, front (incisor), *n.*, **dinu** (7) **diansevi.**
which protrudes beyond the lips, *n.*, **esunia,** 8.
a second row of teeth in either the upper *or* lower jaw, *n.*, **ntudi,** 2 (Bako.).
TOP of hill, flat, *n.*, **esela,** 8.
on the top of, *prep.*, **vana** *or* **kuna mbata** (*sing.* 2) **a.**
on the, *adv.*, **vana** *or* **kuna mbata.**
one on the top of the other, *adv.*, **e nkundieka** (2), **e nkundakiani** (2), **e mbandakiani** (2), **e mbandieka** (2).
TOPAZ, *n.*, **topaze,** 2.
TORMENT, *n.*, **lubangalu,** 10.
v.t., **bangidika, bangika, banganisa.**
be in, *v.i.*, **bangala, bangalala.**
TORMENTOR, *n.*, **muntantabadi,** 3; **sungubadi,** 6.
TORRENT, bed (very rocky), *n.*, **yasa,** 6.
TORTUOUS, *a.*, **-ampiolo.**
be, *v.*, **viotakana.**
make, *v.t.*, **viotakesa.**
TORTURE, *v.t.*, **landa o mambu** (pl. 7); *see also* torment, App.
TOSSED about in all directions, be, *v.i.*, **tumpana.**
TOTAL, *n.*, **kimbangumuna,** 5; **ntota,** 2.
TOUCH of a trap, *n.*, **ntetebeswa,** 2.
some one in order to call him aside without attracting the attention of others, *v.t.*, **viangula, takula.**
TOUGH, be, *v.*, **sinita.**
and almost unfit to be eaten, *v.i.*, **kuva.**
TOWER, *n.*, **nzo** (2) **ezulu.**
TOWN, *n.*, **bwala,** 13 (Nsundi).
TRACE to its source, *v.t.*, **tongonona.**
the barest (vestige), *n.*, **nsunungina** (2).
TRACK (of a great beast), *n.*, **mvwavwa,** 4; **mvwamvwila,** 4.
(path), *n.*, **nzia-zia,** 4.
TRADE, *n.*, **nkono,** 4.
(business transactions), **mfunu,** 4.

TRADITION, *n.*, **esansu,** 8.
TRAIN up (a child), *v.t.*, **kubulula, tongonona.**
TRAJECTORY of a bullet, *n.*, **zengo,** 6.
TRAMPLE upon, *v.t.*, **funta.**
TRANQUILLITY, *n.*, **luvuvamu,** 10.
TRANSFIGURATION, *n.*, **ekitu,** 8.
TRANSFORMED, be, *v.i.*, *see* **somoka,** App.
TRANSGRESS, *v.*, **kuzuka** [e elongi (8), &c.].
TRANSGRESSION, *n.*, **ekuzuka,** 8.
TRANSGRESSOR, *n.*, **nkuzuki,** 1 & 4.
TRANSMITTED from one to another, be *or* have transmitted to one, *v.i.*, **sambukila.**
TRANSPARENT, *a.*, **-amoni.**
be, *v.*, **mona.**
TRANSPLANTING, plants for, *n.*, **mpuza,** 2.
TRAP, *n.*, *see* **mpombolo, eniemo,** App.
good fortune in catching with, *n.*, **etambu,** 8.
the touch *or* trigger of a trap, *n*, **ntetebeswa,** 2.
TRAVAIL with, be in, *n.*, **songokwa kwa.**
TRAVEL about, *v.*, **beba** (Bako.), **kiba** (Bako.).
TRAVELLER, *n.*, **nkangazi,** 4.
TREACHEROUSLY, to act, *v.t.*, **takula.**
TREAD upon, *v.t.*, **funta.**
TREASURE, *n.*, **lusalu,** 10.
TREAT for peace, *v.*, **vana e nkombo** (2) **a maboko.**
inhumanly *or* as a fool, **kitula e yidi, sangila.**
TREE, huge, *n.*, **ngengele** (2) **a nti** (4).
red wood tree, good timber, **ndianuni,** 4.
yielding a very inflammable resin, **elengo,** 8.
TREELESS (bare), *a.*, **-angidinginza.**
TREMBLING, *n.*, **luzakamu,** 10; **ezakamu,** 8.
(of delight *or* fear), *n.*, **epùpùpu,** 8.
TRESPASS (transgression), *n.*, **ekuzuka,** 8.
TRIAL, *n.*, **ntonto,** 2; **ntonta,** 2 (trying).

TRIANGLE, *n.*, **konko-tatu**, 6.
TRIBUTE, *n.*, **vaku**, 12.
TRIGGER (of a trap), *n.*, **ntetebeswa**, 2.
TRIM, *v.t.*, **kumpa**.
 (a lamp), *v.t.*, **kolela**.
TRIUMPH, *n.*, **nsangunia**, 4.
TROPICS, the lines of, *see* **zengo**, 6, App.
TROUBLE (danger & difficulty), *n.*, **lenga**, pl. 6 ; **vangu**, pl. 6.
 have a great deal of, *v.i.*, **futuka** (Bako.), **funtuka**.
 give, *v.t.*, **futuna** (Bako.), **funtuna**, **tokeka**, **tuntanisa**.
 be in (as a mourner), *v.i.*, **zingidilwa**.
 get into (a derisive, scornful expression), *v.i.*, **kiema**, **laka**.
TROUBLED, be (sad), *v.i.*, **kendalala**, **tiukwa o ntima** (4).
 be (worried), *v.i.*, **finangeswa**.
 in mind, be, *v.*, **zanginika o ntima** (4) ; **ntima** (u-) **zanganana** *or* **kangama**; **zangananwa o ntima** (4).
 make, *v.t.*, **zanginika o ntima**.
TROUBLESOME, *a.*, **-ampasi**, **-alenga**, **-avangu**.
 (annoying), *a.*, **-anangi**.
TROWEL, *n.*, **ngutu**, 2.
TRULY, *adv.*, **e kieleka kiau**.
 (it is indeed true that), **diele e kieleka vo**.
TRUMPET, long, straight, without any bend, *n.*, **nkoko**, 4.
 mouth of a, *n.*, **nsanza**, 2.
TRUNK (of tree), *n.*, **evimbu**, 8.
TRUST, *n.*, **vuvu**, 6 ; **lufiatu**, 10 (P. confiar); *see also* **nkanka**, App.
 v., **bunda e vuvu** (6), **fiata** (P. confiar).
 (entrusted), *n.*, **mbebe**, 2.
 mutually, *v.*, **bundana e vuvu**.
 on, *adv.*, **e kipodi**, 5 ; to take anything **e kipodi** implies that a date of settlement has been fixed, & if the amount is paid before then no usury will be charged.

TRUSTWORTHY, one who is, *n.*, **nkwa** (1) **ziku** (6).
 (devoted), **nkwa nkanka** (2).
 nature, **kwikizi**, 12.
TRY (a case), *v.t.*, **fundisa**.
 the flavour of, *v.t.*, **leveta**.
 hard, *v.*, **nwana**.
 to do something, well knowing it to be hopeless, *v.i.*, **kufiànunga**, **fiànungina**.
 to grasp *or* kill too soon, *i.e.*, before getting sufficiently near, **tuwa** (*perf.* **tuwidi**).
 in vain to, *v.*, **lembi** *or* **lembelo**; *see* p. 696.
 induce, *v.*, **kuza**.
TRYING (dangerous & difficult), *a.*, **-alenga**, **-avangu**.
TUCK up one's cloth, *v.t.*, **vena**.
TUFT (of hair), *n.*, **yondo**, 6 ; **bondo**, 6.
TUMOR, *n.*, **kingengele**, 5.
TUNE with, be in, *v.i.*, **wawana**.
TURKEY (bird), *n.*, **mpilu**, 2.
TURN aside, *v.i.*, **tikumuka** ; *see also* **vitakana** & **vitakesa**, App.
 the face *or* proper side round, *v.i.*, **vilukila**.
 over in one's mind, *v.*, **lamba**, **dikula**.
 puzzle over, *v.*, **vimpita**.
 over the surface of the soil, *v.i.*, **funta**.
 (in rotation), *n.*, **tete**, 6.
 round, *v.t.*, **yulula** (Bako.) = **vilula** ; *see* p. 448.
TURNS (in a task), take, *v.*, **tambulula**.
TWIG, *n.*, **vuya**, 6.
TWINKLING (of an eye), *v.i.*, **meso** (8) **-layiswa** ; in the twinkling of an eye, **meso tulayiswa**.
TWIST aside, be twisted, *v.i.*, **zungumuka**.
TYRANT, tyrannical person, *n.*, **mbangadi**, 1 & 4 ; **mbangazi**, 1 & 4.

U.

UDDER, *n.*, **yeni**, 6.
UNADULTERATED, *a.*, *see under* **ya**, App.
UGLY person, *n.*, **mi**, 4.
ULCER, *n.*, **mbenza**, 2.
  very large, *n.*, **evongona**, 8.
  rodent, which destroys the nose (*lupus exedens*), *n.*, **matamba**, pl. 8.
  to assume a healthy appearance, *v.i.*, **zituka**.
UMBILICAL cord, *n.*, **luayi**, 10.
UNABLE to—, be, *v.i.*, **bindamwa, lembakana**; I shall be unable to go, **mbindamwa o kwenda**.
UNBELIEVER, *n.*, **mundembi-kwikila**, 3.
UNBENDING (rigid), *a.*, **-antintibidi**.
UNCARED for (not in charge of any one), *adv.*, **o nyambi** (4).
UNCERTAIN (untrustworthy), *a.*, **ke -bundwanga vuvu ko**.
UNCLEAN, *a.*, **-ansafu, -alembi velela**. render, *v.*, **safula**.
UNCLEANNESS, *n.*, **nsafu**, 4; **esafu**, 8.
UNCONCERN, *n.*, **umpavuludia**, 12.
UNCONSCIOUS, be, become, *v.*, **fwa e ngambu**, 2.
UNCONSCIOUSNESS, *n.*, **ngambu**, 2.
UNCONTROLLABLE, *a.*, **-atununu**. be, *v.i.*, **tununuka**.
UNCORK, *v.t.*, **kavula, samuna**.
UNDENIABLE, to be, *v.*, **ke vanakana nkalu ko, ke kalakana ko**.
UNDERSTAND (recognise), *v.t.*, **tona, tonena**.
  (have it dawn upon one), *v.t.*, **vungula**.
UNDERTAKE to do, *v.t.*, **lama**.
UNDO work which had been accomplished, *v.t.*, **pangalakesa, bwangalakesa**.
UNFAIR, *a.*, **ke -ansongi ko, -alembwa e nsongi**.
UNFRUITFUL plant *or* tree, *n.*, **nlomba**, 4.
UNFRUITFULNESS, *n.*, **unlomba**, 12.
UNGRUDGINGLY, *adv.*, **kuna mvevo** (4).
UNHAPPY, be, *v.*, **kafalala, ntima** (4, u.) **kafalala**.
UNHEARD of (strange), *a.*, **-ampimpita**.
UNINITIATED person, *n.*, **nsonzolo**, 2. who has not been initiated into some mystery *or* rite, **vinga**, 6.
UNINTENTIONALLY, *adv.*, **e nswalala** (2).
UNITEDLY (together), *adv.*, **o sangi** (12).
UNITY (all intermixed), *n.*, **sangi**, 12.
UNIVERSE, *see* **lelelwa**, App.
UNJUST person, *n.*, **mvilwa**, 1 & 4. *a.*, **-avilwa**.
UNKNOWN, long, *a.*, **-akinsamuna**.
UNLAWFUL, *see* **-ansi a nkuwu** (2), App.
UNLESS, *conj.*, **nanga, nangi, nangu**; *see also under* **kala**, p. 287.
UNOBSERVED, slip away, *v.i.*, **vialuka**.
UNOBSTRUCTED (of a course), *a.*, **-ankolomona**.
UNPRINCIPLED person, *n.*, **mvilwa**, 1 & 4.
UNRIPE (of plantain & bananas & fruit which reddens on ripening), *a.*, **-amfuba**.
  fruit, *n.*, **efuba**.
UNSCRUPULOUS person, *n.*, **mvilwa**, 1 & 4; **ntwanga**, 2.
UNSCRUPULOUSNESS, *n.*, **untwanga**, 12.
UNSOLD, remain, *v.i.*, **funta**.
UNTIL, *adv.*, **yasumbàte**; *see* **sumbate**; *also under* **yavana**, App.
UNTRUSTWORTHY, *a.*, **ke -bundwanga vuvu ko**.
UNUSUAL (extraordinary), *a.*, **-avava**.
UNWELL, be, *v.*, **yela**. be very, **ke kala biza ko yo yela**; I was very unwell that day, **e lumbu kina kikedi biza ko yo yela**.
UPRIGHTNESS, *n.*, **nsongi**, 2. (correctness), **kosi**, 6.

URGE ineffectually, *v.t.*, **kuza**.
　one not to carry out his intention, *v.t.*, **kulula**.
　strongly, *v.t.*, **wondelela**.
　unpleasantly, *v.*, **sindikila**.
URINATE, *v.*, **susa**.
USE, something of no, *n.*, **ngofwila**, 2.
　(advantage), *n.*, **ndandu**, 2.
　be of no further, *v.*, *see* **funga**, App.
　for the first time, *v.t.*, **sambula**.
　up, *v.t.*, **funka**.
　it was of no use, *conj.*, **nkaya-kaya**.
USED to, to be *or* become, *v.i.*, **yukwa**; he was well used to French, **oyukilu kikilu e kifwalansa**.
USEFUL, *a.*, **-amfunu**.
USELESS, *a.*, *see* **-a Nzambi**, App.
　it is perfectly useless, *adv.*, **velekela**.
　render, *v.t.*, **fwasa, bwangalakesa, pangalakesa**.
　tough *or* hard & useless (with age), be, *v.i.*, **kuva**.
　(waste), *a.*, **-angofwila**.
USUAL, *a.*, **kibeni**; usual dress, **mpwata kibeni**.

V.

VACCINATE, *v.t.*, **nwata**.
VACILLATE, *v.*, **ntima** (4, u-) **tintama** *or* **simpama** (Bako.) *or* **kokoma**; **kokomesa o ntima**.
VACILLATION, *n.*, **kokoma**, 9.
VACUUM, *n.*, **vela**, 6.
VAGINA, *n.*, **nkenza**, 2 (Bako.).
VAIN, *a.*, **-avela**.
　fellow, *n.*, **mfwanti**, 2.
　all was in vain (in spite of all), *conj.*, **nkaya-kaya**.
　in (all to no purpose), *adv.*, **e ngofwila**.
VALLEY, broad & flat, *n.*, **evoka**, 8.
VALUABLE (of high value), *a.*, **-ambangadi**.
VALUE, *n.*, **kimbalu**, 5.
VANISH, *v.i.*, **vempoka**.
VAPOUR bath, *n.*, **futwa**, 6.
VASE, *n.*, **bungwa**, 6.

VAULT for temporary *or* special interment, *v.*, **ngunga**, 2; *see also* **etekola**, 8, App.
VEGETABLES (edible leaves), *n.*, **mvûdi**, 4.
　(garden produce), **mpati** (*sing.* 2) a **nsengo**.
VELVET, *n.*, *see* **mbumbulu**, 2, App.
VERB, *n.*, **mpanga**, 2.
VERGE of a precipice, *n.*, **lunengananu**, 10.
VERSE in which some passage occurs, *n.*, **ezikila**, 8.
VERTIGO, *n.*, **nzieta**, 4; **nziezio**, 4.
VERY, be,　} *see* **biza** & **mbote**, App.
VERY, how,
　much (in no small degree), *adv.*, **ke vevi ko**.
VESTIBULE, *n.*, **mvita**, 4.
VEXATION, *n.*, **nkafi**, 4 (*generally sing.*).
VICEROY, *n.*, **nkumbi**, 2.
VICTORY, *n.*, **nsundidi**, 2.
　get the, *v.*, **lunga** [be in the right (since might is right)]; *see also* conquer, App.
VIEW of, block the, *v.*, **kika**.
　to have an unobstructed, **mona e mpenza** (2).
VIGOUR, *n.*, **telamiana**, 9 (ability to move briskly).
　reassume, *v.*, **sakumuka**.
VILIFY, *v.*, **yivisa**.
VILLAGE, *n.*, **bwala**, 13 (Nsundi); **mpata-vata**, 2.
VILLAIN, unscrupulous, *n.*, **ntwanga**, 2.
VILLANY, *n.*, **untwanga**, 12.
VIOLENCE (force), *n.*, **balu**, 12.
　man of, *n.*, **mfunia**, 2.
　by unwarranted, *adv.*, **ye nkumbi yo lulendo**.
VIOLENTLY, come, go, rush, of wind *or* rain, *v.i.*, **vikuka**.
VIRGIN, *n.*, **mwenze**, 3; **ndumba a mwenze** (pl. -a mienze); *see* **mwenze**, App.
　a., **-amwenze**.
VIRGINITY, *n.*, **kindumba amwenze**, 5.

VISCID mass, *n.*, **edimbu**, 8.
VISION, seeing, *n.*, **mbweno**, 2.
 wonderful, *n.*, **mona-meso**, 6; **ki-mona-meso**, 5.
 in a vision, *adv.*, **e kimona-meso**.
VISIT, pay a visit to, *v.*, **kangadila, kiyila**.
 (paid), *n.*, **nkangalu**, 4.
VISITATION (received), *n.*, **nkangadilu**, 4.
VOID, *a.*, **-avela**.
 n., **vela**, 6.
VOLLEY, *n.*, **vumbi**, 6.
VOLUNTARILY, *adv.*, **kuna zolela**.
VOW, *n.*, **nkanikinu**, 4.
 v., **kanikina**.
 break a, *v.*, **fumba e ndofi** (2).
VOYAGE (by ship), *n.*, **nsauka**, 2.

W.

WAD, *n.*, **mbusia**, 2 (P. **buxa**).
WAFT up, away, *v.t.*, **pemona, pumuna**.
WAGER, *n.*, **utela**, 2.
WAIL (making a great noise), *n.*, **vodiana, wodiana**.
WAKEN, *v.t.*, **katumuna** (Bako.).
WALE, *n.*, **nzila**, 4; **mvibu**, 4.
WALK about, *v.*, **beba** (Bako.), **kiba** (Bako.), **vema** (Bako.); **bembela**.
 catching hold of everything one passes, as a baby, *v.i.*, **tambala**.
 noiselessly, *v.i.*, **nianza, nienza**.
 be unable to walk, *v.*, **fwa busà** (12, Bako.); **fwa e ekoka** (8).
WALL-PLATE, *n.*, **mfumfula** (4) **a yaka** (6).
WANDER about, *v.*, **vuvuta**.
 (prowl), **vema, lasa**.
WANDERER, *n.*, **ntungianu**, 4.
WANDERING, aimless, *n.*, **tungianu**, 12.
WANT, *n.*, **kondwa**, 9; **nkondwa**, 2.
 want to lay an egg *or* to go to stool, *v.*, **vilwa**.

WANT, *continued*.
 badly (miss), *v.*, **mona o nzuwa** (4) *or* **ntuka** (4).
 very much, *v.t.*, **ziotola**.
 but not have any chance of obtaining, *v.*, **lâlwa**.
 (seek), *v.t.*, **sanda** (Zombo).
WARM, be (of persons), *v.*, **yangalala**; *used also of warm, fine weather in the rainy seasons* [**kuma** (9) **ku-**]; it is warm and fine to-day, **o unu o kuma kuyangalele**.
WARN, *v.t.*, **tumbulwila, lubula**.
WARNED, be, *v.*, **lubuka**.
WARNING (example), *n.*, **elongi**, 8 (to teach); **sisa**, 6 (cause fear).
WARPED, to be, *v.*, **kandalala**.
WAS, were, *under* to be; *see also* **adi**, App.
WASH very thoroughly, *v.t.*, **venza**.
 and lay out the dead, *v.*, **sunga**.
WASP, mason, *n.*, **mbulu-ntente**, 2.
WASTE away (as in sickness), *v.i.*, **pala**.
 lay, *v.*, **funka**.
 (squander), *v.t.*, **fumba**.
 a sheer waste, *n.*, **ngofwila**, 2.
WASTED, wasteful, *a.*, **-angofwila**.
WATCH (look at), *v.*, **tadikila**.
 (guard), *n.*, **mayingila**, pl. 8.
 (with evil intent), *v.t.*, **kondelela**.
WATCHER, watchman, *n.*, **nkawu**, 2.
WATER-LILY, *n.*, **elanga**, 8.
 weed, *n.*, **maladi**, pl. 8 (Bako.); **langi**, 12.
WATER-MARK, high *or* low, *n.*, *see* **zengo**, 6, App.
WAY of approach, *n.*, **mwalu**, 3.
 to have one's way, *v.*, **kutàmina**.
 a long way off, *adv.*, **mu vala**.
 leave *or* make a way for, *v.*, **sila e nzila** (2).
 make, force a way (through), *v.*, **teta e nzila** (2) (**muna**).
 what a way to, **kuna kwa mpila a —**; what a remarkable way they built it too! **kuna kwa mpila a tunga batungidi yo**.
WEAK, *a.*, **-atontolo**.

WEAK, *continued.*
   be, *v.*, **tova, yova, lewoka, leuka, leoka, zewoka, lebangana.**
WEAK person *or* thing, } *n.*, **mwebele,**
WEAKLING, } 3; **tontolo,** 6.
WEAKNESS, *n.*, **utontolo,** 12; **yoyelo,** 6; **eyovoka,** 8.
WEAL, *n.*, **nzila,** 4; **mvibu,** 4.
WEAR slowly away, *v.i.*, **komoka.**
WEARIED, be, *v.i.*, **lewoka, leoka, leuka, zewoka, tova, yova.**
WEARISOME, be, *v.*, **tukumuka.**
WEARY, grow (of something), *v.*, **lukwa o moyo** (3); **tantwa e mpasi** (pl. 2); **tukumukwa.**
WEATHER, hot, *n.*, **kala,** 6.
WEEP bitterly, *v.i*, **bokomoka, bokomoka ye dilu.**
   profusely, *v.i.*, **vosona** *or* **vongola e kinsanga** (5).
WEIGH, *v.t.*, **mika.**
   an anchor, *v.*, **vola e mbwa** (2).
   (a matter), *v.*, **lamba, mika.**
WEIGHT, *n.*, **nzu,** 2.
   (massiveness), *n.*, **silu,** pl. 6.
   dead weight, *n.*, *see* **nsinsi,** 2, App.
WELCOME of *or* by women, *n.*, **emiangana,** 8.
   gladly, *v.t.*, **sakidila.**
   (receive well), **toma tambula.**
WELL as possible, do as, *v.*, **babanisa ye** (&c.); he built it as well as he possibly could, **obabanisi yo tunga.**
   do well (act properly), *v.i.*, **tomesa.**
   found, be, *v.i.*, **koba.**
   done! **wawete!** *see* -**awete**, K.-Eng., App.
   now, *conj.*, *see* **mpangu**, App.
   then, *conj.*, **we kansi.**
WEST, *n.*, **lumonso,** 10.
WHAT (I, &c.) —— is, **muna ki** ——;
   see **kimona, kivova, kilembi, kiwa, kimbalu, muna ki-,** App.
   a —— (wonder, scorn *or* ridicule implied), **kuna kwa** ——; **kadi tu, kuna kwa**—; *see also* **nkingu,** App.; oh, what a house!

WHAT, *continued.*
   kuna kwa nzo *or* **kadi tu, kuna kwa nzo!**
   inter. pron., **nabwe** (Bako.).
WHATEVER, *pron.*, **kana.**
   thing, **kana lekwa.**
WHEEL, *n.*, **lungungu,** 10.
   tire of a wheel; *also* the surface to which the tire is applied, *n.*, **nkunkula,** 4.
WHEEZE, *v.t.*, **twengenia, swengenia.**
WHEN...(*time*) had passed, *adv.*, **o baka muna ... i bosi**; when three days had passed they found him, **o baka muna lnmbu tatu, i bosi bansolwele.**
   (while), *adv.*, **wau.**
WHENEVER (you, he, &c.) like, *adv.*, **kiekiele kaka**; come whenever you like, **kiekiele kaka wiza.**
WHEREFORE, *conj.*, **diau vo, dianu vo** (*no applied form needed*), **vo mona owu.**
WHETHER...or, *conj.*, **okala vo...ovo.**
   even, *conj.*, **kana una, kana una vo, kana nkutu.**
WHILE, *adv.*, **una, wau, wau ki-** (**kolo** understood); while the men slept, **wau kilele o wantu.**
   for a while (at first), *adv.*, **oku kutukila.**
   a little while *is expressed by the diminutive form of the eleventh derivative noun formed from the predicate, thus:* — when they had been sitting a little while, **una bafongele kimfonga-mfonga**; they went to eat for a few minutes, **bele dia kindia-ndia.** N.B.—*No article is used before the diminutive.*
WHIM, *n.*, **ntiti,** 4.
WHIRL, *n.*, **nzieta,** 4; **nziezie,** 4.
   rapidly in the air (of something great), *v.i.*, **vikuka.**
WHIRLPOOL, *n.*, **kinziongololo,** 5 (Bako.).
WHIRLWIND, *n.*, **kimbonga,** 5.
WHISPERING, the sound of, *n.*, **vizikuviziku,** pl. 6.

WHISTLE, *n.*, **miozi**, pl. 3 (Bako.).
  to whistle, *v.*, **ta miozi** (Bako.), **sika e miozi**.
  (as wind among the branches of trees), *v.i.*, **pukuta**.
  wooden, *n.*, **nsiya**, 2.
WHOLE, the, *n.*, **mvimba**, *following the noun, but without article or prefix;* I will buy the whole piece, **e tini mvimba nsumba kio**.
WHOLEHEARTEDNESS, *n.*, *see* **etima**, App.
  (diligence), **sungididi**, 6.
  (readiness), **mvevo** (4) **a ntima** (4).
WHOLESALE, *adv.*, **e bundu** (6).
WHOOPING cough, *n.*, **kivunda**, 5.
WHY? *inter. pron.*, **wa edi?**
  interj., **anki**; why, here he is! **anki olueke!**
  that is why, *adv.*, **e nkete nki** *or* **e bila kiaki** (*with the appl. form*).
WIDEN, *v.i.*, **sanzana**.
WIFE, 2, *see* **nkama**, 4, App.
  the first a man marries, *n.*, **nkaza** (1) **a toko** (6).
  demand a wife in the place of one who has died, *v.t.*, **tomesa**.
  give a wife, as above, *v.t.*, **toma**.
WILD (fierce), *a.*, **-ayezi**.
WILDNESS, *n.*, **kiezi**, 5.
WILE (pretext), *n.*, **lumpeso**, 10.
  (stratagem), **mana**, pl. 7.
WILFULNESS, *n.*, **nyenge-nyenge**, 4.
  obstinacy, **nkumfu**, 4.
WILL (all in due course), *future, aux. v.*, **singa**.
  strong, *n.*, **kuzòlela**, 9.
  (testament), *n.*, **nkanda** (4) **efwa** (8).
  (one's own inclination, way), **kiakankamba**, 5 ; they have left him entirely to his own will, **bavwidi kunyambwila e kiakankamba**.
WILLED, be strong, *v.*, **kuzòlela**.
WILLING, be (ready), *v.*, **vevola o ntima** (4).
  willing be, to ——, *v.*, **vevolwela o ntima**.

WILTER, *v.i.*, **tukuka**.
WIN (in gambling), *v.i.*, **vola**.
WIND the loose end of one's loin-cloth round the waist, *v.t.*, **kamina** *or* **vinda o nlele** (4).
  about, *v.i.*, **binduzioka**.
  strong, *n.*, **tembo**, 6 (Bako.).
WINDING, *a.*, **-ampiolo**.
  be, *v.i.*, **viongoloka, vioteka**.
  make, *v.t.*, **viotakesa**.
WINDINGS about, *n.*, **mbinduzioka**, 2.
WINDMILL (toy made of feathers on a spindle), *n.*, **etita**, 8.
WINDOW, *n.*, **mbonani**, 2.
WINE-PRESS, *n.*, **ekaminu** (8) **dia vinyo** (2).
WIRE, *n.*, **nzwenge**, 2.
WISH, *n.*, **nzola**, 2.
  (craving, taste), *n.*, **kinzola-nzola**, 5.
WISHFUL, be very, *v.*, **viangalwa** *or* **zinwa o moyo** (3) *or* **ntima** (4) **moyo** *or* **ntima** (u-) **viangala** *or* **zina**; *see also* desire & App.
WITCH-DOCTOR, be instructed in the art and mystery of, *v.t.*, **yilwa**.
WITHDRAW from society, *v.*, **kukèngesa** (*refl.*).
  unobserved, *v.*, **kuvàva**.
WITHER, *v.i.*, **tukuka**.
  & dry up, *v.i.*, **wuminina**.
WITHOUT, *see* **ya**, App.
WITS, *n.*, **mamoni**, pl. 8.
  have one's wits about one, *v.*, **yanza** (Bako.), **luenga**.
  keep your wits about you, **velesa-velesa e ngangu zeno**; *see* **velesa**, App.
WOE, *n.*, **tâtu**, 6.
WOMAN, a young, *n.*, **nkento-nkento**, 2 ; **mwana** (1) **a nkento**.
WOMANKIND, *n.*, **kento**, 6 ; womankind and mankind (the whole population) were assembled, **e kento ye kiakala balungwa kwau**.
WONDER, a, *n.*, **nkumbi**, 4 ; **nkungulu**, 4.
  v., **lembi-o sivika**; I wonder much that you went, **ndembi yo sivika e ngyenda wele**.

WONDER, *continued.*
　at, *v.*, **kumuna.**
　to utter a cry of, *v.i.*, **kululuka, kumba.**
　what —, *v.i., see* **vuvana,** App.
　whether, *v.*, **badika vo kana**; he wondered whether he will come, **obadikidi vo kana okwiza**; we wonder whether he is alive, **tubadikanga vo kana wina una.** *The simple ejaculation in the first person is expressed by the interjection* **wa kana**; I wonder whether we shall catch him, **wa kana tukumbaka.**
WOOD, felled, *n., see* **nsola,** App.
　decayed piece of woodwork, *n.*, **ewombolo,** 8; this is a rotten house, **ewombolo dia nzo diadi.**
WOODPECKER, *n.*, **mbobo** (2) a **nti** (4).
WOOF, *n.*, **nkayikwa,** 2.
WORK, *v.t.*, **sadika.**
　hard, *n.*, **mfuntu,** 4.
　hard and as well as possible at, *v.*, **vangalela.**
　have a great deal of hard, *v.i.*, **futuka** (Bako.), **funtuka.**
　quickly, briskly, *v.t.*, **salamiana.**
　have the trouble of work in the sun, *v.*, **wumwa o mwini** (3).
WORKING order, set in, *v.t.*, **lumpika.**
　be, *v.i.*, **lumpama.**
WORKMAN, skilled, clever, *n.*, **mfuzi,** 2, App.
WORRIED, be, *v.i.*, **tuntana, tokama.**
　be, through having many duties, *v.i.*, **zumbuluka.**
WORRY, *v.t.*, **tuntanisa, tokeka.**
　(of business), *n.*, **lunzumbulu,** 10.
　(care), *n.*, **songololo,** 6.
WORSE, become, *v.i., see under* **voza**; also **vaza,** App.
WORSHIP, place of, *n.*, **esambilu,** 8.
WORTH, *n.*, **kimbalu,** 5.
　consider worth while, *v.*, **vevokwa o moyo** (3).
WORTHY, be, *v.*, **fwanuka.**
　of, *v.*, **fwanukina.**
　be, *v., see* **fwanwa,** App.

WOULD that —, *conj.*, **kele vo, kadi kala** *or* **kele vo** — *with subj. fut. indef.*
　to God —, *interj.*, **e Nzambi kadi.**
　have to, *see also under* **mbula,** App.
WOUND, *n.*, **ndwadi,** 2 (cut).
WOVEN entire throughout, *n.*, **-ankuba.**
WRANGLE, *v.*, **zekana, bambana.**
WRECK (destroy), *v.t.*, **bwangalakesa, pangalakesa.**
　(devastate), **fwantakesa.**
WRETCH (bad man), *n.*, **baza,** 6; **tuzu,** 6; **têma,** 6.
WRETCHED, become, *v.i.*, **boloka.**
WRETCHEDNESS, *n.*, **nkangu** (4) a **ntima** (4)
WRIGGLE (as eels), *v.i.*, **votana.**
　crawl (as maggots), *v.i.*, **niongota, niunguta** (Bako.).
WRINKLE, *n.*, **nswiku,** 4.
WRITE, *v.*, **vianga.**
　distinctly, *v.t.*, **tumbula o soneka.**
WRITHE (as eels), *v.i.*, **votana.**
WRITING, style of, *n.*, **esoneka,** 8.
WRONG, *n.*, **vilwa,** 12.
WRONGFUL, *a.*, **-avilwa**; *see also* **-asungu,** App.
　(for nothing), *a.*, **-ankatu.**
WRONGFULLY *should be used adjectivally*: to suffer wrongfully, **mona e mpasi zankatu.**

Y.

YEAST, *n.*, **ebo,** 8.
YELL, *v.i.*, **kululuka, yabala.**
YET, to be, *v.*, **kini,** *v. defective,* perf. only; they have not yet come, **ke bakini kwiza ko**; they are yet in the house, **bakini kuna nzo.**
　(still), *adv.*, **yanginu, yakinu**; *see* **oku mpe,** App.
　not yet, *adv.*, **yakinu ke...ko; ka... ete ko** (Bako.).
　(in protesting), *conj.*, **watu.**
YIELD (fruit), *v.t.*, **va** (*perf.* **vene**).
YOKE, *n.*, **vangu,** 6.

Young man, fine, handsome, *n.*, **mvoyongo** (4) **a etoko.**
young woman, **mvoyongo a ndumba.**
Youngest, the, *n.*, *see* **nsakila**, pl. 2, App.
(child), *a.*, **-ansuka.**
Youth (youthfulness), *n.*, **toko**, 6.
of about 15 or 16 years of age, **luntoko-toko**, 10.

Z.

Zeal, *n.*, **sungididi**, 6; **fululu**, 6; **swi-swi**, 6.
(passion), **eketo**, 8.
(wholeheartedness), **etima**, 8.
Zealous, be, *v.*, **sia e sungididi** *or* **fululu; sungama, vela-vela, sia e etima.**
for, be, *v.*, **sia...e etima** (8).

Advantage, *n.*, **ndandu**, 2.
Bulk, *n.*, **evimbu**, 8.
Catch, *v.*, *see also* **batidila**, App.
Champion, *n.*, **ebamba-ngolo**, 8.
Chasm, *n.*, **ngengengo**, 2.
Cheat, *v.t.*, **vunina.**
Commence, *v.t.*, **toteka.**
Decimal, *n.*, **desima**, 2.
Design, } *n.*, **kimpa**, 5; **pa**, 6.
Device, }

Face to face, *adv.*, **o mambonani** (pl. 7).
Flesh (of the body), *n.*, **nitu**, 2.
From...to... *prep.*, **yamu... ya...** (*with future time only*); from age to age (for ever) **yamu mvu ya mvu.**
Lack of energy *or* diligence in one's work *or* duty, *n.*, **lele**, 6.
display such luck, *v.*, **sia e lele.**

APPENDIX

TO

KONGO-ENGLISH DICTIONARY.

N.B.—The sign + indicates that the word already appears in the Dictionary, but that which follows is a further sense or usage of it.

A.

-a, *bearing the prefixes of series applied to secondary adjectives is used to introduce a noun in apposition.* *It is really the* a *which introduces the adjectival clause,* see pp. 561-2, *the noun in apposition thus appearing as an adjectival clause:* o **Nlemvo wa ese andi (w' es' andi) a Kikudi,** Nlemvo, the father of Kikudi; **e diambu diadi diambote kikilu, dia ngiza andi,** it is a very good thing, his coming; **ona tunina o lukůlu, lua luloloko lua masumu meto,** by whom we have redemption, the forgiveness of our sins.

a- *prefaced or prefixed to the secondary numerals in the singular,* one and the same, a single; *when expressing surprise,* **muna lumbu akimosi,** in the same day *or* a single day; **muna nzo ayimosi,** in one single house. *in the sing. or pl., and in that case preceded by* -au, the same, identical, those very same. *This is a more correct spelling than that given on p.* 247; **mau amamosi** *rather than* **mawa**

a-, *continued.*
mamosi; diau adimosi kwandi, it is the same; **muna mvu miau amimosi,** during those very same years. *The forms are given in the table at the foot of p.* 573.

Adi+*an impersonal defective verbal particle, predicating a condition which once existed but does so no longer. When thus used personality is expressed before the noun indicating the condition by the pronominal particles following* **adi**—

	Sing.	Pl.
Person I.	i	tu
,, II.	u	nu

The 3rd pers. sing. and pl. require no such particle; **adi i fwa,** I was dead; **adi u muntu ambote,** you were once a good man; **adi mpofo,** he was once blind; **adi tu akwa umvwama,** we were once rich; **adi nu mfumu za nsi,** you were once the chiefs of the country; **adi abundu,** they were once slaves; **e nzila eyina adi nzila a Mboma,** that used to be the road to Mboma; **e nsi zau ezole adi nsi zimosi,** those two countries were once one (united).

adi *becomes a defective verb by receiving the same prefixes of the first class as a verb in the past tense, and so serves as an alternative of the verb "to be" in predicating a condition once existing but no longer so;* was, were once; have, has, had been but not now. *The prefixes of classes 2-15 are seldom so applied, the impersonal form is used instead;* **kolo kingi kiavioka twadi makangu,** a long while ago we were friends (but not now).

-adi *is used also as a defective aux. verb in speaking of some event which will surely come about, and is translated by*—should, would; **ozeye wo kwandi se wadi bakama,** he knew that he would be caught. **adi** *thus used indicates certainty; where there is uncertainty* **nkwa** *would be used;* **vava -adi,** while not, before; **vava kadi fwa,** before he died.

Aka, *adv., see* **kaka,** App.

-aka, *see under* **K.** App.

-akwa, of, when *referring to a town or locality.* **Jizu akwa Nazaret,** Jesus of Nazareth ; **aleke akwa Kindinga,** the Kindinga children ; **o nkento akwa Ngombe,** the Ngombe woman.

Ametiste, 2, *n.,* amethyst.

Ana, *a particle used where there is hesitation in speech, real or affected, as in English* "er"; *it is used also at the end of clauses or sentences as a shapely finish off; indeed, some speakers at San Salvador will employ it every 5 or 6 words. No meaning can be attached to it; it is merely to fill the hiatus of hesitancy, or an affected pomposity, and is little more than a bad habit.* **Una tulueke ana kun' evat' ana, twele ana ku**

Ana, *continued.*
lumbu ana, when we reached "er" the town "er" we went "er" to the chief's compound "er."

Anaziè, *adv., see* **aniziè,** App.

Anga, *conj.*=**nga** ; *it is only used in interrogative sentences.*

Aniziè, *adv.,* all round, on all sides ; **bezidi kunzieta aniziè,** they surrounded him on every side.

Anki, *interj.,* why *when used as an interj.;* **anki, olueke!** why here he is !

Are, 2, *n.,* an are, 100 sq. metres.

-awa mosi, *see* **a-,** App.

awowo, *dem. and rel. pron., cl.* 1, *pl., 2nd pos. emph.,* those, those who, who, they.

B.

Ba, 6, *n.,* a parallelogram, any pattern of that shape, the pieces in a patchwork quilt.

Ba, 6, *n.* (Bako.), a sting.

ba-, *subj. & obj. pronom., pref.,* 3 *pers. pl., cl.* 1, they ; *see also* the 3rd table on p. 578 of the Grammar.

Baba, 6, *n.,* an intense desire.

fwa e baba, to be intensely desirous.

Babanisa, *v.,* to do well, to do one's very best ; **toma babanisa o vova,** speak well.

Babatu, 2, *n.* (P. ——?), coloured strips sewn on the end of a cloth.

Babidika, *v.t.,* to cause to dry (as paint, mud, gum, &c.).

Babidila, *v.,* to hold up the hand for silence *or* to cause people to abstain from approaching.

Babu, 6, *n.,* a flat piece, a slab, a tablet.

Babula, *v.t.,* to roast.

Badika vo kana——, *v.,* to wonder whether —— ; **obadikidi vo**

Badika vo kana, *continued.*
  kana wele, he wondered whether he was gone.
Badila, *v.t.,* to scold, speak angrily to, rebuke strongly.
Baika, *v.i.* (Bako.), to be, get, become caught. *This verb serves as a middle voice of* **baka,** to catch (as **taika** does of **teka,** to sell). **E nkombo ame ibaikidi kwa ngo,** my goat has been caught by a leopard.
  baika maketo, to get angry.
  baika nkole, to get captured.
Baka e ntangwa (2), *v.,* to have an opportunity.
o baka muna... i bosi, *adv.,* when... had passed, after, on; **o baka muna lumbu tatu i bosi bansolwele,** after 3 days they found him.
Bâka, 6, *n.,* explanation, sense, preface (to a book).
Bakana, *v.,* to get on, agree well together, to live in a state of harmony, concord and peace, be on good terms.
Bakana, *v.,* to catch up the other (when one is following to catch up someone); **okalokala babakanini,** at length the other one caught up.
Bakila, *v.t.,* to sell (flesh) retail.
Bakilu, 6, *n.,* a means of obtaining, skill, ease, in getting *or* catching.
-abakuka, *p.,* strong, loud (of the voice).
Bakula e ndinga (2), *v.,* to speak with a long, strong voice, to raise the voice.
Bakwila, *v.t.,* to sell (flesh) retail.
Bala, *v.t.,* to think.
Bala e kinsi (5), *v.t.,* to kick.
Bala-bala, 6, *n.* (Bako.), a child.
Balanganza! *interj.,* snap! crack! (as of a trigger).
Balu, 12, *n.,* violence, force.
  kuna balu, *adv.,* by violence, force.
Balula, *v.t.,* to reason, discuss point by point; *also* to bring out a total of, to make an amount of;

Balula, *continued.*
  ekwa obalwidi? how much do you make it?
Balumuna, *v.t.,* to spread out.
Bamba, *v.,* to hold out resolutely, to be very persistent in one's opinion, be very opinionated.
Bambamena, *v.t.,* to be encumbered, hindered (from something), to be shut in *or* up, blocked, prevented by something *or* some circumstance.
Bambana, *v. recip.,* to discuss together very obstinately, strongly, to strive together in hot discussion.
Bambisisisa, *v.t., caus. of* **bambamena.**
Bambukwa o moyo (3), *v.,* to remember.
Bambula o moyo (3), *v.t.,* to remind.
Banda, *v.t.* (Bako.) = **wanda.**
Bandama, *v.i.+* to be very hard of hearing.
Bandama, *v.t.,* to begin, commence.
Bandama, *v.i.,* to be added further, put on the top.
Bandana, *v. recip.,* to beat *or* pound at the same time in one mortar (*spoken only of 2 or more people*).
Bandika, *v.t.,* to put on the top, to add further.
Bandila, *v.t.,* to stow, pack closely, shake down closely.
Bandu, 2, *n.* (P. **bando,** *gang*), estate, condition; **e bandu a toko i kena,** he is what you would style a young man.
Banduka, *v.i.,* to be tired of; **yabanduka o kunlonganga aka,** I am tired of teaching him.
Banga, 6, *n.+* a house having the walls made of the mid ribs of Raphia vinifera (**ebanga**). Trading factories are often so constructed; *hence* **banga** came to be the name for plank houses on the coast, or any attempt at imitation of them by the natives.

Bangala, *v.i.*, to be excessively high (of a price).

Bangala, ⎫ *v.i.*, to be tormented, in
Bangalala, ⎭ torment, tortured (in hell).

Banganisa, *v.t.*, to persecute, torment, torture.

Bangazi, 6, *n.*, a tyrannical, brutal fellow, a tyrant.

Bangidika, *v.t.*, to torment, torture.

Bangidika e ntalu (2), *v.*, to raise a price excessively.

Bangika, *v.t.*, to torment, torture, persecute.

Bangumuka, *v.i.*, to come to the surface of the earth.

Bangumuka, *v.i.*, to be added up.

Bangumuna, *v.t.*+to bring about a radical, utter, change (in a man). As this may be for good or bad, it is necessary to state which, unless the context makes it clear.

    bangumuna se mbi (4), *of persons*, *or* **bi** (12), *of things*, to corrupt, make bad.

    bangumuna se mote (3) *or* **muntu** (1) **ambote**, *of persons*, *or* **lekwa kiambote**, *of a thing*, to bring about a great change for the good, greatly improve.

Bangumuna, *v.t.*, to add up, take the sum.

Banza, *v.*
    ne banza vo, as though, as if, as though (it) were.

Basia (P. **basia**), 2, *n.*
    vana o nkanda (4) **a basia**, to present with one's freedom.

Batakesa, *v.t.*, to obtain further, get ...more.

Batakesa, *v.t.*, to get, acquire, procure some more.

Batalala, *v.*+to be low and spreading, to be squat.

Batidila, *v.t.*, to go at the proper time and catch *or* meet (not at any chance time).

Baya, 6, *n.* (P. **taboa**), a plate, slab (not very large), a solid *or* entire

Baya, *continued.*
    piece (not of wood, which would be **ebaya**, 8).

Bayi, 2, *n.* (P. **bainha**), *n.*, the border, edging on a cloth.
    bayi a kindele, the selvedge.

Baza, *v.i.*, to scatter (of shot).

Baza, *v.t.*, to scold.

Baza, 6, *n.*, a very bad person, a scoundrel, scamp, rascal, wretch, brute.

Beba (Bako.), *v.i.*, to walk about, stroll, travel about, journey, swim (*as a fish*), blow (*as the wind*).

Bebwa, *v.i.* (Solongo), to drift with the current.

Befo, 6, *n.*, a lip.

Bekenge, 6, *n.*, anything very frail, fragile, easily torn *or* broken, very delicate.

Beko, 6, *n.*, a separate, more private, safe, place.
    kuna beko, *adv.*, privately, secretly.
    vabeko, aside, separately.
    -abeko, *adj.*, apart, private, secret, safe.

Bela, 6, *n.*, a part, piece.
    e bela-bela (6), *adv.*, in pieces, to pieces, to shreds; **kibakilu e bela-bela**, it is torn to pieces.

Belengenze, 6, *n.*, something of pottery ware *or* glass which is very fragile, too slightly made.

Bemba, 6, *n.*+a herd, drove.

Bembeka, *v.t.*, to place in a handy position, where things are well to hand, *hence* where any one can get at *or* take them.

Bembela, *v.t.*, walk *or* stroll about.

Bembola, *v.t.*, to despise, disesteem, disrespect.

Bendomoka, *v.i.*, to be crooked, turned aside, perverted, changed for bad.

Bendomona, *v.t.*, to make crooked, turn aside, pervert, change for the bad, seduce, lead wrong.

Beril, 2, *n.*, beryl.

Besama, *v.i.*, to be in great numbers, abound, be numerous, plentiful.

Beseka, *v.t.*, to cause to abound.
Beta, *v.t.*, to exceed, surpass, do more (in giving, working, &c.), have more.
Betela,
 i betela kiki, it is befitting, becoming, this accords.
Biandungula, 6, *n.*, sulphuretted hydrogen, a very offensive eructation.
Biangumuna, *v.t.*, to seduce, draw away, induce another man's wife to leave him.
Biaula, *pl.* 5, *n.* (Bako.), noise, clamor, row.
Bidi, 6, *n.*, an abundance, a great crowd, quantity, number, mass.
Bidikita, *interj.*, the noise of galloping buffaloes, &c., *or* tramping men.
Bietula, *pl.* 5, *n.* (Bako.), chaff, banter.
Bila, 6, *n.*, reason, cause, purpose.
 e bila, *conj.*, because, for, so that.
 e bila kiaki (*with applied form*), therefore, that is why, for this reason.
 e bila ye ebandu, because, for this reason.
 ke bila ye ebandu ko, not without cause *or* reason.
Bila, *v.i.* (Bako.), to boil.
Bilama, *v.* (*mid. v. of* **bidika**), to abound, be abundant.
Biluka, *v.i.*, to be well conversant *or* informed.*or* acquainted (with= **ye** *or* **yo**), to know well how (to= **yo**), be well up (in= **yo**); **obilukidi ye Kifwalansa,** he was well up in French.
Biluluka, *v.t.*, to be *or* turn red.
Bilungi, 2, *n.* (Angola), the devil.
Bimba (e nzo), *v.*, to tie closely together horizontal bamboo laths on the inner part of the walls of a house.
Bimbakana, *v.*, to embrace.
Bimuka, *v.i.*, to be heavily laden *or* burdened.
Bimuna, *v.t.*, to load heavily.
Bindakana (kwa), *v.i.*+to be under

Bindakana (kwa), *continued.*
 great obligations (to), be much obliged, to have some matter *or* business which one feels under obligation to give prior attention.
-abindama, *a.*, important, indispensible.
Bindama,+*v.i.*, to change, alter, be different, &c., of a palaver *or* language only; **e ndinga au ibindamene,** their language is different, *i.e.*, is locked up, obscure; **e diambu se dibindama,** the palaver takes a different form, assumes a different aspect.
Bindamwa, *v.i.*, to be in fix through—, to be unable to —, to have incurred responsibilities which it is impossible to perform.
Bindumuka, } *v.*, to take
Bindumuka e ndofi (2), } an oath, to swear.
Binduzioka, *v.i.*, to wind about.
Biondomoka, *v.i.*=**bendomoka,** App.
Biondomona, *v.t.*=**bendomona,** App.
Bita, 2, *n.* (P. **bento,** *holy*), a mark of a cross.
Biza,
 ke biza ko, what a lot there was, &c.! **e nti, ke biza ko,** what a lot of trees there are.
 ke kala *or* **-ina biza ko yo** (&c.), *followed by an infinitive or abstract noun,* how very ——, was ...not ——; **ke kikedi biza ko yo nene,** how very big it was, what a great thing it was.
 ke kala *or* **-ina biza ko yo yela,** to be very ill *or* unwell; **kakedi biza ko yo yela,** he was very far from well; how ill he was.
Bobalala, *v.i.* (Bako.)=**zowalala.**
bobo (Bako.)=**wowo.**
Bobobo, 6, *n.*, cruelty (in beating only).
Bokelesa, *v.t.*, to call for (something to be brought, *or* people, &c., to come).
Boko, 6, *n.*, a cry, shout.

Bokola, *v.i.*, to be pendulous, hang down low (of the breasts).
Bokomoka ye dilu, *v.i.*, to weep bitterly.
e bokoto (*pl.* 6), *adv.*, in a very offensive, stinking condition.
Bolama, *v.i.*, to stand upon its *or* one's head *or* hang head downwards, hang down.
Boleka, *v.t.*, to stand (a thing) head downwards *or* upon its head.
Boloka, *v.i.*+to become filthy, abject, wretched.
Bolola, *v.t.*+defile, degrade.
Boma, 12, *n.* (Bako.), fear.
Boma, *v.t.* (Bako.)=**bama.**
Boma, *v.i.*, to burn, be burnt ; *also* to be well cooked, not burnt *or* underdone.
Bombola, *v.t.*, to put on an edging.
Bomona, *v.t.*, to burn up, burn to ashes.
Bonda *v.* (Bako.), to soothe (a child).
Bondo, 6, *n.*, a plumed tuft.
Bosalala, *v.i.*, to be absolutely in subjection, be governed with a firm hand.
Boselela, *v.t.* (*root*, **bosa,** *to crush*), to exercise lordship over, have dominion over, exercise the supreme power over, govern *or* rule with a firm hand.
Bosi, *adv.*, just ; **bosi kakwiza,** he has just come.
i bosi se, now at length, now at last.
Boteka, *v.t.*, to plunge the head into water.
Botoka, *v.t.* (Mboma)=**katuka,** p. 290.
Bu, 6, *n.*, a service rendered which is to be repaid in kind ; thus if a friend helps a woman to hoe an acre of ground, she owes a debt of service until she has helped her helper to hoe another acre of hers ; **nza vati e bu kiame o unu,** come and do a bit of hoeing in my field to-day, I will do the same for you another day ; **ngyele fuka e nzo andi e. bu,** I went and roofed

Bu, *continued.*
his house on the understanding that he would do the same for me.
bu-, *prefix applied by the Bakongo to nouns & concording words of classes* 12 *sing. and pl. &* 13 *sing.*
bu (Bako.)=**owu** *or* **wau.**
Buba, *v.i.* (Bako.)=**bufa** (App.)
Bubalala, *v.i.*, to lie (of something great).
Bubalala, *v.i.*, to be dark, benighted, ignorant.
Bubi, 12, *n.* (Bako.)=**bi, wiyi.**
Bubidi, 6, *n.*, darkness (mental), ignorance, secrecy.
oku bubidi, *adv.*, in the dark (concerning a matter), without knowledge, in secrecy, secretly, covertly.
Bubidika, *v.t.*, to put *or* lay down (of something great).
Bubidika, *v.t.*, to darken, render dark, benighted, ignorant.
Bubika, *v.t.*, to curve (the legs) beside one in sitting on the ground.
Bubumuka, *v.i.*, to escape secretly, to run away without letting any one know of one's intentions so as to avoid some evil.
Budidisa, *v.t.*, to frustrate.
Budikila, *v.i.*, to be about to do *or* accomplish, but have something come to prevent it, be frustrated ; **o mvovo ubudikidi,** (I was going to say so, but) something occurred to prevent the expression.
Budikila, *v.i.*, to have the water flow in through the walls during a storm; **e nzo ame ibudikidi,** the water is coming into my house.
Bufa, *v.t.*, to lower (a price), to sell at a low (price).
Bufu-bufu, 12, *n.*, bluntness.
Buka, *v.t.*, to have...flowing, to flow with ; **e disu diandi dibukidi o menga,** blood was flowing from his eye.

Buka muna, *v.i.,* to flow from.
Buka, *v.i.,* to come in a great crowd.
Buka, *v.t.,* to scratch the surface of the ground with a hoe.
Bukalala, *v.i.,* to cast oneself upon one's face, to fall on one's face (intentionally), be turned face *or* mouth (of a jug, &c.) downwards.
Bukalala, *v.t.* (Bako.), to make use of obscene execrations.
Bukamena, *v.t.,* to envelop, enshroud (as darkness, ignorance, &c.).
 bukamena e futwa (6), to take a steam, vapour bath.
Bukidika, *v.t.,* to put down face *or* mouth downwards, put (a tumbler, &c.) upside down.
Bukòlo, 12, *n.,* (Bako.), disobedience.
Bukwila, *v.i.,* to sell (liquids) retail.
Bula e eyanga (8), *v.,* commit an offence.
e bula-kati, *adv.,* equally (of division), in half.
Bulana, *v.i.,* to be divided, in a state of division, be divided into parties.
Bulùlula, *v.t.,* to divide up again.
Buma, *v.t.,* to smite *or* strike with something great *or* sickness; **umbumini o yela,** he smote him with sickness.
Bumba, *v.t.,* to take *or* seize by force.
Bumbula, *v.i.,* to grope about (in the dark *or* as a blind man).
Bumi, 12, *n.* (Bako.), fish poison = **wimi.**
Bumvalala, *v.i.,* to be protuberant (of the forehead, lips, &c.).
Bunda, 6, *n.,* a partnership in trapping.
 leka e bunda (yo), *v.,* to enter into such a partnership (with).
Bunda, *v.t.,* to make a slave raid, to raid for slaves.
Bunda e vuvu (6), *v.,* to impose confidence, trust.
 ke -bundwanga vuvu ko, *p.,* uncertain, untrustworthy.
Bunda - mpambu, 6, *n.,* the point where two roads branch off;

Bunda-mpambu, *continued.*
 vana bunda - mpambu twele kunkika, we went to meet him where the road branches.
Bundamena, *v.t.,* to mass together for, against, to club together for, unite for (some purpose), attack in force.
Bundana e vuvu (6), *v.,* to have mutual confidence, trust.
e bundu (6), *adv.,* all together, all put together, in bulk, wholesale.
Bundukina, *v.i.,* to be a slave of, to, *or* through.
e bundukutu, *adv.,* in a very dusty state.
Bundumuka, *v.i.,* to be diffused (of an odour).
Bundumuna e nsunga (2), *v.,* to cause an odour to diffuse itself.
Bunga, *v.t.* + destroy.
Bungà, 12, *n.* (Bako.) = **nya,** App.
Bunga, *v.t.* (Bako.), to give, bestow, used only in a complaint that a thing is not given; **kumbungidi ma nkutu ko,** you did not give me anything (waste a thing on me).
Bungu, 8, *n.* (Bako.), reason, motive = **ebungwa,** App.
 nkia bungu (Bako.), why, for what reason.
Bungula, *v.t.* + to pour forth, shed forth.
Bungwa, 6, *n.,* a vase, jar, pot.
Buni (Bako.), *conj.,* then, well then; **buni twenda kweto,** let us go then.
Bunkùta 12, *n.* (Bako.), fear.
Busà, 12, *n.* (Bako.), inability to walk *or* use one's legs at all.
 fwa busà, to be unable to walk, to be very backward in walking.
Butika o nua (4), *v.,* to be silenced.
Butukulu, 6, *n.,* a sphere, anything spherical.
Butukulu, 6, *n.* (Bako.), the nature, natural condition *or* habit.
Buwa o ntima (4), *v.i.,* to relax one's hardness, quarrelsomeness,

Buwa o ntima, *continued.*
sternness, severity, become agreeable.
Buziè, 12, *n.* (Bako.), littleness, the being too small.
-abuziè, *a.* (Bako.), small, too small.
Bwakuku, 6, *n.*, the fungus of dry rot, *also that* which destroys the palm-tree.
Bwala, 13, *n.* (Nsundi), town, village.
Bwanduka, *v.i.*=**banduka.**
Bwangalakesa, *v.t.*, to destroy, render useless, nullify, spoil, wreck.
Bwanguna, *v.t.*, to cut off a piece, divide by cutting right through, *seldom used of anything which is not hollow.*
Bwasumuna, *v.t.*, to talk on endlessly, expatiate.
Bwazi, 12, *n.* (Bako.)=**wazi.**
Bwe, 6, *n.*, one who falls.
bwe kia malavu (8 *pl.*), a wretched drunkard, a slave to drink.
Bwembwena, *v.i.*, to be in great numbers, abound, be numerous, plentiful.
Bwidila, *v.t.* (Bako.), to fall upon, pounce, seize upon.
Bwimi, 12, *n.* (Bako.), meanness, stinginess.
Bwita, *v.i.*
ntima (4, u-) bwita, to have one's thirst slaked.
Bwitalala, *v.i.*, to be darkened, become, made dark.
Bwiti, 12, *n.* (Bako.), honey.
Bwitidika, *v.t.*, to darken, make dark.
Bwitidilwa, *v.i.*, to be benighted, belated.
Bwivi, 12, *n.* (Bako.)=**wivi.**

D.

Danda, *v.i.*, to be full.
Dandisa, *v.t.*, to fill.
Dasanana, *v.i.*, to be satisfied, satiated.

Dasidika, *v.t.*, to satisfy.
e de (6), *adv.*, just the same=**dedède,** p. 259.
Debola, *v.t.*, to take a very little at a time.
Dedangana, *v.i.*, to be jerked.
Dedangesa, *v.t.*, to jerk.
Deka-, 10 of the standards of measurement (*e.g.* **dekameta**=decameter = 10 metres).
Dêka, *v.i.*, to come out, rise, *of the stars,* shine *as a spark,* sparkle; *used only of small points of light.*
Dekola, *v.*+to take a very little (of anything) at a time.
Dekozioka, *v.i.*, to be constantly nibbled.
o malu se dekozioka, the feeling of cramp, weakness, &c., in the legs after a long sickness is thus expressed: the legs are being nibbled.
Desi-, the tenth part of the standards of measurement (*e.g.*, **desimeta** = decimetre = $\frac{1}{10}$ of a metre).
Desima, 2, *n.*, a decimal.
di-, *see* note at commencement of **E,** App.
-di-, *formative prefix of the reflexive form in all tenses.*
o Nzambi wadikalanga kuna ezulu, God is in heaven.
-adi, *v.*, *defective*; *see under* **A.**
edi -ina diau, this is (my) opinion, (I) think that.
edi una diau? do you think then?
edi-...vo, *pref. applied to pers. pronouns,* **ediame, ediau,** &c. I, they, &c., thought that; **edieto vo bakama tubakama,** we thought that we should be caught.
edi ndenda kuvangila aka didi, this is all that I can do for you.
Diabonda, 7, *n.*, sweetheart.
Diadi dina vo, *conj.*, since, forasmuch as.
ediaka mpe, *conj.*, then too.
ye diaka diaka, *conj.*, again (in a

e diaka mpe, *continued*.
   discourse), in the next place, secondly, & further. *When used suspiciously and interrogatively*, what then? what lies behind all this?
Diambu, 7, *n.*, +opinion.
   e diambu -ina diau, this is (my) opinion.
   i diambu didi ngina diau, this is my opinion.
   e diambu yamu ludi, it is quite clear, it is very certain, true indeed it was, it was only too true.
   omu diambu oko walekela, a respectful preamble for the commencement of an address.
   landa o mambu (*pl.* 7), *v.*, to torture.
   o mambu, nkama ya nsambu a mbumba, the countless things.
   kosi, kutatu; ova kati e diambu dina ko (proverb), there must be some reason for all this; *lit.* one & three, but there is something between.
Dianu vo, *conj.*, therefore. (*The applied form is not required when* dianu *or* diau *is thus combined with* vo.)
Diatidila, *v.*, to ram tightly (by any means).
Diau vo=dianu vo, App.
Diawa dimosi, *see* -a, App.
Dia-yuma, 6, *n.*, a great eater, a glutton.
Diba, 6, *n.* (Bako.)=diya.
Didima, *v.i.*, to thunder, make a thundering noise.
Diekomoka, *v.i.*, to laugh heartily.
Diela, 7, *n.*, cunning, cleverness, sense; intelligence, mind.
Diele (*pres. perf. of* kwenda+*pref.* of cl. 7 sing.).
   diele e kieleka vo, of a truth, truly, it is indeed true that.
Dika, *v.t.*, to ingraft (*the object of the verb is* the scion, *not* the tree; *see* dikila, App.

Dikalala, *v.i.*, to be in a state of perfect silence & stillness, be stagnant.
Dikaya, 7, *n.*, old & sour palm wine.
Diki (*pl.* meki), 7, *n.* (Kib.), an egg.
Dikila, *v.t.*, to graft a scion into a tree (*the object of the verb is* the tree, *not* the scion; *see* dika, App.).
Dikita, *v.i.*, to run (of something great).
Dikula, *v.t.*, to reckon, calculate, think over, put all the facts together, give full consideration.
Dikulula, *v.t.*, to feed over again, to graft in again; *see* dika, App.
Dikumuka, *v.i.*, to start up *or* off, rush away, be frightened & run away, be aroused *or* awake with a start, be startled.
   ntima (4, u-) dikumuka, a slight spasm of the heart (supposed to be the result of being mentioned by some one far away).
Dikumuna, *v.t.*, to startle & cause to run, waken with a start.
Dilwa, 6, *n.*, tasty stuff to eat with one's bread *or* kwanga, whether meat *or* vegetable.
Dima, *pl.* 6, *n.*, stain, dye, colouring matter, ink.
Dima, *v.t.*, to catch hold of.
Dima, *v.t.*, borrow at interest.
Dimbu, 6, *n.*
   sia e dimbu, *v.*, to take note of (mentally).
Dimbuna, *v.t.*, to choose, select.
Dimisa, *v.t.*, lend at interest.
Dimuna kintodi (5) (Kib.), *v.*, to kill & pour the blood of a human victim over a corpse.
Dindusu, 7, *n.* (Bako.), lumps in farinaceous food.
Dingika, *v.t.*, to restrain, keep still, delay, check, impede, stop.
Dingundu, 7, *n.*, a muscular fellow, *also* a species of hornet which does not sting (?).
Dinsiensia, 7, *n.* (P. licença), permission, excuse me!

Dinsunga-nsunga, 7, *n.*, something having a perfume, a perfumed oil, &c.

Dio-dio, 6, *n.*, hunger which seems insatiable.

Dionga, *v.t.*, to peer (into, over, under, &c.).

Dionso, 7, *n.*, the least particle, bit, the least *or* faintest trace ; **kana dionso nkutu ke bezidi diau ko**, they did not bring the least particle of it ; **ke bena ya dionso dia wonga ko**, they have no fear at all.

Dituka, *v.i.*, to make a noise as of a free fight.

nkindu (2, i-) dituka, to break out into a free fight.

Do! *interj.*, I pray you! please! I beseech you.

Dodokolo di- (-aku, &c.), if (you) please.

Dokalala, *v.i.*, to be persistent in, to continue doggedly.

Dokama, *v.t.*, to begin, commence.

Dole, 6, *n.* (Makuta)=dwele (App.).

e dudulu (6), *adv.*, with a fat belly, *of living creatures only*.

Duduna, *v.t.*, to pull & snap in two.

Duka, *v.t.*, to be exceedingly abusive, execrate strongly, swear at.

Duka, *v.i.*, to protrude, stick out.

nua (4) aduka, *n.*, a prognathous jaw.

Duku, 6, *n.*, a small drum having a diaphragm on each end, & played during the wailing for the dead.

Dukula, *v.i.*, to move (of the fetus in utero).

Dumbalala,) 6, *n.*, a girl, young maiden.
Dumbelele,)

Dumuka, *v.i.*, to fly, jump.

Dungiana, *v.i.*, to be in a stupid condition, either through drink *or* severe sickness.

Duvula, *v.t.*, to abuse foully.

Dwele, 6, *n.*, a siluroid fish living in muddy lakelets & swamps ; *also* an undersized child.

E.

e-, the Bakongo & others often drop the prefix e from nouns in e ; between Matadi & Lukunga it is often replaced by di- ; evata, vata, divata.

Ebala, 8, *n.*, a large squirrel having a striped back, eyes large, tail slightly bushy, white belly.

Ebamba-ngolo, 8, *n.*, a brave, a champion, a warrior.

Ebanda, 8, *n.*, reason, cause, purpose. (*Seldom used*) *see* bila & eyandu. Eyandu *is a far more common form*.

Ebanga, 8, *n.*, a large mid rib of raphia vinifera palm, "bamboo."

Ebangu, 8, *n.*, a way *or* style of making things.

Ebantiku, 8, *n.*, the point from which something was commenced.

Ebefele, 8, *n.*, a seed husk, unbroken but empty through atrophy.

Ebembele, 8, *n.*, a piece, fragment.

Ebembia, 8, *n.*, a great patch of jungle left unburnt.

Ebese, 8, *n.*, a plaited cord (of palm frondlets, &c.).

Ebidi, 8, *n.*, an abundance, a great crowd, quantity, number, mass, the many, the greater part.

Ebiki, 8, *n.*, earnestness, keenness, exceeding greatness (of desire for), intensity (of longing *or* love), *the radical idea being* a sense of the exceeding greatness of something, *hence* intense desire for it : muna ebiki dia nzola andi, through the greatness of his love.

Ebindika, 8, *n.*, the manner of locking *or* steering.

Ebindiku, 8, *n.*, locking, steering ; ebindiku dia nzaza ke diambu diandwelo ko, the steering of a ship is no small matter.

Ebo, 8, *n.*, sediment, floating scum,

Ebo, *continued.*
cream, yeast.
Ebobolo, 8, *n.* = **ebululu**, App.
Eboko, 8, *n.*, a camp, a regular resting-place for travellers, a place in a town where a daily market is held; the town square *or* "palaver place."
-**eboko**, *a.* (*from* **bokola**, *see* p. 254).
nkombo (2) a maboko, the goat presented in token of submission.
vana e nkombo a maboko, *v.*, to treat for peace.
Ebolo, 8, *n.*, the uncircumcised organ.
Ebu, 8, *n.*
zinga e ebu, *v.*, to pass over some breach of discipline *or* wrong, in hope that it will not be again committed, with the intention that should it recur, this previous case should be punished.
Ebu (Bako.) = **owu**.
Ebubulu, 8, *n.*, an unripe *or* blighted calabash, a stupid fellow, a fool, a great hulk of a fellow.
-**ebubulu**, *a.*, foolish, stupid.
Ebumba, 8, *n.* = **ebunda**, App.
Ebumbu (8) dia ebumbu, *n.*, perfect ignorance.
Ebunda, 8, *n.*, a bundle of "medicine" (fetish); *see* **mfula**, App.
Ebunda (8) dia kulu (9), *n.*, the thigh.
Ebunda-vumu, 8, *n.*, profit in trade.
Ebungwa, 8, *n.*, excuse, subterfuge, something to say for oneself (generally untrue *or* a mis-statement; *also* reason, cause, *used as* **kuma** (6).
vala o mabungwa, *v.*, to make an excuse, to concoct some story in excuse, to make a defence.
Ebwe (Bako.) = **aweyi**.
Ebwengelekete, 8, *n.*, clod, lump, crystal (of salt), grain (of sand).
Ebwese, 8, *n-*, one of 3 *or* 4 rows of laths in the finishing lines of the wall of a house.
Ebwila, 8, *n.*, an alluvial plain.
Edia, 8, *n.*, food stuff, food generally.

Edia, *continued.*
edia dia nsi eto diakaka, the food of our country is different.
-**edienga**, *a.*, acceptable, much to be desired.
e **ediki** *adv.*(*from* **dikalala**), still, quiet.
-**ediki**, *a.*, still, quiet.
fuku (13) wediki, in the still hush of night, when all are hushed; very late at night, in the middle of the night.
tombe (6) kiediki, still, hushed, darkness.
Edilu, 8, *n.* (*generally pl.*), a feeding ground, a place where people *or* animals feed.
Edimbu, 8, *n.* + a viscid mass (as of half melted glue, metal, glass, &c.).
Ediongi, 8, *n.*, the very centre, the far interior.
Edunia, 8, *n.*, a stupid fellow, a fool.
Efingidikiti, 8, *n.*, the stomach of a nsizi *or* rat.
Efongo, 8, *n.*, a flat place.
Efuba, 8, *n.*, the green fruit of a tree, the fruit of which reddens when ripe, an unripe fruit of such tree.
Efubu (8) dia munse (3) *n.*, a soft immature sugar cane.
Efula, 8, *n.*
mona o mafula, *v.*, to be regular as regards one's bowels.
Efuluta, 8, *n.*, fury, rage.
Efunda, 8, *n.* + a bundle, *hence* a bundle of 1,000; a thousand.
Efuta, 8, *n.*, the payment, the sum *or* price paid.
Efwafwa, 8, *n.*, that which comes to one by birthright, inheritance, portion (not necessarily coming through the death of another).
vwa e efwafwa, *v.*, to inherit.
Efwatakala, 8, *n.*, a species of grass, the blades of which are covered with a long, soft down.
Efwe, 8, *n.*, a plot of ground.
Efweke, 8, *n.*, one who is utterly stupid.

Efwema, 8, *n.* (Bako.), offence (taken), annoyance, anger.
  baka efwema, *v.*, to take offence, be offended, become angry.
Efwenka, 8, *n.*, friction, intense irritation, an overmastering passion, malignity, malice, bitter hate.
  sia e efwenka, *v.*, to be in a state of friction, to feel maliciously towards, hate, abandon one's-self to passion about.
Efwenka-fwenka, 8, *n.*, a monster, a very large specimen (of children, cubs, &c.).
Efwese-fwese (8) **dia —,** *n.*, loose (earth *or* sand).
  efwese-fwese diadi dia esenge ke disimakananga tungwa ya nzo ko, you cannot set the uprights of a house in this loose sand.
-eka *v. def., pres. indef. indic. only* (Bako.), to be.
  kuna nsi etu mambu mengi meka, bubi bweka kaka, there are many palavers in our district, always wickedness.
Ekabu, 8, *n.*, a free gift.
Ekâbu, 8, *n.*, a greedy, avaricious person.
Ekâbu, 8, *n.*, a man of immense strength.
Ekalamanga, 8, *n.*, a very large dog *or* any carnivorous animal.
Ekami, 8, *n.*, an obligation to, a necessity ; **e ekami ngina diau dia kwenda,** I must go, I am obliged to go.
  sia e ekami (dia), *v.*, to be very determined (to), make a very strong resolution (to).
Ekaminu, 8, *n.*, a pressing place.
  ekaminu dia vinyo, a wine press.
Ekanda, 8, *n.*, the key-note in music.
Ekangu, 8, *n.*, a covenant, agreement, bond.
Ekani, 8, *n.*, intention, purpose, resolution, idea, thought, plot.
  sia e ekani, *v.*, to plot, devise against.

Ekasa, 8, *n.*, a squirrel.
Ekati, 8, *n.*, the inward parts, the interior of the whole body, intestines, bowels.
Ekau, 8, *n.*, a portion, share, an allotment, portion contributed, contribution.
Ekaya, 8, *n.*, a greeting, salutation.
  ekaya -kika dia..., to greet with the news that...; **ekaya bankikidi dia mwana andi ovutukidi,** they greeted him with the news that his boy had returned.
Ekembo, 8, *n.*, pleasure, the sense of pleasure, joy, delight ; **nkembo** *is the* experience, **ekembo** *is the* condition *which makes it possible* (*see* **ewete,** App.).
Eketo, 8, *n.*, an intense desire after, a mad craving after, lust, passion, zeal ; **eketo dia maza kena diau,** he is mad for water.
Ekitu, 8, *n.*, metamorphosis, change, altered appearance, transfiguration.
Ekobe, 8, *n.*, a very powerfully-built man *or* carnivorous animal.
Ekoka, 8, *n.*
  fwa e ekoka, *v.*, to be unable to walk, very backward in learning to walk.
Ekolo, 8, *n.*, the shank *or* shin, *hence*, **vana ekolo dia,** from beside, from *or* at the feet of (of persons only).
Ekolo, 8, *n.*, a knot [a register of time (**kolo**), being often marked by knots].
Ekombe, 8, *n.*, a long stretch of plateau *or* ridge.
Ekomongo, 8, *n.*, dyspnœa, painful breathing.
Ekonde, 8, *n.* (P. **conde**), the knave (in cards).
Ekondeka, ⎫ 8, *n.* (*generally pl.*), cunning, craft, stratagem.
Ekoneka, ⎭
Ekonge, 8, *n.*, the handle of a cup, mug, &c.
Ekongo diangani, 8, *n.*, the Congo

Ekongo diangani, *continued.*
Free State, *État Indépendant du Congo.*
mwisi Ekongo diangani, an inhabitant of the Congo Free State.
Ekongwankela, 8, *n.*, a piece of furnace slag *or* hard pieces of iron ore which present the appearance of furnace slag.
Ekono, 8, *n.*, a point reached in a discussion, one item out of many to be touched upon, a head in a discourse *or* debate, a chapter in a book, a paragraph.
Ekova, 8, *n.* (Mpa.), the navel.
Ekto- (Fr. hecto), 100 of the standards of measurement (*e.g.* ektometa = hectometre, = 100 metres).
Ekulu, 8, *n.*, the most ancient times, the earliest ages.
Ekumba, 8, *n.*, a protruding navel.
Ekumbu, 8, *n.*, noise, roar, roaring of waves.
Ekuminu, 8, *n.*, a stop, a point of punctuation.
Ekunda, 8, *n.*, a self-sown plant.
Ekunkwa, 8,*n.*, cone, something conical, a conical stool of earthenware ; *hence,* a point, headland, cape, promontory.
Ekuti,   } *n.*, 8, a group, gather-
Ekutu,   } ing, cluster, flock,
Ekutu-kutu, } herd, crowd.
Ekutuwa, 8, *n.*, a coat, jacket.
Ekuzuka, 8, *n.*, a transgression.
Ekwa, 8, *n.*, how many? what number (*treated as a noun as follows*) :—
ekwa disidi, how many are left?
ekwa-ekwa, *inter. pron.*, how many each?
Ekwa (8) dia nzazi (2), *n.*, tiny scales of mica.
Ekwe, *interj.*, oh ! oh that (*regret*) !
ekwe kala vo nsumbidi kio, oh ! that I had bought it.
Ekwende, 8, *n.*
makwende, *pl.*, sleep-sickness.

Elambi-lambi, 8, *n.*, the unreasoning imitation of others, the habit of following the fashion *or* example of others, following like sheep through a gap.
kwenda e elambi-lambi, to follow the fashion, do what we see others do, whether good, bad *or* indifferent ; to follow like sheep through a gap.
Elambu, 8, *n.*, a feast.
Elanga, 8, *n.*, a large, broad hoe.
Elalangoma, 8, *n.*, a flat thing *or* place.
-elalangoma, *a.*, flat, even at the top.
Elaza, 8, *n.*
malaza, *pl. only*, empty talk, senseless rubbish.
Ele=tu (the particle), see p. 433 & App.
-ele, *perf.* of kwenda, to go.
Elei, 8, *n.* (P. rei), the king (in cards).
Eleko, 8, *n.*, a chord of music. The following are the names of the ivory horns set to the common chord :—
mi¹, luenze, 10.
do¹, sengele, 6.
sol, ngandu, 2.
mi, evula, 8.
do, koka-titi, 6.
the sound of the key-note, ekanda, 8.
Elemba, 8, *n.*, the charm referred to under lemba, App.
ese dia elemba, the man who is to be regarded as the father of one who has been initiated into ndembo.
nganga (2) a elemba, the doctor of elemba.
Elembe, 8, *n.*
About *or* until the years 1860-1865, elembe was a word which filled all who heard it with fear. The cry of " elembe edio " would stop a caravan of traders, & make them submit to capture *or* death without a struggle. It suggested some indefinable

Elembe, *continued.*
horror, such as witchcraft, which no one understands & every one believes in ; so the cry of **elembe** paralysed the hearers, & prevented all resistance. It is difficult to understand why the word had such an effect, but so notorious is it that the time when it became the means of much wrong & abuse is spoken of as the **tandu kia elembe.** Such crazes are not uncommon ; *see* **kiyoka, kinyambi,** App.

Elemena, 8, *n.*, a great desire, liking *or* taste.

elemena dia maza, a burning thirst.

elemena dia nsafu, a great liking for nsafu.

Elengo, 8, *n.*+the resinous sap of the elengo *or* lengo-lengo tree, used as medicine for "craw-craw." It has a very powerful smell when burnt, & burns fiercely ; *hence as an equivalent for* sulphur, brimstone.

Elenzi, 8, *n.*, the loathing of food after over-feeding (*see* **lenza**) ; *see also* **lenzi,** App.

Eleza, 8, *n.*, a lazy fellow.

-eleza, *a.*, lazy.

Elezi-lezi, 8, *n.*, brilliance, brightness, splendour.

-elezi-lezi, *a.*, gleaming, shining with splendour, brilliant.

Elolo (8) **dia mputu,** *n.*, custard *or* sweet apple.

Elonda, 8, *n.*, reason, purpose, cause.

e elonda, why ? for what reason *or* purpose ? because, for the reason that.

i elonda didi (*with appl. form*), this is why, this is the reason, this is how it is.

Elongi, 8, *n.*, a lesson, example, warning, discipline, chastening ; **ba-nsidi se elongi,** they made an example of him.

vana e elongi, *v.*, to comfort, console. When any one has

Elongi, *continued.*
been bereaved, after some 4 *or* 5 days have elapsed, the friends meet to console him, **vana e elongi.** They render thanks that he has so far recovered from his grief as to come out of his house to receive them ; he then returns thanks to them for bringing wine, & coming to fetch him out of the house & away from his grief, adding, **ntondele kwame owu nuvangidi yeno, kitondele wo ko owu kavangidi o mbeni, wa Nkadi-ampemba,** I am thankful to you for what you have done, but not for what the adversary, the devil, has done.

Elongo, 8, *n.* + the place in the "bush" where a "mystery" *or* "rite" is performed, which the natives affirm is like *or* identical with circumcision.

Elu (Bako.)=**olu.**

Eluema, 8, *n.*, desire, longing.

Elunga, 8, *n.*, mid-day, arrival at the zenith.

Elusa, 8, *n.*, a great appreciation of something, *hence* an earnestness of endeavour to obtain it, zeal, *so* greediness.

Elusu, 8, *n.*, the larger pieces which are imperfectly crushed, ground *or* pounded in such processes.

Ema (Bako.)=**oma.**

Emeraude, 2, *n.*, emerald.

Emiangana, 8, *n.*, a welcome, greeting of *or* by women, "**tumiangana.**"

Emoni, 8, *n.*

mamoni, *pl.*, wits, sense, genius, head.

Emu (Bako.)=**omu.**

Enangu, 8, *n.*, length of time spent in staying.

Enatu, 8, *n.*, a burden, load, something carried, cargo.

Endu (Bako.)=**oyu.**

Eniemo, 8, *n.*, a trap, in which a log

Eniemo, *continued.*
of wood falls athwart the animal; *also* a press.
Enunga, 8, *n.*, the amount to which a spring is bent *or* of a curve.
Epele, 8, *n.*, fête.
Epùpùpu, 8, *n.*, trembling (of delight *or* fear).
Esafu, 8, *n.*, uncleanness, foulness, defilement, pollution, obscenity.
-esafu, *a.*, unclean, foul, polluted, disgusting, obscene.
Esaku, 8, *n.*, rat hunting.
Esàlala, 8, *n.*, a wild gourd.
Esambilu, 8, *n.*, a place of worship, church, chapel, synagogue.
Esangala, 8, *n.*, a place *or* hollow *or* thing which contains; *the idea being that it is something exterior, leaving a hollow cavity inside*, an encompassing body, a cell.
Esansu, 8 *n.*, tradition, matter handed down *or* from one to another.
Esansu, 8, *n.*, condition of things during a certain period, a dispensation, period of administration, all that concerns a period.
Esanzamu, 8, *n.*, an expanse.
Esanzu (8) dia kaya, *n.*, a liberality which ruins, by giving away everything possessed.
Esasa, 8, *n.*, a large hole in the interior.
Esasala, 8, *n.*
kala e esasala, to be light (not heavy).
Ese, 8, *n.* The usage of **ese** & **tata**, is the same as father & papa in English; *i.e.*, where it would be proper to use papa, **tata** is used; papa & **tata** are used in addressing, not with possessive pronouns (my father, not my papa), they are used in speaking of the father (papa is coming). **Ese** must be used where father & son are contrasted. A Kongo slave speaks of his master as his father very often. *The initial* **e** *is dropped, unless*

Ese, *continued.*
it is preceded by **a** *or an apostrophe; the final* **e** *is elided before* **a** *&* **e**. **Kw' es' ame**, to my father; **o s' eto**, our father. *It is nearly always a 1st class noun; see also note on p.* 271.
e tata! father!
o s' ame, my father.
yo se yo mwana, father & son.
o se wabula, the father is dead.
wele kwa tata, he is gone to father.
When **ese** *is followed by an adj. or adjectival clause, it is treated as a noun of the 8th class;* **ese diambote**, a good father.
ese dia elemba, *n.* When a person has completed his initiation into the **ndembo** mystery, the doctor appoints some man to be considered his father, who is called **ese dia elemba** (godfather?)'; *see* **lemba**, App.
ese dia nzila a ezulu, ese dia mungwa, es' andi a mungwa, *n.*, a god-father *or* mother; *see* **mungwa, lemba o mwana**, App.
Esela, 8, *n.*, the flat top of a hill.
Esemba, 8, *n.*, the habit of boasting.
Esemo, 8, *n.*, making, creation, a bringing into shape *or* being, generation, evolution, the first times, when things were created, the beginning, the earliest ages, times *or* days.
tuka kuna esemo, from the very first times, ever since the world began.
Esenselo, 8, *n.*, a port.
Esewa, 8, *n.*, the circumcised organ.
-esika-sika (yo, &c.), appointed, fixed, named (by).
Esikilu, 8, *n.*, a drum of globular shape (cavalry), played at funerals & state occasions.
Esiku, 8, *n.*, a sure place, an established position, a standing, position, post, rank.

Esoki, 8, *n.*=nsoki (4), p. 392.
Esomba, 8, *n.*, a sharpened piece of mbasa buried in the ground point upwards, so as to pierce the feet of trespassers in gardens, &c.
Esoneka, 8, *n.*, a style or manner of writing.
Esonso, 8, *n.*, the point at which fire was applied in setting anything on fire; *also* a small patch of fire, as when jungle is burning each little straggling patch of fire is an **esonso**.
Esumbu, 8, *n.*, the price.
   sia e esumbu, *v.*, to name a price.
   ta *or* vuna e esumbu, *v.*, to bargain for.
Esumpu, 8, *n.*, a stitch of basting.
Esunga, 8, *n.*, *see* elusa, App.
Esungi, 8, *n.*, cretonne & any like cloth of floral design printed in many colours on a coloured ground.
Esunia, 8, *n.*, a tooth which protrudes beyond the lips, *also* moustache.
Esûta, 8, *n.*, a hurry.
   kala kuna esûta, to be in a hurry.
   ku esûta kena, he is in a hurry.
Esutu, 8, *n.*, the uncircumcised organ.
-osutu, uncircumcised (of the organ, not individuals); *also* very bad indeed (a most indignant & abusive term), scurrilous, utterly abominable & useless.
Eswekameno, 8, *n.*, a place of hiding.
Età, *interj.*, *a particle implying great respect*, your honour, excellency, majesty; tufiaukidi età, we are much obliged (to your grace).
   eta *enters into the composition of* ingeta=inga eta, *i.e.* so, my lord.
Etadi, 8, *n.*+a stone, *also* a secret name used for an egg, to prevent a fowl from understanding that her eggs were being talked of.
   etadi (8) dia esenge, *n.*, sandstone.

Etamba.
   matamba, *pl.* 8, *n.*, *lupus exedens*, a rodent ulcer which destroys the nose, &c.
Etamba, 8, *n.*, information as to the sickness *or* death of a relative *or* some disaster which has befallen him.
Etambu, 8, *n.*, good fortune in catching with traps & snares.
Etampala, 8, *n.*, a flimsy, rotten thing that goes to pieces at a touch.
Etanda, 8, *n.*, circular mats of the same make as the native baskets.
Ete, 8, *n.*, the saliva.
   mina e ete, *v.*, to take breakfast, break the fast (*i.e.*, swallow the saliva, which has for so long been the only thing in the mouth).
   minu-ete, 6, *n.*, breakfast.
   ete dia ewawa, hunger in the morning, supposed to be caused by a new secretion of saliva.
Ete, *an imperative particle giving emphasis to a command;* wenda ete, go then.
Etekola, 8, *n.*, a vault. When the grave is dug for a man of some position, it is customary to dig a vault or recess in the side at the bottom. Into this the body is placed, to avoid its sinking into the floor of the grave, when the earth sinks in after filling up. It is imagined that this is due to the sinking of the floor of the grave itself.
Etekwa, ovinda e nkome oku mpiaza o masanza nki wasala (*proverb*), O bracken! if you send up your new frond (like a closed fist) in the season when the jungle is burnt, what will be left for the first rains? *i.e.*, it is too late to urge that now (it has been burnt up by the fire).
Etenda, 8, *n.*, *in advl. clause only.*

Etenda, *continued.*
ova etenda, in the sight of all, in a public place (*see* tendoka).
ova etenda-nkongolo, before an open court, before an assembled multitude.
Etetelo, 8, *n.*, the place of execution.
Etiangi, 8, *n.*, a tall fellow.
Etima, 8, *n.*, the great aim *or* object, the thing most desired, the desire of one's heart, the subject of intense feelings, *hence even* of revengeful feelings ; zeal.
  nkwa (1) etima, one who has set *or* sets his heart on something, one who is much in earnest, zealous, fervent in spirit.
  sia e etima dia... *or* sia...e etima, *v.*, to set one's heart on, to make ...the great object (of endeavour, &c.), to be much in earnest, zealous, assiduous, industrious in doing, getting, &c., make up one's mind to—, seek *or* do most diligently.
Etingu, 8 (*generally pl*), *n.*, insolence.
Etinti, 8, *n.*, proud reserve.
Etita, 8, *n.*, the feathering of an arrow, a feather toy windmill, a windmill.
Etoka, 8, *n.*, an even number.
  -etoka, *a.*, even.
Etompolo, 8, *n.* = etampala, App.
Etondo, 8, *n.*, a fungus mass growing under the ground.
Etu (Bako.) = otu & eto.
Etuku, 8, *n.* + the book of Genesis.
Etuluka, 8, *n.*, maturity, puberty, marriageable age (of either sex).
Etwenga, 8, *n.*, a soft, tender thing which is not yet properly hard *or* mature.
  -etwenga, *a.*, soft, tender.
Eva (Bako) = ova.
Evamba, 8, *n.*
  mavamba, *pl.*, nonsense.
Evamba, 8, *n.*, a small edible mushroom, growing in great abundance, which the people never venture to pluck until they have

Evamba, *continued.*
made homage & roll in the dust, as to a great chief. It is such a great find, that this homage is to induce it to come again.
Evanga, 8, *n.*, } a colony.
Evanga dia nsi (2), }
Evangu, 8, *n.*, that which is done *or* made, a deed, action.
Evangu, 8, *n.*, purpose, *raison d'être*.
Eveko, 8, *n.*, a hindrance, delay, excuse, reason for not doing something.
Evela, 8, *n.* + a small bare place (on the ground, &c.).
Evelema, 8, *n.*, desire, longing.
Evendwa, 8, *n.* (Solongo), mistake, error.
Evene, 8, *n.*, nakedness.
Evengwa, 8, *n.*, an omission, something *or* some person omitted *or* to be omitted *or* excepted ; aleke awonso, o Bukusu evengwa, all the boys but *or* except Bukusu.
Eveso,   } 8, *n.*, a dull, dirty, tarnished
Evesoka, } appearance.
Evika, 8, *n.*, a place where any one *or* anything is to be surely found ; nzeye dio evika diandi, I know where he is always.
Evilanu, 8, *n.*, bird's egg, & sometimes used of fowl's eggs, lest the fowl should hear her eggs spoken of, & stop laying.
Evilukilu (8) dia ntima (4), *n.*, opportunity for repentance.
Evimbu, 8, *n.* + the body, the trunk (of a tree), bulk.
Evinza, 8, *n.*, cultivated country, a part where there are farms, *hence* the country, *i.e.*, away from the towns.
Evoka, 8, *n.*, a broad, flat valley.
Evola, 8, *n.*, paralysis.
  mbevo a evola, a paralytic.
Evolo, 8, *n.*
  mavolo, *adv.*, in peace, safely, quietly ; o unu o mwana olele mavolo, to-day the child slept

Evolo, *continued.*
quietly ; **wenda mavolo,** go in peace.

Evongo, 8, *n.*, something given, expended *or* employed in the full expectation of ample returns.

Evongona, 8, *n.*, a hole of large area, not necessarily deep ; a very large ulcer.

Evoso, 8, *n.*, a foolish, witless fellow.

Evudidila, 8, *n.*, greed, avarice, that which makes a man exact more than is his due.
nzimbu zevudidila, money taken in excess of one's due.

Evuku-vuku, 8, *n.*, inducement.
kala ye evuku-vuku, *v.*, to be induced.

Evula, 8, *n.*, an ivory horn giving the note of "mi" (the 3rd) in the chord to which they are set.

Evumba, 8, *n.*, food stuff wrapped up in a leaf, &c., for roasting.

Evunza-, *with a noun suffixed,* an excuse *or* something to prevent what is expressed by the noun suffixed.
evunza-salu, something which prevents *or* impedes work, an encumbrance.
evunza-vewa, an excuse for not giving.
evunza-vova, something given to hush up a matter, hush-money.

Evuya, 8, *n.*, a cleaning rag, housecloth, duster.

Evwanga, 8, *n.*, confusion, disorder.
-evwanga, *a.*, in confusion, disorder.
-evwanga, *a.*, public property, to be taken & used by any one.

Evwangi, 8, *n.*, publicity, the presence of a crowd, an unwelcome crowd *or* company.
-evwangi, *a.*, in great numbers, too many.

Evwendengele, 8, *n.*, a monster, a very large specimen (of animals only).
evwendengele dia ngulu, a monster of a pig.

Ewanda, 8, *n.*, the manner of striking.

Ewawa, 8, *n.*, a shudder, thrill.
ete dia ewawa, *see* **ete,** App.

Ewete (*generally used in the pl.* **mawete**), 8, *n.*, pleasure, that which is the source of **wete.**
Wete *is the* experience, **ewete** *the* condition *which makes it possible; see* **ekembo,** App.

Ewole, 8, *n.*, a thorny creeper.

Ewombolo, 8, *n.*, a decayed, rotten piece of wood-work, house, canoe *or* piece of fire-wood ; **ewombolo dia nzo diadi,** this is a rotten house.

Ewonzo, 8, *n.*, medicine enclosed in a piece of palm frondlet.

Ewu (Bako.)=**owu.**

Ewulumuna, 8, *n.*
mawulumuna (*pl.*), endless talk, gossip, twaddle, chatter.

Ewuta, 8, *n.*, a bearing, a bringing forth ; **owutidi o mwana andi, e ewuta diantete,** she brought forth her child, her first bearing (*i.e.*, the first she ever bore).

Ewutuka, 8, *n.*, the birth, the being born ; **tuka ewutuka diandi,** from his birth.

Eyandu, 8, *n.*, reason, cause, purpose; *see* **ebandu,** App.
eyandu diadi (*with applied form*), for this reason, that is why.
wa eyandu? why? for what reason?

Eyanga, 8, *n.*, an impropriety, something which is wrong *or* offensive, contrary to proper customs, an offence.
mbula e eyanga, *n.*, to commit such an offence.

Eyangidi, 8, *n.* (Mboma), sweet potato.

Eyatiku, 8, *n.*, the point at which a beginning is made.

Eyaya, 8, *n.*, the topic of general conversation, a matter in every one's mouth.

Eyidi, *n.* (Solongo), a barnacle.

Eyidingingi, 8, *n.*, a dead silence.

Eyititi, 8, *n.*, a swollen cheek.
Eyokosa dia—, 8, *n.*, a great sound of—; **eyokosa dia mazu**, a great noise; **eyokosa dia dilu**, a great sound of wailing.
Eyovoka, 8, *n.*, a weakness, infirmity.
Ezakamu, 8, *n.*, shaking, trembling.
-ezala, *a.*, light, not severe (of affliction only).
  ngangu (2) **zezala**, a false, foolish cunning, which fails entirely in its purpose.
Ezalu, 8, *n.*, a line *or* string near the wall-plate of a house a little way out from the wall, upon which to hang clothes, a clothes-horse.
Ezengenene, 8, *n.*, a fool.
Ezengo, 8, *n.*, a stick *or* something cut *or* marked to the exact length, as a measure.
Ezeze, 8, *n.*, an effeminate, useless, helpless fellow, a fool.
Eziezie, 8, *n.* (*gen. pl.*), bewilderment, distraction.
  -a **maziezie**, muddled, bewildered, distracted, irrational, wrong.
Ezikila, 8, *n.*, the definite spot where anything may be surely found, the particular page, verse *or* stanza to which reference is made *or* where the passage may be found.
Eziku, 8, *n.*, the prime of life, perfection, arrival at perfection, maturity; *see* **zikuka**, App.
Ezimi, 8, *n.*, a clan; *see* **zimi**, App.
Ezina, 8, *n.*, name.
  nkwa **ezina diambote**, a man of good report, having a good name.
  ezina, 1, *n.*, the deceased, *thus avoiding the mention of the name; see* deceased, App.
Ezinga, 8, *n.*, the length of (a man's) life.
  mazinga, *pl. only*, delay, continuance, time spent *or* lost.
Ezingu, 8, *n.*, delay, hindrance.
Ezita, 8, *n.*+a knot, *hence* the knot *or*

Ezita, *continued*.
end round which a native basket is made in its manufacture, the point from which the long whorl of grass of which it is made eccentrates, an axle, axis, the pole of any spherical body, the top & bottom points of an egg, &c., the north *or* south pole (of the earth), the point on the back part of the top of the head from which the hair seems to radiate; *also* a retaining fee, a fee which, being paid, secures the first refusal *or* prevents something from being offered for sale, &c., until an opportunity for treating has been given.
Eziya, 8, *n.*, pool left by the fall of a river, hole in the bed of a river.
Ezizima, 8, *n.*, coldness, cold, chilliness.
  -**ezizima**, *a.*, cold, chilly.
Ezu, 8, *n.*
  sia e ezu dia—, *v.*, to make a pretence of—.
Ezuka, 8, *n.*
  mazuka, *pl. only*, interest, profit.
Ezuku, 8, *n.*, nucleus, elementary principle, rudiment, root, source, origin, basis, base.

F.

Fianungina, *v.t.*, to try, make an attempt to do something well knowing it to be hopeless.
Fiata, *v.i.* (P. **confiar**), to confide, trust.
Fiaulwisa, *v.*, to congratulate.
Fiauzi, 12, *n.*, peace of mind, happiness, contentment, comfort, consolation.
Fiba, 6, *n.*, the horn of a gazelloid antelope.
Fidisa, *v.t.*, to send (things).

Fienza, *v.t.*, to finish off well, add a good finish.
Fika, *v.i.*, to be cheap.
Fika (6) ye kamba (6), *n.*, sureness, security, safety.
-afika ye kamba, *a.*, dependable, sure, safe.
sia e fika ye kamba (6) (muna), *v.*, to depend (upon).
Fikuna, *v.i.*, to nourish (of food only).
Fila, *v.t.*, to turn *or* direct (of some part of the body).
fila o malu (9 *pl.*), to put, place the legs.
Filakesa, *v.t.*, to hurry along, to conduct by force, to bear along, be in favour of *or* favourable (of the wind), to blow from the stern, be with ; to fail to help, withhold assistance in a crisis; to hang back & let others bear the brunt of a struggle ; e **tembwa kibafilakese**, the wind was in their favour.
Filavu, 15, *n.*, a little wine.
Fimpulula, *v.t.*, to diligently *or* repeatedly investigate.
Finangana,) *v.i.*, to be troubled,
Finangeswa,) sorely pressed, overwhelmed, straitened, perplexed, harassed, burdened.
Findu, 6, *n.*, reluctance to move, obey, yield, exert oneself *or* to abandon an enterprise until absolutely forced, & perhaps not even then, dogged obstinacy, a combination of scorn of authority, force *or* danger, & pure courage.
Fingitina,) *v.*, to hold se-
Fingituna (Bako.),) curely, firm.
Finiziana, *v.i.*, to be assiduously plied, to be industriously carried on, be persevered in.
Finizieka, *v.*, to be assiduous, constant, industrious, persevering in (*i.e.*, leave no long intervals), not work by fits & starts ; **tufinizieka e salu kieto**, we will persevere in our work.

Finta, *v.t.*, to rub a part of the body (not to anoint *or* wipe, but as to rub the nose *or* ear when they itch).
Finuna, *v.t.*, to nourish (of food only).
Finzula, *v.t.* (Bako.) = funzula.
Fio, *pl.* 6, *n.*, blackness.
-afio, *a.*, black.
Fionkonona, *v.t.*, to fast, to go without food.
Fiontona, *v.t.*, to strangle.
Fiota, *v.i.*, to be, grow black.
Fita, *v.i.*
elaka (8, di-) fita, to have a burning, choking sensation in the throat, as when strong liquor is drunk *or* some nicotine is swallowed *or* when very angry.
Fita,) *v.* + to smoke,
Fita o mwisi (3),) make a smoke.
Fitama, *v.i.*, to throng, crowd around (of a great crowd).
Fitamena, *v.t.*, to throng, crowd round (some one).
Fitika, *v.t.*, to put, heap, place together, pile in one place.
Fiununa, *v.t.*, to squeeze through a small hole.
Fofota, *v.i.*, to make a sound as the jungle when a man *or* large animal forces his way through it.
Fokola, *v.* + to multiply, *also* to put letters together and pronounce.
Fokwelwa, 6, *n.*, the multiplier.
Folokosa, *v.*, to talk rubbish, to no purpose *or* uselessly, persist foolishly in a request.
Fonga e mfulu (2), *v.*, to sit in council.
Fongo, 6, *n.*, a seat, place.
Fotomoka, *v.i.*, to ascend (as smoke).
Frank, 2, *n.*, a franc.
Fudila muna kufi (12), *v.*, to make short work of a thing.
-afuka, *a.*, respectful, courteous, ceremonious, with due ceremony.
Fùka, *v.i.*, to come to an end, be exhausted, fail, be finished, concluded.

Fûka, 9, *n.*, exhaustion (of supplies), failure (of resources), finality.

Fukamena, *v.t.*, to kneel down to, *so* to intreat, beseech.

Fukusa, *v.t.* (Bako.), to boil.

Fukwa, *v., mid. pass.*, to lose by death, be bereaved of.

Fukwa, 6, *n.*, a cover.

Fula, *v.t.*, to blow (with the breath).

Fûla, *v.t.*+to finish, bring to an end, conclude.

Fulu, 6, *n.* (Bako.), a flower.

Fulu, 6, *n.*+a place, spot.

 mu fulu,   ⎫ *adv.*, on the spot, at
 vana fulu, ⎬ once, instantly, im-
 vovo fulu, ⎭ mediately, at the very moment, in the very act.

Fulula, *v.t.*

 fulula o nkisi (4), to propitiate a fetish for some broken restriction (**konko**) *or* reinstate it. Gunpowder is strewn on the ground, the fetish image *or* bundle is held over it, a few words are spoken, the powder is then fired, and as the smoke clears off, the whistle (**mbambi**) of the fetish is blown. This is supposed to restore the broken charm by propitiation, forgiveness being obtained from the charm-principle; without gunpowder no **kimenga** or anything would avail.

Fululu, 6, *n.*, perseverance, steady plodding.

Fululuka, *v.i.*, to grunt with vexation.

Fululuka, *v.i.*, to foam (as the sea).

Fulumunu, 6, *n.* (Bako.), *see* **fulumwinu** (App.).

Fulumwina, *v.t.*, to inspire, breathe into.

Fulumwinu, 6, *n.*, the spirit, soul, the living principle, that which lives within us and imparts life to the body.

Fulusa, *v.t.* (Bako.), to fill.

Fumana, *v.i.*, to be proud and reserved, grave, sedate; *also* to stand still and wonder, the right

Fumana, *continued.*
 hand under the chin *or* on the side of the face, *the attitude of perplexity*.

Fumba, *v.t.*, to think too much of (a thing) to give it away (to so & so).

Fumba, *v.t.*, to waste, squander, be prodigal of.

 fumba e ndofi (2), *v.*, to swear falsely, perjure oneself, break a vow.

Fumbalala, *v.i.*, to double up (as with pain in the stomach), to sag.

Fumbi, 6, *n.*, the place where highway robbery *or* murder was committed; *also* an ambuscade for the purpose.

 fwa e fumbi, *v.*, to be caught (of a trap which is caught in some way so that it cannot be sprung, *or* of a noose which is caught and cannot draw tight & catch that for which it is set).

Fumbila, *v.t.*, to think too little of... to make (him) such a present *or* to render such a service *or* do such a kindness.

Fumina, *v.* = **fumana,** App.

Fumuna, *v.t.*, to kill (game, &c.) in great numbers *or* catch (of fish).

Funa, *v.t.*+to leaven, be leavened.

Funa, 12, *n.*, leaven.

Funakana, *v.i.*, to be sullen, to sulk, to observe a sullen silence.

Funda, *v.t.*, to accuse, charge (before judges); **bamfundidi edi dia wivi,** they charged him with theft.

Fundisa, *v.t.*, to judge, try (a case).

Funduluka, *v.i.*, to groan (as one deeply moved in spirit).

Funduluka, *v.i.*, to swell up to its original size (as something dried which has been well soaked).

Fundulukila, *v.t.*, to grumble and make a fuss about.

Fundulula, *v.t.*, to mutter to oneself *or* others, but not to the person concerned.

Funga, *v.i.*, to be *or* become abortive, not to arrive at perfection *or* full attainment *or* completion, to fall short (of the mark *or* aim), be abandoned, not worth completion, to be spoiled, of no further use ; to be neither one thing nor the other, *hence* be spoiled as of under-cooked plantain, &c., which cannot afterwards have the cooking completed.

Fungudia, 6, *n.*, a bump, lump which protrudes.

Funisa, *v.t.*, to leaven.

Funka, *v.t.*, to make an end of, finish off, use up, carry to the bitter end.

Funta, *v.i.*+to turn over the surface of the soil, to dig up by scratching, *or* scraping the surface.

Funta, *v.t.*, to crush with a rubbing movement, tread, trample.

Funta, *v.i.*, to remain unsold (after offering for sale publicly), to exceed the demand.

Funtuka, *v.i.* (*perf.* -ini), to have a great deal of trouble, be oppressed, persecuted.

   funtuka ye salu, *v.i.*, to toil, work hard, have much trouble over one's work.

Funtuna, *v.t.*, give trouble, oppress, distress, persecute.

Funze, 6, *n.*, any ailment of babyhood concerning which one can ask no questions, only be conscious that there is something wrong, the frailty of infancy.

Futa, *v.i.*, become bush *or* jungle again, to lie fallow, to become desolate (of an abandoned place), be abandoned.

Futalala, *v.i.*=**yindalala**, p. 474.

Futidika, *v.t.*=**yindidika**, p. 474.

Futuka, *v.i.* (Bako.), to have a great deal of trouble, work, be oppressed, persecuted.

Futumuna, *v.t.* (Bako.), to raise from the dead, bring to life again.

Futumuka, *v.i.* (Bako.), to rise from the dead.

Futwa, *v.i.*, to be fomented.

Futwa, 6, *n.*, a vapour bath.

   bukamena e futwa, *v.*, to take a vapour *or* steam bath.

Fuzi, 12, *n.*, skill in one's craft.

Fwa, *v.i.*

   fwa e baba, (6) *v.i.*, to be intensely desirous.

   fwa mu meso (*pl.* 7), *v.*, to be actually seen, come under actual observation.

   fwa o ke (12), *v.*, to be too little, too few, too short.

   fwa o nene (12), *v.*, to be too many, too large.

   fwa o tulu (10), *v.*, to be in a dead sleep.

Fwa-mboko, 6, *n.*, a person lame through stiffness in the joints.

-afwalansa, *a.*, French.

Fwama (Bako.), *v.i.*, *seldom used but in the perfect* (-**fweme**), to be angry.

   moya (4, u-) **fwama**, to be hungry.

Fwamfumuka, *v.i.*, to flow out copiously (from a hole *or* wound), to pour, gush out, leak out fast.

Fwaneswa, *v.i.*, to be fit, be found fit, be made fit.

Fwani-fwani, 6, *n.*, same fashion *or* style, resemblance.

   kala e fwani-fwani ye, to adopt the style of, follow the fashion of, conform to.

Fwaninika, *v.t.*, to compare together.

Fwankalakana, *v.i.*, to sink to the ground under a load.

Fwantama, *v.i.* (Bako.), to bend, be bent, bowed down.

Fwantakesa, *v.t.*, to destroy, devastate, lay waste, make havoc of.

Fwantika, *v.i.* (Bako.), to bend, bow down.

Fwanuka, *v.i.*, to be fit, worthy.

Fwanukina, *v.t.*, to be worthy of, deserve, be deserving of ; to be worthy to, to be deserved by.

Fwanukwa, *v.i.*, to deserve, have as one's deserts, be deserving of; to have to, be obliged to, must, to have nothing left for it but to...

Fwanwa, *v.i.*, to be able to, worthy to. *The difference between* **fwana** *and* **fwanwa** *lies in the fact that in the case of* **fwana** *the ability (or in negative sentences the inability) lies in the subject of the verb, while* **fwanwa** *implies that the ability (or inability) lies entirely in something abnormal in the matter referred to;* **kifwene kio nata ko,** I cannot carry it (on account of my weakness); **kifweno kio nata ko,** I cannot carry it (for such as I am may not touch such things).

Fwasa, *v.t.*, to destroy, spoil, render useless.

Fwatika, *v.t.*, to put all in heap.
fwatika-fwatika, to put together without any attempt at arrangement *or* order.
-afwitaku-fwatiku, *a.*, done without any attempt at order, care, skill *or* neatness.

Fwenka, *v.t.* +rub *or* grind hard on.

-fwete, *aux. v. def.* +may be able to; **ozolele kundatisa e ezitu ndembi fwete lenda,** he wants to make me carry a load which I could not possibly carry (which I could not be likely to be able to).

Fwidi, 6, *n.*, a bereavement.
kala ku fwidi, *v.*, to be in great sorrow of bereavement, to be bereaved; **ku fwidi kingi kena,** he has sustained a great loss.

Fwidilwa, *v.*, to be a loser of, suffer loss of, be bereaved of.

Fwika, *v.i.* (Bako.), to be cheap.

Fwila e baba (6), *v.t.*, to be intensely desirous after, long eagerly for.

Fwila, 6, *n.*, a dead body (*of an animal, seldom used of a corpse* **fwa** *except as*) carcase.

Fwilwa, *v.i.*, to be a loser, suffer loss, be bereaved.

G.

Grame, 2, *n.* (Fr. **gramme**), a gramme.

I.

I, *dem. verbal particle*, that is why, then, that is when, then it is that; *often not to be translated at all;* **muna diadi i katutumini,** for this reason he sent us; *lit.* for this it was that he sent for us.

i *preceded by the dem. pron., 1st poss.* and there was (so & so) also *or* too; **emi i nsinga,** and there were ropes; **oyu i Kumpaya,** and Kumpaya was there. *toward the end of a sentence this combination is best rendered by* as well, as well as, too; **aya bekwenda, oyu i Nlemvo,** these will go and Nlemvo as well; **aya i yeto tuna vava,** as well as we who are here.

i *before the personal pronouns, followed by* **wau; i (yau) wau,** said...; **ingeta, i yandi wau,** yes, said he.

i...aka *or* **kaka,** *with the dem. pron. emph.*, once for all; **i mpova aka yiyi mpovele,** I speak once for all.

i...aka, *with an infinitive noun between*, to be just...; **i luaka aka,** he had just arrived.

-ina, *v. defective,* (*passive,* **-iniwa;** *applied form,* **-inina**); to be, *see* Gram., p. 690, and Grammatical Appendix.

-ina (*or* **kala**) **diau,** to think, imagine, suppose; **edi ngina diau vo—,** I think that—; **adieyi bena diau?** what did they think?

-ina *preceded by a locative is translated by the equivalent of the locative and of the pronominal prefix to the verb;* ke vakedi muntu vana bena ozeye wo ko, there was not a man *among them* or *of them* who knew it; i diau ngizididi oku wina, therefore I came *to you;* dinkondo dimosi vana mena divwidi bwaka, one of the plantains (*among them*) was ripe. *None of the tenses of* kala *are used in this way, only this present tense irregular verb* -ina *is used, no matter what the time of the sentence.*

-ina omu *or* muna, about, in refer to; tuwidi e nsangu zingi zina omo ngeye, we heard many reports in reference to you; *see also* kala muna, App.

-ina una *or* wau, to be so, such, like that, thus; e ma kina una, such a thing (*lit.* a thing which is thus); nga e nzo aku ina una e? is your house like that then?

-ina vo, which, who, is, was, &c., *also* that is to say; tumwene e mpatu ina vo ya Kikudi, we saw a farm which was Kikudi's; divangamene kwa yeto, kuna vo, mono yo Kikudi, it was done by us, that is, by Kikudi & me. *In this sentence the* ku *of* kuna *comes from the locative* kwa, *the* diambu (di-) *being forgotten in the giving of the further explanation as to, by whom.*

-ina ye=kala ye, App.

-ingi.

ye (&c.) ... o wingi, in such a manner *or* way, so, so that; ye ntunga o wingi betunganga, e nzo zau zinga kikilu, they build in such a way that their houses last long; yo vova o wingi bavovele—, and so

-ingi, *continued.*

spoke that —; yo pemba o wingi—, & so white that—

-iniwa, *passive of* -ina, to have in (*one* or *it*), to have (in); ndioyo winiwa e ekela, he who has the bullet in him.

izi, izidi, *see* kwiza.

J.

Je- & ji-, *see under* zie- & zi- in this Appendix, but also je- & ji in the Dictionary, pp. 283-5.

K.

Ka, *defective aux. verb* (Bako.) *equivalent to the verb* to be.

dia bakà ta dianga, they were just eating.

kwiza tukà kwizanga, we are coming.

Ka...ko (Bako.), *the particles of negation*=ke...ko, not.

-aka,

o mwaka-mwaka+in divers *or* various places.

Kaba, *v.t.*, to carry something very heavy.

Kabuka, *v.i.*, to be bold, courageous. *followed by the infinitive noun* to dare to; nga kabuka kekabuka o kota e? dares he to enter then?

Kabula, *v.t. of above*, to cause to be bold.

Kabula, *v.t.*, to dare to mention, tell, to tell, speak boldly without fear; wele dio kabula kwa mfumu, he went and told it boldly to the chief.

Kadi, *conj.*, wau kadi, because now, now that, since.

kadi kala *or* kele vo—*with subj. fut. indef.*, would that—

kadi tu, kuna kwa— *conj.*, oh!

Kadi, *continued.*
what a— (wonder *or* ridicule); **kadi tu, kuna kwa ntakuka,** oh! what a jump.
kadi tu, se diakaka, how strange indeed, how very strange *or* wonderful, did you ever hear of such a thing?

Kadila (*applied form of* **kala**), *v.* + to be, live for, to, &c.; **ikubakadila se mfumu,** I will be a chief over them; **adieyi dikadila wau?** why will it be like that?

Kadilu, 6, *n.,* a manner of life (habits, customs, &c.).

Kafa, *v.t.,* to strike, beat.

Kafalala, *v.t.,* to be *or* look unhappy, sad, displeased, ill at ease, miserable, disappointed, *often used with* **ntima, o ntima andi ukafalele,** he is unhappy in his mind.

Kafidika, *v.t.,* to make sad, sadden, render miserable, unhappy.

kafidika o ntima (1), to displease (one's heart).

Kaka, *adv.* + still (there was no change in the circumstances); **wakedi kaka muna nzo,** he was still in the house...

after a negative sentence **kaka** *often brings out a strong contrast,* but, rather, instead; **kunwandi ko, unsadisa kaka,** do not beat him, but help him *or* help him rather.

kaka *or* **aka** *is often to be rendered by* must, *will have to, it being regarded as the* only possible circumstance that—; **kwenda kaka kekwenda,** he must go (*lit.* he will only go); **ke nuvangi luzolo lueno ko, oluame kaka,** do not do as you like, *but* as I like; *lit.* do not your will, mine *only*.

-akaka,
so diakaka, this is very strange, how singular.

Kakalala muna, *v.i.,* to block up, obstruct, be an obstruction in.

e kakàmba, *adv., see* **e kamba-kamba,** App.

Kàkidika, *v.t.,* to block, obstruct.
kakidika...muna, to place...as an obstruction in.

Kakidila, *v.t.* } + to apply (as a brake),
Kakila, *v.t.* } to place against (the surface of something revolving, as the tool, &c., against a grindstone) to lay before (something in motion to stop it), to place in opposition, to oppose, resist (an attack).

Kakilwa, 6, *n.,* a tap.

Kaku, 6, *n.,* a barrier, something which stops the way; obstruction.

Kakùngu, 9, *n.,* bogie, dragon, terrible monster.

Kala, 6, *n.,* hot, dry weather.

Kala, *v.,* to be. *There is a past tense (indef. & perf.) of* **kala,** *bearing the prefix* **e** *instead of* **a**; *it implies time less remote than that in* **a**; **twekala,** we were; **bekedi,** they were.

ke kala biza ko, *v.,* to be *very* unwell.

kala (*or* **-ina**) **diau,** *v.,* to think, suppose, imagine; **adieyi kakedi diau,** what did he think?

kala kumosi ye, *v.,* to be on good terms with, have dealings with, have intercourse with.

o kala kwa, *adv.,* it is because, *only used where there is no question as to the correctness of the statement;* **o kala kwa tuma katumini,** it is because he was sent.

-kala mo, will be... when (it) is finished, when grown up; **e nzo yayi yabiza kikilu ikala mo,** this will be a splendid house when it is finished; **o mwana oyu wambi kikilu okala mo,** this child will be very bad when he grows up.

kala muna, *v.i.,* to be in (a busi-

Kala, *continued.*
ness), to give one's consent and co-operation.

owu diakalanga, *adv.*, perhaps it may be that, *when it was once very likely, but now most uncertain;* **owu diakalanga kwiza kekwiza,** perhaps he may come.

kala ye, *the Bakongo always express the verb "to have" with* **kala ye,** *not as on p. 286. In Kongo proper* **kala ye** *does not imply possession, but only being with, and the inference is that the object is the property of another or others;* **nkia ntaku tukedi zau?** what rods had we (of our own)? **nkia ntaku zikedi yeto,** what rods did we have with us? (not our own). *This latter sentence among the Bakongo would imply that they were ours. The usage of* **-ina ye** *is identical.*

Kâla (*perf.* **kâdidi,** Kib.), *v.*, to return.

okala vo...ovo, *conj.*, whether...or; **konso lekwa, okala vo masa, ovo ma kiaka,** anything whether corn *or* anything else.

Kalakana, *v.*, to be deniable.

Kalala, 6, *n.*, asparagus.

Kalsedone, 2, *n.*, chalcedony.

Kalu, 6, *n.*, the length of time spent at, time during which one was—.

Kalu, 6, *n.*, a place to live *or* be at *or* in, abode, a dwelling place.

Kaluluka, *v.i.*, to cry, call *or* sing out aloud, loudly, to yell.

Kalùmba, 9, *n.*, a hare.

Kamama, *v.i.*, to be obligatory.

Kamba,
edi **kamba vo,** is it so that? edi **kamba vo kwenda okwenda?** so you are going, are you?

Kamba, 6, *n., see* **fika,** App.

Kamba, *v.t.*, to go to meet.

Kamba, 6, *n.*, one of one's party, a partisan.

e **kamba-kamba,** *adv.*, borne by many.

Kambakana, *v.*, to mediate, go between two hostile parties.

Kamika, *v.t.*, to come to the conclusion *or* recognise that one must (do something), feel obliged to.

Kamika o meno (*pl.* 7), *n.*, to clench the teeth.

Kamina, *v.t.*, to wind the end of one's cloth round the waist instead of having it loose over the shoulders, to gird one's loins.

kamina o luketo (10) *or* **vumu** (6), gird up the loins.

kamina o nlele (4), gird up the cloth.

Kaminwa, 6, *n.*, a press for squeezing.

Kamuka, *v.i.*, to be very thin, emaciated.

Kana, *conj.*, whether, if, as to, *a particle denoting uncertainty;* **kizeye kwame ko kana nsusu kwa zina mo,** I do not know as to how many fowls are in there; **kana mengi vuya aka, vele vovo vasilu vo—** (*lit.* whether many *or* only a twig so it was arranged that), so, to state things briefly, it was arranged that—

kana, *pronominal* = **konso,** each, who *or* whichever; **babongele, kana nleke, mbele mosi,** each boy took a knife.

kana nkutu, } *conj.*, nevertheless, e **kana nkutu,** } notwithstanding, even then *or* in that case, even if *or* though, suppose that it is so, whether even.

kana una, *conj.*, even if, even when, even while, whether even.

kana una vo, *conj.*, although, even if.

kana vele = kanele.

kana vo, *conj., in affirmative clauses,* although, though; *in negative clauses* **kana una vo** *is used.*

Kana, *continued.*
 kana vo kala, *followed by the subjunctive mood in reference to the past, and the indicative for the future;* suppose, if, should (then so and so would happen); **kana vo kala bekwenda ko,** suppose they were to go there; **kana vo kala twiza—,** had we come—.

Kanama, *v.,* to form the most determined resolution, be most determined, to determine evil against, hate fiercely.

Kanamwa, *v.i.,* to be the subject of most determined resolution *or* to have such made against one.

Kanana, *v.,* to hate & plot against one another.

Kanana, *v.i.,* to bid each other farewell.

Kanda, 12, *n.,* build, make, style, pattern; **yau ewole kanda umosi,** they are both of the same build.

kanda wa mvudi-mvudi (4) *or* **wa vulu-vulu** (6), *n.,* the build of one who comes early to maturity.

Kandalala, *v.i.,* to be dry & warped, bent back.

ntima (4, u-) **kandalala,** to be very grieved, distressed.

Kandidika, *v.t.+*to warp, bend back.

Kandu, 6, *n.;* a ban, interdiction, curse, excommunication, sentence of excommunication. The most solemn form of promulgation of a law or cursing is that pronounced at the junction of 2 roads and confirmed by rubbing the mouth in the dust and striking the knees with one's hands. No one dare run the risk of the curse which must follow the breaking of a law thus made.

dia e kandu, *v.,* to interdict with a curse, to pronounce such a curse *or* sentence of excom-

Kandu, *continued.*
 munication on any one who should dare to do so and so.

dila e kandu, *v.,* to pronounce a sentence of excommunication upon any one.

mwana (1) **a kandu,** *n.,* one who has incurred such a curse, an excommunicated person.

Kanele vo, ⎱ *conj., in affirma-*
Kanele nkutu vo, ⎰ *tive clauses+* although, though, even if.

Kanele, 2, *n.* (Fr. **cannelle**), *n.,* cinnamon.

Kanga o nkangu (4) *or* **e ekangu** (8), *v.,* to make a covenant.

kanga e mbaki (2), *v.,* to set an ambush.

-akanga (Solongo), *a.,* brackish.

Kangadila, *v.t.,* to visit, pay a visit to, call on.

Kangama, *v.i.,*
 moyo (3, u-) *or* **ntima** (4, u-) **kangama,** *v.,* to be troubled (congealed) in one's mind, to be annoyed, provoked.

kangamwa o ntima (4) *or* **moyo** (3), *v.,* to be much provoked in one's mind (*lit.* to have one's mind provoked), be deeply stirred.

Kangi, 6, *n.,* saviour, deliverer, protector.

Kangi, 6, *n.,* he who ties.

Kangilwa, 6, *n.,* a conjunction.

Kangula, *v.t.,* to defend, protect, to let off, excuse, acquit, declare innocent.

Kangula e ekangu (8), *v.,* to disannul a covenant (**ekangu**) (*lit.* to unbind a bond).

Kangwa, 6, *n.,* a bond, tie, binder.

Kanika, *v.t.,* to cause a strong determination.

Kanikina, *v.t.,* to strictly enjoin, tell *or* charge, to command, order, give imperative instructions.

Kanka, 6, *n.+*hedge of thick bushes.

Kankalakana, *v.i.,* catch the foot & stumble.

Kankamwa e nitu (2), *v.,* to shudder.

Kankana, *v.t.*, to deliver, protect, save, help (in trouble), preserve from danger.

Kankana, *v.t.*, to divide up (among themselves, something that is very small to be divided among so many).

Kankana, *v.t.*, to struggle together.

Kankata, *v.i.*, toddle about.

-akanku, *a.*

lufwa (10) luakanku, sudden death.

Kankuka, *v.i.*, to stand up suddenly, *also* to die suddenly.

Kansi *or* **we kansi**, *conj.*, well then.

Kapèko, } 9, *n.* = **kayè**, App.
Kapèmo, }

Kapìta, 2, *n.* (P. **capitão**), the headman of a caravan.

Kare, 2, *n.* (Fr. **carré**), a square (*math.*).

-akare, *a.* (Fr. **carré**), square.

Kasa, 8, *n.* (Bako.), a grass tick.

-akasa, *a.* (Bako.), thin.

Kasi *or* **e kasi** + *a particle indicating that a matter has or had slipped from the memory;* **sia tatu kasi tanu**, put 3, I mean 5; *i.e.*, I made a mistake, when I said 3 it should have been 5; **kasi nani wizidi?** who was it that came? *i.e.* I forget who it was.

  kasi owu, *conj.*, now, see what has become of it; and now, see now, there now, now you see, but now. *When* **kasi owu** *is used, the idea is always present that it is too late or no use now;* **kasi owu e ntangwa isakidi**, but now it is too late.

Kasika, *conj.*, for instance.

Kasu, 6, *n.*, a (leather, &c.) casing permanently fastened upon anything; *also* a nut (for a bolt).

Kati, 9, *n.*, + half.

  oku kati oku...oku, in the midst, between; **sia kio oku kati, oku nzo a Ponde, oku nzo a Bukusu**, put it in the middle, between the house of Ponde & Bukusu.

Katuka, *v.i.*, to be excepted.

-katuka, *p.*, excepted; **e lekwa kiaki kaka kikatuka**, this thing only excepted.

Kauka, *v.i.*, to cease raining.

Kava, *v.i.*, to be *or* grow very thin, emaciated.

Kavèngelele, 9, *n.*, the remote past, long ago.

  vana kavengelele, ever so long ago, long long ago.

Kavisa, *v.t.*, to make thin, *also* to dry a corpse, embalm.

Kavula, *v.t.*, to uncork.

Kawa, *pass. of* **kaya**; *see also* **kayiwa**, App.

Kawulula, *v.t.*, to share out to another, impart, give part of what one has to another; *only of that which has been given to one.*

Kaya, *v.*, to risk, hazard.

Kaya, *v.*

  meso (*pl.* 7, **ma-**) **kaya**, to be sleepless.

Kayama, *v.i.*, to lie face upwards, on one's back.

Kayè, 9, *n.*, the highest heaven, very far up in the sky; **e nuni wele muna kayè**, the bird went far away up in the sky.

Kayènge, } 9, *n.* (Bako.) = **kayè**.
Kayèngele, }

Kayiwa, *v.*, *pass. of* **kaya**, to be divided, distributed.

Kayiwa o meso (*pl.* 7), *v.*, to be sleepless.

Kaza, *v.t.*, tear.

Ke, *a particle used between repeated nouns, as* "by" *in English.*

  lumbu ke lumbu, day by day.

  tandu ke tandu, mvu ke mvu, for ever (age by age).

  ke mu...ko, *conj.*, instead of, rather than, than, more than; **sadisa, ke mu badila ko**, help, rather than scold.

  ke mu kisia ko vo, not as though it were that.

  e ke ye kingi (*lit.* few &, many),

Ke, *continued.*
very many, a great deal *or* many, a large number.
Keke, 6, *n.*, mid-rib of palm.
Kekete, 6, *n.*+firmness.
 e **kekete,** *adv.*, with firmness, firmly, firm.
 kala ye kekete, *v.*, to be firm.
Kekoka, *v.i.*, to be very beautiful, highly ornamental, be well adorned.
Kekola, *v.t.*, to adorn.
Kele vo, *conj.*, *with the subj. fut. indef.*, would that—!
 kele vo twenda, would that we had gone.
Kelesa o matu (*pl.* 9), *n.*, to listen attentively (*lit.* make a funnel of one's ears).
e **kelezi,** *adv.*
 mona e kelezi, *v.t.*, to catch sight of.
 moneka e kelezi, *v.i.*, to be caught sight of.
Kema, *v.i.*, to grunt & strain.
Kemba, *v.i.* (Bako.), to put on fine things, to go holiday making.
Kemba nkaza angani (Bako.), to commit adultery.
Kemona, *v.*, to snivel & fret (as a child).
Kena, *v.*=**kenanana.**
Kendalala, *v.i.*, to be very distressed, grieved, troubled.
Kendeleka, *v.t.*, to distress, grieve greatly.
Kendoka, *v.i.*, to be broken, snap.
Kendona, *v.t.*, to break, snap in two.
Kenenoka, *v.i.*+to be disgusted.
Kenga, *v.t.*, to look well after, take good care of.
Kenga, *v.*, to be beautiful.
Kenga, *v.*, never to...any more, to give up (an old habit); **bavwidi kenga kio e fu kia vonda e ndoki,** they no longer kill witches=they have given up killing witches. **Okengele kio o vuna kwandi,** he has given up telling lies. (**Kenga** *generally*

Kenga, *continued.*
takes the (*objective*) *pronoun of its object after it before mentioning the object itself, as seen in the above examples.*)
Kengoloka, *v.i.*, to pass by *or* round (something, carefully avoiding it, through fear, respect *or* disgust).
Kengomoka, *v.i.*, to be very bright (of highly polished metal), be gorgeous.
Kengomona, *v.*, to make clean (white & shining).
Kento, 6, *n.*, womankind, the female sex; **e kento ye kiakala balungwa kwau,** womankind & mankind were assembled (*i.e.* the whole population).
Kesela, *v.*, to prevent (by standing in front to stop any one) from going somewhere.
Keti, *conj.* (Bako.), *a particle prefaced to a question or statement as to which the speaker wishes to express ignorance.* **Kete nani obongele kio?** Who took it? (I have not an idea as to who it was.)
Ketoka, *v.i.*, to be passionately desirous, to long, lust.
Ketokela, *v.t.*, to entertain a passionate desire for, long for, lust, after.
Ketola, *v.t.*, to cause passionate desire, longing *or* lust.
Keva, *v.*+to be small.
-**akeva,** *a.*, smaller, decreased, less in size.
Kewona, *v.t.*, to knock up (a small piece of skin, bark, &c.).
Keya, *v.t.*, to look well after, take good care of.
ki-. *For a singular use of the diminutive form of the eleventh derivative noun, see* " while," App.
mwisi ki-, *a prefix by which to form the name of a party from the name of the leader or person who gives the name to it.*

Keya, *continued.*
esi ki-Makitu, Makitu's party.
ki-, *appearing as a prefix, &c., without the mention of any noun of the 5th or 6th classes, either refers to* **lekwa,** *a thing understood, or still more frequently to* **kolo,** *time understood;* **yavana kiavunguka o kuma,** until (the time of) the dawn of day.
ki-. *The prefix* **ki** (*pl.* **aki**) *applied to the personal poss. pron. is often used without mention of the noun referred to;* **yitu kiandi,** his relative ; **akiau,** their relatives.
Ki....ko=ke+i....ko, *negative combined with the emph. dem. verbal particle* **i.** I am *or* was not.
-ki-, *formative prefix of reflexive form in tenses which lose the* **ku**; *also in Bako: for all tenses.*
eki diandi, *an elliptic expression equivalent to:* he hoped, thought, supposed, expected that—
Kia (**=ke+i+a**), I am not of *or* from.
kia-....ko, *neg. pref.* 1st *pers. sing. applied to adjs.,* I am not (great, &c.) ; **omono kianene ko,** I am not great.
Kia, *v.i.+*to be clear, plain, evident, to become time to commence ; **ezandu dikiele,** the market has commenced.
sia oku kukiele, *v.,* to give the fullest information.
Kiàkala, 5, *n.,* mankind, males, the male sex, *as a class;* **lungisa e kento ye kiakala,** assemble all the population (*lit.* all womankind and mankind— *note the order*).
Kiàkala, 5, *n.,* bravery.
songa o mwika a kiakala, to evidence bravery.
Kiàkala, 5, *n.,* the genitals (male).
Kiàkankamba, 5, *n.,* one's own way *or* will *or* good pleasure ; **se tuyiyambula e kiakankamba kwa Nzambi,** let us yield our-

Kiàkankamba, *continued.*
selves up to God to do with us as He will ; **kadi i kiakankamba kiandi kiki,** for this was his good pleasure.
Kiakasa, 5, *n.,* diligence.
e kia-kia, *adv.* (from **kiata**), all in a row, in a long line *or* lines.
Kiala, 5, *n.,* a garden round the house in a town.
Kialati, 5, *n.,* the only child ; **kialati kiame kiki,** this is my only child ; **eyayi yau ayole yalati yame,** these are the only two children I have had. *If there were others, but they are dead, this word cannot be used.*
Kialumuna, *v.t.,* to arrange in a line, set in a row.
Kialwa, 5, *n.,* nest of twigs.
Kialwa, 5, *n.,* a pair *or* brace of such animals *or* birds which mate & do not breed promiscuously, as pigeons, the feline animals, &c.
Kiàmakùlu, *adv., with the applied form, never adjectivally (when not at the end of a sentence the article* **e** *may precede it*), for good, once for all.
wendele kiamakulu, he went for good.
mpovèle wo kiamakulu, I said so once for all.
ofutìdi zo e kiamakulu kakatuka muna mpasi zandi, he paid for them once for all, to get out of his trouble.
Kiambote ekio, *interj.,* farewell (in a letter) ! here are my best wishes !
Kiambu, 5, *n.* (*from* **yambula**), permission. In Doutrina Christã (1624) **kiambu** = sacrament (f. 89).
Kiandu, 5, *n.,* throne, the crown, *when used in the sense of* the king, the head of all authority & government.
bayekwele kio kuna kiandu, they gave it up to the crown (*i.e.* the

Kiandu, *continued.*
king); *see also under* **yekama,** App.

Kianga, 5, *n.* (Mbamba), a shelf.

Kiangula, 5, *n.*, impatience, eagerness, the inability to rest quietly until something is accomplished, anxiety (to, for, **kia**), anxiety to complete something, excitement, nervousness, the lack of fortitude, endurance, lack of nerve *or* patience in suffering.

kala ye kiangula, *v.*, to be excited, &c. (as above).

Kianzu, 5, *n.*, short dry season (Bako), planting season, sowing time.

Kiatumuka, *v.i.*, to be arranged in a line, line up.

Kiatumuna, *v.t.*, to arrange in a line.

Kiau tu nki, *adv.*, *at the commencement of the sentence,* yes *or* no indeed, certainly, by all means; kiau tu nki, wenda, go, by all means.

Kibale, 5, *n.*, a joint stock company, a syllable.

e **kibale,** *adv.*, together, in companionship as a company, each taking part, in syllables.

Kibeni, *a.*, ordinary, usual, customary, in general use, regular.

mpwata kibeni, the usual dress.

Kibwanga, 5, *n.* + a small present, recognition, earnest.

Kidè-kidè, 5, *n.*, inseparability, indivisibility (of 2 *or* more separate things).

e **kidè-kidè,** *adv.*, inseparably, always together, indivisibly.

Kidiambu, 5, *n.*, a small matter; omu kidiambu oko waleka, a respectful preamble for the commencement of an address (*lit.* as for the insignificant matter, in your honourable presence).

Kidibila, *v.*, to go backwards & forwards.

Kiekiele kaka, *adv.*, whenever *or* as often as one likes.

Kiekielela, *v.t.*, to laugh at, ridicule, deride, chaff.

Kiekwa, 5, *n.* = kiyekwa, App.

Kieleka, 5, *n.*

e kieleka kiau, *adv.*, surely, truly, without *or* no doubt.

e kieleka kiau, i yandi yuyu, no doubt it is he.

sia e yeleka (*pl.*), *v.*, to demonstrate, prove, to put forth all the evidences of truth.

songa e yeleka (*pl.* 5), *v.*, give the true version, *so* to state a case *or* make a defence.

Kielwa, *v.*, to be *or* sit up all night, to have the morning dawn upon one.

Kiema, *v.i.*, to get into trouble (*a derisive, scornful expression*).

Kiememe, 5, *n.*, a hope which never ought to have been entertained, baseless, only to be disappointed.

sia e kiememe, *v.*, to hope, *as above.*

Kiengele, 5, *n.*, a mass.

kiengele kia etadi (8), a huge mass of rock, a boulder.

kiengele kia nti (4), an enormous tree.

Kienze, 5, *n.*, a vivid impression, a very distinct recollection, something indelible from the memory.

Kienzi, 5, *n.* (Bako.) = kiese, p. 296.

Kiesa, *v.t.*, to make clear, plain, evident, to state clearly, plainly.

Kievo, 5, *n.*, a long beard.

Kièya, 5, *n.* (Bako.), a joke, chaff, jest, fun.

ta kieya, to joke, jest, make fun, chaff.

Kiezi, 5, *n.*, wildness, rage, fury.

-akiezi, *a.*, *with* 11*th derivative nouns* & *of water,* wild, fierce.

ayezi (*pl. form*), *a.*, wild, savage, fierce, furious.

Kika (o meso, *pl.* 7), *v.t.*, to block the view, screen from.

Kika, *v.*

ekaya -kika dia...; *see under* ekaya, App.

Kikaka, 6, *n.*, a being apart, separate.
-akikaka, *a.*, separate, detached.
 e kikaka, *adv.*, in a separate condition, in separation, apart, aside, elsewhere.
  e kikaka yo *or* muna, *prep.*, apart from. yo *is used with persons;* muna *with things.*
Kikilu, *adv.* (*after a verb*), at once, immediately; ovaikidi kikilu kuna mbazi, he went out at once.
Kikò, 5, *n.*, the house of one's father & mother-in-law (the husband's only).
 kuna kikò kiame, at my mother-in-law's.
Kikrisṭu, 5, *n.*, Christianity.
Kikwa, 5, *n.*, a portion *or* part (of anything, *not a share* or *piece broken off*), one of the parts of the body, a member of the body.
Kila, 5, *n.*, a basin, bowl.
Kilembi.
 muna kilembi (wa, &c.)—, what (I, &c.) do not hear, &c.), is that—; muna kilembi wa vo wele, I do not hear that he has gone, *but he has.*
Kilo, 2, *n.*, a kilo *or* kilogramme.
 kilo-, 1,000 of the standards of measurement (*e.g.* kilometa=kilometre, 1,000 metres).
Kimbalu, 5, *n.*, value, work.
 muna kimbalu, *adv.*, by calculation.
 muna kimbalu— (kwiza kekwiza), what (I, &c.) think is that— (he will come); I think that (he will come).
Kimbangumuna, 5, *n.*, total, sum.
 sia e kimbangumuna, *v.*, to add up, ascertain the sum.
Kimbembe, 5, *n.* +a small hawk.
-akimbenena, *a.*, self-sown, growing of itself.
Kimbinda, 5, *n.*, something that is unknown, a locked up mystery, a mystery.
Kimbonga, 5; *n.*, a whirlwind.
 e kimbonga-nsi, *adv.*, straight down

Kimbonga, *continued.*
 into the earth; nutima e kimbonga-nsi, dig straight down.
Kimbulu, 5, *n.*, a small succulent grass, growing in damp places, & good for stock.
Kimbwatakala, 5, *n.*, a small bottle.
Kimème-meme, 5, *n.*, a little sheep, a lamb.
Kimeta, 5, *n.*, the metric system.
Kimfinangani, 5, *n.*, closeness, narrowness, nearness.
Kimfinga, 5, *n.*, a casing of knitted *or* " French knitted " string work with which to repair something broken; " French knitting."
Kimfini, 5, *n.*, nearness, closeness, together.
 e kimfini, *adv.*, close together, very near.
 e kimfitu (5), *adv.*, headlong, head foremost.
 ta *or* bwa e kimfitu, to fall headlong.
Kimfumbi, 5, *n.* (Bako.), murderous ways, the habit of murdering.
Kimona.
 muna kimona—, what (I, &c.) see is that—
Kimona-meso, 5, a great sight, spectacle, wonderful vision.
 e kimona-meso, *adv.*, evidently, clearly visible, clear & plain before one; as in actual vision, as in a vision, in a vision.
 e kimosi, *adv.*, in the singular.
Kimpa, 5, *n.*, patterns, device, design.
Kimpadi, 5, *n.*, a short, black, thick, bony fish.
Kimpadi, 5, *n.* (Bako.)=mpadi.
Kimpanda-ngongo, 5, *n.*, the slight mound raised by a certain species of white ant.
Kimpanga-nkanu, 5, *n.*, a shackle by which a prisoner is fastened to his keeper.
Kimpewa, 5, *n.* (Bako.), shade.
Kimpindi, 5, *n.*, something unknowable, a mystery.
Kimpodi, 5, *n.*, a bag with a running

Kimpodi, *continued*.
   string sewn into & around its neck.

Kimpozi, 5, *n.* (Bako.), shade.

Kimpûka, 5, *n.*, a cunning, wicked fellow, one whose wits go to wickedness.

Kimpungi, 5, *n.*, one who performs on the ivory horn *or* cornet.

Kimungwizi, 5, *n.*, governorship, a position of authority.

Kimvunze, 5, *n.*, a small bird which does not build a nest of its own, but lays in old nests. Colour, black, with white markings on breast.

Kimwanda, 5, *n.*, that which belongs to a spirit as such, spiritual nature & characteristics.

-akimwanda, *a.*, spiritual.

e kimwanda, *adv.*, spiritually, from a spiritual standpoint.

Kina vo,   } *conj.*, seeing that,
wau kina vo, }   since, now that, forasmuch as, for since, the real answer is—

ina ntangwa kina vo=wau kina vo.

Kinana vo=kina vo.

Kindakesa, *v.*, to perplex, confound.

Kindâkidi, 5, *n.*, alcohol.

Kindama, *v.i.*, to stand still, immovable, firm, secure, be stationary, stay, halt, pause, be silent, quiet.

Kindika, *v.t.*, to cause to stand still, pause, stop, keep still, be silent, remain immovable, firm, secure, restrain, delay, check, impede.

Kindokela, 5, *n.*
   sika e kindokela (5), *v.*, to place the left thumb at the base of the little finger and clap it on the palm of the right hand, an act of respect when a great chief drinks in public *or* speaks &c. *or* to request him to excuse something which has irritated him.
   sika kindokela (Bako.), to snap the finger & thumb.

Kindukulu, 5, *n.*, the fruit of a variety of the egg-plant (**Lezo**).

Kindumba, 5, *n.*
   nkwa kindumba, a hoyden, a fast girl, a girl of loose character.
   kindumba-amwenze, 5, *n.*, virginity.

Kindumbalala, } 5, *n.*, a little girl (*a*
Kindumbelele, }   *woman's word*).

Kindumbi,   } 5, *n.*, a club *or* part-
Kindumbizi, }   nership of women.
   e kindumbi *or* **kindumbizi**, together, in companionship, each providing a part.

Kindundu, 5, *n.*, loan at interest.

Kindungu, 5, *n.*, a compound of crushed ground nuts (arachids), pepper & salt.

Kinene,   } 5, *n.*, the great one, a
Kinene-anza, } title of profound respect, as chief of all, & therefore applied only to Ntotela, the king.

e kingenga, *adv.*, apart, aside, in private.

Kingengele, 5, *n.*, a tumour.

Kingoma, 5, *n.*, a drummer.

Kingoyongo, 5, *n.*, chain, fetter, manacle, the "fork" *or* any *instrument* for the fastening of a prisoner.

Kingrekia, 5, *n.*, the Greek language & customs.

Kingumba, 5, *n.*, a wild, reckless, lawless fellow.

Kingunda, 5, *n.*, a hunchback, deformed person.

Kingundu, 5, *n.*, a very strong fellow, very muscular man.
   kini, *v. defective, perf. only* (Bako.), to be still, yet ; **akaka bakini kuna maza**, some are still at the water ; **ke bakini kwiza ko**, they have not yet come.

Kinkala, 5, *n.*, a kick.
   tua e kinkala, *v.*, to kick.

Kinkani, 5, *n.*, the most remorseless pertinacity & obstinacy in maintaining one's point, plan, carrying out one's revenge *or* in making the best of a thing &

Kinkani, *continued.*
getting the utmost out of it, *hence* the economy that makes the most of things, cuts the cloth to the best advantage, &c.

Kinketa, 5, *n.* (Bako.), chrysalis.

Kinkonzo, 5, *n.*+ugliness.

Kinkundila, 5, *n.*, an epiphytic plant growing on the nsafu.

Kinkwa, 5, *n.*, fellowship, companionship

Kinsampala, 5, *n.*, a contagious skin disease (a lepra?) commencing with rings of lighter coloured skin, which spread & in bad cases break down into ulcers.

Kinsamu, 5, *n.*, news, intelligence.

Kinsamuna, 5, *n.*
mwana a kinsamuna kakala mpasi ko (Proverb), to make a long story short.
-akinsamuna, *adj.*, unknown before, long a mystery.
diambu (7) diakinsamuna, wonderful news, astonishing intelligence, the information of something surprising which was never heard of before, the explanation *or* clearing up of a mystery.

Kinsanga, 5, *n.*
vongola e kinsanga, *v.*, to weep profusely.

Kinsansa, 5, *n.*
sika e kinsansa, *v.*, to snap the finger & thumb.

Kinsia-mazi, 5, *n.*, a light green grasshopper (?) which makes a great noise at night (edible, "very fat").

Kinsiedi, 5, a green grasshopper (?) which makes a great noise at night (edible).

Kinsiedi, 5, *n.* (Bako.), a small black fish.

Kinsukulu, 5, *n.*, the fruit of a variety of the egg-plant (**Lezo,** 6).

Kinsusubwila, 5, *n.*, a very small fowl.

-akinswekamena, *a.*, hidden, concealed, secret.

Kinsweki.
kuna kinsweki, *adv.*, privately, secretly.

Kintanda, 5, *n.*
ta kintanda (Bako.), } *v.*, to clasp
zinga e kintanda, } the hands over the head.

Kintanta, 5, *n.*, inability to do as one would, utter helplessness.
mona e. kintanta, *v.*, to be utterly helpless, unable to move.
sia e kintanta, to place in such a condition, render helpless.

Kintekwa, 5, *n.* (Bako.), chrysalis.
-akintete, *a.*, first, of the first time.
vana kintete, *adv.*, at first.

Kintungila, 5, *n.*, a column (of smoke), a columnar cloud, the pillar of cloud.

Kintwadi, 5, *n.*+communion, community, fellowship, companionship.

Kinyambi, 5, *n.* In the year 1885 there appeared in Kongo people from Luanda *or* thereabouts telling the following story: A man caught a fish, and was proceeding to kill it; the fish begged him not to kill it, for any one drinking water which came from its mouth (*or* in which it had remained for any time) would never die by fair means *or* from natural causes; only by witchcraft could their death be accomplished. This water was hawked about the country and believed in very thoroughly by great numbers even in San Salvador itself. It really promised very little, when the firm native belief in witchcraft is remembered; it was, nevertheless, a great success as a means of duping the ignorant, foolish people. When it was seen that the purchasers died like ordinary mortals the traffic ceased. Note **elembe,** kiyoka (App.) for like crazes.

Kinyenge, ⎱ 5, *n.* (Bako.), sand.
Kinyengese, ⎰
Kinzazi, 5, *n.*, a hard, white, bright metal, such as tin and the alloys of tin, antimony & lead *or* hard tin solder.
Kinzenze, 5, *n.*, a cricket (small), *hence* insects of that species generally.
Kinzieta, 5, *n.*, the surroundings, environment.
 e kinzieta, *adv.*, all round, around.
 fonga e kinzieta, *v.*, to sit around.
Kinziongololo, 5, *n.* (Bako.), a whirlpool.
Kinzola-nzola, 5, *n.*, insatiability, appetite, haste (for), craving; *also* an insatiable person.
Kinzunga, 5, *n.*, solitariness, loneliness.
 -akinzunga, *a.*, lone, solitary, standing alone.
e kiokiolo, ⎱ (*pl.* 7), *adv.*, excessively
e kiolo,   ⎰ bitter; o nlongo una wina e kiolo, that medicine is excessively bitter.
Kiolo, 5, *n.*, a huge—
 kiolo kia nioka, a huge snake.
Kiololoka, *v.i.*, to utter a cry of surprise, be astonished, astounded, amazed.
Kiongomena, 5, *n.*, reluctance, fear, dread, shrinking.
 kala ye *or* sia e kiongomena, *v.*, be reluctant, &c.
Kioto, 5, *n.* (Zombo), fire.
Kipalu, *adv.*, quickly.
Kipodi, 5, *n.*
 e kipodi, *adv.*, on trust, on credit, on account, without interest being chargeable until date; to take anything e kipodi implies that a date of settlement has been fixed, and if the article is paid for then, no usury will be charged.
Kiswa, 5, *n.*, babyhood.
Kita, *v.t.*+to buy up.
Kita, 5, *n.*, something appearing so vividly to the mind that it is as though visible to the eyes.

Kita, *continued.*
 [*pl.* bita (Bako.)], shadow, shade reflection.
Kitima, *v.i.*, to burn up with a roar.
Kitima, *v.t.*, to shudder, shake (with cold, fear *or* horror), to (6) *or* ntima (4) *is generally mentioned.*
Kitumuka, *v.i.*, to undergo a radical change (of heart, not of outward shape).
Kitumuka, *v.i.*, to start, jump *with pain, fright* or *shock.*
Kitumuna, *v.*, to bring about a change (of heart, not of outward form).
Kiubi, 5, *n.* (Bako.), an axe.
Kiubula, *v.t.*, to swallow whole *or* (of liquids) with one gulp.
Kiudi, 5, *n.*, one who is accursed; ongeye u kiudi, you are cursed.
Kiudi, 5, *n.* (Bako.), a good place, fine situation.
Kiumbu, 5, *n.* (P. chumbo), lead.
Kiundu, 5, *n.*, a scent (a hunting term), a whiff of scent, some small, very imperfect intelligence of something.
Kiusi, 5, *n.* (Bako.), a boy, lad.
Kivova.
 muna kivova—(wina kuna), what (I, &c.) say is that—(he is there).
Kivunda, 5, *n.*, whooping cough.
Kiwa.
 muna kiwa—, what (I, &c.) hear is that—; muna kiwa vo wele, I hear that he is gone.
Kiyekwa (kia), 5, *n.*, charge (of), authority (over).
 kala ye kiyekwa kia, *v.*, to be in charge of.
 sia e kiyekwa kia, *v.*, to place in charge of, make responsible for.
Kiyibri, 5, *n.*, the Hebrew language & customs.
Kiyila, *v.t.*, to visit, pay a visit to.
Kiyitu, 5, *n.*, the place where one's relations live.
Kiyoka, 5, *n.* About the year 1872

3 I

Kiyoka, *continued.*
some natives of Luanda (?) came through the country preaching a crusade against fetishes of all kinds, and the disorder of the country, inducing the natives in town after town to destroy all their fetishes. assuring them that since death and sickness came by the exercise of the black art, which every one fully believes, if then every fetish were destroyed, and no more made, there would be no more death or suffering. Far and wide the most strenuous efforts were made to accomplish the destruction of *all* charms to that happy end. They also denounced the lawlessness & violence of the country, robbery and murder were rife, travelling impossible (see **elembe**), the strong chiefs raided & enslaved at pleasure. They suggested a series of draconic laws, which enacted that a murderer *or* one who attempts murder must be put to death, no matter of what rank *or* for what cause, even in self-defence; all raids & violence to be punished by the chiefs of the district, & instituted the system of **nkuwu**, Village after village accepted these suggestions, burned their fetishes, and adopted the system of **nkuwu**; even Ntotela, in San Salvador, had to bow to public opinion, although **kiyoka** never entered San Salvador. The time of this dawning of a golden age, as they expected, is called the **tandu kia nkuwu.** Note also **elembe** & **kinyambi** for like national movements and fancies.

Kiyówa-nkúla, 5, *n.*, the bridegroom (so called from the custom of rubbing a cosmetic of powdered

Kiyówa-nkúla, *continued.*
camwood all over the body on so festal an occasion).

Kizengi, 5, *n.*, the language of the Ndembo mystery (p. 506). The vocabulary is but small, and very feeble as a sample of ingenuity; some examples are given below. Where there is no special word, the ordinary Kongo word is preceded by the syllable **ne,** and when it is desired further to hide it **lwa** is added; **ke diambu ko mbazi tukwenda** *appears thus :—* **ke ne diambulwa ne ko ne kiayi kia nengundu yalala tukwenda ne ngyalala.**

bokota, to speak.
fimba, to seek.
kiabandwa, a head.
kiayi kia nengundu, to-morrow.
nebweyi=aweyi, how, what.
nefimbi, a dog, a searcher, spy.
nekiabandwa, a head.
nemavuzi, a fowl.
nembumba, luku pudding.
nembweno, an eye.
nembwesena, to see.
nemionzi, an arm *or* leg.
nempetekwa, vegetables, greens.
nengwilu, an ear.
nenkùlu-nenkùlu, an uninitiated person.
nentoko, finery.
nenzwanga, meat.
neputu, fire.
nesansilu, a house.
nevodia, a month.
nevonda, a gun, knife, stick *or* any instrument of murder.
ngunguka, to depart, leave.
ntodia, pipe (tobacco).
tika, to die *or* sleep.
tikisa, to eat *or* drink.
toka, to boil.
yalala, to go.
yoya, to speak.
wamba, water.
zonongwa, yesterday.

Koba, 6, *n.* (Bako.), a lip.
Koba, *v.i.*, to be thoroughly established, settled, furnished, well set up, well found, get a thorough hold (*as a disease*); **twatoma koba muna Kifwalansa**, we were well up in French; **o yela kukobele**, the disease has taken a thorough hold.
Kodi-kodi, 6, *n.* (Bako.), thirst.
Kofoka, *v.i.*, to be indented, battered in, concave.
-akofoka, *a.*, indented, concave, retreating (of the forehead), hollow (of the eyes).
Koka, 6, *n.*, a rough *or* old cloth to wear at one's work.
Kôka, *v.i.*+to be quit of a business *or* palaver, to have finished some important matter *or* work, to be released; *also* to come out, be knocked out (of a tooth), to fall (as a flower when withered); **antu, koka o meno**, what a dense surging crowd! (*lit.* people! one's teeth knocked out).
Kokama, *v.i.* (Bako.), to become pregnant.
Kokama, *v.i.*, to be caught, ensnared, entrapped.
Kokanisa, *v.t.* (Bako.) = **komba** (Bako.), App.
Koka-titi, 6, *n.*, an ivory horn giving the note of lower "do" in the chord to which they are set.
Kokeka, *v.t.*+to catch (with a hook *or* snare), ensnare.
Kokela, *v.t.*+draw away, lead off, fetch away (in quantity), to lead away by fair promises *or* excuses.
Kokela, 6, *n.*, seductive promises.
Koko, 9, *n.*
  yala o moko, *v.*, to hand *or* receive upon the open palms of the hands, an attitude of great *or* due respect.
  vutula *or* **twika** *or* **tambula yo**

Koko, *continued.*
  moko kwalu, to return *or* send *or* receive with much respect, *i.e.* with the palms of the hands uppermost.
  kwalu probably from the Mbamba word **kwala=yala**.
Koko, *locative.*
  -a koko ya kuna, *a.*, everlasting, eternal, then & for ever.
Kokoma, *v.i.*, to stutter, stammer, have an impediment in one's speech, *also* to vacillate (of the mind); **ntima andi ukokoma kaka**, his mind vacillates, now inclined this way, now that.
Kokoma, 9, *n.*, hesitation, vacillation, stuttering.
Kokomesa o ntima (4), *v.*, to vacillate, be very changeful in one's mind.
Kokomoka, *v.i.*, to move heavily & slowly, to go in a mass.
Kokosi, 6, *n.*, a huge, immense thing; **se tadi, e kokosi ya mpungi**, look at those huge tusks of ivory.
Kola, 6, *n.*, a small branch *which can be broken off easily by the hand.*
Kole, *adv.*, in the second place.
  e ngingu kole, see **ngingu**, App.
Koleka, *v.i.* (Bako.), to take a thorough hold (as a disease), become very severe; **mpazi zingi zikolekele muna nitu andi**, his sufferings became very great.
Kolela, *v.t.*, to trim (a lamp), knock the ash off (a torch).
Kolowa, 2, *n.* (P. **coroa**), a crown, diadem.
Kolwa (6) **kia malavu** (*pl.* 8), *n.* (Bako.), a wine-drinker, a drunkard.
Komangesa, *v.t.*, to ram, crowd, force (things into something).
Komba, *v.t.* (Bako.), to clean a child which has made a mess.
Komboka, *v.i.*, to go, come, move, very slowly *or* stealthily.

-akomboka, *p.*, slow.
Komboloka, *v.i.*, to be shrunken in (of the abdomen of an emaciated person).
Komoka, *v.i.*, to rot & swarm with maggots.
Komoka, *v.i.*, to slowly wear away, disappear, erode, fade.
Komoka, *v.i.*, to be reduced to ashes.
Komona, *v.t.*, to reduce to ashes.
Komona, *v.t.*, to slowly wear away, erode.
Kompodia, 6, *n.*, a pot-hole, a great cavity.
Kompola, *v.t.*, to render concave.
Kompoloka, *v.i.*=komboloka, App.
Kona, *v.t.*, to scrape off (something which has been daubed on *or* has adhered).
Kona, *v.i.*, to be compressed.
Konda, *v.t.*+to endeavour by one question & another to find out another's intentions.
Kondeka, *v.*, to stalk and kill *or* catch.
Kondelela, *v.t.*+to watch (with evil purpose).
Koneka, *v.t.*, to compress, press.
Koni, 6, *n.*, pressure (dynamic *or* moral), the platen of a printing *or* other press.
Konka dio (yo), *v.t.*, to arrange it with (someone), make an arrangement; **bakonkele dio yo mfumu a evata**, they arranged it with the chief of the town.
Konko-tatu, 6, *n.*, a triangle.
Konkolola, *v.t.*, to take under one's protection, to assume the care of, to take charge (as an orphan, helpless *or* destitute person).
Konkota, *v.t.*, to fix, settle, appoint.
konkota e lumbu (6), to fix the day.
Konso, *a.*+each, every.
konso *is frequently followed by* yo (&c.), *as below, the* yo *not being translated in English*; konso muntu ye mbele andi, every man his knife.

Konto (Bako.)=konso.
Kota (muna), *v.i.*, to cost (altogether); zikotele muna ntaku tanu, they cost five ntaku; kwa kikotele? what did it cost? mu kwa ikotele yau eyole? how much did they cost the two? e nkombo zame zikotele muna ntaku 500, my goats cost altogether 500 brass rods.
Kotama, *v.i.*, to be sad.
Koteka, *v.t.*, to make sad.
Kosi, 6, *n.*, integrity, uprightness, propriety, correctness of behaviour, manner, style *or* diction.
-akosi, *a.*, right, just, proper, correct, in good grammar and idiom, thorough, most profound.
Koya, *v.i.*, to be hard & dry.
e koyo (*pl.* 6), *adv.*, very dry & hard; (*when used in reference to the face*) with a scowl.
Krisolite, 2, *n.*, chrysolite.
Krisoprase, 2, *n.*, chrysoprase.
Ku, 6, *n.*, stocks, fetters.
oku mpe, still, however, yet, at the same time, *in estimating pros. & cons.;* edi mbenze vo i yandi, kansi oku mpe, ke mpolo andi ko, I think that it is he, but still it is not his face; wau...oku mpe, while...at the same time; wau nzolele kio sumba, oku mpe kina ya nzimbu ko, while I want to buy it, at the same time I have no money.
Kuba, *v.i.*, to crow, strike (of a clock), toll, ring (of a bell); edingidingi ekoko diame dikubidi nkuba tatu, my fowl crowed three times at midnight.
Kuba, *v.t.*, to contribute, give a contribution.
Kuba, *v.t.*, to begin to build a house, put in the mainpost, the first sticks *or* stones, lay the foundation.
Kube, 2, *n.* (Fr. cube), a cube.
-akube, *a.*, cubic.

Kubika, *v.t.*, to prepare a decision in a court, to consider a sentence, come to decision, to make up one's mind, determine (a matter), judge.

Kubikila, *v.t.*, to advise, counsel, recommend.

kakutukubikila twasoneka, he advised us to write.

Kubulula, *v.t.*, to bring up, train up (as a child).

Kubululwa, 6, *n.*, a foster-child.

Kufiànunga, *v. refl.*, to try, make an attempt to do something, well knowing it to be hopeless.

Kufwila, *v. refl.*, to die of one's own accord, not by external violence, *also, without the above idea*, to perish, to be dead & beyond all hope, to be utterly destroyed & of no further use, to become useless, to come to nothing, prove abortive.

kufwila owu...ko, *conj.*, not losing sight (allowing to become nothing) of the fact that—, in spite of the fact that—, although, though, even if; **kufwila owu insamunwini wo ko**, although I told him so; **kufwila owu kena ko vo mwana ame**, although he is my son; **kufwila owu okwenda ko**, even if you go.

kufwila wau ko, *conj.*, notwithstanding that, still, not forgetting what was before mentioned *or* in spite of it.

Kûka, *v i.*, to be redeemed, ransomed.

Kukèngesa, *v. refl.*, withdraw from fellowship, cut oneself off from society.

Kukènka, *v. refl.*, to keep far from, to avoid very carefully, be very cautious, circumspect, discreet.

Kukìta, *v. refl.*, to make oneself out (to be), to feign, pretend (to be).

Kukòlela, *refl.*, to prosper, *hence* the farewell: **nwiyikolela**, fare ye well; **wiyikolela**, farewell.

Kuku, 6, *n.*, a small hoe.

Kuku, *pl.* 6, *n.*, rough, dirty appearance, grime, tarnished.

kala e kuku ye mvindu, *v.*, to be grimed with dirt.

Kukula, *v.t.*, to catch and carry away.

Kukumuna, *v.t.*, to carry away (as a flood *or* crowd).

Kukùndidika, *v. refl.*, to be ambitious, assume airs & position above one's station in life.

Kûla, *v.t.*+to buy at a high *or* any price.

Kulàka, } *v. refl.*, to elbow one's
Kulàkasa, } way violently (into a place), to force oneself into.

Kulana, *v.t.*, to chase the fleeing in war.

Kuluka, *v.i.*+to take a thorough hold (of a disease).

Kulula, *v.t.*+to urge one not to carry out his intention.

Kululuka, *v.i.*, to be very much astonished, to be astounded, wonder, marvel, *also* to make a noise expressive of the above.

Kulùntu, 6 & 12, *n.*, headship, seniority, assembly of the elders.

Kùluta, *v.t.*, to scratch.

Kuma, *v.t.*+to erect, set up, locate, place, fix (a day).

Kuma, 6, *n.*

ke kala mu kuma ko *or* **lembwa e kuma**, *v.*, to be innocent.

Kuma, *v.t.*, to ascend, climb.

kuma o mongo a fwa, to breathe the last gasp.

Kuma, *v.i.*, to pause.

Kumatele, 9, *sing.*, a friend.

Kumba, *v.i.*, to be noised abroad, much talked of, be in every one's mouth (used of information *or* of the subject of the report, whether good *or* bad).

Kumba, *v.t.*+to plane *or* make a smooth level surface.

Kumbama, *v.i.*, to be always at, generally found at.

Kumbi, 6, *n.*, one who has been initiated in the "mystery" of the **Elongo** *or* the **Eseka**.

Kumbi, 6, *n.* (Bako.) = **madiuka** (App.).
Kumbi-kumbi, 6, *n.*, a lady-bird.
Kumbulula, *v.t.*, to begin at the beginning & go carefully through all the details of (a narrative).
Kumbulwila, *v.t.*, to shout at derisively & roar with scornful laughter.
Kumòna, *v. refl.*, to come to one's senses, recover consciousness.
Kumosi (kuma understood), *adv.*, in the same manner *or* way, the same, of the same mind, of one accord, of one opinion ; as well, even.
   kala kumosi yo (&c.), to have dealings, intercourse, be on friendly terms with.
   oyandi okwenda kumosi, he goes as well *or* even he goes.
Kumpa, } *v.t.* + to set right, make
Kumpika, } proper *or* of proper length ; to cut neatly.
Kumu, 6, *n.*, the efficacy, practical result, effect.
   -akumu, *a.*, effectual, effective.
Kumuna, *v.t.*, to wonder at, marvel at.
Kumvalala, *v.i.*, to be stoically indifferent, altogether regardless of what is said *or* done, be obstinate ; *also* to arrogate to oneself a high position, be arrogant.
Kumvika, } *v.t.*, to make arrogant,
Kumvidika, } render stoical, obstinate.
Kuna, 12, *n.*, a breed, "strain," stock, family, race.
   -a kuna wambote, of a good stock.
Kuna, *locative.*
   kuna kwa, *interj.*, what a—(in ridicule *or* surprise) ; **kuna kwa nzongo!** oh, what a charge !
   tuka kuna ya kuna, from one place to another.
Kunda, *v.i.*, to make one's home, frequent, haunt ; to remain at home *or* in stock *or* in hand.
Kunda, 6, *n.*, a layer, a stratum, story (in a building).

Kundakana, *v.i.*, to lie across, be crossed.
Kundakesa, *v.t.*, to place one athwart another, to cross ; to heap on, pile on.
Kundalala, *v.i.*, to stand *or* appear high up above others ; to tower, be lofty, exalted, great, very noble, honoured.
Kundidika, *v.t.*, to make great, noble, to exalt in station, to honour.
Kundika, *v.t.*, to put more, add to.
Kundikila, *v.t.*, to raise up upon some support.
Kunga, *v.t.*, to gather together.
Kungèndela, *v.t.* (*applied form of* **kwenda,** *with prefix of the* 1st *pers.*), to go for me.
Kungìzila, *v.t.* (*applied form of* **kwiza,** *with prefix of* 1st *pers. sing.*), to come for me.
Kungu, 6, *n.*, a height.
Kuniùnga, *v. refl.*, to enter rudely *or* without leave.
Kunka (e diambu), *v.t.*, to repeat an instruction to make sure that it is understood.
Kunkuka, *v.i.*, to get, come, down from some high position, be dethroned, degraded, to abdicate.
   muna bwa yo kunkuka, surrounded by dangers (*lit.* amid to fall & to totter & fall).
Kunkuka, *v.i.*, to be complete, perfect, quite finished.
Kunkula, *v.i.*, to take, push, pull, down from some high position, to order to come down, dethrone, depose, degrade (*used in reference to persons only*).
Kunkula, *v.t.*, to complete, perfect, bring to perfection.
Kusàkidika, *v. refl.*, to humble one's self ; to take too moderate *or* too small a quantity.
Kusàula yo, *v. refl.*, to be angry with.
Kusèmba, *v. refl.*, to scold one's self.
Kusèmba, *v. refl.*, to boast, brag.

Kusènga, *v. refl.*, to reveal, expose one's self to view, to discover one's self.
ditomene kusenga vo—, it is very clear that—
Kusià muna, *v. refl.*, to give *or* set one's self to, to devote one's self to, to take up with.
kusià vana esambu dimosi, *v.*, to be partial (in judgment).
Kuta, *v.t.*, to tie.
Kuta, 6, *n.*, capital in trade, the sum of one's belongings, property, possessions, capital in slaves & other effects which may be realised.
Kutalala, *v.i.*, to be drawn into folds *or* puckers, to pucker up.
Kutàmina, *v. refl.*, to be allowed to have one's way, do, choose, &c., as one will, to have free course, carte blanche.
Kutàmisa, *v. refl.*, to allow any one to do, choose, &c., as he likes, to give carte blanche.
Kutidika, *v.t.*, to draw together in folds *or* puckers, to pucker up.
Kuti-kuti, 6, *n.*, a crowd, herd, flock, group, cluster.
Kutisa, *v.t.*, to gather (things) together.
Kutisa, *v.t.*, to allow to escape, have escape from one.
Kutu, 8, *n.*, *pl.* **makutu** (Bako.), an ear.
Kutu, 9, *n.*
matu ma mpu (2), brim of a hat.
sia omu matu, *v.*, to take in, accept as true, believe.
Kutula, *v.t.* (*the subject must be personal*), to prevent; **unkutwidi o kwenda yadi kwenda**, he prevented my going.
Kutula, *v.t.*, to buy (a slave *only*).
Kutwa, *v.i.*, to escape (from peril).
Kuva, *v.i.*+to be very tough, tough & unfit to be eaten, *hence* old & useless.
Kuvàka, *v. refl.*, to attempt *or* assume something too great, to strive, endeavour, try (to do, make,

Kuvàka, *continued.*
carry, &c., something beyond one's power), to affect great abilities.
Kuvàka, 9, *n.*, assumption, pretentiousness.
Kuvalala, *v.i.*, *see* **kumvalala**, App.
Kuvàva, *v. refl.*, to take one's self off, withdraw, to leave as one avoiding observation, *also* to be estranged, indifferent, distant, to have nothing to do (with =**muna**), to keep clear of.
Kuvàvila, *v. refl.*, provide *or* care for one's self.
Kuvidika, *v.t.*=**kumvidika**.
Kuvùkika, *v. refl.*, to deceive one's self, to pretend.
Kuvula, *v. refl.*, to throw something huge into the water.
Kuvumuna, *v.t.*, to throw something great into the water.
Kuvùngika, *v. refl.*, to deceive one's self, to pretend.
Kuvùnina, 1, *n.*, a hypocrite, dissembler, one who pretends to be what he is not.
Kuvùnina, 9, *n.*, hypocrisy, deception.
-akuvwila, *a.*, of his (&c.) own, belonging to himself; **kena ya mbele akuvwila ko**, he has no knife of his own.
Kuwòmba, *v. refl.*, to go stealthily, without attracting attention, to go, come, get away, pass through, out *or* in, without being interfered with, unscathed, unhurt, safely, safe & sound; **wele ayiwombi**, he took himself off without interference.
Kuyèkola, *v. refl.*, to give oneself up.
Kuyèkola (muna), *v. refl.*, to effect one's release (from), get one's self quit (of).
Kuyènda, *v.*
When the prefix **ku** *is applied to the verb* **kwenda**, *the resultant form is* **kuyenda**, to go to. *It*

Kuyènda, *continued.*
  follows the same rules as **kuyiza,** *which see.*
Kuyi-, *see* **kwiyi,** App.
Kuyiza.
  When the prefix **ku** *is applied to* **kwiza,** *the resultant form is* **kuyiza,** &c. **Kungiza,** to come to me; **kuyiza,** to come to you (*sing.*); **kunyiza,** to come to him *or* her; **kutuyiza,** to come to us; **kunuyiza,** to come to you (*pl.*); **kubayiza, kwayiza** *or* **kwabayiza,** to come to them. *Its conjugation is like any other verb having* **y** *for its initial, which has received the pref.* **ku, kuyinga,** to drive you; **kungyeka(ku+n+yeka),** to appoint me, &c.; **kimbevo kiambi kingizidi,** a bad complaint has come to me.
Kuza, *v.t.,* to urge *or* exhort us to no purpose.
Kuzàya, *v. refl.,* to come to one's self *or* senses, recover consciousness.
Kuzèngela, *v. refl.,* to be prejudiced.
Kuzèngeneka, *v. refl.,* to be utterly astounded, dumbfounded, marvel.
Kuzika, *v.t.,* to make very sure *or* secure, tighten, insist very strongly upon, be very emphatic about, lay emphasis on, emphasize, be very earnest about, be diligent.
Kuzòlela, *v. refl.,* to be very strong-willed.
Kuzòlela, 9, *n.,* strong will.
Kuzuka e elongi (8) *or* **o nkanikinu (4),** &c., *v.,* to act contrary to instruction *or* advice *or* order, &c., to transgress.
Kwa, 6, *n.,* a portion, allotted part, share.
-akwa, *a.,* of (such and such a town, clan, &c.); **o Nsafu akwa Kimbanda,** Nsafu of Kimbanda; **a mfumu zakwa Ewombe,** the chief of Ewombe.

Kwa, *continued.*
  -akwa kwa, *a.,* which is (&c.) from, from—; **o lukau lualu luakwa kwa Nlemvo,** this present is from Nlemvo.
Kwa- (=**ke wa-**) *negative of pref.* 2 *pers. sing. applied to adjectives,* thou art not; **kwambote ko,** thou art not good.
Kwa, *see under* **kuma** (p. 312).
Kwaka! *interj.,* click! crack! scratch!
Kwaka, *v.,* run.
Kwakidila, *v.i.,* to run very fast.
Kwakumuka, *v.i.,* to cackle, talk on endlessly.
Kwala (Mbamba), *v.*=**yala.**
Kwalati, 6, *n.,* a stroke, mark, scratch.
Kwalu, *see under* **koko,** App.
Kwamananana, *v.i.,* to persist in, be ceaselessly, constantly ...ing.
Kwaminini, 6, *n.,* continuousness, ceaselessness, unceasing performance of, perseverance.
Kwanga, 6, *n.*+bread.
  kwanga kiatumbama, the shewbread.
Kwangula, *v.,* to beat (with a stick).
Kwankuna, *v.t.,* to grind down.
Kwanza, *v.t.* (Bako.), to scratch graze, wound the surface.
Kwata, *v.t.,* catch, catch hold of.
Kwatika, *v.i.,* to scratch (as a claw *or* nail).
Kwaya, *v.i.,* to talk constantly.
Kwayala, *v.i.,* to be sore (of the throat).
Kwempa (Kib.), *v.t.,* to scrape (=**vempa**).
Kwenda, *v.*+to ebb (of the tide).
  kwenda e bambala (6), *v.,* to accord, agree, coincide, be equal *or* the same, be fulfilled.
Kwendelela, *v.i.,* to go hurriedly *or* (of things) get bundled in, get in by mistake.
Kwendelela, *v.,* to go in abundance (of things).
Kwendelelwa, *v.,* to have come to one in abundance, to have abundance.

Kwendelesa, *v.*, to take, have too many, to take in abundance.
Kwenkona, *v.t.*, to prevaricate.
Kweza, } *v.t.*, to impress a mark, to
Kwezeka, } press upon & leave a mark, print, imprint, make an impression.
Kwezi, 6, *n.*, a doctor's fee, the perquisite & pay of a blacksmith.
Kwezi, 6, *n.*, a machine *or* apparatus for impressing *or* printing, a printing press.
Kwezika, *v.t.* (Bako.), to finish off well, add a good finish.
Kwezo, 6, *n.*, an imprint, impression, something imprinted.
Kwikana, *v.i.*, to be believed (of a matter), to be agreed, arranged; **ozevo dikwikanini**, it is agreed then.
Kwikanisa, *v.t.*, to cause to be believed.
Kwikanisa, *v.*, to give *or* join in assent.
Kwikaziana, *v.*, to believe each other, to agree together.
Kwikidila, *v.t.*, to believe (a person).
Kwikidisa, *v.i.* (*when not the causative of* **kwikila**), to join in the belief, be convinced. *This form is not a causative, but the seldom-applied form which denotes assistance rendered in an action; see* **yelesa**, **sadisa**, **kembesa**; *so* **kwikidisa** *may be the causative of* **kwikila**, *&so mean* to cause to believe, *i.e.* to convince; *or* to be one with those who believe, *i.e.* be convinced.
Kwikisi, 6 (Bako.), } *n.*, that which is
Kwikizi, 6, } believed, belief, creed, faith, religion *in that sense*; something to call for belief, evidence of truth.
Kwikizi, 12, *n.*, trustworthy nature, faithfulness, reliability, worthiness of all trust & confidence.
-akwikizi, *a.*, sure, reliable, trustworthy, faithful.

Kwilu, 9, *n.* (Makuta), greed, greediness.
Kwima, *v.i.*, to blaze.
Kwina ye, there are...at, &c.
Kwitama, *v.i.*, to be firm, immovable, fixed *or* tied firmly.
Kwitika, *v.t.*, to fix *or* tie *or* fasten firmly, immovably.
Kwiyi- (*or* **kuyi**), *prefix applied to verbs in the formation of the reflexive form;* **songa**, to show; **kwiyisonga**, to show one's self.
Kwiziwa, *v.*
oku kukwiziwa+some day, eventually, all in due course.

L.

-ala, *a.*
mala (**malongo** understood), a far country, far away.
Laba, *v.t.*, to spin *or* plait loosely, making the coils *or* plaits far apart.
Labisa, *v.t.* (Bako.), to beckon.
Labula, *v.* (Bako.), to steal.
Laka, *v.t.*, to throw.
Laka, *v.i.*, to get into great trouble.
Laka, *v.i.*, go & return quickly.
Lakala, *v.i.*, to pant.
Laka-laka, 6, *n.*, thirst.
Lakama, *v.t.*, to continue *or* persist in following, annoy, pester, to stick to a thing; to persist in, to... constantly.
Lakama, *v.i.*, to be thrown, cast down.
kuma (9, ku-) **lakama**, to grow dark.
Lakata, *v.i.*, to go *or* come ever so far (*there is a grumble implied at the distance*).
Lakika, *v.t.*, to throw down (on to the ground *or* into water).
Lakukwa o moyo (3) *or* **ntima**, *v.*, to be inflamed, burning, longing intensely, intensely anxious, desirous to have. *Used in the applied form* (**lakukilwa**) *where the object is named, & takes its place immediately after the verb.*

Lakukilwa o moyo (3), *v.*, to long for, to be possessed of a consuming passion for, *also* to be longed for by (**kwa**).

Lala, *v.i.*, to be lost, disappear.

Lalabu, 6, *n.*, a gossip.

nkento ne i lalabu, a gossip.

Lalamena, *v.t.*, to sit on eggs, to hatch.

Lalu, 6, *n.*, a place by the roadside where food is offered for sale.

Lalula, *v.t.*, to take off the surface (superficially, water, earth, &c.). If dust & rubbish has been swept together & the chips & rubbish is taken off the top of the heap, leaving the sand & earth, this would be **lalula,** *i.e.* to take off that which is on the top.

Lalwa, *v.*, to want very much, but not have any chance of obtaining.

Lama, *v.t.*, to be *or* become responsible, liable for.

Lamba, *v.t.*, to cogitate, thoroughly turn over in one's mind, to give full consideration to a matter, to judge, weigh a matter in one's mind.

Lambakesa, *v.t.*, to count carelessly.

Lambula e lumbu (6), *v.*, to defer *or* postpone *or* put off the day.

Lamuna, *v.t.*, to "stick to a thing," retain, not give up, *so* steal.

Landa, *v.t.*+to make a remark on what has been said.

Landa o mambu (*pl:* 7), *v.t.*, to torture, to treat in an exceedingly cruel manner.

Landakana, *v.t.*, to follow up at once (otherwise it may be too late), to follow immediately after, be next to.

Landesa, *v.t.*+to send after *or* behind, to send following ; **banlandese o nkunzi,** they sent an embassy to follow him up.

Landi, 6, *n.*, a follower.

Landidila, *v.t.*, to continue *or* persist in following, to stick to a thing.

Landula, *v.t.*+be patient, long-suffering.

Landulula, *v.t.*, to repeat over & over again.

Langala, *v.t.*, to be lost hopelessly, to be gone *or* go away never to return ; **ofwidi olangele kwandi,** he is dead & gone for ever.

Langi, 12, *n.*, water-weed.

-alasala, *a.* (P. lacerar), very sharp.

Lava,) *v.t.*, to rake out (an ember
Lavula,) only) from the fire.

Laya, *v.*+to wink ; **nga olele e ? laya kelaya kwandi,** is he well ? he winks, *i.e.* he is well alive ; **e diambu laya dilaya,** it is (was) only too *or* perfectly evident (*lit.* the matter winks, *is living before one*), it is quite certain, beyond all question.

Laya, *v.t.*, to spy, reconnoitre, scout, inspect, survey.

Layisa, *v.t.*, to cause to wink, hence to do anything so quickly as to be unobserved ; **undayisi o meso,** he did it so quickly that I did not observe it.

Layiswa, *v.i.*

meso -layiswa, to have (a thing) happen in the twinkling of an eye ; **meso tulayiswa,** in the twinkling of an eye (of our eyes), instantaneously.

Lazula, *v.t.*=**landula,** *see* p. 319 & App.

Leba, *v.t.*, to smear on thickly.

Lebangana, *v.i.*, to be weak.

Leboka, *v.i.*, to be thickly smeared (of grease, mud, &c.).

Leka, *v.*

i leka ke zaya diambu ko, ntala ku fula, kulombele (nkanda), I had not the least idea of anything of the kind *or* was in perfect ignorance of it all, when a (letter) arrived ; *lit.* it was sleep, not knowing anything I look out, it darkened (a letter).

o leka o temona (o laya o meso o tiya tukweme), after some

Leka, *continued*.
time, some time elapsed & then—
Leka e mpaka (2), *v.*, to start a dispute *or* questioning.
Lekama, *v.i.*
e mpaka (2, zi-) **lekama**, a question *or* dispute arose.
Lekela, *v.i.*
+**oku kwalekela**, to, unto *or* before his (your, &c.) honour, grace, excellency, majesty, &c. ; **oku kwalekela Ndompetelo**, to the honourable Ndompetelo; **ova diambu oku walekela e Ntotela e Ntinu Enekongo**, may it please your majesty, Ntotela, King of Kongo; **vana diadi osakwidi dia lekela o sia vo, twenda kuna Kinsaku; kizolele ko kwenda ko ingeta**, as to your honour's suggestion that we should go to Kinsaku, I do not wish to go.
Lekelela, *v.t.*, to look forward to, hope for.
Leko, 6, *n.*, a sleeping-place.
Leko, 6, *n.* (Bako.), a thing (= **lekwa**).
Lekoka, *v.i.*, to blaze, burn fiercely.
Lêkoka, *v.*, to be uncocked, &c., *see* p. 321.
Lekola, *v.t.*, to cause to blaze.
Lêkola, *v.*, to settle a matter, &c., *see* p. 321.
Lele, 6, *n.*, lack of diligence *or* energy in one's work *or* duty, neglect of duty, procrastination.
Lelela, *v.t.*, hold upon the hands *or* support gently with great care, bear up upon the hands.
Lelelwa, 6, *n.*, supporters, court, surrounding, "entourage."
lelelwa ya Nzambi, the universe of God, the (whole) creation.
Lelema, *v.*, to be soft & smooth (as of fine textures).
Lelêmba, *v.t.*, to do slowly, gently, delicately.
Lemba, *v.*, to deliver from *or* remove all power *or* influence of evil

Lemba, *continued*.
or spells of sorcery, *hence* to soothe, *i.e.* to remove all pain & annoyance, & so calm & quiet, to civilize by removing the savage instinct; *also prospectively* to place under a protective influence *or* charm to *avoid* all evil from befalling the individual. This idea became naturally allied with the use of "holy water," & even with the service of baptism of infants. The charm thus conferred is called **elemba**.
lemba e ekesa (8), *v.*, to place a soldier under such a spell that he need have no fear, for by it all possibility of harm *or* danger is removed. The **nganga e elemba** takes palm wine in a wooden plate *or* bowl, dips his fingers into it & touches the lips of the soldier with the front, the back & then the front of his fingers, & tells him never to look behind *or* enter a house, but go straight away to the war.
lemba e sunga (6), *v.*, to charm away all danger *or* possibilities of danger.
lemba o mwana (1), *v.*, to christen a child; this ceremony among the people before the return of Romish priests to San Salvador in 1881, had become no better than a fetish ceremony, & only used in the case of **lombo** children (*see* **lombo**, App.). The **nganga e elemba** takes palm wine & touches the child thrice as above described under **lemba e ekesa**, only it is applied to the forehead as well as to the lips. A man *or* woman stands by, & is called **ese dia nzila a ezulu** (way-to-heaven-father), who is of course the relic of the "god-father"; he must al-

Lemba, *continued.*
ways receive respect from the child.
Lembakana, *v.i.,* to be unable to.
Lembalala, *v.i.,* to be patient, gentle, meek, quiet, tame.
Lembamiana, *v.,* to be kind & gentle to each other.
Lembeka, 6, *n.,* shelter, booth.
Lembeka, 6, *n.,* a propitiation.
Lembekelwa, 6, *n.,* something with which to shelter oneself.
Lembekelwa, 6, *n.,* a means of propitiation.
Lembeleka, *v.t.,* to make gentle, to quiet down, soothe.
Lembi -o sivika, *v.,* to wonder ; **ndembi yo sivika e ngyenda welo,** I wonder much that you went.
 ke **lembi ko,** *v.,* to be sure *or* certain to ; ke **belembi kuwila kwiza ko,** they will be sure to hear that you are come.
Lembwa, *used in the perfect* **lembelo** *as the aux. verb* **lembi,** *see* p. 696 ; **ndembelo kio nata,** I tried in vain to carry it.
Lembwa, *adv.,* surely, certainly, must have *or* be ; **wenda kaka muna nzila ina, ozevo, lembwa otoma ko luaka,** go in that road, and you will reach there most certainly ; **lembwa e nzila vidisa kavidisi yo,** surely 'he has *or* must have lost the road ;· **lembwa fwa kefwa,** he will surely die ; **lembwa nkala yaku,** surely I will be with you.
Lenda kwandi, he is *or* was able ; is *or* was he able ?
Lendakana, *v.i.,* to be possible.
Lendakesa, *v.t.,* to render possible.
 ke **lendakesa ko,** to hardly, scarcely... ; **kulendakesa wo vanga ko,** you would scarcely do that.
Lendana, *v.,* to possess each other's goods, to have things in common.

Lenga, 6, *n.,* a cloth worn over the breasts *or* over another good cloth to keep it clean, a pinafore, apron.
 lenga kia salu, *n.,* a work apron.
Lenga, *pl.* 6, *n.,* danger, trouble, difficulty.
 -alenga, *a.,* difficult, trying, troublesome, dangerous.
Lengana (ye), *v.i.,* to toil (at), to have a very laborious task, heavier than one knows how to accomplish.
Lengezia, 6, *n.,* a very beautiful, precious thing, *hence* darling, sweetheart.
Lengola, *v.t.,* to anoint with oil.
Lengomoka, *v.i.,* to roll about from side to side in the dust, as in the homage to a very great chief who is much feared.
Lenzi, 8, *n.* (Bako.), fur on the tongue in sickness ; *see* **elenzi** (App.).
Leoka,
Leuka, } *v.i., see* **lewoka,** *v.i.*
Leva, *v.t.* (*from* **la,** length), to be, become, grow long.
Levesa, *v.t.,* to make long.
Leveta, *v.t.,* to taste a very little, try the flavour of.
Lewoka, *v.i.,* to be limp, faint, weared, weak.
Lezi, 6, *n.,* a servant, child, boy, lad, youth, little girl, servant, retainer, subordinate, inferior in rank.
Lezo, 6, *n.*+the egg-plant (Solanum Melongena).
Lino, 2, *n.* (P. **linho**), linen, flax.
Lita, 2, *n.,* a litre.
Lo, *pl.* 6, *n.,* excessive redness, brilliant red, intensity of redness.
Lo, 6, *n.,* convalescence, restored health.
 mona e lo, *v.,* to be convalescent, restored to feel much better.
Lôba, *v.i.,* to swim.
Lôba, *v.i.,* to challenge, to call another to fight.
Loka, *v.t.,* to call, shout, cry, wail loudly.

Loka, *continued*.
  loka e mbila (2), to call.
Lôkôso, 10, *n.*, noise, clamour.
Lokota, *v.*, to seek, want, a very offensive expression; **nki okwiza lokota**, what do you want? what are you on the prowl after?
Lola, *v.i.*, to mutter, grumble, growl.
Lole, 6, *n.*, the first shot in a fight.
  tuba e lole, *v.*, to fire the first shot.
Lombo, 6, *n.* If a pregnant woman dreams of running water, rivers *or* snakes, *or* that her unborn child told her where she could find hidden treasure, she knows that the child is a **Lombo**, an incarnation of a water-fairy. They are supposed to be able to give luck to any who ask them to do so, and have magical powers, as still retaining their fairy nature. It is, therefore, unlucky to thwart a Lombo *or* refuse them a favour, especially to strike them on the head. Snakes are fond of water, and are considered to have relations with fairies (*hence* the inference from a dream about snakes), and a snake may never be killed in a house in which a Lombo was born, and in consequence such houses are sometimes infested with snakes. *See also* **lemba o mwana**, App.
Londola, *v.i.*, to start off; **londola** = to *begin* to go; **londoka** = to go, *i.e.* the subsequent action.
Longakesa, *v.t.*, to instruct, cause to learn, make a pupil *or* disciple of, to disciple.
Longesela, *v.t.*+to speak privately, secretly, in a whisper to—
  longesela muna kutu (9), *v.*, to say into (one's) ear.
Longo, 10, *n.*
  mwena o longo, *v.*, to lust after (any one).
Longoka, *v.i.*, to be instructed, taught, learn.

Longomoka, *v.i.*, to come out of *or* be protruded from a hole *or* spathe, *used only of something long issuing from a hole, as the tongue of a snake, a parasitic worm from the body or the piston rod of an engine, something of life or motion.*
Longota, *v.*, to investigate, to endeavour earnestly to know *or* obtain.
Lowela, *v.t.*, to catch by cunning *or* treachery.
Lozi, 10, *n.*, a noise made when the new moon appears, at the birth of a child *or* decision of a tribunal.
  ta o lozi, *v.*, to make the above sound.
lu-, *subjective and objective pronominal prefix to verbs in non-remote tenses* (Bako.), you, ye.
  lua-, *the same as above before remote tenses* (Bako.).
Lua, 6, *n.*, a small patch of cultivated ground.
o luaka muna lumbu ina (&c.), *adv.*, then, in those days.
Luamba, 10, *n.*, a water-bottle for travelling *or* campaigning.
Luambu, 10, *n.*, help, assistance, succour, support.
  vana o luambu, *v.*, to render help, succour, &c.
Luayi, 10, *n.*, a nursing-sling.
Lubakanisu, 10, *n.*, the causing to come into a state of harmony & concord, reconciliation.
Lubakanu, 10, *n.*, reconciliation (*pass.*).
Lubalumukinu, 10, *n.*, scolding, reproof.
Lubangalu, 10, *n.*, torment.
Lubanzilu, 10, *n.*, a memorial, something to recall memories.
Lubanzu, 10, *n.*, memory, recollection, remorse.
Lubiangumunu, 10, *n.*, seduction.
Lubiondomono, 10, *n.*, perversion, seduction.
Lubuka, *v.i.*=**luka**, to be aware, p. 328.

Lubula, v.t., to warn.
Ludedemo, 10, n., a quaking.
ludedemo lua ntoto, an earthquake.
Ludi, 6, n.
 e diambu yamu ludi, it is quite clear, it is very certain.
Ludika, v.t. (mid. v., lulama), to set straight, in order, arrange, establish order or government, govern, manage ; also to consider or approve of as correct, right, good, prove to be true.
Luduku, } 10, n., abuse, bad language.
Luduvuku, }
Lue, pl. 6, n., cleverness, talent, great ability.
Lueba, 10, n., greed.
Luengoloka, v.i., to be clever, talented.
Luema, 10, n., a desire, longing.
-aluenia, a., sickening, disgusting.
Luenze, 10, n., an ivory horn giving the note of upper "mi" (or 3rd) in the chord to which they are set.
Luetola, 10, n., loquacity, endless light talk.
Lufa, v.t., to displace, expel by taking up the place occupied by the thing expelled.
Lufiauku, 10, n., comfort, contentment, gratification, happiness.
Lufiaulwisu, 10, n., the cause or causing of peace of mind.
Lufiatu, 10, n. (from P. confiar), confidence, trust, hope.
Lufuma, 10, n., cruelty.
Lufundisilu, 10 (passive), judgment, the process of being judged.
 (active applied), a process by which to judge.
Lufundisu, 10, n., judgment (active), the process of judging.
Lufunzuku, 10, n., defilement, foulness.
 baka (o muntu) o lufunzuku, v., to be disgusted with (any one), be highly displeased or vexed with (any one).
Lufutu, 10, n. (Bako.), obstinacy, perversity.

Lufutumuki, 10, n. (Bako.), resurrection (passive).
Lufwa, 10, n.+all about the death, the cause of death, reason for being put to death, the process of death or dying.
Lufwalakazi, 10, n., the name of the fetish which is supposed to remove the curse of widowhood.
 kota o lufwalakazi, v., to be placed under its spell.
When a man loses his wife, or a woman her husband, the bereaved seeks the doctor of lufwalakazi. The doctor gives the bereaved a raw egg, and the bereaved enters his house, and never sees the sun for six days. He may only go outside at night. He sleeps on a palm-basket (ntete). At dawn of the seventh day the relatives of the deceased (nzadi) come to fetch the bereaved out of the house ; men if a man, women if a woman. If a man, for instance, he is conducted, with the basket he slept upon, to a stream where there is plenty of water. One of the relatives throws his basket into the stream, scrapes his tongue with a knife, thoroughly shaves him and pares his nails, then makes three little cuts on his arm, and then seizes the bereaved by the neck and dips him three times thoroughly under the water (sukula o mfwidi). He then returns to the town ; two fowls are killed, a cock and a hen. The relatives of the deceased partake, the men of the cock, the women of the hen ; not a bone may be broken or lost ; palm-wine is brought, and the bereaved anointed with oil and camwood powder. At sunset the bones of the fowls are carefully gathered and placed in a palm-leaf basket, and buried

Lufwalakazi, *continued.*
at the foot of a young palm-tree. The doctor then calls all present who have never been bereaved of either husband or wife (according to the sex) to tread in the ground over the buried bones. He then places a **konko** (prohibition), that none of those who tread in the bones ever eat a palm-nut, or anything made from it, until a child be born to the individual. To break this would ensure a like bereavement. A pumpkin pip is then placed in the calabash head worn in the necklace of the bereaved, and three cloths of blackened palm fibre cloth (**mbadi**) are hung in his waist; the doctor's fee, say 50 strings of beads = about half the price of a fowl, and a calabash of palm-wine, is then paid, and thanks duly rendered to the doctor. The evil spell is broken, and the bereaved **okotele o lufwalakazi.**

Lufwanu, 10, *n.*, sufficiency, fitness.
Lufwasu, 10, *n.*, destruction, perdition.
Luiku, 10, *n.*, limit, extent, boundary.
Luka, *v.t.*, to name after (any one), to give a family name.
Lukandu, 10, *n.*, a close season for game *or* fish.
Lukandwilu, 10, *n.*, an invocation of a blessing, a blessing (*see* **kandwila**).
Lukaya, 10, *n.*
vana o lukaya lua kanga o wiki, *v.*, to give permission.
Lukayanisu, 10, *n.*, division, dividing up.
Lukembeso, 10, *n.*, praise.
Lukendeleko, 10, *n.*, that which evokes pity, pitiableness, miserable condition.
-**alukendalalu,** *a.*, very sad, very distressing, much to be deplored.
Lukofi, 10, *n.*, a clap, *as below.*

Lukofi, *continued.*
vuba o lukofi, *v.*, to clap in thanks, congratulation *or* surprise.
Lukombo, 10, *n.*, a knife having a lateral curve used in hollowing out wooden rattles, &c.
Lukuba, 11 & 2, *n.*, a pillow.
Lukudilu, 10, *n.*, the means *or* manner in which redemption was accomplished.
Lukufi, 10, *n.* (Bako.) = lukofi.
Lukûlu, 10, *n.*, redemption (*act.*).
Lukutakanu, 10, *n.*, a meeting, assembly.
Lukwa, *v.i.*, to be named after, *also* to have named after one.
Lukwikilu, 10, *n.* + a religion (belief).
Lulaka, 10, *n.* (Bako.), the entrance to the throat, larynx.
Lulama, *v.i.*, to be set in order, prepared, ready, arranged, be governed, managed.
Lulembamu, 10, *n.*, humility.
Lulondolo, 10, *n.*, means of coming *or* going.
Lululamu, 10, *n.*, readiness, preparedness, orderliness.
Lulumuna, *v.t.*, to fail to help, withhold assistance in a crisis, to hang back & let others bear the brunt of a struggle; *also* to push, force, put out *or* along with violence (*of living creatures only*).
Lûmba, *v.t.*, to mix up together, combine, blend, to adulterate, mix adulterations with; **nkia ndûmba olûmba e nteke a wumba,** how do you mix the pottery clay? **ke nulumbi mvindu yingi muna nkweza nutekanga ko,** do not put dirt in the rubber you sell.
Lumbalala, *v.i.*, to peep out of a hole, door,&c., just the head appearing.
Lûmbana (muna), *v.t.*, to be mixed (in with).
Lumbidika, *v.t.*, to stick (one's head, &c., a little way out of a door *or* hole).

Lumbuluka, *v.i.*, to be thoroughly proficient, well instructed, educated, well-informed.
Lumbulula, *v.t.*, to thoroughly instruct.
Lùmbwa-mbòkoso, 10, *n.*, chatterbox, noisy talkative fellow.
Lumonso, 10, *n.* +the west.
-alumonso, *a.*, left, western.
Lumpama, *v.i.*, to be put together, set in working order, be arranged.
Lumpeso, 10, *n.*, an excuse, pretext, stratagem, artifice, wile.
  kuna lumpeso, *adv.*, on some excuse *or* other, by stratagem.
Lumpika, *v.t.*, to put together, set in full working order, arrange, put everything into its place.
Lumpintula, 10, *n.*, loquacity.
Lumpinu, 10, *n.*, a bowl, basin.
Lumvungia-mvungia, 10, *n.*, darkness, that of which we are conscious when there is an utter absence of light.
e **lunda-lunda** (6), *adv.*, running quickly.
  kwenda e lunda-lunda, *v.*, to rush along.
Lundalala, *v.i.*, to protrude, stick up high, stick out, stand out prominently.
-alundalala, *a.*, protruding, high (of the forehead).
Lundangana, *v.i.*, to rush.
Lundidika, *v.t.*, to make up into a hump, to cause to protrude.
Lundumuna, *v.t.* = **lulumuna** (App.).
Lunene, 10, *n.*, the east.
-alunene, right, eastern.
Lunengananu, 10, *n.*, the edge of a perpendicular precipice, a beetling crag.
Lunga-lunga, *v.*, to keep watch over, guard, take care of (a living creature *or* something movable).
Lungana, *v.i.*, to be fulfilled.
  nanga lungana vo, *v.*, to be perhaps;
  dinanga lungana vo, it is perhaps.
Lunganisa, *v.*, approve, express a favourable judgment.

Lunganisa, *v.t.*, to fulfil.
Lunganisa, *v.t.*, to assemble, call together.
Lungidisa, *v.t.*, to cause to go all round, make sufficient for all, apply to all, make of universal application, extend to all.
Lungila, *v.i.*, to suffice for (all), be enough for, to fill a measure, to go into every part *or* room, to leave no part untouched.
Lungola-ngola, 10, *n.*, a small otter having a white belly & flat tail.
Lungumvi-ngumvi, 10, *n.*, intoxication with pride.
Lungungu, 10, *n.*, a wheel.
Lungwa, *v.i.*, to come together, assemble.
Lunianga, 11 & 8, *n.*, grass (generic).
o **lunima**, *adv.*, behind.
Lunima-nima, *adv.*, back to back, backwards, in an opposite position, reversed; **yo wete yo bi, lunima-nima**, good and bad are the opposites of each other.
Lunkulu, 10, *n.*, cruelty, abominable behaviour, bitterness of speech *or* feeling.
-alunkulu, *a.*, cruel, abominable, shameful.
Lunkumfu, 10, *n.* +surliness, churlishness.
Lunkunza-mbuku, 10, *n.* (Kib.), }
Lunkunza-nkonzo, 10, *n.* (Bako.), } a mantis.
Lunseka, 10, *n.*, a slope, slant.
-alunseka, *a.*, sloping, slanting.
Lunseka, 10, *n.*, edge, margin, brink, verge.
o **lunseka**, *adv.*, on the edge, brink, bank, shore *or* side, on one side.
o **lunseka-lunseka**, along the edge, &c.
Lunsunga-nkombo, 10, *n.* (Makuta), a mantis.
Lunsoni-nsoni, 10, *n.*, shame.
  kuna lunsoni-nsoni, *adv.*, with shame.
Luntati, 10, *n.* (*from* **tata**, to stick),

Luntati, *continued.*
great attachment, desire to be always with some one beloved (as a child to its mother, not wishing to be for a minute even separate), close application, a sticking (to one's work), earnestness.

Luntoko-ntoko, ⎱ 10, *n.*, a lad of about
Luntoko-toko, ⎰ 15 *or* 16 years of age.

Luntongolozi, 10, *n.*, the habit of careful investigation, inquisitiveness, searching curiosity.

Lunungunuku, 10 (*pass.*), ⎱ further-
Lunungununu, 10 (*act.*), ⎰ ance, advancement.

Lunziototo, 10, *n.*, very affectionate feeling, loving attachment, intense affection.

Lunzumbulu, 10, *n.*, care, worry, the burden of duties, business, &c. ; *see* **zumbuluka,** App.

Lunzungulu, 10, *n.*, loneliness, an orphan state.

Lusalu, 10, *n.*, capital, property, wealth, riches, treasure, goods possessed, possessions.

Lusambu, 10, *n.*, a benediction, a blessing invoked *or* pronounced.

Lusambu, 11 & 2, *n.*, a mat of palm fibre cloth 6 × 1 inch, used as a currency in times past ; they still linger in use to the north of Matadi.

Lusandululu, 10, *n.*, an examination.

Lusangidika, 10, *n.*, the highest point of a house, rock, tree, &c., summit, peak (of mountain).

Lusangu, 10, *n.*, something to talk about.
lusangu lua, a matter about, something about an affair of.

Lusanisu, ⎱ 10, *n.*, praise, adulation,
Lusanisinu, ⎰ good report.

Lusansu, 10, *n.*+education.

Lusansu, 10, *n.*, history, story, the chronicles.

Lusanu, 10, *n.*+profession, boast.

Lusatululu, 10, *n.*, examination.

Luseko, 10, *n.*, provocation, irritation, persistent annoyance (*active*).

Lusembo, 10, *n.*, blame, censure.

Lusengomono, 10, *n.*, a revelation, the book of the Revelation.

Lusensemeko, 10, *n.*, praise, exaltation.

Luseoko, 10, *n.* (*pass.*), concision, mutilation, the cutting off of a piece of flesh ; *see* **seoka,** App.

Luseolo, 10, *n.* (*act.*), as above.

Lusiensie, ⎱ 11 & 2, *n.*, the mid-rib
Lusiensiele, ⎰ of leaflet of a palm.

Lusikidisu, 10, *n.*, that which places a matter beyond question, a certificate, assurance, certainty.

Lusoka, 10, *n.*, a system of mending cracked calabashes by first calking with the gossamer of palm spathes mixed with resin, and then putting little binders of mvuyi across the crack, then inserting the ends into the body of the calabash.
tunga o lusoka, *v.*, to mend thus.

Lusunzi, 10, *n.*, an accidental fall from a tree.
nganga (2) a lusunzi, the doctor who professes to be able to treat such cases.

Luswaswanu, 10, *n.*, the nature of the difference (between).

Luta, *v.t.*+to overreach.

Lutakana, *v.i.*, to go in some direction *or* pass some place otherwise than that at first determined, *also* to be mentioned, disclosed, inadvertently.

Lutakesa, *v.t.*, to cause, allow *or* permit to pass on otherwise than at first intended.
lutakesa e diambu (7), to let something become known which one had intended to keep secret, to mention *or* disclose (something) unintentionally, to "let the cat out of the bag," to speak unadvisedly, to say what you afterwards wish had been left unsaid.

Lutemo, 10, *n.*, illumination, light.

3 K

Lutengolo, 10, *n.*, abandonment of the rights of master, &c., rejection as useless *or* not further needed (*see* **tengola**).
Lutialu, 10, *n.*, contempt, disregard.
Lutiangu, 10, *n.*, insolence, a scornful remark.
Lutidila, *v.t.*, to surpass exceedingly, to over-reach.
Lutima, 10, *n.*, revengeful feelings.
Lutisa, *v.t.*, *see* **lutakesa**, App.
Lutiu, 10, *n.*, insolence.
Lutongeneko, 10, *n.*, spite, malice.
Lutoteko, 10, *n.*, a mutual exchange.
Lutumbuku, 10, *n.*, dishonour, disgrace, evil report.
Lutumu, 10, *n.*+a message.
Lutunu, 10, *n.*, proper control, moderation.
(Bako.), scorn, contempt.
Luvaiku, 10, *n.*, the Exodus.
Luvanda, 10, *n.*
tenda o luvanda, *v.*, to shave the scalp entirely (not the beard *or* whiskers).
Luvangameso, 10, *n.*, edification (*active*.
Luvangamu, 10, *n.*, edification (*passive*).
Luvangananu, } 10, *n.*, great importance, overwhelming greatness.
Luvanginiku, }
Luvanza, 11 & 2, *n.*, a piece of money.
Luve, 10, *n.*
lomba o luve, *v.*, to sue for peace.
Luviluku, 10, *n.*, the turning round, conversion.
Luvimba, 10, *n.*, the size (as far as bulk is concerned), bulk.
Luvu, 10, *n.*, the furnace hollow in a forge.
(Bako.) a smithy.
Luvuki, } 10, *n.*, deceit.
Luvukiku, }
Luvukusu, 10 *n.* (Bako.), salvation.
Luvunginiku, 10, *n.*, deceit, falsehood.
Luvungu, 10, *n.*, disgrace, shame.
Luvungu, 10, *n.*, the peritoneum.
Luvuvamu, 10, *n.*, safety, tranquillity, peace.

Luvwezo, 10, *n.* (Bako.)=**luvezo**.
Luwandu, 10, *n.*, a great cooking pot of mottled ware.
Luwete, 10, *n.*, profit, resultant good, advantage; ke dikumvanga luwete ko, it will not do him any good, no real advantage will accrue to him by it.
Luwondeleko, 10, *n.*, soothing influence, pacification, consolation.
Luwondelelo, 10, *n.*, exhortation.
Luwumba, 10, *n.*, pottery clay.
sema o luwumba, *v.*, to work up the clay into some form.
Luwumi, 10, *n.* (Bako.), a disease of fowls.
Luwutuku, 10, *n.*, pedigree, genealogy.
Luwutuluku, 10, *n.*, the being born over again, the new birth, regeneration (*passive*).
Luyambulu, 10, *n.*, abandonment, relinquishment, a letting alone.
Luyayidilu, 10, *n.*, kindliness, goodwill, cordiality, heartiness in behaviour.
Luyenzenze, 10, *n.*, a slope, slant.
-aluyenzenze, *a.*, sloping, slanting.
Luyindulu, 10, *n.*, a process of thought, thought, a means of remembering, remembrance.
Luyuki, } 10, *n.* (Bako.), the "plant of life," Briophyllum calycinum.
Luyukia-yukia, }
Luzakamu, 10, *n.*, trembling.
Luzalu, 10, *n.*, fulness.
Luzengeneko, 10, *n.*, dumbfounded astonishment, blank surprise.
Luziatalalu, 10, *n.*, severity.
Luzindalala, 10, *n.*, persistence, obstinacy, patience, perseverance, endurance.
Luzolo, 10, *n.*+kindly feeling, benevolence, right feeling towards, *hence* faithfulness in service *or* friendship; *also*, great desire, *and so* aim, purpose, will.
nkwa luzolo, one who possesses loveable qualities, one admired, loved & trusted.

M.

Ma (*pl.* 6) **ya mbwaza**, *n.*, corn, grain (generally).
o **mabetomona** (*pl.* 8), *adv.*, with overflowing measure.
  sia o mabetomona, *v.*, to measure with overflowing measure.
Madè, an abbreviation of **ma Dezo!** (P. **Deus**), would to God! O God! How much rather would (I have died); *also* rather, sooner, it would be better to.
Madiuka, *pl.* 8, *n.*, a man engaged by a sterile husband to beget children for him.
Mafwila, *pl.* 8 (Bako.)=**lufwalakazi**, App.
-**a maziezie**, *see* **eziezie**, App.
Màkina, 2, *n.* (P. **machina**), an engine, machine.
Makono! *interj.*, look out! beware! keep your wits about you.
-**amakunda**, *a.*, self-sown.
Maladi, *pl.* 8, *n.* (Bako.), water-weed.
o **malemba-lemba**, *adv.*, going on well, comfortably, quietly, all right.
Malongo, *pl.* 8, *n.*, a far country, distant lands.
o **mambonani** (*pl.* 7), *adv.*, face to face, in sight of each other.
Mambu.
  ma ... kaka, as though, just as if; o lose luandi ma kwenda kuna Ngombe kaka (**mambu** understood before **kwenda**), his face was as though he was going to Ngombe.
o **mambuka-buka** (*pl.* 7), *adv.*, on one's face.
o **mamfukama** (*pl.* 7), *adv.*, kneeling, on the knees.
Mamwanga - mwanga, *pl.* 7, *n.* (Bako.), fine rain.
Mana, *v. aux.*+to be all...; o luse lumene kunsumamwa kwa nsende, his brow was all pierced with thorns.

Mana, *pl.* 7, *n.* +stratagem, ruse, roundabout ways of accomplishing an end *or* getting what is wanted, *hence* merchandise, barter, &c., *i.e.* the things a man had to get if he wanted to obtain the goods of the white traders.
  ku mana, *adv.*, by stratagem, by a ruse.
Mana-nsusu, 6, *n.*+anise (?)
Mandangi, *pl.* 7, *n.*, respect of persons, undue bias to the prejudice of justice.
o **mandiatani** (*pl.* 7), *adv.*, crowding & treading upon each other.
Manga, 4, *n.*, the poison of a snake, &c.
Manga, 4, *n.* (Bako.), the fetish **moko**, *see* p. 504.
Manganana, *v.i.* +to be very erect & throw the chest well out (to be erect but bowed); *strutting pigeons are said to* **manganana**.
Manguna-wuna, *pl.* 7, *n.*, fault-finding, grumbling.
o **mànkokà-ngo**, *adv.*, all together (*lit.* as if to drag a leopard); **nwenda o mànkokà-ngo**, go all together.
o **mantalani** (*pl.* 7), *adv.*, face to face.
Mantinwa, 6, *n.*, something by which to mount.
Manyanga-nyanga, *pl.* 7, *n.* (Bako.), fine rain.
Masa (*pl.* 7) **ma Mbala**, *n.*, sorghum.
Masika, *pl.* 13, *n.*, gorilla.
Masila, *pl.* 8, *n.*, one who has given a promise, the promiser.
Masilu, *pl.* 8, *n.*, the executor of a will.
Masona, *pl.* 9, *n.*
  zaya *or* **via o masona**, to know how to read & write.
Matamba, *pl.* 8, *n.*, lupus exedens, a rodent ulcer which destroys the nose, &c.
Matondo, *pl.* 8, *n.*, thanks.

Matondo, *continued.*
   kia matondo, thanks, all right, it will be *or* is well, it is a good thing.
Matwakanga, } *pl.* 8, friend.
Matwakangwa (Bako.),
Mavasa-vasa, *pl.* 8, *n.*, nickname of a child who was born with teeth.
Mavenga, *pl.* 8, *n.*, evasion, evasiveness, the gift of throwing the responsibility upon others *or* of avoiding the discovery of wrong-doing *or* detection.
Mavu, *pl.* 7, *n.*, earth.
   dia o mavu, *v.*, eat the earth, *also* to pay homage.
-amavilwa-vilwa, *a.*
   mona e ngonde zamavilwa-vilwa, to menstruate regularly.
Mayingila, *pl.* 8, *n.*, a watch, a guard.
Mazengele e ngonde (2), *n.*
   mambu ma mazengele e ngonde, idle, foolish talk, "rubbish."
Mba, *conj.* (Bako.)=**mbangi,** App.
e mba ye, *adv.* **(bandama),** quite dark with (darkness, smoke, &c., which is within the thing spoken of), full of (that which makes dark); **esuku diame dina e mba yo mwisi,** my room is quite dark with smoke; **muna nzo mwina e mba ye tombe,** it is perfectly dark in the house; *lit.* the house is quite full of darkness.
Mbaba, 4, *n.*, a' mean, stingy, grudging person.
Mbabu, 2, *n.*, a bribe, money paid to secure a judgment.
   vana e mbabu, *v.*, to bribe, give a bribe.
Mbabula, 2, *n.*, bribery.
-ambabula, *a.*, given as a bribe.
Mbadi, 2, *n.*, elephantiasis (of foot).
Mbadi, 1 & 4, *n.*, a hard man.
Mbadi, 2, *n.*+a specific sore, after the breaking down of a node, a bad spreading sore.
Mbadi, 2, *n.*, polypus.
e mbadi, *adv.*, in juxtaposition.

Mbadi, *continued.*
   sila e mbadi kumosi, *v.*, to put together in juxtaposition.
Mbadi (2) **ngani** *or* **mbadi angani** *or* **mbadi** *followed by the demons. pron.* 1st *class,* poor fellow; **vo i mono, mbadi ngani** (*or* **mbadi oyu),** as for poor me—, *or* I, poor wretch that I am.
-ambafu, *a.*, great, large, big.
-ambakala, *a.* (Bako.), male.
Mbakami, 1 & 4, *n.*, a captive.
Mbaki, 2, *n.*,
   kanga e mbaki, to set an ambush.
-ambaki, *a.*, captive.
-ambakidi, *a.*, every one getting what he can; **e kunku yau yambakidi,** their portions were whatever each could get for himself.
e mbakila, *adv.*, retail (flesh).
Mbaku, 4, *n.*, an adjective.
Mbaku, 2, *n.*+gain, that which is gained *or* obtained.
Mbâku, 4, *n.*, ambassador, (honoured) messenger.
Mbala, *sing.* 2, *n.*, sorghum, *i.e.* **masa ma Mbala.**
e mbalanda, *adv.*=**e mba,** App.
Mbale, 2, *n.* (*see* **kibale,** App.), partner, companion, mate.
Mbama, 4, *n.*, a fancy girdle worn, not to support the cloth, that being accomplished by the ordinary **mponda,** but something extra, a girdle for show.
Mbamba, 2, *n.*, an officer whose duty it is to demand the execution of a murderer, a sheriff.
Mbana, 1, *n.* (pl. **ambana),** person, man, individual, the above-mentioned, the aforesaid.
-ambandakiani, *a.*, } one above
e mbandakiani (2), *adv.*, } *or* on top of the other.
Mbandamu, 2, *n.*, the commencement, beginning.
Mbandani (Bako.), } 2, *n.*, thunder
Mbandanu, } (the effects of lightning are attributed to **mbandanu**).

e mbandieka (2), *adv.*, } one above *or*
-ambandieka, *a.*,   } on top of
the other.

Mbandu, 2, *n.*, a copy, example to be copied, a standard (of measurement, &c.).

Mbandu, 2, *n.*, a layer, stratum, generation.

e mbandu-mbandu, *adv.*, in layers.

Mbandu, 2, *n.* (Bako.), a barrel of powder (20 lbs.).

Mbandu, 2, *n.* (Bako.), height (of persons).

Mbanga, 2, *n.*, a testis.

-ambangadi, *a.*, of exceedingly high price, of priceless value.

Mbangadi, 1 & 4, } *n.*, a tyrant, a
Mbangazi, 1 & 4, } tyrannical, brutal man, powerful & cruel man.

Mbangi (Bako.), } *adv.*, after that,
i mbangi,   } afterwards, then, next.

i mbangi tu se, *with the verb in the narrative tense*, at last, at length; i mbangi tu se wakwiza, so you have come at last.

Mbangu (2) a kinkutu (5), *n.*, a tailor.

mbangu a nti (4), *n.*, a carpenter.

Mbangu, 4, *n.*, a row, line.

yika o mbangu, *v.*, to fall into the line, to take a place in the line.

Mbazi (2) a nkanu (4), *n.*

komba e mbazi a nkanu, *v.*, (to sweep, *i.e.*) to make the necessary arrangements for the holding of a court, to open the assizes.

Mbebe, 2, *n.*, something entrusted which must receive an anxious care; if lost, serious consequences would result, a great responsibility.

sia e mbebe, *v.*, to make responsible for, leave in charge of.

Mbela-mbela, 2, *n.*, a snack of food eaten before the proper time, a lunch, luncheon.

Mbelekela, 2, *n.*, when a man has

Mbelekela, *continued.*
many friends come to visit & dine with him, his wife may well fear that her husband, with his hospitable nature, will not take enough food to properly satisfy himself; she will therefore reserve and hide an extra portion for him, to be eaten on the quiet afterwards. This portion is called mbelekela.

Mbengo-mbengo, *n.*, 4, a very dangerous spot, place, passage, work, &c.

-ambengo-mbengo, *a.*, perilous.

Mbeni, 2, *n.* +the adversary, Satan.

Mbenza, 2, *n.*, a sore, ulcer.

Mbetela, 2, *n.*

omu mbetela a nsi (2), low down near the ground; o matuti mena omu mbetela a nsi o unu, the clouds are low down on the ground to-day.

Mbi, 4, *n.*, the evil one, a bad person.

Mbidi, 2, *n.* +a certain number, a number. *When used without any emphasis* or *article it implies* a comparatively few; *with emphasis and article*, many; mbidi a lumbu, certain days, a number of days, some days, a few days, some time; *if emphasised*, many days.

mbidi, *a.* (where one object only is referred to), great, fine; kuna kwa mbidi a mwana, what a fine child!

Mbie-mbie, 2, *n.*, *see* nkiambiembie, App.

Mbienga, 2, *n.*, thick brass wire.

Mbiengele, 2, *n.*, a thin skewer *or* stick of a thing; mbiengele za malu, thin sticks of legs.

Mbiki, 4, *n.*=ebiki, App.

Mbilu, 2, *n.*, a very deep hole, chasm, pit *or* abyss, *hence*, the bottomless pit, hell.

Mbindi, 2, *n.* +a bar.

Mbinduzioka, 2, *n.*, windings about.

Mbingu, 2, *n.*, a change (of food), the season (for certain things).
e mbisu (2), *adv.*, in a raw, fresh, uncooked *or* green state, without previously cooking.
Mbiya (2) **a longo**, the money paid for a wife.
Mbo, *adv.* (Kib.), then, afterwards.
Mbobo (2) **a nti** (4), *n.*, a woodpecker.
Mbofongo, 4, *n.*, a huge thing.
-**ambofongo**, *a.*, huge.
Mboki, 2, *n.* (Bako.), mate, fellow, companion.
Mboki, 1 & 4,*n.*, one who calls, a herald.
Mboki, *adv.* (Bako.), then, afterwards.
Mboko, *adv.* (Kib.), then, afterwards.
Mboko, 2, *n.*, joint (in the limbs).
Mbobola, 2, *n.*, baby, one who has baby-like habits.
Mbomba, 2, *n.* (P. **bomba**), fireworks.
Mbombe, 2, *n.*,
vanga e mbombe, *v.*, to make a fire & roast corn *or* arachis in the resultant ashes.
Mbombo-ngolo, 4, *n.*, a huge tree *or* thing of wood.
-**ambombo-ngolo**, *a.*, huge, *as above*.
Mbomongo, 4, *n.*, something very *or* singularly thick.
-**ambomongo**, *a.*, thick.
Mbonani, 2, *n.*, a window.
Mbondo, 2, *n.*, 12 sheets of **mbadi** cloth.
Mbongo, 2, *n.* (*sing. only*)+fruit, seed, descendants.
Mbota, 2, *n.*+the stick used in weaving to tighten the latest thread woven, the reed.
Mbote, 2, *n.*, good, well-doing, that which is right.
ke mbote ko, what a lot there were, &c. ; e wantu, ke mbote ko, what a lot of people there were.
ke kala *or* -ina mbote ko yo (&c.), *followed by an infinitive or abstract noun*, how very...was... not—; o mwana kakedi mbote ko ye kiese ? was not the child happy ?
ke kala *or* ina mbote ko yo ye-

Mbote, *continued.*
la, to be very unwell ; kakedi mbote ko yo yela, how very ill he was.
Mbudi, *an abbreviated form of* yambudi, *the imper. of* yambula, let.
Mbuka, 2, *n.* (Kib.), a bedstead.
e mbukwila (2), *adv.*, retail (liquids).
Mbula.
e mbula ye mbasa. (Proverb) e diambu diadi e mbula ye mbasa ina, that matter requires further explanation ; that is not sufficiently clear.
Mbula, *after verbs of* knowing, thinking, telling, *&c.*, *is used to imply* a necessity *or* urgency ; edi kabenze vo mbula kenda, he thought that he would have to go ; unsamwina vo mbula kasumba yo kaka, tell him that he must buy it.
Mbulu-ntente, 2, *n.* (Bako.), a mason wasp.
Mbumba, 4, *n.*, a lump, mass, *also* lumps of dried cassava meal for storage *or* sale.
-**ambumba**, *a.*, secret.
Mbumbulu, 2, *n.*, a mole, *hence also* velvet, plush.
Mbundukutu (2) **a mwisi** (3), *n.*, smoke.
Mbunduna, 2, *n.*, an amputation, *also* +a grub which eats through the roots of plants.
Mbunge, } 4, *n.*, mist, fog,
Mbungi (Bako.), } mistiness, indistinctness of vision.
Mbungu, 2, *n.*, "ants' bread," a honeycombed cultivation of fungus (?) found in nests of white ants.
Mbungu, 2, *n.* (Bako.)=mbungwa.
Mbunzu, 2, *n.*, the brow, face.
Mbusia, 2, *n.* (P. **buxa**), a wad.
Mbuti, 4, *n.*, something worn as a girdle, but above the waist, at the breasts.
kanga o mbuti, *v.*, to tie round one as a girdle.

Mbuyu-buyu, 4, *n.*, wateriness, tastelessness.

Mbwadi, 1, *n.*, a man of the Ambari of the islands & shores of Stanley Pool.

Mbweno, 2, *n.*, sight, vision, the power to see.

e mbwi (2), *adv.*, quite full ; **ozadisi yo e mbwi,** he filled it quite full.

Meme-meme, 6, *n.*, a lamb.

Menga (*pl.* 7), *n.*,
  mwana (1) **a menga,** free-born, noble.

Meno, *pl. of* **dinu,** 7, *n.*
  -**ameno,** sharp.
  -**a meno mole,** two-edged.

Meta, 2, *n.*, a metre.

Mezi (Mbamba), *adv.*=**vezi,** App.

Mfiaulwisi, 1 & 4, *n.*, a comforter, consoler, restorer of happiness.

Mfiba, 4, *n.*, a calabash of medium size.

Mfiba, 4, *n.*, a small antelope's horn, as of the **nsesi** *or* **nsa.**

Mfielani (P. fiel [*pl.* fieis] de Deus), heap of stones to mark the spot where a murder was committed, a cursed *or* unlucky place.

Mfietoto, 4, *n.* (Bako.), threshold.

Mfiku, 4, *n.*
  sumba o mfiku, *v.*, to buy at a ridiculously low price (as a gift).
  tekelwa o mfiku, to have (a thing) sold to one at a very low price.

Mfiku, 2, *n.*, nourishment, that which ministers to life & strength ; substance, that which imparts substantiality, the gist (of a matter).
  e mfiku, *adv.*, to a very considerable extent (of a matter) ; **e diambu diaku dizidi e mfiku omu ntima ame,** I have a very fair idea of what you say.

Mfilu, 2, *n.*, the direction towards which one's (head, &c.) was *or* is turned when lying ; the place where the (head, &c.) lay.

Mfingitunu, 2, *n.* (Bako.), something with which to support the knee when squatting.

Mfofeka, 4, *n.*, an entire piece (of cloth, braid, &c.).

Mfoko, 2, *n.*, pronunciation.

Mfoko, 2, *n.*, a number of times multiplied.

Mfokola, 2, *n.*, the fold of one cloth above the girdle (often used as a pocket), a folding over, a multiplication.

Mfoto, 4, *n.*, the crashing made by a great beast in a forest *or* jungle.

Mfu, 4, *n.* (Bako.), the deceased, *thus avoiding the mention of the name.*
  -**amfuba,** *a.*, unripe (of plantain & bananas & fruit which reddens on ripening).

Mfula, 2, *n.*, the powder (cam-wood powder, pepper, crushed ironstone, ochre, &c.) in a bundle of fetish (**ebunda**).

Mfumfula, 4, *n.*, an edge, verge.
  mfumfula a yaka (7), *n.*, a wall plate.

Mfumvu, 2, *n.*, a cord, rope.

Mfunda, *pl.* 2, *n.*, a muscular pad, as at the base of the thumb, heel *or* the gluteus max.

Mfunda-ngavu, 4, *n.*, Camoensia maxima, a bramble bearing a large white fragrant flower.

Mfundisi, 1 & 4, *n.*, a judge.

Mfundu, 4, *n.*, a matter to be judged, a case, an accusation, the trial of a case ; **oyandi una yo mfundu,** he it is who has to be tried, *or if the judge,* he has the trial of the case.

Mfundu, 2, *n.*, a secret, something not known *or* incomprehensible.
  -**amfundu,** *a.*, secret.
  ku mfundu, *adv.*, secretly, hidden, mute (grammatical).
  mfundu za Nzambi. All living creatures which have not the gift of speech are supposed to be deprived of it, that they may preserve God's secrets, *hence,* the dumbness, "**mfundu za Nzambi bena zau.**"

Mfundu, 2, *n.* (*generally pl.*), signs *or* the inarticulate expressions by which the dumb & the animal creation make themselves understood.

Mfune (2) **evamba** (8), *n.*, a species of heron (?)

Mfunia, 2, *n.*, a freebooter, raider, one who plunders & does as he likes, a man of violence.

-**amfunia**, *a.*, raiding, freebooting, violent.

Mfunka, 4, *n.*, strength, force, power, compulsion (*potential*).

mfunka, 2, *n.*, strength, force, energy (*active*); **ku mfunka yasilu**, I was absolutely compelled.

sia e mfunka (2), *v.*, use force, put out strength *or* energy; toil *or* work hard (at, **muna**).

Mfuntakani, ⎫ 2, *n.*, something
Mfuntalakani, ⎭ crushed, trodden upon, a crushing, trampling.

Mfuntu, 4, *n.*, hard work, toil, severe labour.

Mfunu, 4, *n.*+work in one's profession, business, trade, business transactions, advantage, use; *see also* **vwa o mfunu**, App.

-**amfunu**, *a.*, of any use *or* account, useful.

Mfuta, 4, *n.*, jungle (*when spoken of generally, not used of a portion indicated*).

Mfuta, 2, *n.*, desolation of a deserted place.

Mfuzi, 2, *n.*, a labourer, a workman, *especially* one who knows his craft, a professional, a master of his craft.

mfuzi a ntambu, a good trapper.
mfuzi a ntungu, a good builder.
mfuzi a lamba, a professional cook.

Mfwadu, 4, *n.* (P. **fardo**), a case of cloth *or* leather to prevent damage to anything, a pillow to sit upon, a padding.

Mfwalansa, 1 & 4, *n.*, a Frenchman.

Mfwantakani, 2, *n.*, useless things, rubbish.

Mfwanti, 2, *n.*, a foolish, vain, useless fellow.

Mfwefo, 4, *n.* (Bako.), fine rain.

Mfwene, 2, *n.*, that which fits *or* is befitting *or* enough *or* proper.

Mfwenge, 2, *n.*+ichneumon (*Herpestes l—*).

Mfwiba, 4, *n.*, firewood that burns very badly.

Mfwidi, 1 & 4, *n.*, one who has been bereaved.

sukula o mfwidi, *v.*, to perform the triple immersion mentioned under **lufwalakazi**, App.

Mfwidi-mfwidi, 2, *n.*, the habit of making a great fuss of a slight ailment.

-**amfwila**, *a.*, mortal, causing death, fatal.

Mfwilu, 4, *n.* (*sing. generally*), expense, disbursements.

-**ami**, *pron.* (Bako.)=-**ame**.

Mi, 4, an ugly person.

Miangu, pl. 3, *n.*+clamour, noise.

Mika, *v.t.*, to weigh, to try *or* ascertain the weight.

Mika, *v.t.*, to make signs & passes to spoil another's luck (in gambling) by making a line in front of an opponent *or* passing a **luvanza** under the armpits & tread of the feet *or* into the mouth.

Mikuka, *v.i.*, to be weighed.

Mili- (Fr. **milli-**), a thousandth part of the standards of measurement (*e.g.* **milimeta** = millimetre=$\frac{1}{1000}$ of a metre).

Mina, *pl.* 3, *n.*, regulations, statutes, ordinances, the details of a law.

Minganana, *see* **manganana**, App.

Minguna, *v.t.*, to break, snap in two.

Minu, 6, *n.*, custom, fashion, condition, normal state, nature, habit, law of nature, natural law; **vo i mbizi za maza, i minu kiau kia kala muna**

Minu, *continued.*
  maza, as to the fishes, it is their nature to live in water.
Minuka, *v.i.*+to be swallowed, *also* to set (of the sun), to disappear from sight (over the crest of a hill *or* beyond the horizon).
Minuka ye, *v.*, to acquire a fashion, conform to a new condition; **ovwidi minuka ye kisi Kongo,** he has become a thorough Kongo in every way.
Minute, 2, *n.*, a minute.
Miria- (Fr. myria-), 10,000 of the standards of measurement (*e.g.* **miria-meta** = myriametre = 10,000 metres).
-a **miza ya miza,** *a.*, of many kinds but very good, of various good kinds.
e **mome** (6), *adv.*, speechless, struck dumb with fear *or* surprise.
  fwa e mome, *v.*, to be speechless.
Mona, *v.i.*, to be transparent, clear; **etadi diadi mona dimona,** this stone is transparent.
-**amona,** *a.*, new.
Mona-meso, 6, *n.*, a great sight, spectacle, (wonderful) vision, that which is plain & evident; *also* a clear & tangible proof, unmistakable evidence.
Monganana, *v.i.*, to be unable *or* unwilling to make any reply, to look blank, to be put to silence, to keep silent.
Mongeneka, *v.t.*, to leave one without a word to say in reply, put to silence.
Mòngola (*pl.* **miongola**). 3, *n.*, curves (labyrinthine).
-**amoni,** *a.*, clear, transparent.
Mor, 2, *n.* (Heb. **mor**), myrrh, **dimbu wansunga.**
-**mosi** *in the secondary form, & prefixed with the article of its class is equivalent to* a certain; **o muntu omosi,** a certain man; **e dinkondo edimosi,** a certain plantain tree.

Mosi, *continued.*
bearing the secondary prefixes (series 3, p. 518), and again prefixed with **a,** the same, the identical, the like; **salu akimosi,** the same worth; **mankondo amamosi,** the same plantains.
Moya, 3, *n.* (Bako.)=**moyo.**
Moyo, 3, *n.*, *see also* **ntima,** App., *of which it is often a synonym.*
  yambukwa o moyo, to make up one's mind, come to a decision.
Mozi,
  miozi, pl. 3, *n.* (Bako.), a whistle.
  ta miozi, *v.* (Bako.), to whistle.
Mpâdi, 2, *n.* (*from* **pala**).
  ta e mpâdi, *v.*, to ridicule another on account of real *or* assumed poverty; to provoke another by ostentatious display.
Mpalu, 2, *n.*+goad.
Mpambani, 2, *n.*, a separating, a dividing up, *hence,* a heresy.
Mpambula, 2, *n.*, a division, schism, a dividing into parties, a separation.
  zaya e mpambula (a), *v.*, to be able to distinguish (between), to be a judge (of).
Mpami, 2, *n.*, a strong man.
Mpandi, *adv.*=**lembwa,** App.
Mpandu, 2, *n.*, sorcery.
  vanda o mpandu, *v.*, to practise sorcery.
Mpanga, 2, *n.*, a verb.
Mpangilu, 2, *n.*, an adverb.
Mpangu, *conj.*, *introducing a question,* well, now; *introducing an explanation,* I suppose, that is to say, that would mean, that would be, that would imply that; *not used in speaking to a superior;* **wiza muna lumbu sambanu, mpangu i unu,** come in 6 days, that would be to-day.
Mpanu, 2, *n.* (P. **panno**), white baft (cloth).
Mpanza, 2 & 11, *n.*+a piece of money.
Mpasi, 2, *n.*, trouble.

Mpasi, *continued.*
o mpasi twakumona, we have suffered much *or* we have had a great deal of trouble (*lit.* trouble we saw him).
mpasi zimonekene, *a euphemism,* he died (the trouble came).
mpasi, 1, *n.,* a corpse (*a euphemism.*
Mpasi— (2), *n.,* a common—, an ordinary—.
mpasi muntu (*pl.* mpasi wantu), one of the common people ; ki mfumu ko, i mpasi muntu, I am not the chief, I am only one of the common people ; a mpasi wantu bawidi ovo wizidi, the common people heard that he was come ; a mpasi esi Kongo ke bazolele wo ko, the common people of Kongo do not like it.
Mpasi, *adv.*+rather, better, it would be better to— ; owu tuzolele mpasi twakatuka, what we wish rather is to get away.
Mpasi owu, *adv.,* however, still, at the same time, not forgetting that, already ; e mfumu, tukangala kweto mpasi owu tumwene e ekembo, we are going, sir ; still, we have much enjoyed ourselves ; se nkwenda kwame ingeta mpasi owu ndangini ko e lumbu atanu, I must go, thank you ; already I have been here 5 days.
Mpava, 2, *n.,* a searching, a hunting for.
nsungi a mpava, the month when the arachis is harvested.
-ampava, *a.,* rare, scarce.
Mpe...mpe, *conj.,* both...and ; ozevo, ndiona okwenda mpe, yo ona mpe olembi kwenda, balungidi kwau, so that both are right, he who goes & he who stays.
Mpedi, 1 & 4, *n.,* one who seduces away another man's wife as a

Mpedi, *continued.*
set-off against a debt ; *see* pela & ampela, App.
Mpeke-veke, 2, *n.,* an eruption on the ear.
-ampela, *a.,* by seduction as a set-off against debt ; *see* mpedi & pela, App.; longo luampela, a marriage by seduction as above.
Mpela,
ke mpela ko, *conj.,* if not, otherwise, or else, or ; wizidila ke mpela ko e ntangwa isaka, come at once *or* else it will be too late.
Mpelezieka, 2, *n.,* the manner of making tasty dishes out of little nothings.
Mpelo, 2, *n.*+fruit (generic).
Mpenga, 2, *n.,* the immediate vicinity.
kuna mpenga, *adv.,* beside, near, close at hand, aside.
Mpenza, 2, *n.,* exposure, bareness, nakedness, publicity, emptiness.
-ampenza, *a.,* exposed, bare, naked, public, open (to view), unconcealed, plain, empty.
e *or* ku *or* va mpenza, *adv.,* in full exposure *or* view, in publicity, in no way hidden, plainly, nakedly, open, emptily.
mona e mpenza, *v.,* to have an unobstructed view, to see plainly, clearly.
Mpesa, 2, *n.*=mpavala.
-ampevo, *a.,* light, not heavy.
ntima (4) ampevo, *n.,* a disposition which soon abandons any pursuit, a faint heart.
Mpiaviana (2) a ntima (4), } *n.,* im-
Mpiaviani (2),
patience, restlessness.
Mpiku, 2, *n.,* the aspect put on a matter, an answer in a palaver, whether a defence, excuse, explanation *or* even the judgment of the judge.
lamba e mpiku, *v.* (*lit.* to cook an excuse), to counsel together as

Mpiku, *continued.*
to answer *or* excuse to be made *or* judgment to be delivered, to prepare a judgment.
vala e mpiku, to work up, trump up an excuse *or* defence.
Mpila, 2, *n.*, an animal killed & burnt in a bush-fire.
Mpila, 2, *n.*
kuna kwa mpila a—, what a way to—, what a remarkable way…; **kuna kwa mpila a ntungu batungidi yo**! what a remarkable way they built it too ! What a remarkable style of building they made of it !
Mpilakeno, 2, *n.*, an error, mistake, erratum.
-ampilakeno, *a.*, forgetful.
Mpilu, 2, *n.*, a turkey.
Mpilu, 2, *n.*, a purple colour.
Mpiluka, 2, *n.*, a turning round to the other side, conversion (*pass.*).
Mpiluka, 2, *n.*, the other side ; **vana mpiluka a nzo**, on the other side of the house.
Mpilwa, 2, *n.*, a mistake.
Mpimbu, 2, *n.*, a disease characterised by a serous effusion, beri-beri (?).
-ampimpita, *a.*, new, strange, singular, unheard, very difficult to comprehend *or* know *or* explain.
-ampiolo, *a.*, crooked, winding, tortuous.
Mpioto, 2, *n.*, confusion, derangement, entanglement.
Mpisa, 2, *n.*, an auditor.
Mpitiku-mpitiku, 2, *n.*, disorder, derangement.
Mpitu ye nsengo (*pl.* 2) **za**, *n.*, the reason & explanation of—, handbook of—.
-ampivi, *a.*, sole, only of its kind, only.
Mpola, 2, *n.*, a pump.
Mpolo, 2, *n.*
ku mpolo, *adv.*, by face ; **ke tunzeye ku mpolo ko**, we do not know him by face.

Mpolo, *continued.*
vana mpolo, to one's face ; **kalendi wo vova vana mpolo ame ko**, he could not tell me that to my face.
Mpombolo, 2, *n.*, a log of wood, such as is used to block the gates of pig-sties, also a trap in which a log of wood falls athwart the animal.
Mpongo, 2, *n.*, some great thing given *or* done for a purpose ; **bansidi e mpongo a tusevo**, they made him laugh much (to divert his attention) ; **kabakayidi e mpongo a mbongo**, he gave them a great deal of cloth (as a trap for them).
Mposoko, 2, *n.*, an interspace.
kuna *or* **muna** *or* **vana mposoko**, *adv.*, between.
Mpova (2) **a ndambu**, *n.*, the habit of telling anything but the truth, of putting people off with some false statement *or* promise.
Mpoza, 2, *n.*, a stoppage, ceasing.
ye mpoza (*pl. only*), without accomplishing (it) ; **ovutukidi ye mpoza zandi**, he returned without accomplishing it.
Mpu (2) **a nlembo** (4), *n.*, a thimble.
Mpuku-vuku, 2, *n.*, sound, that which we hear with our ears.
Mpulukilu, 2, *n.*, a means of getting a living.
Mpululu, 2, *n.*, a whydah bird.
Mpunga, 2, *n.*, an officer sent by the chiefs of a district, to demand the surrender of a criminal, a sheriff.
Mpungu-, the All-.
Mpungu-ngolo, 2, *n.*, the Almighty.
Mpungu-nkanka, 2, *n.*, the Saviour, who has given us the greatest example of devotion & self-sacrifice.
Mpungu-zayi, 2, *n.*, the All-wise.
mpungu-vuvu, 2, *n.*, the supreme hope, great expectation, expectation of great things.

Mpungu-, *continued.*
  sia e mpungu-vuvu, *v.*, to expect great things.
Mputa, 2, *n.* (P. **puta**), a woman who has no husband (!), a prostitute, a whore ; *also* the queen in cards (so called by low Portuguese).
-amputu, *a.*, poor.
e mputuki, *adv.*, returning the same day ; **wizidi e mputuki**, he has come, but returns to-day.
Mpuza ; 2 *sing. only* (*as* **mbongo**), seedlings for transplanting.
Mpuza, 2, *n.*, a manner of uprooting.
Mpwa, 2, *n.*, a species, kind, sort, quality, style, description, form, shape, pattern.
  mpwa, 2, *with the possessive pronouns prefixed by* **y** (**yame**, &c.), a mate, companion.
  mpwa, 2 (Bako.), companion, friend, mate.
Mpwasila, 2, *n.*, interval, interspace.
  muna (&c.) **mpwasila a** (*or* **za**), *prep.*, between.
Mpweso, 4, *n.*, the game of odds & evens ; *see* **mpinzi**, App., games, p. 493.
Mpwilu, 2, *n.*, a means of obtaining.
  mpwilu a nsambu, a means of grace.
mu-, *pl.* **mi-**, *pref. applied before the names of many places having a nasal initial to denote the people of the place.* **Mingombe** = **Ngombe** people.
Mu, *locative.*
  i mu, *adv.*, immediately, at once ; **una inyuvwidi e nzila, i mu kandwekele**, when I asked him the way, he at once cut me (with a knife).
  ke mu...e ? is it (&c.) not... ? **ke mu toma e ?** is it not nice ?
Mùfu, 3, *n.* (*pl.* **miufu**)=**muku**.
Mùluzu (*pl.* **miuluzu**, from **mulu**, sweet wort), 3, *n.*, one who is uneducated, whose powers have not been developed, who is in

Mùluzu, *continued.*
ignorance, in mental darkness, a heathen.
mum- *or* **mun-**, *pl.* **mim-** *or* **min-**, *prefixes applied before the names of many places having a pure initial to denote the people of the place* (*the nasal is light*) ; **Mindonde**, the Londe (highland) people.
-a mumbenena, *a.* (*pl.* **-a mimbenena**), natural (to a tree, plant, &c.), growing on.
Mumbidi, 3, *n.* (Solongo), the borers which destroy wood in brackish water.
Mumpambala, 3, *n.*, sailor, one of the crew.
Mumpanga—, 3, *n.*, the doer of.
  mumpanga - mawete, who does good.
  mimpanga-mayi, evil doers.
Mumpumpu, 3, *n.*, a great long roadway, a clear passage, a long opening through—, a broad avenue.
Mumu, *locative.*
  nkento ne i mumu yamuna, a woman who spends her time gossipping in every house.
mun-, *see* **mum-**, App.
Muna, *locative.*
  muna ki—, what (I, &c.) is.
The verbs **vova**, **mona**, **wa**, *and many others are suffixed to the above, thus—***muna kiwa, mbazi keluaka**, what I hear is that tomorrow he will arrive ; *see also* **kimona, kivova, kilembi, kiwa, kimbalu**, App.
Mundanda, 3, *n.*, a blue plantain eater.
Mundemba, 3, *n.*, a species of Bauhinia (?), large yellow flower.
Mundemba-wana, 3, *n.*, one who christens children, a pædobaptist ; *see* **lemba o mwana**, App.
Mundembi—, 3, *n.*, one who does not *or* who fails to—.
  mundembi-kwikila, an unbeliever, one who does not believe.

Mundu, 2, *n.* (P. **mundo**, the world), a lot, a world (of), a great quantity (of) *or* number (of).

Mungadu (P.? **peccado**?), 3, *n.*, an unpardonable sin, a terrible crime which can never be atoned for.

Munganga, 3, *n.*, the centre line (of something long, as road, river, plank, &c.).

Mungania, 3, *n.*, a disagreeable individual who always opposes the suggestions of another ; *see* **nya**, App.

Mungonga, 3, *n.*, a roll, any packet, parcel done up in shape as a roll.

Mungumbuti, 3, *n.*, a prominent spine, rib *or* ridge, a moulding, a corrugation, a raised ornament, &c., in the form of a ridge.

Mungwa, 3, *n.*, salt. Part of the ceremony of baptism in the Romish Church consists of placing salt in the mouth of the candidate with the words, "ye are the salt of the earth." This impartation of salt is to the native mind the most striking feature of the ceremony, hence since 1624 (Doutrina Christã), & certainly before that time—

dia o mungwa, *v.*, to be baptized after the rite of the Church of Rome.

Mungwizi, 3, *n.*, one in authority, one who has authority over others, a ruler, magistrate.

Munkia, 3, *n.*
minkia, *pl.* dawn of day, daylight.

Munkondwa—, 3, one who lacks *or* who is without— ; **munkondwa-ngangu**, one who lacks wisdom.

Munkonko, 3, *n.*, a small tree bearing a tasty berry; the small branches are made into pipe stems.

Munongo, 3, *n.* (Zombo), a weaver's shuttle stick.

Munsinda, 3, *n.*, a headman of a gang *or* caravan.

Munsula, 3, *n.*, a doer (of evil only) ; *see* **sula**, App.

munsula-mayi, 3, *n.*, the doer of that which is very bad, an evil-doer.

Muntantabadi, 3, *n.*, a persistent worrier, tormentor.

sungu (6) **kia muntantabadi**, *n.*, a terrible death by violence.

Muntu, 1, *n.*

ke muntu diaka ko, (to be) past all hope, (to have) no hope of recovery, (to be) no longer a living being, but practically to rank already among the dead.

Musungula, *in usage as* **ngatu**, App. +nor.

Mùti (*pl.* **miuti**), 3, *n.*, she who bore, he who begat, the bearer *or* begetter.

Mvaka, 4, *n.*, the shelf under a native bed, a drawer (in a chest of drawers *or* table), a store room, a cupboard.

Mvandi (1 & 4) **a mpandu** (2), *n.*, a sorcerer.

Mvenene, 4, *n.*, publicity, exposure ; **e mfulu ame mvenene ina wingi**, my bed is in a very exposed position.

Mvengo, 4, *n.*, something to be avoided.

Mvevo, 4, *n.*, generosity, ungrudging nature.

kuna mvevo, *adv.*, generously, freely, ungrudgingly.

mvevo a ntima (4), *n.*, ready willingness.

-amvevoki, *a.*, no longer under restrictions, free.

Mviangalu (4) **a ntima** (4), *n.*, terrible pain, agony.

Mvibu, 4, *n.*, stripe, lash, weal.
Mvila, 4, *n.*, kind, fashion, style.
Mvila, 2, *n.*, pedigree.
Mvilu, 2, *n.*, a convert.

Mvilwa, 1 & 4, *n.*, an unjust, unprincipled, unscrupulous person ; *also* an ignorant, stupid person, a fool.

Mvimba, *without any article or prefix (after a noun),* 2, *n.,* the whole, all the—, the entire ; e **tini mvimba nsumba kio,** I will buy the whole piece ; **nzo mvimba,** the entire house. *This is probably an adverbial usage of* **mvimba** *(as a whole), although there is no article.*

Mvimpi, 1 & 4, *n.,* a healthy person, one who is in sound health.

Mvinde, 11 & 2, *n.,* a small bat.

Mvindi (4) a elanga (8) (*pl.* **mvindi mia malanga**), a Colocasia, coco, taro.

Mvinga, 2, *n.,* an asking.

Mvingu, 4, *n.,* a petition.

Mvingu, 4, *n.,* that for which one is waiting.

Mvingu, 4, *n.,* that which is given in place of something else, *i.e.* which comes in the place of it ; *also* he who replaces another.

Mvinzu, 4, *n.,* a tree the wood of which is very hard, & which is not touched by borers & white ants.

Mvita, 4, *n.,* a hall, vestibule.

Mvivu, 4, *n.,* the surrounding country, the neighbourhood.

Mvoni, 4, *n.,* a slovenly fool.

Mvonzi, 4, *n.,* a deep gully, ravine, (deep) valley, gorge.

Mvoyongo (4) a etoko *or* **a ndumba,** *n.,* a fine handsome young man *or* woman.

Mvu, 4, *n.*
  yakwele mvu, *adv.,* eternally, for ever, *with the negative* never.
  -a mvu ya mvu, *a.,* everlasting, eternal.

Mvûdi, 4, *n.,* greens, vegetables, the leaves of which are eaten as food.

Mvudi-mvudi, 4, *n., see* **kanda,** App.

Mvudiangungu, 4, *n.,* a simpleton, ignorant man, who does not

Mvudiangungu, *continued.*
know what he is doing ; one who does something which will be bitterly regretted ; *see* **ngungu,** App.

Mvuku, 2, *n.,* the smell, scent (*of a person only*), the odour natural to any one.

Mvuku, 4, *n.,* forbearance, long-suffering.

Mvûku, 2, *n.,* manure composed of rotting vegetable matter.

Mvûla, 4, *n.,* selfishness, self-seeking, the determination to please one's self & do as one likes.
  nkwa mvûla, a selfish person.

Mvulêla, 4, *n.,* a broad road.

Mvumbi, 4, *n.,* an exceedingly heavy rain.

Mvunda, 4, *n.,* the evil defects of surfeit *or* debauch.
  mvunda a dia, the results of overfeeding.
  mvunda a nua, the after effects of drunkenness.

Mvunga-vunga, 2, *n.,* the very early morning, early dawn.
  e mvunga-vunga, *adv.,* at dawn, very early.

Mvungu, 4, *n.*
  nunguna o mvungu, *v.,* to give one's support to a matter.

Mvunzu, 2, *n.,* muddy sediment.

Mvutwa, 4, *n.* = **mvudiangungu,** App.

Mvuvu, 4, *n.* + a pipe, tube.

Mwania, 2, *n.,* pride.

Mvwa-vwa, } 4, *n.,* the track of
Mvwamvwila, } a great beast.

Mwa, *locative,* on, of, from (*before living creatures only, and rarely used*) ; **mwa esi nsi bedilanga e mpaka,** on the people of the country they levy the tax.

o mwaka-mwaka, *adv.,* in divers *or* various places.

Mwalala, 3, *n.,* a centipede.

Mwalu, 3, *n.,* a route, way of approach, way by which an attack is made ; the strong part of a

Mwalu, *continued.*
current, the current of a river, the strong current.
mwalu a kiozi (5), a draught (of air).
Mwambizi, 3 *n.* (Mbamba), a paramour, mistress.
Mwana, 1, *n.*
mwana a longo (12), *n.*, daughter-in-law.
mwana a nkento, *n.*+a girl, a young woman.
Mwana-kazi, 1, *n.* (Bako.)=mwalakazi.
Mwana-ngudi, 1 (*pl.* wana-ngudi), brother. *This word is used indefinitely of several brothers regardless of the question of comparative age, also more indefinitely of those to whom one is much attached and closely connected, as* "brethren," *in the Christian Church The word* ngudi *here refers more to the ideas associated with* ungudi, *than with a common* mother, *so that it is quite proper to use of those with whom one feels connected as* "brethren in Christ," *or* children of the Heavenly Father; *so that the meaning has become when thus used much widened from the primal idea of* motherhood. *It is actually in use in native life as a term of close friendship.*
Mwandà, *adv., see* -anda, App.
-**amwànda**, *a.*, spiritual in nature, spiritual.
o mwangani (4), *adv.*=o mwanga, App.
Mwangasa, *v.t.* (Bako.)=mwanganisa, p. 363.
Mwangu, 3, *n.*+a girder (iron).
o mwangu (4), *adv.*; in a scattered condition, in a state of dispersion.
kala o mwangu, *v.*, to be scattered, dispersed.
Mwanzu, 3, *n.* (Mboma), roof.

-**a mwasi** (3) (*pl.* -a miasi), } *a.*, open.
-**amwasi**,
o mwasi, *adv.*, open.
Mwebele, 3, *n.*, a weak person *or* thing.
Mwekwa, 3, *n.*, a strong post on the outside of the wall of a house, to prevent it from heeling over; a buttress.
Mwelele, 3, *n.*, earwig.
Mwema, 3, *n.*, the essence, essential oil, strength, juice (of meat, vegetables, herbs, &c.).
Mwema, 3, *n.* (Solongo), the mangrove tree.
Mwenze, 3, *n.* (*of living creatures only*), one not having yet attained to maturity, *hence*, maiden, virgin, pure, *hence* adopted for such as maintain purity even after maturity; *see* **ndumba**, p. 369.
-**amwenze**, } *a.*, virgin.
-**a mwenze**,
Mwidila, 3, *n.* (Bako.), a creek, gulf.
Mwina ye, there are...in.
Mwinga, 3, *n.*+stubble of any kind.
Mwingi, 3, *n.*, one who is very great, a man of importance *or* position, a somebody.
nene-mwingi, excellent majesty, one exceedingly great, a great one (a high title).
fwa-mwingi, 1, death is all-powerful, a name given to a daughter born after many children *or* relatives have died; *see* **nsimote**, App.
Mwisi (1) **ki—**, one who is in the habit of— (*lit.* a man of the town where they—); **mwisi kibaka makasi**, one who is in the habit of losing his temper (*lit.* an inhabitant of Lose-your-temper).
before a person's name, a man of the town of— *or* one of —'s party *or* followers; **mwisi ki-Makitu**, one of Makitu's followers *or* party.
Mwivi, 3, *n.* (Bako.), a key.

N.

-na, *def. v., see* ina, App.
Nabwe, *pron. inter.* (Bako.), what? (=aweyi).
Nanama, *v.i.,* to be pulled tight, tense, strained.
Nanga, 4, *n.* (Bako.), a study.
Nanga, *v. aux.,* to...perhaps *or* very likely ; onanga lunga, very likely he was right.
 dinanga lungana vo *or* dinanga kala vo, it is perhaps possible that— ; it may be perhaps that—; dinanga kala vo kwiza kekwiza, it may be perhaps that he may come.
 nanga...ye, *v. aux.,* to...perhaps, to...about ; yananga mana ye tezo kia ekumi vana fulu, I finished about ten on the spot ; ndanga kio sumba yo mbazi, I may perhaps buy it to-morrow.
Nanga, } *conj.,* unless, if not, except.
Nangi, }
Nânga, } *conj.,* perhaps, *the* â *alone*
Nângi, } *marking the difference from the above.*
-anangi, *a.,* troublesome, irksome, annoying.
Nangia-nangia, 2, *n.,* a being driven about.
 e nangia-nangia, *adv.,* wandering about, driven here and there.
Nangu & nângu, *conj., see* nanga & nânga, App.
Nangu, 4, *n.,* a stay, sojourn.
Nani, *pron.*
 u nani kwaku *or* nge nani ? who are you ?
 nani yo nani ? who were they ? (*lit.* who and who ?) what are their names ?
Nata, *v.t.*+to take with one *as escort, companions,* &c.
 nata o masumu (8), bear the guilt, be guilty,

Nata, *continued.*
 nata o mfundu (4), become liable to judgment.
 nata e mpanda (2), be guilty of *or* come under condemnation for a capital offence.
 nata o nkanu (4), be guilty of *or* come under condemnation for a criminal offence.
-anatana, *a.,* compound, combined, united together, as the *compound* eyes of insects, *compound* molars of the elephant, *compound* engines, binocular instruments, undetached houses.
Natu, 4, *n.,* a small engagement fee paid to a doctor (of any kind) when he is called to a case.
Nanumuna, *v.t.,* to stretch, extend, draw out, to draw a bow.
e nda yo (2), *adv.* (*from* danda), quite full of ; e nzo ina ina e nda yo wantu, the house is quite full of people.
-anda, *a.*
 mwandà, *loc.,* in far distant places.
Ndabu, 2, *n.* (Bako.), eyelash.
Ndamba, 2, a considering, a turning over in one's mind, cogitating ; *see* lamba, App.
-andamba, *a.* (Bako.).
 su kiandamba, *n.,* a mortar hollowed out in the side of a log instead of the end.
Ndambilu (2) a malu (9), *n.,* the place where one's feet lay when lying down, the direction of the feet.
Ndambu, 2, *n.,* the confection of oil and indiarubber placed on the tympan of a drum to give tone to it.
Ndambu, 2, *n.*
 vana ndambu a, *prep.,* beside, as well as.
Ndandani, 2, *n.,* order of rank *or* precedence *or* in which one follows the other.
-andandani, *a.,* } one after the
e ndandani, *adv.,* } other, following each other.

Ndandu, 2, *n.*, a reply, remark; **kavwidi dio ndandu ko edi imvovese**, he had nothing to remark on what I said to him.

Ndandu, 2, *n.*, profit in trade, gain, use, profit, advantage.

Ndata, 2, *n.*, the manner of carrying; the way of expressing oneself *or* of putting things, a style of speaking.

Ndaulau, 2, *n.*+the perfect insect of a variety of white (?) ant, appearing in the cold season.

Ndaza, 2, *n.*, misfortune, curse, woe; **ndaza kena yau**, a curse is on him; **ndaza tutelameseno**, everything goes against us *or* we are under a curse.

Ndemba-lemba, 2, *n.*, a species of Bauhinia (?), large yellow flower.

Ndembi-nona, 2, *n.*, a baize cloth, having a red ground with a close pattern of leaves *or* curves upon it.

Ndembo, secret language of, *see* p. 506; for examples, *see* **kizengi**, App. When people return to their towns after initiation into the Ndembo mystery, they assume new names, and of course, of a complimentary import, implying fair, beautiful, light-skinned. Women's names, **Mianza, Miezi, Maleko, Dima, Ndundu, Masamba, Mvemba, Mabwaka, Mbwaku**; if dark but comely, **Mwisi, Bweto, Malente**. Men's names, **Lema, Kaloka, Lembanisa, Luyowa, Nkau**; if dark, **Ekůluzu**.
one who has been initiated into the mystery, **nganga**, 2, *n.*
one who has not, **vanga**, 6, *n.*

Ndezi, 2, *n.*=**nsikinwa**, App.

-andia, *a.*, feeding, grazing.
ntoto (4) **andia**, *n.*, feeding-ground, pasturage ground which brings forth food, rich soil.

-andia, *a.*, edible.

Ndia (4) **mosi**, *n.*,

Ndia, *continued.*
luvila lua ndia mosi, the closest relationship, *i.e.* having one mother.

Ndia-nuni, 4, *n.*, a red-wood tree, good timber.

Ndiafu, 2, *n.*, a foul feeder, one who eats anything cooked *or* raw, clean *or* unclean, *hence*, a very irritating term of abuse.

Ndiala, 4, *n.* (Bako.), a lizard.

Ndiangula, 4, *n.*, a giant.

Ndiasala, 4, *n.* (Bako.), a lizard.

Ndibwa, 2, *n.*, a very great quantity which fills to overflowing.
e **ndibwa** (2) **yo**, *adv.*, quite full of, densely full of.

Ndiki-diki, 2, *n.*, noise of some commotion.

Ndimbuki, 1 & 4, *n.*, the selected one, the elect, the chosen.

Ndio-dio, 4, *n.*, one whose hunger seems insatiable.

Ndiokololo, 4, *n.*, a tall, straight tree, a tall, thin man.

Ndiona, andiona, ondiona, } *dem. & rel. pron., cl.* 1, *sing.*, *3rd pos. emphatic*, he, who, he that, he who; she, &c.

Ndioyo, *dem. & rel. pron., cl.* 1, *sing.*, *2nd pos. emphatic*, he, who, he that, he who; she, &c.

Ndioyu, *dem. & rel. pron., cl.* 1, *sing.*, *1st pos. emphatic*, he, who, he that, he who; she, &c.

Ndivo (=**yandi vo**), so he said, says, quoth he, &c.
i **muna nkutu...**, **ndivo**, although, even though; *see sentence under* **wingi**, App.

e **ndolo-ndolo**, *adv.*, hurrying along (*lit.* with go-on, go-on).

Ndomba, 2, *n.*, a petitioning, begging; *also* the thing begged for.

Ndombola, 2, *n.*, a darkening, a blackening, darkness, blackness (*act.*).

Ndonga, 2, *n.*, a weaver's shuttle stick.

e **ndongeleka**, *adv.*, in a line, one after the other in a line; **o ma-**

Ndongeleka, *continued.*
vata mau amatanu mena e ndongeleka, those 5 towns are in a line *or* come one after the other on the line of route.

Ndongota, 2, *n.*, investigating, philosophic pursuits, philosophizing.

Ndongoti, 2, *n.*, an investigator. one who seeks knowledge, a philosopher.

Ndua, 2, *n.*, a drink, beverage.

Ndua, 2, *n.*, a manner of drinking, a draught.

Nduandu (Bako.)=**ndioyu**.
-**andudi**, *a.*+very bad, shocking.

Nduka, 4, *n.*, a hole in a hill side, a cave.

Ndukana, 2, *n.*, the manner *or* sense of smelling.

Ndukuta, 2, *n.*, the sense of smell.

Ndukutila, 2, *n.*, perspiration, closeness.

Ndula, 2, *n.*, young sprouting grass.

Ndumba, 2, *n.*+a woman of middle age is often gallantly spoken of as **ndumba**, until indeed it seems sometimes to be almost a synonym of woman.
-**andumba**, *a.*, young (of women).

Ndûmba, 2, *n.*, a mixing, blending, combining, adulterating.

Ndumbizi, 2, *n.*, a bridesmaid, the bosom friend of a girl (*only used of girls and young women*).

Ndumbu, 2, *n.*, aromatic plants (*generic*), incense.

Nduna (Bako.)=**ndiona**.

Ndunda, 2, *n.*, the midst, the main part.
  ndunda a evata, the centre of the town.
  ndunda a nkoko, the main stream, well out from the shore, the middle of the river.

Ndungianu, 2, *n.*, a stupid condition, 'the result of drink *or* severe sickness, *also* one who is in that condition.

Ndungununa, 2, *n.*, a crack in the corners of the mouth.

Nduta, 2, *n.*, the passing by, the Passover.

Nduvu, 4, *n.*, cruelty, abominable, hard treatment.
-**anduvu**, *a.*, cruel, abominable, shameful (*in that sense*).

Nduzu, 4, *n.*, a burrow, a hole (made by an animal).

Ndwadi, 2, *n.*, a wound, cut, gash.
-**andwelo**, *a.*
  ke -andwelo, not a few, no little *or* small.

Ndwenga, 2 (*generally pl.*), *n.*, cleverness, talent, genius, ability, skill, tact.

Ne-, *pref.*, see p. 369. *Nouns prefixed by* **ne-** *retain their original class, or become 1st class;* **nenunu**, 4, an ancient ; **nunu** being a noun of the 4th class.

Nebidi, 2, *n.*, a fierce cyclone, hurricane.

Nekwenda, 1, *n.*, one sent on an errand, messenger.

Nemavitu, 1, *n.*, the keeper of the gate.

Nembumba-kalutwa, 1, *n.*, an inquisitive fellow, who will allow nothing to pass without investigation (*lit.* Mr. No-secret-shall-be-passed-by).

Nemfilatu, 1, *n.*, the king's most trusted councillor, the Premier.

Nemfimbi, 1, *n.* (from **kizengi**), a dog's name, searcher.

Nempemba-ewungu, 1, *n.*, one of a number of judges who has taken bribes from both parties in a case, & when the case is decided the party which lost exposed his action, and, in consequence, the whole judgment fell upon him ; he has gathered (**wungula**) the whole upon himself.

Nene, 12, *n.*, the right side, the east.
  kuna nene wa, to the right hand side *or* east of.

Nene-mwingi, *see under* **mwingi**, App.

Nenevesa (Kib.), *v.t.*, to make great.
Nengi (Mba.), *adv.*, then, afterwards.
Nengoka, *v.i.*, to start (of a ship), to launch out into the deep, set sail, sail away.
Nengolo, 1, *n.*, the mighty one, the all-powerful, the Almighty.
Nengona, *v.t.*, to cast into an abyss *or* chasm *or* over a precipice.
Nenkongo-a-mpanzu, 1 (*sing. only*), one who performs on the funeral drum (**esikilu**).
Nenùnu, 4, *n.*, a very old person, an ancient.
Nga *before a future tense implies that the action is to follow as a natural course;* **nga mbazi tukwenda**, we shall go then tomorrow (of course).

nga *or* **nga i** *before the past or perfect tense of a verb is equivalent to* ought to have, should have, *the action being considered as a natural consequence to something expressed or understood;* **nga i nwavanga didi**, you ought to have done this ; **nga wakombele vava ezono**, you ought to have swept here yesterday.

nga vo i—, as for—, but— ; **nga vo i mono**, as for me *or* but I—.
Ngaluka, 2, *n.*, incandescence, glowing *or* white heat.
Ngambu, 2, *n.*, unconsciousness.
fwa e ngambu, *v.*, to become unconscious.
Ngamela, 2, *n.* (P. **camara**), the room *or* house in which a corpse is kept before interment.
Ngandu, 2, *n.*, an ivory horn giving the note of "sol," the 5th in the chord to which they are set.
Nganga, 2, *n.*, one who has been initiated into the **ndembo** *or* any other mystery ; one who has had one of the infectious diseases, and can therefore nurse any one suffering from it.
nganga (2) **a mpaka** (2), *n.*, a con-

Nganga, *continued*.
tentious fellow, one who is always raising objections.
Ngangu, 2, *n.*
o ngangu ke nlongo ko, vo minwikwa muntu kaluka (Proverb), wisdom is not medicine to be administered that a man should be wise.
Ngani, 2, *n.*
mfumu (2) **ngani**, a free man *or* woman.
-angani, *a.*+that which nobody has any right to interfere with, free, independent.
Ekongo diangani, *n.*, the Congo Free State.
Ngani, 2, *n.*, sourness, acidity.
Nganzi, 2, *n.*, unwillingness to comply, disobedience ; **intumini, kansi nkwa nganzi, kekwenda kwandi ko**, I sent him, but he is disobedient ; he will not go.
Nganzu, 2, *n.*, the bush and scrub on the outskirts of a town which is protected from the annual bush-fires by a ring of clearing all round the town.
Ngavo i—, *conj.*, as for—, but—.
ngavo i mono, as for me *or* but I—.
ngatu, *conj.*, nor, *before the last of a series of negative alternatives, and followed only by an abstract noun or the verb in the infinitive; when preceding a sentence, as below, the verb is in the subj. fut. indef. tense;* **o nlongoki kasundidi o nlongi andi ko, ngatu o ntaudi kasunda o mfumu andi**, a pupil is not greater than his teacher *or* a servant than his master ; **kuvovi luvunu ko ngatu yiya ma**, do not tell a lie *or* steal anything.
Ngawa, 2, *n.* (Bako.)=ngau, p. 372.
Ngemba, 2, *n.*+the disposition which gladly & cheerfully does a kindness, readiness to do a kind

Ngemba, *continued.*
action, complaisancy, kindly feeling, *hence,* friendliness, friendship, &c.
   sia e ngemba, *v.,* to make peace *or* friendship.
   ngemba a ngudi, 2, *n.* (Bako.), motherly love, tender affection, great kindliness, tender mercy.
-angenge, *a.,* sounding, giving forth a ringing sound.
Ngengele, 2, *n.* (Bako.), the pupil of the eye.
Ngengele, 2, *n.,* a huge mass.
   ngengele a nti, a huge, enormous tree.
   ngengele a etadi, a boulder.
   -angengele, *a.,* huge, massive.
   etadi (7) diangengele, a boulder stone.
Ngengo, 2, *n.,* the height of one plane surface above another *or* of one horizontal beam, &c., above some given point, *not the measurement of anything perpendicular.*
Ngengo, 2, *n.,* a very steep and dangerous bank *or* chasm *or* sloping precipice.
Ngengengo, 2, *n.,* a chasm.
e ngi (2), *adv.,* tightly, firmly, securely.
-angidinginza, *a.,* desolate, solitary, drear, bare, treeless.
Ngizilu, 2, *n.,* the reason or purpose for coming.
Ngingu, 2, *n.,* limit, bound, *not anything marked out, but* the boundary of what is right *or* intended, the bounds of moderation.
   e ngingu kole, *adv.,* thoroughly but not too much, in moderation, within the bounds of moderation.
Ngobodi, 2, *n.,* something huge, terribly great, something which inspires awe on account of its size, a bogie, a dragon, a fabulous monster, a mask to wear

Ngobodi, *continued.*
upon the face to inspire awe *or* fear.
Ngodi, 2, *n.* = **ngongo,** p. 374.
   ngodi ame, I do not want to ; **ngodi** is more a child's word than **ngongo.**
Ngodia-ngodia, 2, *n.* +the remote past.
Ngofwila, 2, *n.,* something done all to no purpose, a waste (of energy, money, &c.), something not wanted, of no use.
   -angofwila, *a.,* wasted, of no use, spent in vain, not wanted, wasteful, purposeless, useless.
   e ngofwila, *adv.,* all to no purpose, all in vain.
Ngoma, 2 (Bako.), a large barrel (of powder).
-angomba, *a.,* not timid, not shy, tame.
Ngonda, 2, *n.* (Bako.), the moon.
Ngondo, 2, *n.,* a large squirrel, white hairs on yellow-skinned belly, the rest brownish white, whitish stripes on tail.
Ngongo (2) **antela,** *n.,* Calabar bean.
Ngonzekela, 2, *n.,* a collection.
-angovo, *a.,* for nothing, for no purpose *or* reward *or* reason.
Ngozi, 2, *n.* (Bako.), a snoring.
   sa ngozi (Bako.), to snore.
Nguba, 2, *n.*
   dia e nguba akuluka omu tulu (Proverb), to eat without fear *or* anxiety, to be in peaceful circumstances.
Ngudi (2) **a longo** (12), *n.,* the mother-in-law of the wife (*not of the husband, she would be* **ko**).
Ngumba, 2, *n.* (Bako.) = **kimpumbulu.**
Ngumbu, 2, *n.,* an outer covering, casing, something of sufficient thickness & strength to prove a protection, a screen, partition ; *also* a dome, arch, arc.
Ngunga, 2, *n.,* a vault for temporary *or* special interment.
Ngungu, 2, *n.* + parchment.
Ngungu, 2, *n.,* a very great crime *or*

Ngungu, *continued.* one of far-reaching consequences of evil.

Ngungula-ngungula, 2, *n.*, noise, rush, bustle, energy.

Ngutu, 2, *n.*, a metal spoon, a trowel.

Ngwawani, 2, *n.*, concord, accord, harmony, a being in tune (whether of people *or* musical instruments).

Ngwélele-ngwénze, 2, *n.*, an orator, a good speaker.

Ngwenzo, 2, *n.*, a delicious taste *or* flavour (supposed to be perceived by the ears rather than the tongue).

e ngwi (2), *adv.*, tightly, firmly, securely.

Ngwilu, 2, *n.*, the sense of hearing.

Ngwizani, 2, *n.*, willingness to listen to each other & be reasonable; a state of law & order, civilization, friendly intercourse.

Ngyadi, 2, *n.*, fetus, embryo.

Ngyaku, 2, *n.*, one who comes to aid in the prosecution *of some enterprise;* one who joins in a song *or* chorus, a chorister.

Ngyambani, 2, *n.*, the most intimate & friendly relationships, even to a community of goods almost; *see* **yambana,** App., *hence,—* **ngyambani muna mpasi,** *or* **mu wete,** sympathy in sorrow *or* joy.

Ngyambika (2) **a moko** (9), *n.*, the laying on of hands, the imposition of hands; *see* **yambika,** App.

Ngyambu, 2, *n.*, permission.

Ngyatiku, 2, *n.*, a commencement, beginning.

Ngyeleka, 2, *n.*, a taste, an earnest, something given as an earnest of more to follow all in due course.

Ngyemo, 2, *n.*, a suckling.

Ngyendelo, 2, *n.*, the reason for going.

Ngyumbula, 2 (Bako.), } *n.*, a bee.
Ngyumbwila, 2,

Niania, *v.i.*, to shine, glitter, sparkle.

Nianza, *v.i.*, to go, come *or* walk noiselessly.

Nianzuna, } *v.t.*, to crush into pulp,
Niasuna, } to pulp.

Nienge, 4, *n.*, sorrow.

Niengomoka, *v.i.*, to rot to pieces.

Nienie, 6, *n.*, apostrophe (').

Nienza, *v.i.* = **nianza** (App.).

Nieta, *v.* (Bako.), to crush *or* mash against the side of the cooking pot.

Nietama, *v.i.*, to be pressed under a heavy weight.

Nieteka, *v.t.*, to place a heavy weight upon.

Nietoka, *v.i.*, to come in crowds.

Nikinwa, 6, *n.*, the stone used for crushing (pepper, &c.) on another stone.

Niku-niku (4), *n., see* **nsonsa,** App.

Nikuna, *v.t.* + start (a subject); **wau onikwini e diambu diadi,** since you have started *or* mentioned this subject—.

Nima, 2, *n.* + lee, shelter.

Nimba, *v.*, to doze. **manimba,** *pl.* 9, *n.*, sleep-sickness.

Nimba, *v.t.*, to revolve rapidly, perpendicularly only.

Ninga, 6, *n.*, a long thin **kwanga.**

Ningika, *v.t.*, to stop, delay, check, keep still *or* silent, restrain, impede.

Niokoka, *v.i.*, to come *or* be put *or* brought in crowds *or* abundance.

Niokona, *v.i.*, to put *or* bring plentifully.

Niongota, *v.i.*, to wriggle and crawl (as maggots).

Niosona, *v.t.*, to beat cruelly.

Niotona, *v.t.* = **niokona,** App.

Niosi, 2, *n.*, a bee (Bako.), honey.

Nitu, 2, *n.* + the flesh, the substance of the body, *so* the body; **nitu ame ina e kiozi,** I am cold, *lit.* my flesh is cold; **nitu a muntu,** human flesh.

Niukutu, 2, *n.*

Niukutu, *continued.*
  ye niukutu yo nta, *a.,* very sour.
Niunguta, *v.i.* (Bako.), to wriggle & crawl (as maggots).
Nkabu, 2, *n.*+courage, pluck.
Nkadi, 2, *n.,* a demon, devil, a fiendish person.
  nkia nkadi inete ko, what in the d—— took him there ? what wretched influence induced him to go there ?
Nkafi, 4, *n.* (*generally sing.*), irritation, anger, vexation.
-ankaka, *a.* (Bako.), other.
Nkaka (2) **a ekunda** (8), 2, *n.,* a great-grandparent.
Nkakidiswa, 2, *n.,* a screen, shield *or* shelter, something which blocks the way *or* view.
Nkakilu, 2, *n.,* a guard, flange.
Nkakilwa, 2, *n.,* a check, brake, ratchet ; *see* **kakidila,** App.
Nkakuludia, 2, *n.,* a great great grandparent.
Nkala-menga, 4, *n.*+the place where a great hunter was buried *or* where his hair which was cut off his head at death, was buried.
Nkâlati, 2, *n.,* thinness, emaciation.
-ankâlati, *a.,* thin, emaciated.
Nkama, 4, *n.,* wife *or* husband, *seldom used but of those in high position.*
Nkambakani, 1 & 4, *n.,* a mediator, a go-between.
Nkambakani, 2, *n.,* many things lying across each other.
Nkambiku, 2, *n.,* a parallel of latitude, latitude.
-ankambwa, *a.*
  nsangu (2) **zankambwa,** second-hand news.
Nkamvi, 4, *n.,* tissue of any kind which has been chewed and the goodness extracted, chewed refuse.
Nkanda, 4, *n.*
  vana o nkanda a basia (P. **basia**), *v.,* to present with one's freedom.
  nkanda efwa (8), *n.,* a will, testament.

Nkanda, *continued.*
  nkanda a longo (10), *n.,* money paid to the parents for a wife.
  wana (1 *pl.*) **a nkanda a ese,** children of one father but various mothers, *i.e.* the children of the man's matrimonial speculations.
Nkanda-kanda, 2, *n.*
  vana nkanda-kanda a, *prep.,* on the top of (water only).
Nkandikilwa, 2, *n.,* a prohibition.
Nkangadilu, 4, *n.,* a visitation (received).
Nkangala (4) **a nzila a Luvu** (Proverb), *n.,* those who happen to be going in the same direction, but on different business, having nothing to do with each other.
Nkangalu, 4, *n.,* company, companionship.
Nkangalu, 4, *n.,* visit (paid).
Nkangazi, 4, *n.,* one who travels.
Nkangazi, 4, *n.*+a reflected image.
Nkangu, 4, *n.,* an agreement, a covenant, bond, contract.
  mbiya a nkangu, *see* **mbiya,** p. 343.
  e lumbu kia nkangu a ntangwa, the day appointed.
  o nkangu, *adv.,* tied up, bound, locked ; **twika kio o nkangu,** send it tied up ; **ngyele yo wana o nkangu,** I went & found it locked.
-ankangu, *a.,* tied up, bound, prisoner.
-ankangu, *a.,* numerous.
Nkangu (4) **a ntima** (4), *n.,* misery, wretchedness.
Nkani, 2, *n.,* one who has malicious intentions.
-ankani, *a.,* malicious.
Nkanikinu, 4, *n.,* a promise, vow, threat, command, imperative instruction, an order.
  sia o nkanikinu, *v.,* to make a promise *or* threat, to take a vow, command, order.
Nkanka, 2, *n.*+devotedness, devotion (*in that sense, not worship*), self-abandonment in the cause of

Nkanka, *continued.*
another, faithfulness (*in that sense*).
sia e nkanka, *v.*, to display such devotion.
Nkanka, 2, *n.*, the faith, confidence, trust. In Doutrina Christā (1624) this word is always used of the Faith, religion.
nkanka za Nzambi ampungu = the Christian religion, the holy Faith. This is the solution of the difficulty which prompted the note under **nkanka** on p. 380. It may be that the real and original meaning of **nkanka** is faithfulness, and that this was strained into usage for faith, because the ancient missionaries lacked a better word.
sia e **nkanka**, *v.*, to impose faith *or* confidence, confide, trust.
Nkanu, 4, *n.* + a criminal offence.
nata o nkanu, *v.*, to be guilty of *or* come under condemnation for a criminal offence, be guilty.
Nkanza, 2, *n.* (Bako.), a jigger which has not penetrated the skin.
Nkanzangala, 2, *n.* = kingandi.
Nkanzika, 4, *n.*, a mouthful.
Nkasi, *pl.* 2, *n.*, thongs of skin *or* leather twisted together.
Nkasi, 2, *n.*, fierce determination.
Nkata, 2, *n.*
wanda...o moko mu nkata, to convey the news of a murder (to one in authority); wizidi wanda o mfumu o moko mu nkata, he came & told the chief of the murder.
-ankatu, *a.* + for nothing, wrongfully.
Nkatulu, 4, *n.*, the taking away.
Nkavi, 2, *n.*, a powerful, strong man.
-ankavi, *a.*, powerful.
Nkawa-meso, 4, *n.*, sleeplessness, night watchings.
Nkawu, 2, *n.*, watcher, watchman, policeman, gendarme.
Nkaya-kaya, *conj.*, notwithstanding,

Nkaya-kaya, *continued.*
nevertheless, in spite of all, all was in vain, it was of no use.
e nkaya-kaya, *adv.*, in vain, fruitlessly, to no purpose.
Nkayikwa, 2, *n*, a cross-piece, crossline, cross-threads, the woof, a part which lies at right angles with a structure *or* fabric.
-ankayikwa, *a.*, lying cross-wise, cross, thwart, at right angles with the length.
ku nkayikwa, *adv.*, cross-wise, athwart, at a right angle with the length.
Nkáyi-núni, 2, *n.*, Buteo jackal, the jackal buzzard, having a cry like a jackal, living much on the ground, & is a great ratter.
Nkeka (2) a mfinda, *n.*, a thistle growing in the woods.
-ankeko, *a.*, fine, handsome, rich, ornamental.
Nkembo, 2, *n.*, an ornament, piece of finery, jewel, jewellery.
Nkenda, 2, *n*
kuna nkenda *or* kuna nkenda-nkenda, *with the applied form of the verb*, sorrowfully, sadly, regretfully.
nkenda! *interj.*, poor thing.
Nkenene, *pl.* 2, *n.*, fury, great anger, rage.
Nkengezi, 2, *n.* (Bako.), climbing grass, razor-edged, *also* a sharp marsh grass.
Nkengi, 1 & 4, *n.*, one who takes care *or* looks after (something), a bishop.
Nkengwa, 2, *n.*, a light, lamp, native candle of arachids *or* croton nuts threaded on a stick.
Nkenonoka, 2, *n.*, abhorrence, loathing.
Nkento (1) ansona, *n.*, a widow (*i.e.* a woman solitary, bereft).
Nkento-nkento, 2, *n.*, a young woman.
Nkenza, 2, *n.* (Bako.), the vagina.
Nkesona, 2, *n.*, a piece broken off, a crumb, bit.

Nketa, 4, *n.*, folds of skin in emaciated *or* very fat people.

e nkete, *adv.*, *with subj. fut. indef. and only used where the action is not yet performed*, before, previous to, while as yet...not, on no account...before. *There is something very emphatic, even imperative, when* **nkete** *is used.*
e nkete ofonga, okanga e nkombo, before you sit down tie the goat.
e nkete nki ? why, for what reason ? (*lit.* what was before as a reason *or* cause ?)

Nketekelo, 2, *n.*, that part of anything which is between two large ends, specially narrowed & drawn out, as the stem of a wine-glass *or* the handle of a dumb-bell.

Nketekwa, 2, *n.*, a peg upon which to hang things, *also* the crosses often stuck into fetishes. The translator of the Doutrina Christã (1624) says that "The Kongos called the crucifix iquetiquêlo" (pl.), *i.e.* iketekelo (sing. kiketekelo) *or*, as it would be in the modern Kongo, **ketekelwa** (fr. **keteka**, to hang up), thing on which to hang.

Nki.
kiaù tu nki, *adv.*, by all means, certainly, indeed.
anki, *interj.*, why (*when used as an interj.*); **anki olueke**, why, here he is !

Nkiambiembie, 2, *n.* + plant and beans (bright red with black ends) of Abrus prectorius ; the beans are known as Jaquirity beans.

Nkidibita, 4, *n.*, a great piece of firewood.

Nkiedi, 2, *n.* + money paid into court before decision is given, a wager, a bet.

Nkielelo, 2, *n.*, dawn.

Nkielelo, *continued.*
ntetembwa (2) **a nkielelo**, day-star, morning star.

Nkiku, 4, *n.*, regular way of doing things, established custom, general rule (of grammar), law (of nature).

Nkikwa, 2, *n.*, a thing to intercept with.
nkikwa a tulu (6), a breast-plate.

Nkinda, 2, *n.*, a being strong, strengthening ; *also* the charms worn to protect from evil, a phylactery.
nkinda e evata, a fetish image placed in the centre *or* entrance of a town to protect the town & ensure its prosperity. A fetish image when carved is a mere piece of wood until a small portion of the contents of a bundle of fetish has been placed in a hole in the head *or* belly of the image ; this portion is called the **nkinda** (strength), and so long as it remains in the image it is a fetish. The soul of the fetish is in the **nkinda**.

Nkinda-nkinda, 4, *n.*, an uncertain, unstable, unreliable fellow.

Nkindi, 4, *n.* (Bako.), a carved wooden pillow.

Nkingu, 2, *n.*, a crowd, mass, great number, how many *or* exceedingly, what a—, *used only in expressions of wonderment ;* **nkingu a wantu bena vava**, what a mass of people there are ! **nkingu a tombe ekio !** how fearfully dark it is ! **nkingu a nzo yoyo !** what an immense house ! **nkingu a tonga ekio !** a big fellow like this too ! (I should have thought that you would have known better, a big fellow like you.)

Nkio, 2, *n.*, excessive bitterness.

Nkisi (4) **a teke** (Bako.), *n.*, epileptic fits.

Nkitimisu (4) **a ntima** (4), *n.*, a horrible, terrible thing.
Nkitimu, 4, *n.*, a great roaring conflagration.
Nkitimu (4) **a ntima** (4), *n.*, a horror, a shudder, a terrible thing! (causing a shudder); **nkitimu a ntima kikilu wekala!** what a terrible thing it was!
e nkiti nkiti nsangu-nsangu, *adv.*, safe & sound.
Nko.
  i nko i nko, *adv.*, here one & there another, here & there, in various places (but not everywhere).
Nkodi (2) **ankwata**, *n.*, a white-breasted buzzard.
-ankofo, *a.*, great, big.
Nkoko, 4, *n.*, a long straight trumpet without any bend.
Nkôlo, 4, *n.*, an affair to be attended to, business.
Nkolomona, 2, *n.*, freedom from all obstruction & difficulties; also marks made at the junction of two roads to show which road the caravan takes.
  -ankolomona, *a.*, straightforward, unobstructed (of a course).
Nkolwa, 2, *n.*
  nkwa nkolwa, a drunken man.
Nkomba, 2, *n.*, the father of the bride (at a wedding).
Nkombe, 2, *n.*, a whistling noise made by Kongos when stopping to rest in climbing a hill *or* in setting down a heavy load.
  ta e nkombe, *v.*, to make such a sound.
-ankomfo = ankofo.
Nkonda (2) **a koko** (9), *n.*, the hollow of the bent arm (in which children are often nursed); **osidi o mwana andi vana nkonda a koko**, he nursed his child on his arm.
Nkondo, 4, *n.*
  zinga o nkondo, to cross the arms over the chest & clasp one's shoulders.

Nkondobela, 2, *n.* (Bako.) = **nkondo** *above.*
  ta nkondobela = zinga o nkondo.
Nkondo-nkondo, 4, *n.*, the crossing of the arms over the chest through grief, bitterness of spirit, grief.
Nkondwa, 2, *n.*, deficiency, deficit, that which is lacking, a being in need, want, necessity.
Nkongolo, 2, *n.*, see **etenda-nkongolo** (App.).
Nkongolozi, 2, *n.*, a ring, circle.
Nkonko, 2, *n.* (Solongo), a point, promontory, cape, headland.
Nkono, 4, *n.*, the source of one's income, business, trade, occupation, profession.
Nkonzo, 2, *n.*, the source of strength & energy, that which makes the muscles & members move and render their service, *not life, but* nervous energy, *hence*, a nerve; **kena ya nkonzo ya ngolo ko**, he has no energy *or* strength.
Also a fetish image supposed to restore strength to a paralysed part (*i.e.* from which the **nkonzo** has departed).
Nkosa, 4, } *n.*, lobster.
Nkosa a mbu, }
Nkosa, 4, *n.*, a very old man.
Nkoyo, 2, *n.*, a 20-lb. barrel of powder.
Nkristu, 1, *n.*, a Christian.
  -ankristu, *a.*, Christian.
Nkuba, 2, *n.*, a grass tick.
-ankuba, *a.*, woven throughout, woven entire.
Nkubilwa, 4, *n.*, the foundation *or what corresponds to it in a Kongo house*, the main stakes of a building.
-ankufi, *a.*
  i vankufi va tadila o makinu (Proverb), it is well for him that he tried that little trick on me; if he had treated any one else so he would have learnt a lesson (*lit.* it is on a short (small)

Nkubilwa, *continued.*
place that one practises a dance).
Nkûka, 2, *n.*, redemption (*mid. v.*).
Nkuku, 2, *n.*, a mushroom-shaped nest of white ants.
Nkuku, 2, *n.*, grime.
Nkula, 4, *n.*, a rapid chase, a race, a course.
Nkulu, 1, *n.*+a patriarch.
-ankulu-nkumbi, *a.*, very ancient.
Nkûlu, 2, *n.*, redemption (*passive*).
Nkulu, 2, *n.*, fruit (like a fir cone) of mpusu, & date palm.
Nkulubu, 2, *n.*, a basket *or* cage (small) in which pigeons *or* small animals can be carried.
e **nkuluki,** *adv.*, returning some other day ; **wele e nkuluki,** he has gone, and will not return for a day *or* two.
Nkuluki, 2, *n.*, a loss, that which is lost (in trade *or* accounts).
Nkuluku (4) **a moyo** (3) *or* **ntima** (4), *n.*, patience, resignation, ease of mind.
Nkulukwa, 2, *n.*, a losing, a loss.
Nkulungunzu, 2, *n.*, hard.
-ankulungunzu, hard.
Nkulungunzu, 4, *n.*, nakedness, bareness.
-ankulungunzu, *a.*, naked, bare.
Nkulùntu, 2, *n.*, one of the chief of the elders, an ancient man, a senator, governor.
There are two nouns **nkulùntu**; *one has a light nasal initial, and belongs to the 2nd class, the other a heavy nasal initial, and is of the 1st class. The 2nd class noun implies an individual much more old and honourable than him of the 1st class noun.*
Nkûlwa, 2, *n.*, redemption (*passive*).
Nkuma, 4, *n.*, strength (physical), energy, power, *by the possession of which one has* **efuka.**
Nkumbi, 2, *n.*, a swarm of **lunswa** (winged white ants).

Nkumbi, 2, *n.*, a viceroy, governor, ambassador, representative, pronoun.
ye nkumbi yo lulendo, *adv.*, by assumed pretensions, by unwarranted violence ; **bakutumwini o madia muna mbangu zeto ye nkumbi yo lulendo,** they snatched the food out of our baskets as though it were theirs.
-a nkumbi yo lulendo, *a.*
e **zumba kia nkumbi yo lulendo,** a rape.
Nkumbi, 4, *n.*, a wonder, marvel.
i diau didi i mbuta a nkumbi, this is the most important point, item, factor, matter, &c.
Nkumbu, 2, *n.*+a noun.
Nkumbu, 4, *n.*, a crop.
Nkumbuluka, 2, *n.*, a repetition, a number of times.
Nkumfu, 4, *n.*, wilfulness, obstinacy, stubbornness, perverseness, crookedness, surliness, churlishness.
Nkuminu, 2, *n.*, a pause.
Nkuna, 2, *n.*+a plant (planted).
Nkuna, 2, *n.*, a planting, a sowing.
Nkunda, 2, *n.*, home.
e **nkundakiani** (2), *adv.,* ⎫ one above
-ankundakiani, *a.*, ⎭ the other, one on top of the other.
Nkunda-ngongo, 2, *n.* (Bako.), a large gallinaceous bird, bustard ?
Nkunda-nkunda, 2, *n.*, an epiphytic plant growing on the nsafu tree.
e **nkundieka** (2), *adv.,* ⎫ one above *or*
-ankundieka, *a.*, ⎭ on top of the other.
e **nkundikwa** (2), *adv.*, in the plural.
Nkungi, 4, *n.*, a great sight, spectacle *or* function to which a great number of people gather ; **o nkungi a nkasa walungilu,** the giving of the **nkasa** had gathered a great crowd (*lit.* the function was resorted to, *largely being understood*).
Nkungulu, 4, *n.*, a wonder, marvel.

Nkungulu, *continued.*
  i diau didi i mbuta a nkungulu, this is the most important point, item, factor, matter, &c.
Nkunka, 4, *n.*, the pitch, slope, of a roof.
Nkunku, 2, *n.*, a jungle which was not burnt last season.
Nkunku, 2, *n.* (Bako.) = **nganzu** (App.).
Nkunku, 2, *n.*, a master of his profession, one who is perfect (in his knowledge, &c.); **i salu kia nkunku kiki**, this is the work of a master hand.
Nkunkula, 4, *n.*, the grinding surface of a grindstone; the tire of a wheel, *also* the surface to which the tire is applied.
Nkusi, 4, *n.* (Bako.), a breaking of wind (downwards).
  ta o nkusi, *v.*, to break wind.
Nkuta (2) **a luse** (10), *n.*, the middle of the forehead.
Nkutu-bandu, 2, *n.*, something which is a careful copy of something else, an exact copy or reproduction, the impression left by a seal.
  mwana a nkutu-bandu, a child which is the very image of its parent, &c.
  nkanda a nkutu-bandu, a copybook.
Nkuwu, 2, *n.*, a carpet *or* rug upon which only a chief may sit, *hence* the sign of lawful authority & government, the ideal of proper government (*see under* **kiyoka**); **kuna nsi eno ke kuna nkuwu ko**, there is no established authority *or* government in your country.
  bangula e nkuwu, *v.*, to break a law, commit a very serious offence. According to Kongo custom, when such an offence was committed anarchy prevailed until the culprit was punished, not until then was law and order

Nkuwu, *continued.*
restored, meanwhile violence reigned.
  yala e nkuwu, to spread the **nkuwu**, to assume the government.
  yala-nkuwu, a fine spreading tree.
  -ansi a nkuwu, *a.*, unlawful, proscribed, penal, *but when used of authorities, councils,* &c., legal, properly constituted, according to the statutes.
Nkuzuki, 1 & 4, *n.*, a transgressor.
Nkwa, 1, *n.*
  nkwa zayi (12), *n.*, a generous, liberal person (who knows how to make good use of his money).
  -nkwa *before verbs.*
    unkwa *or* **unkwa kala vo**, in case that, if perhaps, if perhaps it may be that, if; *when* u- (**uma**, *understood*) *is thus prefixed to* -**nkwa** *it becomes impersonal, and implies possibility existent, but when the other prefixes are applied, it is to be translated by* lest, &c., i.e. *to avoid the possibility;* **venkwa kala oyu ovova vo—**, some one may say that—.
Nkwala, 2, *n.*, a channel, highway.
  -ankwala-nkwala, *a.*
  ndungu zankwala-nkwala, pepper without salt.
Nkwalu, 4, *n.*, hasty thoughtlessness & carelessness in speech *or* action.
  -ankwalu, *a.*, hasty, careless, anyhow, thoughtless.
  o nkwalu, *adv.*, hastily, carelessly, with an absence of due care and correctness.
  -ankwamu, *a.*, continuous, constant, frequent.
Nkwezi, 2, *n.*, a relative by marriage.
Nkwezi, 1 & 4, *n.*, an impresser, a printer.
Nkweteso, 4, *n.*, a grinding *or* gnashing (of the teeth).
Nkwimu, 4, *n.*, a blaze.

Nkwiya (4) **walembi velela**, *n.*, an unclean spirit.

Nlaka (4) a **ntinu**, *n.*, power to run; **batezanisi o nlaka a ntinu**, they raced together, *i.e.* compared each other's running powers.

nlaka (4) a **kwenda**, *n.*, power to go, the distance which can be traversed; **teza o nlaka aku a kwenda**, see how far you can go.

Nlakazi, 4, *n.*, a creeping (orchidaceous?) plant having a small blue flower; it is very tenacious of life.

Nlaku, 4, *n.*, a great liking (for), a taste; **o nlaku ke usaki**, do not let your liking carry you too far, use without abusing.

Nlalanza, 4, *n.* (P. **laranja**), orange tree.

Nlanda, 4, *n.*, an unhealthy season (for people *or* cattle). The season of the heavy rains is very fatal to pigs, the short dry season for goats.

Nlandu, 4, *n.*, the taking no notice (of a call, threat, violence, annoyance, persecution, pain), stoicism, forbearance, long-suffering (*in the above sense*).

Nlanzi, 4, *n.*, a tatter.

-**anlanzi-nlanzi**, *a.*, in rags & tatters.

Nlaya, 4, *n.*, cloth of very fine tissue, linen, silk, &c.

-**anlaya**, *a.*, very fine (of fibres & threads).

Nlaza, 4, *n.* (Bako.)=**ndaza**, App.

Nlebo, 4, *n.*, persuasiveness.

-**anlebo**, *a.*, persuasive.

Nlekoko a moyo (3) *or* **ntima** (4), *n.*, earnest desire, longing (fr. **lekoka**, to burn fiercely).

Nlêkoko (4) a **moyo** (3) *or* **ntima** (4), *n.*, the absence of all impatience, patience, peace (fr. **lêkoka**, to be released).

Nlela-nlela, 4, *n.*, a plain, a level place.

Nlembami, 1, *n.*, one who is gentle, meek.

Nlenda, *sing.* 4, *n.*, hair growing on the chest.

Nlendi, 4, *n.*, a rich man; *also a euphemism for* a corpse *because of the ostentation of wealth at a funeral.*

Nlevo, 4, *n.*, abuse.

Nlolo, 4, *n.*, a line, row, a sentence.

Nlomba, 4, *n.*, a small plant, as a male papaw, &c., a tree which does not bear fruit on account of sterility *or* sex.

Nlongi, 4, *n.*, teaching, doctrine.

o nlongo, *conj.*=**mpasi** (*conj.*), App.

Nlongoki, 1 & 4, *n.*, a pupil, disciple.

Nlualua, 4, *n.*, an ambassador.

Nluku, 4, *n.*, a family name derived from some ancestor *or* relative.

Nlula, 4, *n.*, anger, rage, bitterness.

o nlula, *adv.*, in an angry mood; **wele o nlula**, he went away in an angry mood.

Nlulu, 4, *n.* (Bako.), a small fish.

Nlungi, 1 & 4, *n.*, a keeper.

Nlungu, 4, *n.*, completion, fulfilment, arrival at its zenith (astron.).

Nlungu-lungu, 4, *n.*, prodigality, squandering, wasteful, ruinous generosity.

ngangu za nlungu-lungu, a cunning which fails to enable its possessor to keep his property, a foolish, false cunning which fails entirely in its purpose.

Nokwa, *v.i.*, to menstruate (*a euphemism*).

Nona, 6, *n.*, example, instance, lesson (warning).

bonga e nona, *v.*, take as an example, take for instance.

sia e nona, to give an example.

Nonga-nonga, 6, *n.*, pattern, standard of comparison, gauge, exact resemblance.

-**anonga-nonga**, *a.*, exact, strict, correct.

e nonga-nonga, *adv.*, true to scale

Nonga-nonga, *continued.*
or gauge, exactly the same, in exactly the same way as.
sia...e nonga-nonga, *v.*, make a comparison with..., set...as a gauge; **utusidi o nti wau e nonga-nonga,** he gave us this stick as the gauge.

Note, 2, *n.* (P. **norte**), the north.

Nsa, 4, *n.* +Church, company of the followers of Christ.

Nsa, 2, *n.* (Bako.), acidity, tartness, an acid sourness.

Nsadidila, 2, *n.*, remainder.

Nsafu, 4, *n.*, uncleanness, foulness, defilement, pollution, obscenity.
-ansafu, *a.*, unclean, foul, defiled, polluted, obscene.

Nsakabadi, 4, *n.*, tamarind tree.

Nsakabadi, 2, *n.*, tamarind fruit.

Nsaki, 2, *n.*, cassava leaves, *hence also* a dish prepared from them.

Nsakila, 4, *n.*, an alarm cry, an alarm = mbwabwa, p. 345.
ta o nsakila, *v.*, to raise an alarm.

Nsakila, *pl.* 2, *n.*, junior, youngest; +*the plural is used even when one person is spoken of;* **oyandi mpe nsakila zame,** he, too, is my junior.

Nsala (2) **a siwa meso** (*pl.* 7), *n.*, eye-service.

Nsalafu, 2, *n.* (Bako.), driver ants.

Nsalu, 4, *n.*, harvest.
nsungi a nsalu, *n.*, harvest-time.

Nsamba-samba, 2, *n.*, a mane.

Nsambu, *pl.* 2, *n.*, grace (imparted).
nkwa nsambu, one who is blessed, fortunate.
vana e nsambu, *v.*, to bless, give a blessing.

Nsambu, 2, *n.*, the ends of a piece of cloth, the corners of handkerchief *or* sheet.

Nsambuki, 1, *n.*, one who is blessed, the Blessed One.

Nsampa, 4, *n.* (Bako.), a house for shelter built near the woods by a palm-wine tapster, a shelter, booth.

Nsampu, 2, *n.*, appearance, apparition; **untwasa o mbazi mene yantala e nsampu,** bring him to-morrow, that I may see what he is like.

Nsanga, 2, *n.*, a brother *or* sister *of the opposite sex only,* i.e. *a brother uses it of a sister & vice-versâ.*

Nsangalavwa, 4, *n.*, a cane-like plant, used in native medicine.
nua o nsangalavwa a ungudi, to drink a concoction of **nsangalavwa,** which is supposed to tame & civilize those who drink it, that no misunderstandings may occur between those who drink it together, *hence* to contract an alliance.
nwika o nsangalavwa, to make peace, to reconcile, *i.e.* to cause two *or* more enemies to drink the draught which seals their peace.

Nsangu, 4, *n.*, the noise (drumming, singing, & shouting) at an incantation.

Nsangu, 4, *n.*, a mixture.

Nsangu, 2, *n.*, *in the sing.*, a report, information, account, history; *in the pl.*, news, intelligence; **e nsangu andi,** the report of him.
nsangu (2) **zankambwa,** *n.*, second-hand news.
e nsangu-nsangu, *adv.*
e nkiti-nkiti nsangu-nsangu, safe & sound.

Nsangunia, 4, *n.*, triumph, exultation (*see* **sanga**).

Nsansi, 4, *n.*, a fit (of any kind).

Nsansumuna, 2, *n.*, explanation.

Nsanu, 2, *n.* (Bako.), the loofa, a wild cucumber.

Nsanza, 2, *n.*, the mouth of a trumpet, funnel *or* bell *or* any enlargement at the end of a cylinder.

Nsasa, *pl.* 2, *n.*, dung (of birds).

Nsauka, 2, *n.* +a voyage (by ship).

Nsavu, 4, *n.*, an excess, superfluity, super-abundance, *hence* lavish

Nsavu, *continued.*
generosity *or* expenditure, prodigality ; *also* disparagement, dishonour, disesteem, light estimation.
nsavu a vwa, a superabundance of goods.
-ansavu, *a.*, disparaging, dishonouring.

Nsaya, 2, *n.*, a plantation prepared but not yet planted.

Nse, 2, *n.*, raw condition.
e nse, *adv.*, without previously cooking, raw.

Nselwa, 4, *n.*, a netted sling in which a calabash is carried.

Nsema, 4, *n.*, the whole creation, all creatures.

Nsema, 2, *n.*, the creating, creation.

Nsemi, 1 & 4, a maker of images, a sculptor, &c. ; *see* **sema,** App.

Nsende, 2 & 11, } *n.*, asparagus.
Nsende-nsende, 2,}

Nsendo, 4, *n.*, recompense, reward, payment.

Nsendomona, 2, *n.*, a sarcastic manner.
vova e nsendomona, *v.*, to speak sarcastically.

Nsengi, 2, *n.*, a spy, scout, explorer, inspector, surveyor.

Nsengo, 4, *n.*, an explanation as to how something comes to be ; *see* **mpitu-ye-nsengo,** App.

Nsenzele, 4, *n.*, rock, a stratum of rock (*not a boulder*), a rocky place, the out-crop of rock.
-ansevi, *a.*
+meno (7) mansevi, front teeth (*lit.* smiling teeth, *i.e.* the teeth which appear when one smiles).

Nsi, 2, } the last cup of
Nsi, *pl.* 2 (Bako.),} wine in a calabash.
-ansi, *a.*, earthly.
nsi *or* **nsi-nsi,** with the locatives, the inmost, lowest.
kunansi *or* **munansi-nsi** (&c.) **a ntima** (4), in the inmost

Nsi, *continued.*
heart, in the bottom of one's heart.
nsi (2) ntima (4), the heart's desire, earnest desire *or* wish ; **-a nsi a ntima,** of the heart, the heart's best, the beloved, darling ; **mwana ame a nsi a ntima,** the child of my heart, my darling child.

Nsi-mote, a name given to a son born after many children *or* relatives have died ; *see* **mwingi (fwa-mwingi),** App.

Nsiamu, 2, *n.*, accent.

Nsiau, 4, *n.*, a very soft, immature root of manioc.

Nsidikwa, 2, *n.*, a foundation, base, that which renders secure ; the fetish which gives security to a town.

Nsiekolo, 4, *n.* (Bako.), threshold.

Nsiènêne, 2, *n.*, severe diarrhœa, *also* a tuber possessing a highly cathartic principle.

Nsiesie, 2, *n.*, a small round reed.

Nsiesie, 2, *n.* (Bako.), a gazelle-like antelope.

Nsikinwa, 2, *n.*, a hassock, foot *or* knee rest, a small cushion *or* pad to support the leg when squatting.

Nsikulwa, 2, *n.* (Bako.)=**mwekwa,** App.

Nsilu, 4, *n.*, end, termination, terminal point, boundary, limit, farthest point, extremity, conclusion ; **e nza yayi o nsilu weyi?** where is the uttermost bound of the earth ?

Nsilu, 2, *n.*, a foundation, base, something very firm & secure.

Nsimba-lusangu, 2, *n.*, native brocaded velvet of palm frond fibre, as woven now on the Upper Kasai.

Nsimbinini, 2, *n.*, an axle-tree.

Nsimbininu, 2, *n.*, a stay, fastener, ligament.

Nsindu, 4, *n.*, immobility, lethargy.

Nsindulu, 2, *n.* (Bako.), stone *or* pebble used in cracking nuts *or* crushing pepper, arachis, &c.

o **nsingamu** (4), *adv.*, straight on, over, &c.

Nsingingi, 4, *n.*, straightness.
-**ansingingi,** *a.*, straight.
e **nsingingi,** *adv.*, upright, erectly.

Nsingu (2) **a nzi** (2), *n.*, a crack in the skin between the fingers *or* toes.

Nsinini, 4, *n.*, straightness.
-**ansinini,** *a.*, straight.

Nsinsi, 2, *n.*, dead weight, weight, heaviness.
ezitu = comparative heaviness; **nsinsi**=actual weight, whether great *or* little.

Nsinzi, 2, *n.*, that which imparts hardness to water, hardness of water.
-**ansinzi,** *a.*, hard of water.
maza mansinzi, hard water.

Nsioni, 4, the quality of being long & thin.
-**ansioni,** *a.*, tall & thin, long thin, as a tall, thin tree, a shaft, &c.

Nsisi, 2, *n.*, horror (both of fear & disgust), terror.
-**ansisi,** *a.*, horrible, horrid, terrible.

Nsita, *pl.* 2, *n.*+exceeding greatness, excessiveness, superlative character, *hence* the rage & malice which comes through an exaggerated sense of the wrong done to one, or the earnestness of desire after that which is superlatively desirable; it may therefore be good as well as bad, & be regarded as the equivalent of malice *or* zeal, according as the intense emotion be evil *or* good.
-**ansita,** *a.*+exceeding, excessive, superlative; **zenza kwansita,** exceedingly sweet.

Nsivu-sivu, 2, *n.*, a crack in the lips.

Nsiya, 2, *n.*, a wooden whistle.

Nsobani, 2, *n.*, a mutual exchange.
e **nsobani** (2), *adv.*, in exchange.

Nsobwa (2) **a ezina** (8), *n.*, the changing of the name. *When it becomes*

Nsobwa, *continued.*
necessary to exchange another woman in the place of some other woman betrothed, or a deceased wife, a present is given to the husband on "the changing of the name."

Nsodia, 2, *n.*, a beak.

Nsodiodio, 2, *n.*, a few remaining, a remnant (after the greater part has gone away).
-**ansoka,** *a.*, made up, invented, not real and true.

Nsoki (4) **a mbwanzi** (2), *n.*, a careless, thoughtless action, which involves great loss. A fly cannot eat a whole carcase, but settles on it for a moment, & the whole soon decomposes.
-**ansokela,** *a.*, play, chaffing.
nkumbu (2) **ansokela,** a nickname.

Nsola, 2, *n.*, the clearing away of forest *or* woods (not jungle), to make a farm (**esole**).

Nsola, *sing.* 2, *n.*, the felled wood cut to make a farm, *as above.*

Nsolokoto, 2, *n.*, two plants bearing small seed capsules covered with barbed thornlets, which adhere to any clothing material.

Nsombo, 2, *n.*, that which is obtained by **sombola,** *which see,* App.

Nsomo, 2, *n.*, a skewer.
-**ansompa,** *a.*, borrowed, hired.

Nsompani, 2, *n.*, marriage, a marrying.

Nsomvi, 4, *n.*+an eel. *The eel is supposed to have a small stomach, easily filled; hence,* **nkwa** (1) **ntima** (4) **a kimfi kia nsomvi,** one who is quick to anger.

Nsondi, 2, *n.* (Bako.), tantalization.
tela nsondi, *v.*, to tantalize.

Nsonga, 2, *n.*, a being proper, correctness of behaviour.

Nsongelo, 2, *n.*, means (letters, &c.) of showing introduction, evidence.

Nsongi (2) **a diambu** (7), *n.*, the plaintiff *or* defendant (in a case); *i.e.*

Nsongi, *continued.*
either of the parties who have their respective cases to show.
nsongi (2) **a nzila** (2), *n.*+the foremost man in a caravan.
kuna nsongi a nzila, to the front place.
Nsongi, 2, *n.*, uprightness, righteousness of conduct, seemliness, comeliness, propriety.
-ansongi, *a.*, comely, befitting, proper, right, correct.
Nsongi, 2, *n.* (*used with the verb in the applied form*), the right (to —) (a—) ; **kuna ya nsongi a kotela muna nzo ame ko,** you have no right to enter my house.
Nsongi, 2, *n.*, the direction of (something), where (something) is *or* is going to; **kuna nsongi a evata diame kele,** he is gone in the direction of my town.
Nsongo, *pl.* 2, *n.*, jealousy as regards one's husband *or* wife.
nganga (2) **a nsongo,** *n.*, a jealous husband *or* wife.
-ansongo, *a.*, jealous.
Nsonsa, 4, *n.*, the noise of work *or* things being moved about, stir, bustle, a rustling.
sia o nsonsa, *v.*, to make such a noise.
nsonsa yo niku-niku, *n.*, disturbance, riot.
Nsonzolo, 2, *n.*, the uninitiated, an uneducated person, one who has not had some special education, a layman ; *pl.*, the laity.
-ansonzolo, *a.*, uninitiated, lay.
Nsonzolo, 2, *n.*, a single child, *not a twin.*
Nsosa, 2, *n.*, the meaning, sense.
Nsoso, 4, *n.*, a sting, poison fangs.
Nsudia, 2, *n.*, a small variety of gourd.
Nsuka, 2, *n.*
oku nsuka, *adv.*, in the end, at last, finally.
-ansuka, *a.*, the youngest, last (of persons).

-a nsukami (*pl.* **asukami**), *a.*, poor, needy, destitute.
Nsukinina, 2, *n.*, that which comes afterwards, a later development, something subsequent ; **e tandu kia Mindele nsukinina,** before the time of the white men (*lit.* the time of the white men was subsequent).
Nsukisilu, 2, *n.*, the end (of something which has a beginning & an end, not two ends, as a piece of stick).
Nsuku, 2, *n.* (Bako.), stocks, fetters.
Nsukulu (4) **a menga** (*pl.* 7), *n.*, the washing of the blood.
When a **ntekolo** (*see* App.) *is given as a wife in exchange for some other female member of the family, lest she should be treated or counted as a slave, some present is given to the husband to* "wash her blood," *i.e.* to make her as a full member of the family, and take out the slave element.
Nsumbi,   }2, *n.*, timidity,
Nsumbi-nsumbi, } anxiety, apprehensiveness.
yela e nsumbi, *v.*, to be anxious, apprehensive.
Nsumba-ndudi, 2, *n.* (Bako.), the gall bladder.
Nsumi, 4, *n.*
o nzenza okakanga e nua mia nsumi (Proverb), lit. *a stranger, who as such has no special business, stopping the holes of* **nsumi** *ants*=idle talk, the occupation of the unoccupied.
Nsunda, 2, *n.*, the excelling.
Nsundidi, 2, *n.*, surpassing character, greatness (comparative), excess, victory.
Nsundungulu, 4, *n.*, something having no base to stand upon.
-ansungi, *a.*
yaka (6) **kiansungi,** *n.*, a partition.
Nsunungina, 2, *n.*, the barest vestige, the least little bit ; **e nzevo**

Nsunungina, *continued.*
   zozo ? nsunungina zina ! that a beard ? there is just a trace of one.
Nsunungu, 2, *n.* + the nerve of a tooth.
Nsusidi, 2, *n.,* a shrinking, hesitancy.
   mona...e nsusidi, *v.,* to shrink from, hesitate to.
Nsute, 2, *n.* ⎫ a hyperæmic
Nsuti, 2, *n.* (Bako.), ⎭ swelling inside the nose.
-**ansuva,** *a.* + excessive.
Nsuvidi, 2, *n.* = **nsundidi,** App.
Nsuwa, 4, *n.,* something for which no place, duty or service is found.
-**ansuwa,** *a.* + odd, extra (something) which has not its appointed place, service or duty.
   lumbu kiansuwa, a day upon which there is no market.
Nswa, 2, *n.,* freshness of palm-wine.
   -**answa,** *a.,* not more than 12 hours old (of palm-wine).
Nswa, 4, *n.,* authority, authorization, power, right.
Nswa, 4, *n.* (Bako.), sting.
Nswa-koko, *sing.,* 2, *n.,* that which is left on one's plate after a meal.
e nswalala, *adv.,* unadvisedly, without due consideration, unintentionally, rashly.
Nswangani, 2, *n.,* alternation, alternate arrangement.
   e nswangani, *adv.,* alternately, with one of one kind and one of another, odd *of numbers.*
Nswangu, 4, *n.,* a mixture, a foreign element brought in, an addition of a very different character.
Nswaswani, 2, *n.,* difference, lack of resemblance.
Nswatakesa, 2, *n.,* rashness, headlong thoughtlessness, recklessness.
Nswatata, 4, *n.,* a long oval, oblong.
Nswekelo, 4, *n.,* a cupboard.
Nswidi, 4, *n.* (Bako.), a young bird.
Nswiku, 4, *n.* + a wrinkle.

Ntabala, 4, *n.,* a swamp, marsh, muddy place.
Ntala, *pl.* 2, *n.,* persistence, importunity.
   sia e ntala, *v.,* to be persistent, importunate.
   o ntalala (4) **yo ntuluzu** (4), *adv.,* wriggling along on the buttocks (as a baby who cannot crawl) ; *see* **tuluza,** App.
Ntalu (4) **a sunga** (6), *n.,* the outcome, result of a test of character.
Ntambuki, 1 & 4, *n.,* a favourite, pet, most favoured wife *or* child, one specially loved.
   -**antambuki,** *a.,* favourite, best loved.
Ntanda, 4, *n.,* india-rubber.
Ntanda, 4, *n.,* a jigger which has penetrated beneath the skin. *From the above because the native traders brought back jiggers from the coast.*
Ntanda-ndembo, 4, *n.,* the great square of a town, the palaver, place.
Ntangu, 2, *n.,* an emigrant, one who lives in a town or country other than that in which he was born, a foreigner, stranger.
Ntangwa, 2, *n.*
   -**a nkangu a ntangwa,** *see* **nkangu,** App.
   ina ntangwa kina vo *or* **kinana vo,** the real reason is.
Ntantabadi, 2, *n.,* a persecutor, one who persistently annoys, troubles.
Ntatu, *a., secy. cl.* 1, 3 & 4, three.
   ntatu, 4, *n.,* (a) three (of persons *or* living creatures only).
Ntaudi, 2, *n.* + a servant, slave.
o ntayi (4), *adv.*
   wanda o ntayi, *v.,* to pat *or* strike playfully (as a pat on the shoulder after a hearty laugh).
e ntayi (2), *adv.*
   zinga e ntayi, *v.,* to stand side by side holding each other, each having the arm *or* hand round the other's neck.

3 M

Ntekela, a man's name, implying that now that he is born the family which had become diminished will soon increase.

Ntekolo, 1, *n.*+the children of slaves of the household *are considered almost as children of the family*, and are called **atekelo**, grandchildren.

-antela, *a.*, long, tall.
  ngongo (2) **antela**, *n.*, Calabar bean.

Ntela, 2, *n.*, a deposit paid into court before a case is decided, a bet, a wager.

Nteleki, 1 & 4, *n.*, a herald, preacher.

Nteleko, 2, *n.*, a proclamation, that which is proclaimed *or* preached, a solemn declaration.

Ntema, 2, *n.*, rage & fury.

Ntembe, 11 & 2, *n.*, a layer of thatch.

Ntembelela, 2, *n.*, a shaking, quaking, swaying.

Ntembelela, 2, *n.*, a small field of cassava.

Ntemo, 4, *n.*, bright shining light, a good clear light (*not the thing which causes the light, but the light resultant*).

-antemo, *a.*, bright, giving light.

e **ntendela**, *adv.*, retail by linear *or* superficial measurement.

Ntendo (4) **a ntima** (4), *n.*, perfect frankness, sincerity, honesty & truthfulness in a declaration *or* conversation, a straightforward demonstration of innocence.

e **ntentela**, *adv.* + without catching hold.
  nata e **ntentela**, *v.*, to carry on the head without holding.
  mungwa vana ntu angani, **ntentela** (Proverb), a load of salt on another's head is easily carried, *i.e.* other people's burdens cause us no suffering.

Ntete.
  vana *or* kuna **ntete**, *adv.*, at first.
  e **ntete-ntete**, *adv.*, first, in the first place.

Ntetebeswa, 2, *n.*, the "touch" *or* trigger of a trap.

Ntetedi, 4, *n.*, a butcher.
  To call any one **ntetedi a ngulu** would make him very vexed, for it is not a clean and honourable calling which smears one with pig's blood.

Ntetela (Bako.), *see* ntekela, App.

Nteva, 2, *n.*, a basket of fan-palm leaves.

-anti, *a.*, wood. *When the adj. is used of many things or wood generally, so that the products of more than one tree are considered*, the adj. is really plural; this is seen when it is coupled by **yo** to another adj.; **lekwa yatadi ye nti**, iron & wooden things (not **yo nti**).

Ntiaku-ntiaku, 4, *n.*, dispersal in all directions.
  sia o **ntiaku-ntiaku**, *v.*, to drive *or* scatter in all directions.

Ntiangalakani, 2, *n.*, confusion, the state of being scattered in all directions.

Ntiangu, 2, *n.*, insolence, scornful remarks, blasphemy.

Ntiangu-ntiangu, 2, *n.*, a jilt.

Ntianguni, 1, 2, & 4, *n.*, one who is scornfully insolent, a blasphemer.

Ntima, 4, *n.*
  ntima (4, u-) **bwa**, *v.*, to be composed, calm, resigned, to have one's mind at rest.
  fuwa o ntima, to be disheartened, dispirited, lose all interest.
  fwilwa...o ntima, to be disheartened, &c., in.
  vonda o ntima, *v.*, to dishearten, dispirit, deprive of interest, strength & courage.

e **ntinu yo nswalu**, *adv.*, quickly.

Ntintibidi, 4, *n.*, rigidity, stiffness.

-antintibidi, *a.*, stiff, unbending, rigid.

Ntiobo, 2, *n.* (Bako.), an infant whose

Ntiobo, *continued.*
mother has not yet come out of the house in which she was confined.

Ntiongo, 2, *n.*, absence of all energy or power to say or do.

Ntiti, 4, *n.*, notion, idea, whim.
o ntiti kaka nkutu, ke bakala wau ko, ovo —, they had not the least idea that —

Ntoloki, 2, *n.*, a fracture, broken bones.
yela e ntoloki, *v.*, to suffer from a fracture.
nganga (3) a ntoloki, *n.*, a bone-setter.

Ntomo (2) **ambongo** (*sing.* 2), *n.* ⎱ first-
Ntomoni, 2, *n.*, ⎰ fruits.

Ntona, *pl.* 2, *n.*, instinct, inherent knowledge, inborn genius, knowledge not imparted, common sense, sense, understanding, conscience.

Ntondo, 4, *n.*, thanks, esteem, commendation, praise.

Ntondo, 2, *n.*, the origin, source, commencement, that which brought it all about.

Ntongeka, 2, *n.*, a parallel of longitude, longitude.

-antongo, *a.*, big, great (of pigs *only*).

Ntongolozi, 2, *n.*, a curious, prying, inquisitive individual who wants to know everything.

Ntongonona, 2, *n.*, the child who has been brought up entirely by its parent or foster-parent is his ntongonona; a foster-child; *also* a rearing thus.

Ntonto, 2, *n.*, a test, proof, trial.

Ntota, 2, *n.*, sum, total.

Ntotela+*see remark under* **untotela,** App.

Ntoto (4) **andia,** *n.*, good or productive soil.

Ntozi, 2, *n.*, the leader of the refrain in antiphonal singing, the beginner.

Ntu, 4, *n.*, head; *also* chief, leading man.

Ntu, *continued.*
oku se ntu, from that *or* this time forward, henceforth, henceforward, for the future, from now, after this *or* that.
oku se ntu, *with or without* i bosi, after a while, at length, soon, presently.
kuna ntu, *adv., in position,* before; *prep.*, ahead of, in front of, preceding; *in time,* later on, afterwards, in the future.
kwiza kuna ntu, *a.*, to come to ...(*in a dream*); muntu wizidi kuna ntu ame (in my dream), a man came to me.
o ntu (4) *or with the locatives* vana (&c.) ntu, *adv.*, in the front, in front, before them (&c.).
oku nsuka a ntu, at last, at length.
kuna ntu kukwiziwa, in the end, at last (in the future).
ntu ukula, o malu mekwenda (Proverb), utter thoughtlessness; *lit. head drives, the legs go;* e diambu diadi dia ntu ukula, o malu mekwenda, this is a case of gross thoughtlessness; kuna ntu ukula, o malu mekwenda, i kavovèle, he spoke without the least reflection as to the consequences.

Ntudi, 2, *n.* (Bako.), a second row of teeth in either the upper *or* lower jaw.

Ntuka, 4, *n.*, an inequality, the lack of a part which therefore renders useless an odd *or* extra number, surplus (for which no provision is made).

-antuka, *a.*, unequal, odd, surplus, excess.
dia o ntuka, *v.*, to take the odd one.
mona o ntuka, to be at one's wit's end to know how to do *or* arrange something, to be unable to make two engagements *or* purposes fit in together, to want badly, be in great need of, be in great difficulty for want of

Ntuka, *continued.*
something of which a part is lacking and is therefore useless.

Ntuku-tuku, 2, *n.* (*generally sing.*), green sprouting grass after the fires *or* mowing.

Ntula, 4=ntuka, 4 (App.).

Ntuluzi, 1 & 4, one who drags about, one who treats outrageously; *see* bunda-tuluza, App.

Ntuluzu, 4, *n.*, *see* ntalala, App.

Ntumba (4) a efuku (8), *n.*, a dust *or* rubbish heap.

Ntumpa ntumpa, 4, *n.*, anarchy, disorder, lawlessness.

Ntumwa, 2, *n.*, one sent, a messenger, ambassador, apostle, missionary.
sia e ntumwa, *v.*, send a messenger.

Ntunga, 2, *n.*, a jigger.

Ntungianu, 4, *n.*, a wanderer, one who has gone astray, lost the road; *also* an ignorant man, a fool.

Ntungu, 2, *n.* (*sing. only*), building material.

Ntunguluzi, 2, *n.*, substantial evidence, something produced (*or* able to be) which affords overwhelming evidence *or* brings the truth of a matter very vividly before one.

Ntunta, 2, *n.*, range of a weapon.
-antunta, *a.*, of long range (in guns).

o **ntusu** (4), *adv.*, without stopping, without a moment's delay.

Ntuti, 4, *n.*, a throng, crowd, a very great number.

Ntwala, 2, *n.*, range of a weapon.
kuna ntwala, *adv.*, ahead.

Ntwanga, 2, *n.*, an unscrupulous rascal, one who would stick at nothing, a scoundrel, villain, one who can never be trusted.

Ntwedi, 1 & 4, *n.*, a breeder of stock.

Ntwenia, 4, *n.*, a very soft green corn.
-antwenia, *a.*, very soft & green (of corn).

Nua, 9, *n.*, a drink, something to drink.

Nui-nui, 6, *n.*, thirst which seems insatiable.

Nukuta, *v.t.*, to smell.

Nukwa, *v.*, to be vexed at *or* with; badi dio o nukwa, they would have been vexed at it.

Nunga, *v.* (Bako.)=lunga, p. 330.

Nunguka, *v.i.*+to hang down.
e vumu (6, kia-) nunguka, *v.*, to be great with child.

Nunguna o mvungu (4), *v.t.*, to give one's support to a matter, *lit.* to push on the water-bottle; o **Ntotela vo, Twe lubasa!** yandi kibeni onungwini o mvungu, Ntotela said, Agreed, he himself supported the matter.

Nungunuka, *v.i.*+to go on *or* further, be in a progressive state, be *or* become more and more, increase in.

Nwata, *v.t.*, to make little cuts in, vaccinate.

nwata, *v.t.* (Bako.), to castrate, geld.

-anwe, *a.*, hearing, attentive.

Nwengena, *v.t.*, to compel, force.

Nwengwa, *v.i.*, to be obliged, forced, to have to.

-anwodi, *a.*, rotting, decomposing, becoming corrupt, corruptible, perishing.

Nwole, 4, *n.*, a couple, two (*of persons or living creatures only*).

Nwondoko (4) a tulu (*pl.* 10), *n.*, a falling asleep.

Nwuku, 4, *n.*, the healing.

Nwutuki, 1 & 4, *n.*, offspring.

Nya, *interj.*, a habit of continual disagreement to what is suggested by another, crookedness of disposition; yau ewole nya nkutu, they both disagree about everything (*lit.* they both have the habit of "nya" *or* disagreeing with each other's proposals).

Nyakami, 1 & 4, *n.*, busybody.

Nyaku, 4, *n.*, the aid rendered to an enterprise, the choral answer in antiphonal song.
Nyakuludi, 1 & 4, *n.*=ngyaku, App.
o **nyambi** (4), *adv.*, not in charge of any one, having no one left *or* appointed to the care of it.
Nyanzi, 1, *n.*, a Muyansi; *hence*, a person from the Upper River, *because all Upper River people are so called by the Kongos, who only know this nearest Upper River tribe.*
Nyatiku, 4, *n.*, the beginning, commencement.
Nyazi, 1 & 4, *n.*, a ruler, governor.
Nyenge-yenge, 4, *n.*, the habit of doing what one sees others do, so that one may be like them, and not singular *or* behind the times; *also* the idea that one can do anything that he sees another do, presumption; *also* wilfulness, the determination to do what one likes.
-**anyevi**, *a.*, stout.
Nyidimu, 4, *n.*, a grumbling, muttering.
Nyindu, 4, *n.*, the power of thought, ability to think, reasoning power, intellect, intelligence, the mind.
Nyini, 4, *n.* (Bako.), the handle of a knife.
-**anyututu**, *a.*, (a garment) reaching to the feet.
-**anyuyi**, *a.*, fiercely burning.
Nza, 2, *n.*
dia e nza, to have all that heart could wish, to have all one's desires fulfilled.
Nzadilwa, 4, *n.*+a railway sleeper.
Nzakama (2) a **ntoto** (4), *n.*, an earthquake.
Nzala, 2, *n.*, hunger.
zika ye nzala *or* vilwa e nzala, *v.*, to be hungry, starve.
nzala (2) a **fiwonga**, *n.*, eagerness & yet fear; oku i nzala a fiwo-

Nzala, *continued.*
nga fia kwenda, there was eagerness to go and at the same time fear.
Nzala, 2, *n.*, a being full.
Nzalala, 4, *n.*, hurry, precipitancy.
o **nzalala**, *adv.*, very quickly, in a very great hurry.
Nzambi, 1 & 2, *n.*
e Nzambi kadi—, would to God that—, please God that—
-a Nzambi, belonging to God, not of any use to us mortals; titi ya Nzambi, mere jungle; ma kia Nzambi, a useless thing.
Nzambu, 2, *n.*+the toll for passing over a bridge, passage money for a ferry *or* canoe trip, pay for a performance.
Nzanda, 4, *n.*, a small demijohn.
Nzangalavwa, *pl.* 2, *n.*, the twigs & small wood in a tree *or* bush.
Nzangi, 2, *n.*, a class of men, a class of society.
nzangi a tandu (6), a generation, those of an epoch *or* era.
Nzangu, 1, *n.*+a louder outburst of song, forte (in music).
Nzanza, 2, *n.*, an even number.
-**anzanza**, *a.*, even (of numbers).
Nzau, 2, *n.*, a cluster of small white mushrooms.
Nzayi (1) a **mambu** (*pl.* 7), *n.*, a learned *or* well-informed man.
Nzaza, 2, *n.*, a sprinkling.
Nzekani, 2, *n.*, striving in dispute, wordy war, disputation, love of dispute, strife.
Nzengele, 2, *n.*, the sense of comfort, content, satisfaction after a good meal.
Nzengelevwa, 4, *n.*, a foolish fellow, one who has done something foolish; *also* a lazy, loafing, slovenly fellow, a loafer.
Nzengenga, 2, *n.*, utter regardlessness of the value, importance *or* sacredness (of things), profanity, utter disrespect; *see* zengeneka, App.

Nzengo, 2, *n.*, a sentence, judgment, decision in a law court *or* in one's own mind, opinion, a price agreed upon, contract price.
  sia *or* **zenga e nzengo**, *v.*, to give sentence.
Nzenza, 2, *n.*+Gentile.
Nzenzo, 4, *n.*, sweetness (as of sugar). -**anzenzo**, sweet.
Nzeta, 2, *n.* (P. **azeite**; *see* **zetona**, App.), palm oil.
Nzia-zia, 4, *n.*, a path, track, road.
-**anziè**, *adj.*
  fianziè nga, very nearly; **fianziè nga elonga diwudikidi**, the plate was very nearly broken.
Nzieta, } 4, *n.*, the dizziness of drunk-
Nziezie, } enness, &c., vertigo, a whirl; *also* some great business in hand *or* engagement which prevents attention to any other matters; business, affairs, occupation, engagement, pressure of business, bewilderment.
  kala yo nziezie *or* **nzieta**, *v.*, to be busy, have other affairs, be engaged, occupied, busy, bewildered, in a whirl; **nziezie wingi ngina wau**, I am very busy.
Nzikudi, 2, *n.*, one who is full grown *or* has completed his studies, apprenticeship, &c.; *see* **zikula**, App.
Nzila, 4, *n.*+a stripe, lash, weal.
Nzila, 2, *n.*, a way;+an opportunity, chance.
  sila e nzila, *v.*, make a way for, give an opportunity, give a chance, give scope.
  nzila a tadi (12), *n.*, a railroad.
Nzimba, 2, *n.*, a woman who has ceased bearing *or* who has never borne a child, although long married; used also of a man *or* animal in like condition, a castrated animal, a eunuch.
Nzimbakani, 2, *n.*, the parent stock, common stock, that which in-

Nzimbakani, *continued*.
  cluded all others, and from which all have sprung, the whole race.
  nzimbakani a uwuntu, the whole human race.
Nzimbu, 2, *n.*+currency.
Nzinga, 4, *n.*, an angle, corner.
Nzinguluka, 2, *n.*, the surroundings, environment.
  muna nzinguluka a, *prep.*, around, round about.
Nzitikila, 2, *n.*, a betrothed (used only of the girl).
Nzitikila, 2, *n.*, an engagement gift, either of betrothal *or* the hire of labourers.
Nziu, 2, *n.*, excessive blackness, intensity of colour, in black, blue (dark), very deep purple.
Nzo (2) **ezulu**, *n.*, a tower.
Nzoko-zoko, 4, *n.*, talkativeness, garrulosity; *or* attention, willingness to hear, receptivity.
  -**anzoko-zoko**, *a.*,
    matu (*pl.* 8) **manzoko-zoko wa** (9) **kwanzoko-zoko**, ready ears; listening, attentive, receptive ears.
  mpova (2) **anzoko-zoko**, *or* **vova kwanzoko-zoko**, endless talk, talkativeness.
Nzola, 2, *n.*+wish, desire.
Nzole, 4, *n.*, a couple, two (of persons *or* living creatures only).
Nzolwa, 1, *n.*, the beloved.
Nzombo, 2, *n.*, a siluroid fish, mud fish (?)
e nzongela (2), *adv.*, retail (dry measure goods).
Nzonzanga, 2, *n.*, a lycopodium fern.
Nzonzi, 2, *n.* (Bako.), a mediator in a quarrel, an advocate.
Nzu, 2, *n.*, weight, heaviness.
  kala e nzu yo tulu, *v.*, to be heavy with sleep.
Nzuka, 2, *n.*, the payment at interest.
Nzula, 4, *n.*
  bwa e nzula, *v.*, to kneel 3 times in approaching the king.

Nzumbimbi, 4, *n.*, the feeling of nervousness, timidity & awkwardness in a strange house *or* under strange circumstances; *see* **zumbalala,** App.

Nzungu, 4, *n.*+a being out of the straight.
o **nzungu,** *adv.*,⎫ curved, bent, as-
-**anzungu,** *a.*,⎭ kew, out of the straight.

Nzuwa, 4, *n.*, the consciousness of need of something which is lacking *or* missing.
mona o **nzuwa,** *v.*, to want badly, miss very much, be in great need of, to be in great difficulties for want of.

Nzwenge, 2, *n.*, wire.

O.

Oku, *see under* **k.**

Olodi, 2, *n.* (P. **ordem**), authority, power to command; **kwina olodi yo zitu ko,** you have no power to command *or* respect.

Onis, 2, *n.*, onyx.

Ovo, *see under* **v.**

Owu, *see under* **w.**

Ozevo se, *adv.*, used with the present tense before the statement of something which was just being done, then, just; **ozevo se bedianga,** they were just eating at the time; **ozevo se fuku,** it was then night; **ozevo se twendi kweto,** let us go then.

P.

Pa, 6, *n.*, pattern, device, design.

Padi-padi, 6, *n.* (*generally pl.*), two *or* more sticks fastened on each side of a porter's load to stiffen it.

Padisa, *v.t.*, to cause to kick *or* knock anything along.

Padisa, *v.t.*, to cause another to make a counter move *or* act in opposition; *see* **palana,** App.

Pakala, 6, *n.*, something which flaps on the ground as a skirt *or* boots when one walks.

Pakalala, *v.i.*, to be turned attentively (of the ears).

-**apakalala,** *p.*, great protruding (of ears).

Pakama, *v.i.*, to be hemmed up, driven into a corner, cornered.

Pakidika o matu (9), *n.*, to turn the ears (as a horse), so as to hear well, to turn an attentive ear.

Pakika, *v.t.*, to hem *or* drive into a corner, to corner.

Pakumuna o matu (*pl.* 9), *v.*, *to shake the head violently, so as to flap & rattle the ears on the head, as goats & dogs often do when anything gets into them,* hence to refuse to pay attention to what is heard, *i.e.* eject it from the ears.

Pala, *v.t.*, to knock *or* kick anything along.
pala e kinsi (5), to kick.
pala (*with an object, food, &c.*), to vomit.

Pâla, *v.i.*, to grow, get, be, become thin, lean, emaciated, to waste (as in sickness).

Palana, *v.i. recip.*, to meet every advance, action, &c., of another party with a like *or* counter move, to be always contrary & ready to oppose each other, to be always at "loggerheads."
palana yo, to adopt the above attitude with (any one).

Palanisa, *v.t.*, to set people in the above attitude, to make a move oneself & so set some one else on the look out to do the like; **nengandi opalanisanga aka o ngwa andi ankazi,** so & so is always upsetting his uncle.

Palàta, 2, *n.* (P. prata)+a piece of silver money.

Pamba, 6, *n.*, a short loin cloth having a fringe on its lower edge.

Pamuka, *v.i.*, to fly.

Pangalakesa, *v.t.*, to spoil, destroy or undo what has already been built, done, arranged, accomplished; to nullify.

Pata, *v.t.*, to be delighted (because of some great acquisition).

Patika, *v.t.*, to extinguish, put out.

Pe, *adv.*, no.

e peka (6), *adv.*, thoroughly, clearly, distinctly, with full knowledge.

   samuna e peka, *v.*, to relate fully, thoroughly explain, tell all about.

   tala e peka, *v.*, to see clearly, distinctly.

Pekomoka, *v.i.*, to rush & bluster (as the wind), to blow, to rush by rapidly, whirl along.

Pela, *v.t.*, to seduce away the wife of another man to make him pay a debt *or* as a set-off against the debt; this by consent also of the woman's friends; *see also* -ampela, App.

Pela (Bako.), *v.t.*=bimba, App.

Pelezo, 2, *n.* (P. preso *or* prisão), prison.

Pemóka, *v.i.*, to go up, be wafted up *or* far away (into the sky *or* distance) & so disappear.

Pemona, *v.t.*, to waft up *or* far away.

Perle, 2, *n.*, pearl.

Pialuzioka, *v.i.*, to be popping about everywhere, excited with pleasure.

Piantula, *v.t.*, to devour, eat up greedily.

Pita, *v.t.*, tie securely, make fast (by tying).

Pitakesa, *v.t.*, to put things to a wrong, unnatural use (*use a chisel as a screwdriver*), misuse, abuse.

Pitakiana, } *v.i.*+to be in great commotion, movement.
Pitana, }

Pita-pita, *pl.* 6, *n.*, a commotion, rushing about.

Pode! *interj.* (P. pobre), poor thing!

-apoto, *a.* (Solongo), great, large, big.

Pukidi-matu, 6, *n.*, one who is deaf to all arguments, &c.

Pukuka, *v.i.*, to become pale, fade, lose colour; *see* pemoka.

Pukuta, *v.i.*, to sigh, whistle (as the wind among the branches of the trees), rustle (as the leaves).

Pukutiswa, *v.i.*, to rustle in the wind.

Pumuna, *v.t.*=pemona, App.

Pupu, 6, *n.*

   matu (*pl.* 9) mandi pupu ya wa, his ears are of no use, he will not hear (*lit.* his ears are flaps of skin only, & as such of no service for hearing).

Pupulu, 6, *n.*, one who is deaf to all arguments, &c.

Puta, *v.t.*, to eat, take too *or* very much.

Pututa, *v.t.*, take much, abundantly, live in luxury, to expend lavishly, to eat *or* live most luxuriously.

Pwa-meso, 6, *n.*, that which is plain & evident before one, an example, instance, case in point, sample, pattern, typical specimen.

e pwa-meso, *adv.*, clearly, distinctly, with (the thing) clearly evidenced, face to face.

S.

Sa, *aux. v.*, *implies that the action will be done some time or other, sooner or later,* to ... soon *or* presently; tusa kwenda, we shall go all in due course.

Sa (*perf.* sidi), *aux. v., found in the pres., perf. & past tenses, it is only used in a negative statement, to which it adds some*

Sa, *continued.*
measure of an emphasis or definiteness, to take care not to. The negative particles are always used, for **sa** does not convey in itself any negative idea (as is the case with **lembwa**); **ke basa wo samunwina muntu ko,** they took care not to mention it to any one. *There is no idea of* taking care *in it, but that phrase conveniently expresses the emphasis.*

Sa, *v.t.* (Bako.)=**sia,** *and is much used in the same way as* **ta**; *e g.* **sa ngozi,** to snore.

Sabi-sabi, } *adv.*+not a bit of it,
Sabi-sabi tu, } I would not hear of such a thing.

Sadidila, *v.i.,* to be left behind by mistake.

Sadika, *v.t.,* to make, do, work.
 nki osadikanga e? what are you making?

Sàdila, *v.i.,* to be left empty.

Sàdisa, *v.t.,* to leave *or* make empty.

Safire, 2, *n.,* sapphire.

Safuka, *v.i.,* to be defiled, polluted, foul, unclean.

Safula, *v.t.,* to defile, pollute, foul, render unclean.

Sàka, *v.t.,* to make a cut at (with a large knife).

Saka, *v.i.,* to increase, be *or* become still greater, too great; **o wonga usakidi,** he was all the more *or* still more afraid.

Sakala-sakala, *pl.* 6, *n.,* go, energy, life.

Sakesa, 6, *n.,* a plaything, something that may be played *or* trifled with.
 kitula e sakesa, *v.,* to make a plaything of, to trifle with; **bakitwidi e Ntotela e sakesa,** they trifled with the king (taking his name in vain, & using it lightly).

Sakidila, *v.t.*+to welcome gladly.

Sakisa, *v.,* to put, give, take, do too much.

Sakiswa e kiese (6) (*or* **o makasi** (8), *v.,* &c.), to be full of joy (*or* anger, &c.).

Saku, 6, *n.*+*after the ground-nut harvest the nuts are dried in the sun in a* **saku,** *i.e.* an enclosure in the town which is generally lined with grass, to hide & preserve it from fowls & animals.

Sakuba, 6, *n.,* a stumbling-block, something which causes to stumble.

Sakula, *v.t.*+to speak (of a great chief only), *hence,* to prophesy, *i.e.* to speak as the mouthpiece of God.

Sakumuka, *v.i.,* to be refreshed, &c.; *see* **sakumuna,** *below.*
 moyo (4, u-) **sakumuka,** to be refreshed in mind.
 nitu (2, i-) **sakumuka,** to be refreshed in body.

Sakumuna, *v.t.,* to revive, restore to (wonted) vigour, to place under the most favourable, prosperous, flourishing circumstances, to bless (as God blesses, not to invoke a blessing).

Salama, *v.i.,* to be made, done.

Salamesa, *v.t.,* to make, do.

Salamesa, 6, *n.,* something, the name of which you do not wish to mention.

Salamiana, *v.i.,* to work quickly briskly.

Salangani, } 6, *n.,* all one's property,
Salanganu, } goods, effects, things.

Salazi, 2, *n.* (P. **sarge**)+red braid *or* ribbon.

Saluka (*mid. v. of* **sala,** *v.t.*), to be done, wrought.

Salumuka, *v.i.*=**walumuka,** p. 459.

Sama (*perf.* **samini**), *v.i.,* to be always ...ing, keep on ...ing, be constantly ...ing, *with the negative,* not any more; **kisama monanga kwame aka mpasi za kondanga aka ko,** I do not want to endure the hardships of hunting any more.

Samba, *v.t.*, to count sheets of **mbadi** *or* paper by holding fast one corner & turn up at one of the other corners.

Sambidilwa, 6, *n.*, something by which to mount.

Sambuka, *v.i.*, to be happy, blessed, fortunate, to be the recipient of **nsambu**.

Sambukila, *v.i.* +to be transmitted from one to another, to have transmitted to one.

Sambula, *v.t.*, to use a thing for the first time.

Sambula, *v.t.*, to bless, to utter, invoke *or* pronounce a blessing, to salute with a blessing, *hence, the salutation*, **tusambwidi**, we bless you.

Samo, 2 (Fr. chameau), *n.*, a camel.

Samuna, *v.t.*, to uncork.

Samuna,
  e kisamuna o zaya vo *or* o sia vo *or* o vova *or* vo, as follows, thus, that.

Samwina, *v.t.*, to tell to, say, declare *or* report to, to bid, direct.

Sanda, *v.* (Zombo), to seek, search, look for, want, wish for, need ; **nga nsanda, nga nsanda kiau kimoni**, search as I might I cannot find it.

Sandulula, *v.t.*, examine, make an examination.

Sangi, 12, *n.*, unity (all intermixed).
  o sangi, *adv.*, all together, unitedly, together.
  -asangi, *a.*, joint.

Sangila, *v.t.*, to treat insolently, shamefully, without the least respect *or* feeling.

Sanisa, *v.t.*, to be always talking about (favourably), praise, commend.

Saniswa, *v.i.*, to be praised by all, in every one's mouth (favourably).

Sansa, *v.t.* +educate.

Sanuka, *v.*, to be very hot (of the sun, &c.).

Sanzana, *v.i.* +to spread out, expand,

Sanzana, *continued*.
  widen, to be scattered far & wide *or* spread out in great numbers, be published abroad.

Sanzanisa, *v.t.*, to spread abroad, publish widely, declare abroad.

Sapalala, *v.i.*, to be shaggy, hang ragged (of the hair).

Sard, 2, *n.*, sard.

Sardonis, 2, *n*, sardonyx.

Sasa, 6, *n.*, a coil (of **ntaku** wire).

Sasuna, *v.t.*, to explain, show the meaning of, make plain, define.

Sata, *v.i.*, search, overhaul, look for, seek.

Satakana, *v.i.*, to be able to be searched.
  ke -satakani, unsearchable.

Satulula, *v.t.*, to search, rummage, overhaul, examine.

Sazi, 6, *n.* (Bako.), a cluster of small white mushrooms.

Se (father), *see* **ese**, p. 271 & App.

Se, 6, *n.* +the cuts & facets on cut glass.

Se *is sometimes not translated ; it still implies, however, the idea of a change in the state of things ;* **se ke yavutukidi diaka kwa yandi ko**, it did not return to him again.

Sêboka, *v.i.*, to become pale, fade, lose colour.

Sêboka, *v.i.*, to be dug up root & all.

Sêbola, *v.t.*, to dig up root & all together.

Sekima, *v.i.*, to flash, gleam (as lightning).

Sekonde, 2, *n.*, second (meas. of time *or* an arc).

Sela, *v.t.*, to lift (one's opponent off the ground in wrestling).

Selo, 6, *n.* +deacon.

Seloka, *v.i.*, to come into view, be revealed, appear.
  seloka o dila (9), to begin crying.

Selomoka, *v.i.*, to be invented, &c. ; *see* **selomona** *below*.

Selomokena, *v.t.*, to persist in, stick to (a statement *or* idea), to become attached to.

Selomona, *v.t.*, to invent, discover, find, find out, originate, suggest (a matter).
Sema, *v.t.*, to reduce to some form *or* shape, to create, to form, mould, carve into shape, sculpture.
  sema o lufulu (10), *v.*, mark out the lines of a foundation.
  sema o luwumba (10), *v.*, to work up clay.
Semba, *v.*=**tumba** (to blame, &c.).
Semenena, *v.i.*, to shine *very* brightly, intensely.
Semona, *v.t.*, to discover, invent, originate.
Sendomona, *v.t.*, to speak sarcastically.
Seneta, *v.i.*, to struggle, strive, exercise all one's force.
Senga, *v.t.*, to spy, scout.
Sengele, 6, *n.*, an ivory horn giving the note of upper "do" in the chord to which they are set.
Sengele, 6, *n.*, in the Doutrina Christã (1624) **sengele**=vicar.
Sengele, 6, *n.* (Bako.), an axe.
Sengola o meso (*pl.* 7), *v.t.*, to look up, lift up one's eyes.
Sengomona, *v.t.*+to reveal.
Sensemeka, *v.t.*, to praise, extol, speak highly of.
Sensemesa, *v.t.*, *causative of above.*
Senti- (Fr. **centi-**) a hundredth part of the standards of measurement (*e.g.* **senti-meta** = centimetre =$\frac{1}{100}$ of a metre).
Sentime, 2, *n.*, a centime, $\frac{1}{100}$ of a franc.
Senzama, *v.i.*, to be in full view, fully exposed, explained, expounded, manifest.
Senze, 6, *n.*+basket of very open work for things which need air.
Senzeka, *v.t.*, to place *an object* where it will be in full view, to expose to view, to thoroughly explain, expound, make clear, manifest.
Seola, *v.t.*, to cut off *or* out a piece of flesh *or* skin, as in circumcision *or* some operation.

Seswa, 6, *n.*, a bare place, bareness, paleness.
  kala e seswa, *v.*, to be bare, pale.
Sezi, *pl.* 6, *n.*, dazzling brightness.
  -asezi, *a.*, bright & dazzling.
  e sezi, *adv.*, dazzlingly bright.
Sobola, *v.t.*, to adapt, alter so as to adapt.
Sokoka, *v.i.*, to come out (of something in which it was encased *or* embedded), be stript of.
Sokola, *v.t.*+to take out of *or* strip off (something in which it is encased *or* embedded).
Sia, *v.t.*
  sia e diambu (7), *v.*, to speak against.
  sia e ziku (6), *v.*, to make sure.
  sia o moko (*pl.* 9), *v.*, to lay hands on, catch hold of.
  sia o moyo (3), *v.*, to be much engrossed, interested in, taken up with.
  sia oku ntima (4), *v.*, to bear in mind.
  sia o wazi wa nsi a vuvu, to raise false hopes [*lit.* to give one the (skin) complaint of hoping, *i.e.* to make one sick (fool) enough to hope] ; **unsidi o wazi wa nsi a vuvu kia futwa kwa yandi**, he raised in me false hopes of being paid by him.
  i sia vo *or* **i sia o zaya vo**, *conj.*, that is, that is to say (that) *also equivalent to the following :—*
  i dia sia vo *or* **i dia sia o zaya vo**, because of, were it not that — ; (I) must...(otherwise) ; as though (he) would say ; **i dia sia vo kwenda nkwenda kala ke wau ko—**, were it not that I am going— *or* I must go, otherwise—
  ke sia ko vo, not to say that.
  o sia vo, to the effect that, stating that, as herein set forth, as follows, that.
  o sia ele vo, even if, though ; **o sia ele vo okumponda kikwenda**

Sia, *continued.*
kwame ko, even if you would otherwise kill me I will not go.
Siamanana, *v.i.,* to strive hard, endeavour earnestly, to be strong, firm, secure.
Siamikina, } *v.t.,* to make thoroughly
Siamitina, } firm, fast, secure.
Siamina, *v.t.,* bear, endure, sustain.
Siba-venda, *interj.,* may the curse be averted ; God forbid ; oh dear, no ; not a bit of it ; no indeed.
Sibu, 6, *n.,* the curse invoked, *not an invocation, but what the invocation should cause,* i.e. *the cursed condition.*
Sidika, *v.t.,* to set firmly, fix, establish, make very secure, found.
Siena, *v.* (Zombo), to get out of the way.
Sika kindokela (5) (Bako.) *or* **e kinsansa** (5), *v.,* to snap the finger & thumb.
Sikada, 2, *n.* (P. **escada**), a ladder, steps, staircase.
Sikalala, *v.i.*+be set, placed (in a position), stand, be stood.
Sikana (yo), *v.,* to appoint (with), to fix, name.
kia Konzo tusikanini yandi, we fixed Konzo with him as the day.
Sikidika, *v.t.* + to set, stand, place (in a position).
Sikila, *v.,* to behave, conduct oneself.
Sikinisa (yo) (Bako.), *v.t.*=**sikana,** App.
Sikula, *v.i.,* to hiccup.
Sikwa, 6, *n.,* something (instrument, &c.) which is played (**sikwa**), musical instrument, &c.
Sila, 6, *n.,* ebony.
Sila e nzila (2), *v.,* to stand aside *or* make way *or* clear the road (to allow some one to pass); to allow to pass, give a way to, give an opportunity.
Silama, *v.i.,* to be fixed, firm, founded, set firmly, established, be made very secure.

Silinda, 2, *n.,* cylinder.
Silu, *pl.* 6, *n.,* weight that renders a thing firm & immovable, massiveness.
Simakana, *v.i.,* to be able to be forbidden, be persuadable not to (do something) ; **kesimakananga ko,** there is no prohibiting him.
Simba, *v.*
ke mu simba edi dia vova ko, not to prevent you from making a *or* the remark, *a polite form used in interrupting a speaker or in begging for the further indulgence of the audience or reader ; thus,* I beg you to excuse my venturing to interrupt you, but— ; *or* I beg you to allow me to remark further. Let me give you another case.
Simbinina, *v.t.,* to keep *or* maintain well in good condition.
Simpama, *v.i.*
ntima (4, u-) **simpama,** to hesitate, vacillate, to feel an inclination to do something but still to hesitate.
Simpika, *v.t.,* to cause the above.
Sinda muna ntima (4), *v.,* to enter deeply into the heart, be thoroughly comprehended, taken in.
Sindakesa, *v.t.*=**twalakesa,** App.
Sindama, *v.i.,* to be heavy, difficult, reluctant to move, drag heavily, require a great deal of pulling.
Sindanisa, *v.t.*=**twalakesa,** App.
Sindika, *v.t.,* to render heavy, &c. ; *see* **sindama,** App.
Sindikila, *v.t.,* to worry, urge unpleasantly.
Sinduka, *v.i., reversive of* **sindama,** to have the weight & difficulty removed so as to be easily drawn *or* moved, become less heavy.
Sindula, *v.t., reversive of* **sindika,** to render light, ready, no longer reluctant to move.

Singa, *v.t.*, to die slowly & without apparent cause (as of those who die of old age *or* blighted plants).

Singa, *aux. v.+this auxiliary is best represented by the phrase,* —" Will all in due course."

Singalakana, *v.i.*, to be opposite.

Singamena kumosi, *v.*, to be parallel.

Singanana, *v.i.*, to be straight.

Singinika, *v.t.*, to straighten, make straight.

Sinita, *v.i.*, to be tough, leathery.

Sinka, *v.i.*, to sink, utterly be swallowed up.

Siololoka, *v.i.*, to be very full of fat.

Sipanzi, 2, *n.* (Eng.), sponge.

Sisa, *v.i.*, to be frightened.

Sisa, 6, *n.*, warning, example, scarecrow.

Sisisa, *v.t.*, to threaten, to frighten.

Siwa, 6, *n.*, that which is set, arranged, appointed, ordained, an ordinance.

Soba-soba, 6, *n.*, a change (of the moon *or* any change of appearance).

Soloka ye (&c.), *v.i.*+to be discovered having *or* with— ; **o nengandi wasoloka ye mbele ame**, so-and-so was discovered having (*or* with) my knife.

Solola, *v.t.*+to find, judge, give judgment, decide (a case), come to a conclusion (in reference to a matter).

Solomona, *v.t.*, to start, originate, suggest (a matter), invent, discover, find, find out.

Sombe, 6, *n.*, loneliness.

-asombe, *a.*, lonely, solitary, desolate, lone, remote from any other (*used in ref. to places only*) ; **vasombe i twina**, we are in a desolate place.

Sombola, *v.t.* (P. ?), to borrow from a stock which has been dedicated to a fetish *or* from the joint capital of a partnership, to be surely repaid.

Sombola, *continued*.

sombola appears in the " Doutrina Christã" (1624)=**resgatar**, to ransom, redeem.

sombola o mwana (1), to obtain a child after requesting God *or* one of the Romish images at San Salvador, to give one.

sombola e nzila, 2, to obtain permission to use a road, obtain a right of way.

Someka, *v.t.*, to stick (something) upon a stick, spike, &c., by thrusting the stick into the substance of the bulkier object, stick in.

Somoka (*perf.* **somokene**), *v.i.*, to be transformed, to transmigrate ; *an insect changing from the larval to the perfect state is said to* **somoka** ; *a man as he dies is said to* **somoka**.

Somona, *v.t.*+to transform (*see above*).

Sompa, *v.t.*+to hire (things).

Sompeka, *v.t.*+to rent, let out.

Sompoka, *v.i.*, to be *or* get married (*used only of women*).

Sonamena, *v.t.*, to be appointed to, be fated.

Sonekena, *v.t.*+to appoint to (a duty, &c.).

Songa, *v.*+to be right, proper, expedient, befitting.

Songesela, *v.t.*, to show how, set an example.

Songokwa, *v.*, to be in travail with.

Songola, *v.t.*+to bring to a point, sum up.

Songola, *v.t.*, take pains (in work).

Songololo, 6, *n.*, care, worry, anxiety.

Sono, 6, *n.*+scripture.

Sonsa, *v.t.*, to straighten the sides of a pit *or* hole.

Sonsozioka, *v.i.*, to be constantly leaving one's work, much distracted.

Sonsoka, *v.i.*, to be pointed.

Sonsoka, *v.t.*, to leave one's work.

Sonsoka, *v.i.*, to be picked out, *of grass awns*.

Sonsola, *v.i.*, to move, stir, make any *or* the least movement.
Sonsola, *v.t.*, to cause distraction, cause one to leave one's work.
Sonsona, *v.t.*, to cut a point to anything.
Sonsona, *v.t.*, to pick the awns of grass out of one's clothes.
Sote, 6, *n.*, a large frog.
Stere, 2, *n.*, a stere *or* cubic metre.
Su, 6, *n.*, a piece of cloth of more than the ordinary length, a double piece, *i.e.* a piece of 12 fathoms; *if of any other length the measure is mentioned;* **su kia mavwata** 30, a piece of 30 fathoms.
Sud, 2, *n.* (Fr. sud), south.
Sudi, 6, *n.*, hut, shelter, shed (=**saba**).
Sudika, *v.t.*, to cause a strong determination *to do something bad; see* **sula**, &c., App.
Suka, *v.*, to end.
  ke -suki, *a.* (*unnatural negative*), endless, eternal, everlasting; **moyo ke usuki**, endless *or* eternal life.
Suka e mbele (2), *v.*, to stab.
Sukwa ... o moyo (3), *v.*, to grow weary, tired of *something*, to be bored.
Sula, *v.t.*, to do, *but it is always to be understood that the action is evil, & will involve trouble.*
Sulama, *v.*, to be most determined (to do something which is bad).
Sulamwa, *v.i.*, to have evil determined against one.
Suma, *v.t.*, to talk about, speak of, mention, name, allude to; to tell off (to a duty, &c.), call out (for a certain service, &c.).
Sumama, *v.i.*, to be talked about, mentioned, named, alluded to; to be told off (to a duty, &c.), be called out (for a certain service, &c.).
Sumama, *v.i.*, to stick into, pierce, penetrate (into).
Sumamwa, *v.*, to be pierced by *or* with.

Sumba, *v.t.* (Bako.)+to hire (carriers only).
Sumbàte (=**sumba** + **ate**=P. ate, until), *adv.*+until.
Sumbu, 6, *n.* (Bako.), danger, peril.
Sumbuka, *v.i.* (Bako.), to be in danger, peril.
Sumbuka, 6, *n.*+a stile.
Sumbuka, *v.*, to pass over (an obstacle) *or* across (a space).
Sumika, *v.t.*=**someka**, App.
Sumina, *v.t.*, to call out for, call to (a duty, &c.).
Sumpa, *v.t.*, to run, baste, in sewing.
Sumuka, *v.t.*, to sin against.
Sumukwa, *v.*, to be strongly disliked on account of a wrong *or* sin one has committed, to have (some one) angry with us, be in bad odour with, to have made ourselves offensive by our evil actions.
Sumuna, *v.t.*, to pull out (something which has stuck in).
Sunanana, *v.i.*, to be satiated, satisfied.
Sunda, *v.t.*+to overreach, get an advantage over.
Sundakesa, *v.t.*, to mention (something) unintentionally, to "let the cat out of the bag," to disclose (something) inadvertently.
Sundidila, *v.t.*, to surpass exceedingly, overreach, get an advantage over.
Sunga, *v.t.*+to wash & lay out the dead.
Sunga-sunga, 6, *n.*, care, concern, anxious thought (as of a mother over an absent child).
  sia e sunga-sunga, *v.*, to think of with anxious concern.
Sungama, *v.i.*, to persevere, be earnest, zealous.
Sungamena, *v.i.*+to bear in mind.
Sungi, 6, *n.*, a season, period, a time. *If the season is specified,* **nsungi** *is used;* **nsungi a nsalwa**, harvest time; **konso nti muna sungi kiandi**, every tree

Sungi, *continued.*
in its season ; **e sungi twekala kuna Ekongo**, the time when we were living in Kongo.
Sungididi, 6, *n.*+perseverance, diligence, earnestness, zeal, intentness in any pursuit.
  sia e sungididi, *v.*, to be diligent, earnest, in earnest, zealous.
  sia e sungididi muna salu *or* **sia e salu e sungididi**, to be diligent, zealous in work.
Sungika, *v.t.* (Bako.), to straighten, make straight.
Sungu, 6, *n.*, violent death.
  nzongo a sungu, a gun fired as a challenge.
  -asungu, *a.*+hellish, leading to hell, infamous, cursed.
  nzimbu zasungu, *n.*, money (ill gotten) that would drag one to hell.
Sungubadi, 6, *n.*, a persecutor, one who worries *or* persistently annoys.
Sungula, *v.*, to rebuke.
Suninika, *v.t.*, to satiate, satisfy.
Sunsa, 6, *n.*+a range, the distance to which one can propel a missile with the arm.
Sunsumina, *v.i.*, to appear for a few moments *or* a short time only, to be evanescent.
Sunsumisa, *v.t.*, to cause to appear, *as above.*
Sunsumuka, *v.i.*, to flinch.
Sunuka, *v.*+to slip away, escape.
Susa, *v.i.*, to shrink from, hesitate to.
Susubwila, 6, *n.*, a very small fowl.
Swandana, *v.i.*, to be one longer than the other, irregular in length *or* height.
Swanga, *v.t.*, to throw *or* hurl far away.
Swatakesa, *v.t.*, to do rashly, without thought.
Swatumuna, *v.t.*, to make *or* render oval, oblong.
-asweki, *a.*, hidden, concealed.
Swena, *v.t.*, to sniff, snuff.

Swengenia, 6, *n.*+great fear, apprehension which causes a feeling as though one were stifled & could scarcely draw one's breath.
Swengeti, 6, anxiety.
Sweta, *v.t.*, to sniff, snuff.
Swi-swi, 6, *n.*=**sungididi**, App.

T.

Ta, *v.t.*+to pick out, select, choose specially note *or* indicate.
Ta, *v.* (Bako.), to say, tell.
Ta, 6, *n.* [*pl.* **bita** (Bako.)], a branch.
Tadidila, *v.t.*, to observe carefully, look well at.
Tadikila, *v.t.*, to look, look at, look for, look after, watch, observe, gaze at.
Taka, *v.t.*, to arrange.
Takama (muna), *v.i.*, to be prevented (by something), to be at a standstill (because of).
  uma (12, -u-) **takama**, the business is unable to proceed.
Takanisa, *v.t.*, to arrange together with due attention to height, size *or* quality, all of one kind together.
Takula, *v.t.*, to induce a man to leave his chief & town to become one's own follower, to act treacherously.
Takula, *v.t.*, to nudge any one unobserved, to call his attention.
Tala, *v.*+to expect, *also* to be contrary, of the wind ; **e tembwa kwa yau kitadidi**, the wind was contrary to them.
Talanta, 2, *n.*, a talent (*biblical weight*).
Tambala, *v.i.*, to walk along catching hold of everything one passes, like a monkey *or* baby.
Tambidila, *v.*, to tempt ; *see* **nkanu**, p. 380.

Tambika e kinganga (5), *v.*, to instruct in the art of doctoring, &c.

Tambulula, *v.*, to take turns (in a task), to answer back in antiphonal song.

Tampula, *v.t.*, to remove soft, sticky stuff.

Tampwa, *v.i.*, to be of the consistence of stiff paste, in a soft, sticky condition.

Tanda, 6 (Mbundu, kitanda), *n.*, a daily market place.

Tandu, 6, *n.*
  yamu tandu ke tandu, *adv.*, for ever & ever.
  e tandu mvu wonso, *adv.*, some day; e tandu mvu wonso vutuka kevutuka, some day he will return.

Tandula, *v.t.*, to disentangle (something caught *or* in a fix).

Tanginina, *v.t.*, to imitate, copy, make *or* do like.

Tanginina, 6, *n.*, a copy (produced), imitation.

Tanginini, 6, *n.*, the habit of imitating *or* copying others.

Tangininwa, 6, *n.*, a thing to be copied *or* imitated.

Tanguka, *v.i.*, to leave one's own town & go to live in another, emigrate.

Tangumuna, *v.t.*, to read over, to read out from a list, call over, rehearse *or* give the details, detail, mention *or* refer to item by item.

Tangunuka, *v.i.*, to be imitated *or* copied, taken as a copy.

Tantama, *v.*, to long for, intensely *or* earnestly desire.

Tantwa e mpasi (2), *v.*, to be tired, grow weary (of a thing), be bored; ke nutantwa mpasi za sinsa ko, do not grow weary of trying.

Tantilwa e mpasi (2), *v.*, to sympathise with.

-atantu, *a.*, hostile, adverse.

Tapututa, *v.*, go into all the details, tell minutely.

Tatidila, *v.t.*, to stick to (a thing), adhere to, retain...in possession; follow after eagerly, earnestly endeavour to acquire.

Tatila, *v t.*+to make a practice of, do constantly.

Tâtu, 6, *n.*, woe, anguish, that which causes one to cry out (tata).

Tavula, *v.t.*, to arrange with intervening spaces, to put further apart, allow more room between.

Te! *interj.*, bang!

Teka, *v.i.*, to begin to spring up (as the first seedlings of a sowing), hence the *v. aux.* teka.

Têka, *v.i.*, to shine, come out as sunshine after dulness, shine forth.

Teka o nkanu (4), *v.*, to pretend that various actions are taboo, & to extort money for the violation of the taboo law.

Teka e ngangu (2), *v.i.*, to act craftily *or* deceitfully, cheat.

Teka o matu (9), to give full attention, to listen very carefully.

Tekana e ngangu (2), *v.*, to cheat each other.

Teke, 6, *n.*
  yela o nkisi (4) a teke, *v.*, to be subject to epileptic fits, to have a fit.

Tekela e ngangu (2), *v.t.*, to act craftily *or* deceitfully towards, to defraud *or* try to cheat.

Tekelela, *v.*, to do, be, &c., first, long previously *or* before; e diambu diadi diatekelela o kanwa, this was foredetermined.

Tekesa o matu, *v.*, to be troublesome to listen to.

Tekola, *v.*, to branch a second time, *i.e.* to put out a branch from a branch, to have a grandchild born, to be a grandparent.

Tekomoka, *v.i.*+to go over to the other side *or* party.

Tekwa, 6, *n.*, something with which to draw water.

Telama, *v.i.,* to be proclaimed.
Telama, *v.t.*+to rebel against.
  telama vana, *v.,* get up *or* rise from (a seat, &c.).
Telamiana, *v.t.,* get up quickly.
Telamiana, 9, *n.,* vigour, energy, ability to move briskly.
  vimpi (12) **yo telamiana,** health & vigour.
  e tele (6), *adv.,* tightly, firmly, securely.
Teleka, *v.t.*+to appoint to (an office), proclaim, make an official *or* public announcement, declare, preach, herald; **dianu bantelekèle e kimfumu,** that is why they appointed him chief.
Tema, *v.i.,* to shed, cast a light; **o tiya tutemene vana tukedi,** the fire shed a light where we were.
Tema, *v.i.,* to appear suddenly *or* unobserved.
Têma, 6, *n.,* a very bad person, a scoundrel, scamp, rascal, wretch, brute; *also* something great & terrible, awful, horrible to contemplate (only used of that that which is bad); **têma kia nsongo,** unspeakable agony.
Tembela, *v.*+to be in a great state of commotion, disturbed, agitated (of a number of people *or* a whole town).
Tembo, 6, *n.* (Bako.), a strong wind, breeze, storm, squall.
Temona, *v.t.,* to enlighten, impart light to.
Temonwena, *v.t.,* to inform, make aware, make known, put up to.
Temoziana, *v.,* to inform each other, make each other aware.
Tempa, *v.t.,* to blurt out, speak without care & propriety.
Tenda, *v.t.,* to cut.
  tenda e nsi (2), *v.,* to mark a cross on the ground in doing homage.
  tenda o ntima (4), *v.,* to be perfectly frank, to keep nothing back, be sincere.

Tenda, *continued.*
  tenda e nzila (2), *v.,* to make a mark on the ground to show which way the caravan has passed (to guide stragglers).
Tendana, *v.i.,* to be scattered, driven in all directions.
Tendangana } *v.i.,* to scatter, spread
Tendangiana, } in all directions.
Tendanisa, *v.t.,* to scatter, drive in all directions.
Tendela, *v.t.,* to sell retail by linear *or* superficial measurement.
Tendoka, *v.i.*+to shine, be bright, dawn (of the daylight); **o kuma ke kwatendokele ko,** the day had not dawned.
Tengola, *v.t.,* to give up, abandon *as of no further use;* to dismiss, release, let go, set free, give freedom to one not further needed, have no more dealings, friendship, &c., with.
Tenso, 6, *n.,* a tier, step, layer.
Tensola, *v.t.,* to take off the outer casing, coverings, the upper part of a pile, all one's outer garments, *i.e.* everything **tensama,** *see* p. 428.
Tente, 6, *n.,* a bit, morsel, little piece.
Teta, *v.t.,* to cut up a carcase.
  teta e nzila (2), *v.,* to break, force, make a way (through, **muna**).
Tete, 6, *n.,* a turn (in rotation); appointed time.
Tetela, *v.t.,* to cut the **makeke** off a palm tree, to prepare it for tapping, leaving only the newest fronds; to deflower (a virgin).
Tetomona, *v.t.,* to give a detailed account, detail at length.
  tetomona e mvila (2), *v.,* explain a genealogy, give a pedigree.
Teva, *v.t.,* to beat severely.
Tewa, *v.,* to be picked out, selected, chosen, specially noted *or* indicated.
Tewa! *interj.,* bang!
  sia e tewa, *v.,* to make a bang, to fire (a gun).

Tezanisa, *v.t.*, to compare (with), liken (to); to compare together.

Tiakidika, *v.t.*, to hold out away from the body (as a fowl her wings on a very hot day) *or* a cloth worn loosely & held out *or* the arms.

Tiakidila, *v.t.*, to treat insolently, shamefully, without the least respect *or* feeling, either by personal violence *or* insolence.

Tiala, *v.t.*, to cease to have any regard for some one, to jilt, to speak insolently about.

Tialumuna, *v.t.*, to talk on endlessly, expatiate.

Tialumuna, *v.t.*, to spirt, squirt.

Tiama, *v.t.*+to strike a heavy blow.

Tiamuka muna nlungu (4) *or* nzaza (2), *v.*, to be wrecked; ntiamuka tatu yatiamuka muna nzaza, three times was I shipwrecked.

Tiangalakesa, *v.t.*=tiakalakesa, p. 429.

Tianguna, } *v.t.*,to speak
Tianguna e diambu (7), } scornfully, insolently, to blaspheme; u-ntiangwini *or* untiangwini o mambu, he spoke scornfully to me.

Tianta, *v.i.*, to sound (of a trumpet).

Tiantisa, *v.t.*, to sound a trumpet.

Tibalala, *v.i.*, to be inflated, blown out, distended (*with liquid*).

Tibidika, *v.t.*, to inflate, blow out, distend (*with liquid*).

Tibingi, 6, *n.*, obstinate heedlessness to advice & warning.

Tie-tie, 6, *n.*, the cracking of twigs caused by an animal in the "bush."

Tietiekele, *pl.* 6, *n.*, a clanging sound.

Tifu, 2, *n.* (P. chefia?), a dignified bearing.

Tifuka (*perf.* -ini), *v.* (*fr. above*), to maintain a dignified bearing.

Tika, *v.t.*, to sift.

Tiki-tiki, 6, *n.*, a great desire, longing to do something which one cannot *or* must not do.

Tiki-tiki, *continued.*
sala ye tiki-tiki, *v.*, to have such a desire, to long to.

Tikumuka, *v.i.*, to be thrown *or* fly otherwise than was intended, to miss the mark (of the object), to swerve & turn aside.

Tikumuna, *v.t.*, to throw & miss.

Tinina, *v.t.*, to run to (*not from*), for, with, &c.

Tintama, *v.i.*
ntima (4, u-) tintama, to hesitate, vacillate, to feel an inclination to do something but still to hesitate.

Tintila, *v.i.*, to be proudly reserved, keep proudly to one's self, avoid contact with others, to scrupulously avoid anything dirty.

Tionga, *v.i.*, to lose all power to express one's self *or* to do anything, be done, lose all energy (from heat, sickness, &c.).

Titila, *v.i.*, to shake, shudder, shiver.

Tiukwa o ntima (4), *v.*, to be pained in the heart, grieved, troubled, upset.

Tiuna=timvuna, p. 429.

Tividika, *v.t.*=tibidika, App.

Tokeka, *v.t.*, give trouble, worry, annoy.

Toko, 6, *n.*, youth, youthfulness.
nkaza (1) a toko, the first wife a man marries.
mwana (1) a toko, the first child born to a man.

Tokomoka, *v.i.*, to flourish *of plants, trees, &c.*

Tola, *v.t.* (Bako.), to mention, say, talk.

Toma, *v.t.*, to give another wife in the place of one dead rather than return the nkama a longo with its accrued interest (usury).

Tombana, *v.i.*, to flourish, be in excellent condition.

Tombana, *v.i.*, to emit a delightful odour.

Tombokelo, } 6, *n.*, a ladder, a means
Tombokelwa,} of ascent, staircase, steps.

Tomboloka, *v.i.*, to spring up (as seedlings, come out (as new leaves).
Tomesa, *v.t.*, to demand another wife as above ; *see* **toma**.
Tomesa, *v.t.*+to do what is right & proper, to do well.
Tomona, *v.t.*+to take the initiative in.
-atompodia, *a.*, without salt.
Tomvi, *pl.* 10, *n.* (Bako.), the brain.
Tona, *v.t.*, to recognise, remember, recollect, know, perceive (a matter), understand.
Tonama muna, *v.i.*, to be appointed to.
Tonda, *v.t.*+to approve of, be satisfied with, consider fit *or* sufficient, like, esteem, be pleased with, admire, express approval; *hence*, to express gratitude, thanks, to love gratefully, *so that although* **tanda** *&* **tonda** *figure in other Bantu languages for* to love, *its primary idea in Kongo lies in a sense of satisfaction & only ultimately in a complacent or grateful (?) love.*
Toneka, *v.t.*, to appoint to a duty, &c. ; **tuntonekene kasumbanga e lekwa ya evula**, we appointed him to the duty of buying the things for the station.
Tonekena, *v.t.*, to take note of, mark (mentally), to exercise discernment, judgment.
Tonekena, 9, *n.*, discernment.
Tonena, *v.t.*=**Tona**, App.
-atonga, *a.*, stout.
Tongamena, *v.i.*, to sit up late.
Tongeneka, *v.t.*, to have a spite against, to bear...malice.
Tongolola, *v.t.*, to be curious about, inquisitive about, pry into—.
Tongomoka, *v.i*, to rise to the surface, to come up again.
Tongonokakana, *v.i.*, to be able to be traced out.
Tongonona, *v.t.*, to trace to its source, trace out (a matter), to investigate, to explore.

Tongonona, *v.t.*, to bring up, rear, foster.
e tonia (6), *adv.*
  tala e tonia, *v.*, to gaze fixedly.
Tontolo, 6, *n.*, a weak person, one without strength.
-atontolo, *a.*, weak.
Topaze, 2, *n.*, topaz.
Tota, *v.i.*, to ache (of the head only).
Tota, *v.t.* (*mid. v.* **totoka**), to search for (a road *or* track).
Tota, *v.t.*, to ascend, climb, go up.
Tota, *v.t.* (*mid. v.* **totama**), to add, put together.
Totama, *v.i.*, to accord, harmonise, be alike.
Totama, *v.i.*, to be added *or* put together.
Toteka, *v.t.*, to make a beginning with, commence at, start on.
Toteka, *v.i.*, to run.
Toteka, *v.t.*, to match, to fit together, make to accord *or* alike, harmonise, to give an equivalent for, to compound by mutual exchange.
  toteka o longo (10), *v.*, to arrange a cross marriage, so that for a woman given another is given back.
Totoka, *v.i.*, to be commenced, also be well pushed (of a concern), be well under weigh.
Totoka, *v.i.*, to be searched for (of a road *or* track).
Totola, *v.*, to clap the hands before beginning to speak.
Totola, *v.*, to say (*a woman's word*).
Totola, *v.*, to do *or* accomplish much, make a good show, have plenty to show for it, push on well with.
Totolola, *v.t.*, to collect, get together.
Tovola o nkanda (4), *v.*, to tan leather.
Towa, 6, *n.*, a small mess of clay mixed with palm wine, &c., for the purposes of anointing. **Towa** made at the grave of a great hunter may be smeared

Towa, *continued.*
on all comers to confer hunting skill.

Toza, *v.t.,* to begin, commence, lay the foundation stone *or* mark out a site *or* hole.

Tu, *adv.* (*causing an accent to fall on the last syllable of the previous word, see* p. 433) +even, too; **oyetò tu tukwenda,** even we are going.
kansi tu, *conj.,* but (regretfully *or* indignantly).

Tua, *v.i.,* to be sharp, acid, salt, biting, sweet, peppery (*according to the nature of the condiment*).
tua muna, to season (*of the condiment*).

Tudidika, *v.t.,* to put a lot.

Tudika, *v.t.*+set up, put together, to reconstruct (of many parts *or* materials).

Tufakana, *v.i.,* to be crushed smashed up, to be conquered, utterly routed.

Tufakesa, *v.t.,* to smash, crush up, to conquer, utterly rout.

Tufuka (*perf.* -ini), *v.,* to be crushed, squashed & make a mess.

Tufuna, *v.t.,* to squash *or* crush & make a mess.

Tuka kuna tuka (9), *adv.,* from the very first *or* beginning.
tuka vana, *prep.,* from, commencing from.

Tukama, *v.,* to be in a fix as to how to arrange something.

Tukika (e diambu), *v.t.,* to be in too great a haste and so fail, to be at a loss for a reply.

Tukika, *v.t.,* to place, stand the point (against), touch *or* poke with the end of something (long).

Tukilwa, *v.,* to be the starting-point of.
oku kutukilu, *adv.,* at first, for a while.

Tukuka, *v.i.*+to fade, wilter, wither; be soft, limp.

Tukumuka, *v.i.,* to be wearisome, to lose its interest.

Tukumukwa, *v.,* to be tired of (something) and give (it) up, to lose one's interest in, be sick of (a thing).

Tukuna, *v.*+to make soft by rubbing, be limp, to cause to wither.

Tuku-tuku, 6, *n.*
sia e tuku-tuku, *v.,* to gaze, look fixedly.

Tulalala, *v.i.,* to be put in plenty.
tulalala ye, to have plenty put down to *or* on one.

Tulama, *v.i.*+to be set up, put together, constructed (of many parts *or* materials).

Tulumenta, 2, *n.* (Bako.) = **tulumbeta,** *page* 434.

Tuluza, *v.t.,* to drag about.
bunda tuluza, to beat & drag about in an inhuman manner.

Tuma, *v.t.,* to send *alone* (**twika,** to send in any one's charge) ; *also* to order, give an order *or* instructions to go, *not a simple order;* **untumini vo kenda,** he ordered him to go.

Tumbama (vana), *v. mid.,* to be *or* get set *or* placed (before).
kwanga (*pl.* 6) **yatumbama,** *n.,* the shew-bread.

Tumbika, *v.t.,* to place, set, put (before others).

Tumbikila, *v.t.,* to set *or* place before; **bantumbikidi o madia,** they set food before me.

Tumbu, 6, *n.*+fault, flaw.
sia e tumbu, *v.*+to find fault with, to speak against.

Tumbu, 6, *n.,* thick jungle left by the fires affording shelter to game.

Tumbula, *v.t.,* to do clearly, distinctly, make plain, plainly.
tumbula o nsamu (4), *v.,* to tell plainly.
tumbula o soneka (9), *v.,* to write distinctly.
tumbula o vova (9) *or* **e ndinga** (2), *v.*+to speak distinctly, clearly,

Tumbula, *v.i.*+to breathe softly (as one sleeping).
Tumbulula, *v.t.*, to bring up to the surface, bring up from the dead.
Tumbulwila, *v.t.*, to make aware of, warn, point out an evil *or* danger.
tumpa, *v.t*, to rush about in all directions.
 tumpa-tumpa, *v.i.* + to be very active, very energetic, to rush about.
Tumpa, *v.t.*, to thrust in something by force *or* something not intended to enter.
Tumpalala, *v.i.*, to become stupid, foolish, ridiculous, absurd, lose one's wits.
Tumpama, *v.i.*, to sit down, to fall down in a sitting posture, so that the buttocks first reach the ground.
Tumpana, *v.i.*, to be tossed about in all directions, agitated.
Tumpidika, *v.t.*, to render stupid, ridiculous; take away one's wit's & ideas.
Tuna, *v.i.*, to be moderate, keep well within bounds, be temperate, be under proper control.
Tuna (Bako.), *v.t.*, to despise, scorn.
Tundalala, *v.i.*, to stand *or* be high up, be prominent, be exalted.
Tundangana, *v.i.*, to make a mistake, to forget one's errand, business *or* intention for a moment & make a mistake; **kuviki landa diambu ko yavana kilunga etatu; kosi, susi; kole, tundangana; kutatu, kana kakana dio** (Proverb), do not be in too great haste to follow up an offence until it has happened a third time; firstly, *take it for* an accident; secondly, for a mistake; the third time it was intended.
-**atundangani**, } *a.*
-**atundanganu**, }
 tutu kiatundangani, very seldom, very rarely indeed.

Tundidika, *v.t.*, to exalt, make prominent.
Tunduka, *v.i.*, become greater & greater (in wealth & dignity).
Tunduka, *v.i.*, to move up & down (as grass, &c.) because of some animal making its way under it.
Tundula, *v.t.*, to lift up (*as above*).
Tundula, *v.i.*, to breathe softly (as one sleeping).
Tungama, *v.i.*+to have nothing to say for oneself, to be left without a reply, to look blank, be in a fix.
Tungianu, 12, *n.*, aimless wandering, straying.
Tangika, *v.t.*+to leave one without a word to say for oneself, put to silence, to leave without a reply.
e tungununu (6), *adv.*
 tala e tungununu, *v.*, to gaze fixedly at, fix the eyes on.
Tuntana, *v.i.*, to be annoyed, worried, troubled.
Tuntanisa, *v.t.*, annoy, worry, trouble, tease.
Tuntuka, *v.i.*, to increase, be further advanced.
 tuntuka e ntela (2), *v.*, to be bigger in size.
 tuntuka o nkisi (4), *v.*, to have come under the (benignant) influence of a charm.
 tuntuka o moko (*pl.* 9), *v.*, to be able to divine moko; *see* p. 350.
Tuntula, *v.t.*+to cause to increase.
Tuntula o nkisi (4), *v.*, to bring under the (benignant) influence of a charm.
 tuntula o moko (*pl.* 9), *v.*, to render, able to divine moko; *see* p. 350.
Tuntuluka, *v.i.*, grow, get bigger, higher, increase (in height, price, &c.).
Tuntulula, *v.t.*, to cause to increase (in height, price, &c.), to...more and more.

Tunu, 6, *n.*, proper control, moderation, temperance.

Tununu, *pl.* 6, *n.*, exceeding cleanness.

Tununu, 6, *n.*, insubordination, rudeness, an over-stepping of the bounds of propriety, right, duty, &c., immoderation, excess, impropriety.

  -**atununu**, *a.*, going beyond the proper use *or* bounds, *and therefore* mad, foolish, useless, unserviceable, immoderate, wild, insubordinate ; *note* **tununuka** *below*.

Tununuka, *v.i.*, to pass all bounds, become immoderate, to take liberties, become rude, insubordinate, uncontrollable, to take advantage of kindness and gentleness, to act wildly, to exceed one's province ; *note* **tuna** *above*.

Tuta, *v.i.*, to become numerous, plentiful, abundant ; **o matuti matutidi kuna ezulu**, the sky is thick with clouds.

Tuta o nlembo (4), *v.*, to touch one in the face *or* chin with the finger as a challenge.

Tutika, *v.t.*, to place, stand the point (against), touch *or* poke with the end of something (long), to place the end of something against another object.

Tutisa e ekudi (8), *v.*, to irritate, provoke.

Tutu, 6, *n.*

  tutu kiatundangani, very seldom, very rarely indeed.

Tûvala, 6, *n.*, something distended *or* blown out.

Tuvalala, 9, *n.*, distension.

Tuvula, *v.*, to blow out.

  tuvula o meso (*pl.* 7), *v.t.*, to look fiercely, angrily, glare.

Tuwa (*perf.* **tuwidi**), *v.t.*, to try to catch *or* kill too soon, *i.e.* before getting sufficiently near.

Tuwa (*perf.* **tuwilu**), *v.i.*, to escape thus.

Tuzu, 6, *n.*, a very bad person, a scoundrel, scamp, rascal, wretch, brute.

Twalakesa, *v.t.*, to betray into difficulties, to lead one into attempting something in hope of support and then to withhold it, fail to help in a crisis, to withhold promised assistance ; to hang back and let others bear the brunt of a struggle ; to hurry along by force, to carry away (as a crowd *or* flood).

Twanga, *v.*, to dislike, to think evil of, find fault with.

Twangu, 6, *n.*, fault, flaw, defect, erratum ; **kimwene o twangu ko**, I find no fault in him.

Twe ! *interj.*, click ! snap ! sound of something breaking.

  twe lubasa ! (*i.e.* the frond rib goes click ! I break the stick in token of agreement), let it be so ! agreed !

Twengona, *v.t.* (fr. **twe**), to snap.

Twezi, 6, *n.* (Bako.), flocks, herds, cattle, live stock.

Twika, *v.t.*, to send in any one's charge (**tuma**, to send alone).

Twikila, *v.t.*, to help any one to pick up his load *or* to put it on him.

Twisa, *v.t.* + to make sharp, acid, &c. ; *see* **tua**, App.

U.

Ubekenge, 12, *n.*, frailty, fragility.

Ukabu, 12, *n.*, avarice, greed.

Uleza, 12, *n.*, laziness.

Umfunia, 12, *n.*, the habit of violence, plundering.

Umfuzi, 12, *n.*, professional skill, ability in one's profession *or* craft.

  Umfuzi wa Nzambi, God's creative wisdom.

  Umfuzi wa fula, great ability in smith work.

Umpavuludia, 12, *n.*, independence, indifference, unconcern, disregard, estrangement shown by an absence of all feeling, affection *or* care for those concerned.

Umpondi, 12, *n.*, murderous nature.

Umpûka, 12, *n.*, wicked cunning, craftiness.

Umpumina-nzambi, 12, *n.*, the nature and characteristics of one who fears God, godly fear.

Umputu, 12, *n.*, poverty.

Umwanda, 12, *n.*, spiritual nature.

Una.
  una-ina, of any kind, any (thing) like (it), any (thing) of the kind ; kimbwene mo ma una kina ko, I did not see anything of the kind in there.
  una ke...ko, *adv.*+before, while as yet...not.
  una...una, as, whilst, as...at the same time ; una kekwendanga muna nzila, o mansanga una mebutumuka muna meso, as he went the tears fell fast from his eyes.
  (yo, ye *or*) yo...una nkutu..., just the same with .... ; ye nzimbu zandi una nkutu, za wivi, just the same with his money, it is by theft.. .

Unga, 12, *n.*, continual disagreement on every point ; *see* nya, App.

Ungolokoso, 12, *n.*, gammon, nonsense.

Ungomba, 12, absence of all troublesome timidity *or* shyness, tameness, gentleness of manner.
  kuna ungomba, *adv.*, by gentle means.

Ungongolokoso, 12, *n.*, gammon, nonsense.

Ungudi, 12, *n.*, the relationship as children of one mother, the best relations *or* terms (between different people), peace, harmony, brotherly *or* mutual love & care, kindness (such as

Ungudi, *continued.*
one would show to one's nearest & dearest).
  e mpanga (2) a ungudi, terms of peace.

Unkitu, 12, *n.*, wicked cunning.

Unkwa, 12, *n.*, fellowship, companionship.

Unkwa, *conj.*, *see under* -nkwa, App.

Unkwikizi, 12, *n.*+that which constitutes a person a munkwikizi, religion.

Unlomba, 12, *n.*, unfruitfulness.

Untiangu-ntiangu, 12, *n.*, the habit of jilting, changeableness in likes & whims.

Untongololi, 12, *n.*, inquisitiveness, curiosity, the disposition to pry into, search out matters.

Untotela, 12, *n.*, *in the Doutrina Christã* (1624) untotela=majesty. Ntotela *therefore is not a simple dynastic name.*

Untwadi, 2, *n.*, companionship, fellowship, the being together with, community, communion.

Untwanga, 12, *n.*, unscrupulous rascality, utter untrustworthiness, villainy.

Unzengelevwa, 12, *n.*, foolishness.

Usewa, 12, *n.*, circumcision.

-a usutu, *a.*, very bad indeed (*a most indignant & abusive term*), scurrilous, utterly abominable & useless.

Utiangi, 12, *n.*, stature, physical development attained ; nkia utiangi kena? una wetoko, how big a fellow is he? quite a fine young man (*i.e.* that of a full grown young man).

Uto, 12, *n.*, bodily nature.

Utontolo, 12, *n.*, weakness.

Utu (Bako.), *conj.*, then (*impatient*), indeed, even=tu, vutu, App.

Uveledi, 12, *n.*, saintship, the being a saint.
  suminwa o uveledi, *v.*, to be called to being a saint. *Ep. of Paul.*

Uvoso, 12, *n.*, senselessness, utter folly.
-**a uvoso,** *a.*, senseless.
Uwolezia, 12, *n.*, corruption, the nature of corruption, rottenness.
Uwuntu, 12, *n.*=**wuntu,** App.
Uwuya, 12, *n.*, drunken madness, fury, quarrelsomeness, wild recklessness, lawlessness.
Uyakala, 12, *n.*, manly nature, manliness.
Uyi, 12, *n.*, dung, excrement.
Uzeze, 12, *n.*, effeminate, delicate fastidiousness, useless helplessness.
Uzimi, 12, *n.*, clanship.
Uzumbu, 12, *n.*, the desolation of a deserted town.

V.

V before **a, e,** & **o** among the Bakongo about Wathen is pronounced as a light guttural **gh**; by some of the Babwende as **g**; by the Basundi as **h**.
Va (*perf.* **vene**), *v.t.*, to give; *also* to yield (fruit).
ova *is used when another further hypothesis is advanced, the foregoing being introduced* by **ovo**. If, should, *see* 1 Ep. John i. 8 & 10.
Vadi, 6, *n.*=**kimpadi,** App.
Vaika, *v.i.*+to come out, appear (from somewhere), arise (turn up), happen, befall.
Vaikilwa, *v.*, to have come upon one, to have befall one.
Vakama, *v.*, to be caught, held back.
  e mpaka zabavakamene, further dispute *or* denial was impossible.
Vaki, 6, *n.*, the matter to which one is hooked *or* hitched, *i.e.* one's first business, that which must have one's first attention, the first *or* main thing which one has to do, the first duty, the main point, the great thing to be aimed after, the chief diffi-

Vaki, *continued.*
culty, obstacle, hindrance, the crucial point, the "crux."
Vaku, 12, *n.*, toll, tribute, custom, tax.
Vakula o nkalu (4), *v.*, to deny, refuse, contradict, repudiate, refute.
Va-ku-mu, 2, *n.*, *a combination of the roots of the locatives*, a preposition.
Vala.
  mu vala, from a long way off; **mu vala katuka,** he comes from a long distance.
Valanga, 6, *n.*, a basket to carry poultry, &c., in.
Valanganza, 6, *n.*, a skull.
Vama, *v.i.*, to be strong.
Vambula, *v.*+to provide, furnish with.
Vambwila, *v.*, provide, to furnish; **okutuvambwila e nzo zina zifwene,** he will furnish us with the necessary house.
Vampamiana, *v.*, to persevere, keep on trying, keep on.
Vanakana, *v.i.*, to be possible to be given, be giveable.
  vanakana o nkalu (4), *v.*, to be deniable.
Vanama (ye), *v.i.*, to struggle (with some great task *or* burden).
Vanamiana, *v.*, to persevere, keep on trying, keep on at.
Vanda e mpandu (2), *v.*, to practise sorcery.
Vandalala, *v.i.*, to surpass, eclipse, out-do everything, be supreme, to proudly think that one cannot be surpassed, eclipsed *or* in any way harmed by any one *or* anything.
Vanga, *v.t.*+to behave towards, do to.
Vangala, 6, *n.*+a framework.
Vangalela, *v.t.*, to do thoroughly, well, do one's best at *or* with.
Vangama, *v.i.*, to prosper, get on well, be successful in business, do well, to be full-grown, grown

Vangama, *continued.*
up, to be edified, perfect, complete (in one's powers, knowledge, education, &c.).

Vangamesa, *v.t.*, to edify, &c., *causative of above.*

Vangamiana, *v.i.*, to be quick in making *or* preparing; if the subject is mentioned, it is preceded by **yo** (&c.); **vangamiana ye salu kiaku,** "look sharp" with your work.

Vanganana, *v.t.*, to grow great, become *or* be very important, absorb all the interest, leave no room for anything else.

Vanganisa, *v.i.*+to be in a great hurry with any one, impatient with one who is in one's way.

Vangaziama, *v.i.*, to be made *or* prepared quickly.

Vanginika, *v.t.*, to make great, important.

Vangizieka, *v.i.*, to do, make quickly *or* prepare *something.*

Vangu, 6, *n.*, a yoke, leash.

Vangu, 6, *n.*, danger, peril, source of trouble & annoyance, nuisance, difficulty.
- -**avangu,** *a.*, difficult, trying, troublesome, dangerous.
- **sia e vangu,** *v.*, to cause danger, &c., be a nuisance.

Vangulula (yo), *v.t.*, to do much, exceedingly, many times, over again.

Vangwa, *v.i.*
uvangilu kwa, just as if, just like; **uvangilu kwa kuma kunoka i kwina oku ezulu,** it is just as if it is going to rain; **uvangilu kwa toloka nima i kena,** he is just as if his back was broken.

Vaningina, *v.t.*, to run with one's utmost speed.

Vanzikwa, 6, *n.*, *see* **elusu,** App.

Vasina, 6, *n.*, chip, piece, bit.

Vasumuka, *v.i.*, to shoot *or* spring up in abundance.

Vatalala, *v.i.* = **vandalala,** App.

Vatumuka, *v.i.*, to recover, get right again *after severe illness,* or *in the case of plants,* revive *after fading.*

Vaudi, 6, *n.*, a separate portion, something apart, a sect, divisor in arithmetic.
e **vaudi muna** *or* **yo,** *adv.*, apart, separate from, in a state of separation from. **yo** is used with persons, **muna** of things.

Vauka (muna), *v.i.*, to be separate, apart (from), hold aloof (from).

Vaula (muna), *v.t.*, to put separate, apart (from).

Vava, 6, *n.*, ant's nest (mushroom-like).

Vava ke...ko, *adv.*, before, while as yet...not; **vava kiayizidi ko,** while as yet I had not come, before I came.

-**avava,** *a.*, extraordinary, unusual.

Vavi, 6, *n.*, a man *or* beast of enormous strength, a Samson, a Hercules.

Vayizeka, *v.i.*, to go out quickly.

Vaza, *v.i.*, to go on increasingly, become more & more great, numerous, severe *or* intense, receive constant accessions (used of good *or* bad), *hence* to become worse *or* better *according as such change may be good or bad.* **Vaza** is the reverse of **voza.**

Vekomoka, *v.i.*+to rush and bluster (as the wind), to blow, be blown along.

Vekomoka, *v.i.*, to go far away, depart.

Vela, 6, *n.*, emptiness, a void, vacuum.
-**avela,** *a.*, empty, void, vain, useless.

Vela, 6, *n.*+any house built for the purpose of keeping a fetish image *or* charms, a shrine (heathen).

Vela-vela, *v.i.*, to grow strong, intense, earnest, be ardent, zealous, anxious, intent, keen.

Vela-vela, *continued.*
ntima (4) **se uvela-vela,** to want to know *or* hear more of a matter.
vela-vela muna salu, to grow *or* be earnest, active, zealous in one's work.
ete (8) **se divela-vela,** to want more of something tasted.
e mbele se ivela-vela, the knife is very sharp, has a keen edge.
Vele, *adv.*=**tu** (the particle).
kana vele=**kanele.**
ovo vele vo, *see* **o vova ele vo.**
Velekela, *v.t.,* to put aside, hide.
Velekela, 6, *n.,* something put thus aside *or* hidden.
Velesa-velesa, *v.t., causative of* **vela-vela**; **velesa-velesa e ngangu zeno,** sharpen your wits, keep your wits about you.
Velezieka, 6, *n.,* cleverness in making tasty dishes out of little nothings; *also* such dishes.
Velezieka, *v.t.,* to make such dishes.
Vema, *v.i.* (Bako.)=**kangala,** *but in Kongo proper has the idea of* to prowl *in it.*
Vempoka, *v.i.,* to vanish, disappear (as smoke *or* mist).
Vena ye, there are...at *or* on, &c.
Vengama, *v.i.*=**vengomoka,** App.
Vengeka, *v.t.,* put aside, away, hide, something which one has.
Vengekela, *v.t.,* to put aside, defer, put off, postpone.
Vengenene, 6, *n.* (*sing. only*), passion, emotion, strong feeling *or* desire.
-**avengenene,** *a.*
makasi (8) **mavengenene,** fierce anger.
Vengomoka, *v.i.,* to be *or* go aside, on one side, out of the way, be gone a little way from.
Vengomona, *v.t.,* to put, shift on one side, aside, out of the way (something encountered).
Venza, *v.t.,* to strike with, beat with.
Venza, *v.t.,* to wash very thoroughly.

Venzomona, *v.t.,* to make a good wide clearing; *hence, in a palaver,* to show up, to inform against, to expose by clearly stating the facts.
Venzona, *v.t.,* to make a small cut *or* wound.
Vesoka, *v.i.,* to become vile, spoiled, dirty, loose colour, tarnish.
Vesona, 6, *n.,* small crumbs, sawdust.
Vetama, *v.i.*
vetama...vumbuka, *lit.* to bow (the heads), to raise them again, to hold a consultation, consult, confer; **bavetamene bavumbukidi,** they consulted together.
Vete.
ke vete ko, *conj.*+it may be, perhaps, *it being hoped that such is the case*; **ke vete ko kwenda nkwenda,** perhaps I shall go.
Veve, 6, *n.,* the eaves of a building.
Vevi,
ke vevi ko, *adv.,* in no small degree, very much.
oyeno nusundidi e nuni ke vevi ko, you are far superior to the birds.
Vevoka, *v.i.*+to be under no restrictions, to be free, to have liberty; *see under* **vevokwa** *below.*
Vevokelwa, *v.i.* (*pass. of app. f. of mid. v., see p.* 629)=**vevokwa,** which see below.
Vevokwa, *v.i.,* to have restrictions removed, be no longer under restrictions, to have freedom, to have liberty granted (*pass. of mid. v., see p.* 625); **vevoka** *does not consider any existence of restrictions;* **vevokwa** *considers them to have existed and to have been removed.*
vevokwa o moyo (3), *v.,* to consider worth while, to make up one's mind (to).
Vevola o ntima (4), *v.,* to be willing, ready.

Vevolwela o ntima (4)—, *v.*, to be willing, ready to—.
Veyana, *v.i.*, to search far & wide, in all directions.
Veza o mambu (*pl.* 7), *v.*, to forbear.
Vezi, *adv.*, sooner, rather, it would be better that (=**deke**).
Vezo, 6, *n.* (**vezozioka**), the tail feathers of a bird which have been fastened up as a trophy, the feathers of an arrow, the tail of a fish.
Vezozioka, *v.i.*, to dodge about.
Via,   } *v.*, to be well taught
via e mpila (2), } *or* instructed in *or* trained at.
  via o masona (8), to know how to read & write.
  via o unganga (12), to be well initiated in the art of a doctor.
Via e mpila (2), *v.*, to be very black.
Viaku, 6, *n.*, excuse, an unsatisfactory explanation.
Vialuka, *v.i.*, to come *or* go away without telling any one of one's intention, to slip away secretly, to withdraw oneself unnoticed.
Vianda, *v.i.*, to get lost.
Vianga, *v.*, to mark, write.
Vianga, *v.t.*, to smear on a thin coat *or* thinly.
Viangala, *v.t.*
  moyo (3, u-) **viangala,**   }
  viangalwa o ntima (4) *or* **moyo**, }
  to be very wishful (for), intent (on), anxious (to).
Viangama, *v.i.*, to be thinly smeared (of grease, &c.).
Viangila, *v.*, to go *or* come (*an angry word*); **kuviangila mu nzo ame ko**, do not venture into my house (you rascal).
Viangula, *v.t.*, to go carefully & stealthily to touch some one (to call him aside without attracting the attention of others).
Vibidila (Bako.), *v.*=**zizila**, p. 283 & App.
Vididika o meso, *v.t.*, to render cross-eyed.

Vidika, *v.t.*, to impregnate.
Vidikwa (**kwa**), *v.*, to be with child (by).
e **vidiza**, 8, *n.* (Kib.)=**etadi**, App.
e **vie** (*pl.* 6), *adv.*, all right, without anything the matter.
Vika, *aux. v.*+to do quickly, suddenly; *also* to...just...only; **kuna kwa ntukuka uvikidi tukuka**, how quickly it withered up; **ovo mpikidi songa kaka o ntu—**, if I only just showed my head—.
Vikuka, *v.i.*, to whirl along rapidly (in the air, as leaves before the wind), rush, blow hard, come *or* go violently (of wind *or* rain).
Vila, *v.t.*+to finish off an edging properly.
Vila, 6, *n.*, an animal killed & burnt in a bush-fire.
Vilalala, *v.i.*
  meso (7, ma-) **vilalala**, to be cross-eyed.
Vilalala, *v.i.*, to be faint, indistinct, almost invisible.
Vilama, *v.i.*, to be hidden, not to be visible, not to appear.
Vilangesa, *v.t.*+to make a mutual exchange, set one over against the other.
Vilukila, *v.i.*, turn (one's) face round (towards) (only of the face *or* the proper side of a thing).
Vilukwa o ntima (4), *v.i.*, to repent, change one's mind.
Vilula, *v.i.*, to change one's mind, opinion, &c.
Vilumuka, *v.i.*, to be lashed, scarred with lashing, be waled.
Vilumuna, *v.t.*, to lash, wale.
Vilu-vilu, 6, *n.*, changeableness, fickleness.
Vilwa, *v.i.*, to make a mistake.
Vilwa, 12, *n.*, a mistake, error, a forgetting ignorance, absence of knowledge, injustice, wrong.
Vilwa, *v.i.*, to want to attend to a call of nature, *or in the case of a fowl*, to want to lay.

Vilwa, *continued.*
vilwa e nzala (2), *v.*, to be hungry.
Vimpakana, *v.*, to hear imperfectly, to be dull of hearing.
Vimpi, 13, *n.* + health.
-avimpi, *a.*, healthy, healthful, sound, good ; **elongi diavimpi,** sound advice *or* doctrine.
Vimpita, *v.*, think about, meditate.
Vina, *v.* (Mpa)=**winikina,** p. 461.
Vinda o nlele muna luketo (10), *v.*, to wind the long loose end of one's cloth round the waist as a girdle.
Vindakesa, *v.t.*, to put down *or* into (of *many* things *or* people only).
Vindana, *v.i.*, to rush along in a crowd, jostling together, in wild confusion, pell-mell.
Vinduka, *v.i.*, to close up (as wound), be closed up, come well together (as a well-made joint).
Vinduna, *v.t.*, to cause to come together *as above.*
Vinga, *v.i.*, to take place *or* happen since, to take the place of something else, to be the next thing to happen ; **nga nkia mambu mavingidi oko evata,** what has happened since in the town.
Vinga, 6, *n.*, a person uninitiated into a mystery *or* rite.
Vingila, 6, *n.*, a bird which does not build a nest of its own, but lays always in old nests.
Vinzuka, *v.i.* (Bako.) = **vunzuka,** p. 457.
Viongoloka, } *v.i.*, to be winding,
Viotakana, } tortuous, circuitous, crooked, round about, distorted.
Viotakesa, *v.t.*, to render winding, &c.
Viotama, *see* **viotakana.**
Visa, *v.t.*, to thoroughly instruct, &c. ; *see* **via,** App. ; to place beyond all doubt as to skill, correctness *or* certainty (of facts), to audit, to officially *or* formally sign *or* seal *or* otherwise certify.
Visa, 6, *n.*, thorough knowledge, certainty, an audit, official *or* cer-

Visa, *continued.*
tifying signature *or* seal, a receipt, a visa.
Vitakana, *v. mid.*, to turn aside, leave the track ; **e nkombo ivitakène kunansi a nti,** the goat left the track to go under a tree.
Vitakesa, *v.t.*, to cause, allow *or* make *something which is held* to go aside from the mark, line *or* track, *as a knife in cutting something out* or *a goat driven* or *a hockey stick in playing hockey.*
Vitamena, *v.t.*, to make a call in passing.
Vitidila, *v.*, to go *or* be the first *or* front *or* before all.
Vitumuna, *v.t.* + to push on with it, sweep away with it, carry away with a rush (*used only in reference to things in motion*) ; also to blow over *or* down (*of the wind*).
V.K. (**divitidi Kristu**), B.C., before Christ.
Vivila, *v.t.*, to listen, attend to (*a matter, not a person*).
Viyidila, *v.t.*=**zizila,** p. 283 & App.
Viziku-viziku (*pl.* 6), *n.*, the sound of whispering.
Vizula, *v.t.*, to beat with a lash *or* rods, scourge.
Vo, *conj.*, equivalent to "then" as used sometimes in questions when some action or definite conclusion must result on receiving an affirmative answer; **insadisa vo?** shall I help him then? **akweyi kitukidi, kuna evata vo, ovo kuna mpatu?** where does it come from, from the town *or* the farms?
vo i, *conj.*, as for ; **vo i mono mpakwidi o nkalu,** as for me, I denied.
vo mona owu, *conj.*, wherefore, seeing this, on account of this (*used in speaking of some action*

Vo, *continued.*
　which is to follow these conclusions).
ovo, *conj.*, that. **Ovo** *used as a conj. is preceded by a comma, or in speaking by an equivalent pause; see also* pp. 310–311.
ovo, *when used with the future, suggests uncertainty,* if ; *when the perfect is used, or when it is followed by* se, *the event, though yet future, is sure to take place in due course,* when.
　ovo wau, *conj.*, if so, in that case, if it must be so, if needs be.
Vodiana, *v.*, to cry, wail, *making a great noise.*
Vodoka, *v.i.*, to be safe.
Vodola, *v.t.*, to render safe.
Vokeka (muna), *v.t.*, to hitch (upon *or* over), slip (over).
Vola, *v.i.* +to win (in gambling).
　vola e mbwa (2), *v.*, weigh an anchor.
Vola, *v.t.*, to paralyse.
Vola, *v.*, to cool.
　nitu (2, **i-**) **vola**, to have some rest *or* relaxation after exertion, *lit.* to cool down.
Volela, *v.t.*, to lure, lure on, lead on (to some mischief).
Volela, 6, *n.*, a lure.
Volesa e to (6) *or* **e nitu** (2) *or* **o ntima** (4), *v.*, to take rest after some exertion, to take some relaxation, mental *if* **ntima** *is used;* physical *if* **nitu**, *sometimes even if* **ntima**.
Volo, 6, *n.*, self-control, command over one's passions, continence, moderation.
Volo, 6, *n.*, a sand-martin.
Volo, ⎫ 6, *n.*, a hole *or* chasm made
Voloka, ⎭ by the subsidence of the earth.
Voloka, *v.i.*, to tell nobody (about an affair), keep (a thing) close, dark, to make no answer, to exercise self-control & be silent.

Vololoka, *v.i.*, to be firmly, securely tied, well braced up, to have *or* exercise self-control, be temperate, moderate, continent.
Vololola, *v.t.*, to tie firmly, securely, to cause to exercise self-control, make temperate, moderate.
Voloma, *v.i.*, to flow, pour, run down.
Volongonzo, 6, *n.*, the framework of the ribs complete & in position.
Volozioka, *v.i.*, to revolve (of endless bands in opposite directions, wheels in contact, &c.).
Vomo, 6, *n.*, abundance, plenty.
　-avomo, *a.*, abundant, plentiful, great (of something made up of many things *or* of some matter *or* affair).
Vomoka, *v.i.*, to be abundant, plentiful, become great *or* serious through many accessions *or* complications.
Vomona, *v.t.*, to give, put in abundance, heap up, pile on.
Vompoka, *v.i.*, to be hollow (of the eyes), emaciated (of the abdomen).
Vonda o tulu (*pl.* 10), *n.*, to throw into a dead *or* very sound sleep.
Vongola e kinsanga (5), *v.*, to weep profusely.
Vonza, 6, *n.*, great danger, peril.
Vosa, *v.t.*+to engrave, to shape by cutting into the surface (**vala** by cutting off from the surface).
Vosona e kinsanga (5), *v.*, to weep bitterly.
Votalala, *v.i.*, to hang down (of branches).
Votana, *v.i.*, to writhe & wriggle as eels.
Voteka, *v.t.*, *see* **vokeka**, App.
Voteleka, *v.t.*, to cause to hang down.
Vova, *v.*
　i vova vo, so to say *or* speak.
　o vova ele vo *or* **vova ele vo**, even if, in the event of...even ; **o vova ele vo diambu dikwiza, ke diambu ko**, even if trouble come, never mind.

Vova, *continued.*
diau ovovele edio, as you say; *a somewhat evasive yet definite assent (e.g.* Luke xxii. 70, & xxiii. 3).

Vovelela, *v.t.,* to address *or* call upon (a fetish) *or* tell it one's wishes.

vovelela e esikilu (8), *v.,* sing to a musical instrument.

Vovelo, 6, *n.,* a speech on another's *or* one's own behalf, a defence.

Vovesa, *v.t.,* to scold, speak angrily to. *This word is to be distinguished from* **vovesa,** to say to, *by the absence of any matter said* or *spoken*; **kavovesenge aka o mwana andi,** he was always *scolding* his child; **kavovesenge aka o mwana andi o mambu mambi,** he was always *saying* bad things to his child.

Vovo fulu, ⎫ *adv.,* on the spot at once.
Vovo vau, ⎭ immediately, instantly, at the very moment, in the very act.

Voza, *v.i.,* to decrease in size, numbers, severity *or* intensity, become less & less, *hence* to become worse *or* better, *according as such change may be good or bad.* **Voza** is the reverse of **vaza.**

Voza, *v.i.,* to stop, cease.

Vozevo, *conj.,* if, in the event, that.

Vuba, *v.,* to clap (the hands with surprise, &c.).; **ovubudi lukofi,** he clapped a clap.

Vubuna, *v.t.,* to kick up *or* along, blow up (as gunpowder).

Vudidi, 6, *n.,* the habit *or* act of taking too much *or* very much.

Vudidila, *v.t.,* to take too much *or* very much.

Vudilwa, *v.i.,* to have (things) remove *or* removed from (one), to have (the crowd) leave (of a place *or* person who was thronged), to be cleared (of clouds as the sky *or* of a place from a crowd *or*

Vudilwa, *continued.*
a wood of its trees); **una kavudilu,** when (the crowd) had cleared off, when he was alone.

Vûka, *v.i.,* to be spared, let off, let go free, allowed to escape.

vûka (Bako.), to be saved, safe, get free from danger, trouble, &c., get well.

Vuka, *v. aux.* (Bako.), to be, do, go, come early, soon=**vika,** pp. 447, 695.

Vukama, *v.i.,* to be deceived, deluded, under a delusion.

Vukana, *v.i.,* to have sexual intercourse together.

Vukana, *v.i.,* flow together, coalesce.

Vukika, *v.t.,* to deceive, delude, beguile, humbug, gammon.

Vukisa, *v.t.,* to spare, let go free, let off, allow to escape.

Vukula, *v.t.* + to distract.

Vukula, *v.t.,* to put up with (an inconvenience, &c.), disregard, pay no attention to.

Vukula, *v.t.,* to copulate (of animals).

Vukulula, *v.t.,* to take back something which one had given away, reclaim.

Vula, 6, *n.* (*from* **vula,** to be enlarged), a people, a great following *or* retinue.

Vula, *v.i.,* to clear off, disperse (of crowds, clouds, &c.).

Vula, *v.t.* + to strip off (fetters, &c.).

Vulukila, *v.t.,* to live by, make a living by, at; **mu ungema kevulukilanga,** he lives by palm-tapping.

-avululu, *a.*
ngangu (*pl.* 2) **zavululu,** false cunning which defeats its own ends.

Vulumuka, *v.i.,* to grow, increase in size and stature.

Vulumukina, *v.t.,* to start up and rush at, to dash, bound at, spring suddenly at.

Vulumukina, *v.,* to bluster, speak so as to frighten.

Vulumuna o meso (*pl.* 7), *v.t.*, to look fiercely, angrily, glare.

Vulu-vulu, 6, *n.*, *see under* **kanda**, App.

Vuma, *v.t.*
  vuma o maza (*pl.* 7), *v.*, to let water fall from the mouth as in washing the hands.
  vuma o mete (8), *v.*, to spit upon.

Vumana, *v.*, to respect, fear each other.

Vumbana, *v.i.*, to give out a pleasant odour.

Vumbuka, *v.i.*, *see also* **vetama**, App.

Vumbula, *v.t.*, to catch in the very act of doing (something, theft, &c.); **tumvumbwidi o mwivi** *or* **muna wivi**, we have caught the thief in the very act.

Vumu, 6, *n., from* **vumu**, the belly, one's living, all one's food; also the subdivision of a clan (**ekanda**), a family, house, dynasty.
  ntu (4) **a vumu**, the head of a family.
  ku vumu, round the trunk.

Vumwinu, 6, *n.*, the spirit, soul, the living principle, life.

Vuna, *v. aux.*, to do...a little slightly, to a small extent (time, amount, &c.); **vuna dingama**, wait a few moments; **vuna kio zangula**, lift it up a trifle.

Vuna, *v.t.*, to bend (a bow).

Vunda, *v.*, to halt for rest.
  nkwa ntima avunda, one who is slow to anger.

Vundanena, } *v.t.*, to hoe up the earth
Vundena, } round a plant.

Vundika, *v.t.*, to place something hard & dry into water to soften it.

Vundumuna, *v.t.*, to disinter.

Vunga, *v.t.*, to cover somewhat imperfectly, *because when* **vunga** *is used the thing used to cover with is small, & not sufficient to cover thoroughly.*

Vunga sama (6), *v.*, (Bako.), to place **nzambalalu** grass over the hole

Vunga sama, *continued.*
from which winged white ants are escaping, to make them lose their wings at once, & so be easily caught.

Vunganana, *v.i.*, to be foolishly hidden.

Vunganana, *v.i.*, to be deceived.

Vungidilwa, *v.i*, to be tempted to do something which one knows to be wrong. This is used of the temptations which come from the heart. **Vukumuka** expresses the temptation due to suggestion of others.

Vungila, *v.t.*, to dip (a morsel in the gravy).

Vunginika, *v.t.*, to deceive, to lie, to give a false impression, to make a pretence that—.

Vunginika, *v.t.*, to hide foolishly, so that it is easily found.

Vunguka, } *v.*, to come to one's
Vungukilwa, } senses *or* self, recover consciousness.

Vungula, *v.t.*, to have (it) dawn upon one, to understand, to take in, comprehend.

Vungumuna, *v.t.*, to draw aside a curtain, screen *or* obstacle which previously obstructed the view.
  vungumuna o nzieta (4) **a malavu**, *v.*, to shake off a fit of drunkenness.

Vunguta, *v.i.*+to murmur, speak in very low tones, mutter, grumble.

Vunguzioka, *v.i.*, to sniff & be disgusted, to catch a nasty smell.

Vuni, 12, *n.*, falsity, falsehood.

e vunia-vunia (*pl.* 6), *adv.*, (to go, come, walk, &c.) proudly erect.

Vunina, } *v.t.*, to cheat.
Vuninina, }

Vunuka, *v.i.*, to be exposed, shown up.

Vununa, *v.t.*, to lay bare, expose.

Vutu, *conj.*, then (impatient), indeed, even = **tu**, **utu**, App., *more used by women*.

Vutudi, 6, *n.*, return, recompense, reward.
Vutukila, *v.t.*, to...over again ; bavutukidi o tunga evata diau, they built their town again ; vutukila wo o vova, say it over again.
Vutula, *v.i.*, become moist.
 moyo (3, u-) vutula, to be refreshed (in body).
Vuvana, *v.i.*, to be lost & wandering, "quite at sea," to be wondering what it is all about.
Vuvanina, *v.t.*, to wonder as to ; mpuvanini edi kavovele, I wondered what he said.
Vuvu, 6, *n.*
 bunda e vuvu, to trust, place confidence in.
 -avuvu, dependable, reliable.
Vuvuta, *v.*, stray, wander about, roam.
Vuwama, *v.i.*, to well befit, to fit as cloths, &c., to fit its place, fit well.
Vuwika, *v.t.*, to make a good fit.
Vuya, 6, *n.*, a small twig.
Vuzumuna, *v.t.*, to strip off *or* snatch away with violence, to bark (the object must be stated) ; bamvuzumwini o nlele, they stripped him.
Vwa, 1, *n.*, the owner (always used with the thing possessed mentioned immediately after it) ; o vwa-nzo, the owner of the house.
Vwa o mfunu (4), *v.*, to have need of *or* use for, to have any advantage out of, get any good from ; ke dikumpwa mfunu ko, it will not be of any use to me.
Vwalangana, *v.i.*, be deranged, thrown into disorder *or* confusion.
Vwalangasa (Bako.), \ *v.t.*, to de-
Vwalangesa,   / range, mix up, throw into disorder, confuse, throw about.
Vwama, *v i.* +to have abundance of everything, to live in luxury.

Vwamvwana, *v.i.*, to rustle & sway about as the branches of a tree (when climbing animals & birds are moving about in them).
Vwanda e mfulu (2), *v.*, to sit in council.
Vwandangana, \ *v.i.*, to make a shade
Vwandangiana, / (as a spreading tree).
Vwata, 9, *n.*, clothing ; dia yo vwata, food & clothing.
Vwatwa, 6, *n.*, something to wear, apparel, dress, (*pl.*) clothes.
Vwavwaziana, *v.t.*, to own each other, to entertain against each other (feelings).
Vweto, 6, *n.*, the gravity *or* weight of something heavy not standing perpendicularly, *as of a ladder being placed in position.*
Vweza, *v.t.* (Bako.)=veza, p. 447.
Vwika, *v.t.* +to hoist (a sail *or* flag).
Vwila, *v.t.*, to lay hold of, get into one's power.

W.

W often stands in osolongo as an equivalent of y in kisi-kongo.
Wa, *interj.*, *an exclamation of surprise, astonishment, protestation or indignation, sometimes even equivalent to* I wonder whether, surely, indeed, why ; *in a question a negative answer is expected.*
 wa edi, *pron.*, why, for what reason.
 wa ele nkutu (w'ele ukutu), *with or without* vo, it is said indeed, according to hearsay indeed, there is a report already, indeed ; wa ele nkutu se yandi i mfumu i bekunyikilanga akaka, it is said indeed that some call him chief ; wa ele nkutu edi katukanikini vondeswa |tuvondeswa, indeed he threatened to kill us.
 wa nga, *conj.*, do...then really (in

Wa, *continued.*
indignation); **wa nga kieleka kikilu vo nwavonda o mfumu eno e?** do you then indeed really mean to kill your chief?

Wa, *an emphatic, relative verbal particle used much as* **i,** *but is relative rather than demonstrative,* who is, was, &c., which is, are, &c.; it often appears before a noun in apposition; **Jizu Kristu wa Mwana a Nzambi,** Jesus Christ (who is) the Son of God.

Wa, *v.* (Bako.)=**vwa.**

Wa-ya-wa, *adv.,* here, there, & everywhere.

Wadi, 6, *n.,* a short, black, thick, bony fish.

Wadiwonso, 12, *n.,* all sorts of things, every thing.

Wala,⎫ *v.t.,* to do quickly, be
Wala-wala,⎭ quick in doing.

Wandu, 10 & 12, *n.*+lentil bush & fruit.

Wanzio (12) **wa nsa,** *n.,* an innocent babe.

Watu, *conj.*+still, yet, notwithstanding that, *when used in a protest;* **edi ovovanga ngeye nkundi ame watu e mbongo zame zau oyiyanga,** you say that you are my friend, yet you steal my goods.

Wau,⎫ *adv., see under* **uma.** *The*
owau,⎭ *article is generally prefixed when it implies now, and absent when it is used of manner, or some other time, or during;* **owau tuzeye,** now we know; **wau kavovele,** so he said.

owau i bosi, *conj.,* now indeed, now at length.

wau, *of time during,* while, when; **wau kekwendanga,** while he was going.

wau kadi, *conj.,* now that, because; **wau kadi kwenda nkwenda kidingalala diaka**

Wau, *continued.*
ko, because *or* now that I am going I will stop no longer.

wau ki- (**kolo** *understood*), *adv.,* while; **wau kilele o wantu,** while the men slept.

wau kina vo *or* **kinana vo, wau vo,** *conj.,* seeing that, since, now that, forasmuch as, for, because; **wenda asadi e salu wau vo ifutidi,** go & work then, now that I have paid you; **wau vo, o ntel' andi ukufi,** for he was too short.

i muna wau nkutu ... ndivo, *conj.,* notwithstanding that, even when, although, even though; *see sentence under* **wingi,** App.

wau nkutu, *conj.,* even when.

i...wau, says, said; **okala vo kadi, i yandi wau, kwiza nkwiza,** for, said he, I will come.

Wavo=**wa ovo.**

Wawana, *v.i.*+to accord, concord, be in tune *or* harmony, harmonize.

Wawanisa, *v.t.,* to set in tune, harmonize.

Wayi, 12, *n.,* slavery, bondage.

Wazi (12) **wansi** (2) **a vuvu** (6) *or* **moyo** (3), *n.,* skin diseases often appear to be getting better, only to break out worse again; *hence* false hopes, hope against hope.

sia o wazi wansi a vuvu, to raise false hopes, to cause to hope against hope.

kala yo wazi wansi a vuvu, to entertain false hopes, to hope against hope.

We=**wa**+**e;** *see under* **wa,** App.

-awele-wele, *a.,* cut in short *or* small pieces, *of cassava only.*

Wesomoka, *v.i.,* to be crushed *or* broken *or* shattered to atoms *or* pieces.

Wete (Bako.)=**wa ete,** listen!

-awete, wawete! well done! good! When

Wete, *continued.*
the King of Kongo is pleased with a gift, &c., he exclaims **wawete!** & a shout of **wawete** is taken up all over the town; when that has subsided, he makes such remarks as he thinks fit.

o wete-fiole ⎱ (12), *adv.*, it will be a
o wete-wete ⎰ pity if...not, it would be better to..., it would indeed be best to..., happy indeed (if) ... ; **o wete-fiole o kwenda,** it would be far better to go; *there is a threat or expected disaster implied when these words are used.*

Widikila, *v.t.* (Bako.) = **winikina,** p. 461.

Wila, *v.t.*+to listen to, obey.

Wingi, 12, *n.*, abundance, multitude, great number, the greatness; **ke bena ya owu bavola dio ko ye mbizi o wingi,** they cannot draw it on account of the number of fish.

o **wingi,** what great, how great; **o mambu o wingi,** the great things which, what great things. **yo** (&c.)...**o wingi,** so, so much that, so hard *or* well that, in such a manner that, by the abundance *or* greatness, because...so many; **yo sala o wingi basadidi bavangidi mateva matatu muna lumbu kimosi,** they worked so hard that they made 3 mats in one day; **ye mbizi o wingi e ekonde balembi dio tunta,** because there were so many fish they were unable to drag the net.

mu wingi...kwa, how great...for; **e nzola ina mu wingi, kwa Nzambi kafwa o wantu e nkenda, i muna wau nkutu bena vo wantu ambi ndivo tuma ketuma o Mwana andi keza kubavuluza,** how great

Wingi, *continued.*
was that love, for God to take pity on men, even though they were wicked, He sends His Son to save them.

Wisiswa, ⎱ 6, *n.*, a means of enforcing
Wiswa, ⎰ obedience, a delegated authority.

Wizana, *v. recip.*, to listen to another, consider one another's interests, to get on well together.

Wokela, 9, *n.*, abounding, abundance.

Wokelesa=**wokesa,** p. 462.

Wolakana, *v.*, to be corruptible.

Wolezia, 6, *n.*, something rotten, decayed, putrid.

Wombesa, *v.t.*, to carry safely through danger.

Wombo, 12, *n.* (Solongo), the brain.

Wompodia, 6, *n.*, a pot-hole, a great cavity.

Wonanana yo tulu (*pl.* 10), *v.*, to sleep heavily.

Wondoka, *v.i.*
wondoka yo tulu (*pl.* 10), *v.*, to fall asleep, to drop asleep.

Woneneka yo tulu (*pl.* 10), *v.t.*, to cause heavy sleep.

Wondeleka, *v.t.*, to soothe, pacify, console.

Wondelela, *v.t.*, beseech, beg, entreat, urge strongly, exhort, urge to gentleness, kindness, goodness, *or* the putting away of anger *or* annoyance, to soothe passions; *hence also* to sing a lullaby.

Wonso, 12, *n.*, all things, everything (*abstract only*); **utusamunwini wonso wavovele e mfumu,** he told us all that the chief said.

wonso *following the noun,* some, any, some...*or* other, *in negative sentences,* at all, a single; **muntu wonso,** some one; **kabongele ma wonso ko,** he did not take anything at all *or* a single thing; **e tandu mvu wonso,** some time or other.

Wonzaziana, *v.*, to exhort one another.

Wonzolola, *v.t.*, to collect little by little.
Wotoka, *v.i.*, to be concave, shrunken in.
Wotomoka, *v.i.*+to subside (of the earth when it caves in).
owu,
　owu diakalanga, I suppose ; **owu diakalanga kwenda kekwenda,** I suppose that he is going.
　ke vwa owu wa...ko+not to be able to *or* have any means of not to dare to ; **kavwidi owu kanikuna ko,** he dared not move.
Wudika (muna), *v.t.*, to cause to fall (against *or* down upon).
Wula, *v.t.*, to dash, hurl.
Wulama (muna), *v.i.*, to be dashed *or* fall (against *or* down upon), beat (against).
Wumba, 12, *n.* When a married couple have lost several children by death, the witch doctor (**nganga a moko** *or* **manga**) will frequently recommend that they be brought under the spell of **wumba (kota o wumba).** When the doctor arrives, the woman has a "hand" of plantain placed upon her head, & holds it with her right hand ; her left hand has a rope tied to it, & a man leads her by it, crying, **Muntu nteka** ; the doctor answers, **Twasa e boba kiokio yansumba kwame, nanga wuta kawuta.** The man demands 3,000 strings of beads ; the doctor pays 3 single beads & takes the woman ; he throws away the plantains, saying, **katula e dinkondo diadi, dianu olembi wutila wau onatanga e dinkondo diadi vana ntu aku.** He cuts the rope from her hand, & an **elambu** (fetish feast) is prepared of fragments of goat &

Wumba, *continued.*
　pig, flesh & fish, & eels, & the couple partake ; the doctor prescribes a **konko** (taboo) that neither may eat goat flesh any more ; he may except the woman, if she objects beforehand to such abstinence.
Wuminina, *v.i.*, to dry up (of things not liquids), to wither (of a member).
Wumunu, 6, *n.* (Bako.)=**vumwinu,** App.
Wumwa o mwini (3), *v.*, be dried up by the sun, have all the trouble of working in the sun.
Wunda, *v.i.*, to tarry, stay *or* remain for a while, stop (at), reside (for a time), sojourn, lodge.
Wunguka, *v.i.*, to depart, go away, leave, *of many people or things only.*
Wungulula, *v.t.*+to gather up & clear *or* take away (*of anything, but primarily of weeds*).
Wuntu, 12, *n.*, human nature, humanity, manhood.
-awuntu, *a.*, of human nature, human, natural.
Wunzulula, *v.t.*+to sip up (a few drops of liquid left in a vessel), to dabble (as a duck in the mud).
Wuta, 9, *n.*, bearing.
Wuta, 9, *n.*, sonnie, girlie, dear child, an affectionate way of addressing & sometimes of speaking of *one's own* children ; **nza e wuta!** come, sonnie !
Wutukianwa yo, *v.i.*, to be of the same mother as.
Wutukilu,　) 6, *n.*, the nature
Wutukilwa,　∫ natural condition *or* habit.
Wutwa, 6, *n.*, offspring.
Wuya, 6, *n.*=**kimpumbulu,** p. 298.
Wuyana, *v.i.*, to become very drunk & furious, become raving mad.

Y.

Y in Solongo generally becomes **w** in Kongo.

Ya-, *this prefix is added to the poss. pronouns* **ame, aku, andi, eto, eno, au,** *in the sense of* fellow-, one's special; the combination is indeclinable, *i.e.* undergoes no concord change; **makangu yame,** my special friend, friends; **etoko yandi,** his chum; **ndumbizi yandi,** her special friend (girl); **o mwana yeto,** our playmate; **e mpofo, ovo ofididi e mpofo yandi bekoboka muna ewulu,** if the blind lead the blind (his fellow blind man), they will both fall into the pit; **ke musa siswa etadi vana ntandu a etadi yandi ko,** there shall not be left therein one stone upon another (its fellow)—Luka xxi. 6; **wantu yeto,** our fellow-men.

ya is also prefixed to **nkwa** in the same way, & is equivalent to fellow-; **nkwa salu yankwa ame ye ekesa yankwa ame,** my fellow-servant & fellow-soldier.

ya, *with unnatural negative,* without, but not; **nwadi kio vava ya kiau ke numoni,** you shall seek it, but shall not find it.

Ya konso = konso.

ya *placed between two words repeated signifies that it is* genuine & unadulterated; **malavu-ya-malavu,** pure wine; **tiya-ya-tiya,** unadulterated gunpowder; **wolo-ya-wolo,** pure gold.

ya (ye *or* **yo)** *is used* (a) *in an interrogative sentence before the object of the verb when one is altogether ignorant as to whether there was any previous intention to perform the action,*

Ya, *continued.*

and there is only a desire to know whether it happened to be performed. It may be used also (b) *in a narration when something was done without any previous intention or expectation. It is perhaps best expressed, if at all, in English by some part of the verb* to happen *before the predicate, and often the further use of* some, any, a certain, *before the object;* (a) **nga wasukwila ekulu yo moko e?** did you (happen to) wash your hands first? **nga omonanga ye ma e?** do you (happen to) see anything? **nga kwayisukulwila nkutu ya moko ko e?** and did you not wash your hands? **nga kumonanga ya ma ko e?** do you not see anything? **nga kumonanga ya nsoni ko e?** are you not ashamed of yourself? **vana ezandu nga osumbidi vo ye mbizi e?** did you (happen to) buy any meat on the market? (b) **ngyele kuna evata diandi, mbwene ko yo muntu wina ye mbele,** I went to his town & (happened to see *or*) saw there a man with a knife; **mpandi sanga nwabaka ye mbizi,** you will be sure to catch some fish; **kimwene ko ya muntu wina ya mbele ko,** I did not (happen to) see any one with a knife. *It is also thus used* in impersonal constructions, *and is frequently untranslated;* **vena yo muntu,** there is (*or* happens to be) a man; **vatelamene yo ona nzolele beni,** there stood there him whom I much love. *In any case it is clearly implied that the event was not preconcerted or to have been anticipated, it is something unexpected, it happens, it chances.*

Ya, *v.t.* (Bako.), to be cooked, burnt, done *or* cooked enough, to be consumed by fire.

Yabala, *v.i.*, to scream, shout, yell, cry (as a baby).

Yaka, *v.t.*, to throw up the **mpanza** & catch them before casting them.

  yaka o zunu (13), *v.*, to catch any one up in his speech.

Yakama, *v.i.*, to take upon one's self, to arrogate, to be a busy-body.

Yakinu, *adv.* + yet, still ; **yakinu nsonso zole ngina zau**, I have still two nails.

  yakinu, *followed by a negative clause*, *adv.*, as yet, (not) yet.

Yaku, *see* **ya-**, App.

Yaku, *prep.* + on, upon ; **wele tunta o wanda muna maza yaku eseke**, he went & drew the net out of the water upon the land.

Yakula, ⎱ *v.t.*, to answer in anti-
Yakulula, ⎰ phonal singing, to take up (some refrain), to sing a chorus.

Yakulula, *v.t.*, to take up & carry on *or* through *or* to aid *in the prosecution of some enterprise*.

Yakwele mvu, *adv.*, for ever, *with negative* never.

Yalangana, *v.i.*, to spread, be communicated from one to the other ; *also* to spread out *or* extend widely, broadly (used only of a stationary condition ; there is no notion of spreading further & further).

Yalangesa, *v.t.*, spread out.

Yambana, *v.*, to be on the most intimate terms, have the closest relations ; *see* **yambika**, the inference being that there is almost a community of goods ; *hence*,

  yambana muna mpasi ovo mu wete, to sympathise in sorrow or joy.

Yambika, *v.t.*, to leave (a thing) not in the charge of any one.

Yambika o moko (9), *v.*, to impose hands, to lay on hands (*an important part of the ceremony of conferring a dignity or chieftainship*).

Yambila, *v.i.* (Bako.) + to converse, to talk with = **moka**.

Yambukwa o ntima (4) *or* **moyo** (3), *v.*, to make up one's mind, to come to a decision.

Yame, *see* **ya-**, App.

Yamu, *prep.*

  e diambu yamu ludi, true indeed it was, it was only too true, it is quite clear, it is very certain.

yamu...ya..., *prep.*, used of future time only, from...to..., ...by... ;

  yamu lumbu ya lumbu, from day to day *or* day by day (*fut.*).

Yana, *dem. pron.*, *cl.* 1, *pl.*, 3rd *pos. emphatic*, used only after the verbal particle **i** ; **i yau yana**, those are they ; **i yeno yana**, you are they, it is you who.

Yandala, *v.t.* + to inquire about, after.

Yandi, *see* **ya-**, App.

Yangalala, *v.i.* + to be fine & warm [of the weather (**kuma** (9) **ku-**)]

Yanginu = **yakinu**, App.

Yangumuna, *v.t.* + to stir up, rouse, incite.

Yani (Bako.) = **yandi**.

Yanikwa, *v.i.*, to be put out in the sun ; **o nkaka ame yanikwa-yanikwa wayanunwa**, my grandfather is a very helpless old man ; he cannot get out of the house by himself, *i.e.* has to be helped in & out of the house (sun).

Yanza, *v.i.*, to be clever, have one's wits about one ; **o mwana ame otomene yanza**, my boy knows what he is about.

Yasinte, 2, *n.*, Jacinth.

Yaspe, 2, *n.*, jasper.

Yasumbatè, *adv.*, until ; *see* **sumbate**, App.

Yau, *see* **ya-**, App.

Yavana, *conj.*+until, to the end that, so that.
  ke yavana ko, not sufficiently, not enough ; **ngangu kena zau kansi ke yavana ko,** he is artful, but not quite artful enough.
  yavana ke...ko, so long as, ...not until, before. The negative is used in Kongo when, for emphasis, **yavana** is placed at the commencement of the sentence; **yavana kiayizidi ko kunyambula kakota ko,** until I come, do not let him in (*lit.* so long as I have not come *or* before I come).
Yaya, *v.i.*+to be under discussion, much talked about.
Yaya, 6, *n.*, a cry of exultation.
  vana e yaya, to utter such a cry.
Yayakiana, *v.i.*, to cry, scream, squall (as an infant).
Yayidila, *v.t.*, to show kindness, receive *or* treat very kindly, cordially.
Yayisa, *v.t.*, to render—the subject of general discussion & talk.
Yeboka, *v.i.*, to be mature, ripe.
  ke yeboka ko, to be immature, premature.
Yedima, *v.i.*, shine brightly, gleam, to be clear as crystal & bright.
Yeka (Zombo), *v.*, to let, allow.
Yeka ani=yambula ele, let.
Yekama,
  yekama e nima a kiandu (5), *v.i.*, to lean back in one's chair, *a euphemism for* to die, *spoken of a great chief.*
  vo nuwa e pi-i iyekamene, if you listen, you will hear it (my walking staff) lodged (against something), *i.e.* with this I conclude, finis.
Yekama, *v.*, to be subject to.
Yekola, *v.t.*, to give up, resign, hand over, betray.
Yela, *v.i.*, to lose (in gambling, war *or* disputes).

Yela, *v.i.*+to be sick, *sometimes madness is insinuated, hence* to be out of one's mind *or* to be mad after, have a foolish weakness for (something) ; **yela keyela,** he is crazy.
Yelwa, *v.*, to lose (money, &c., in gambling, &c.).
Yemba (Kib.), *v.t.*, to copulate.
Yemba, *v.t.* (Bako.), to steal.
Yemba o makaka (*pl.* 8), *v.*, to laugh very heartily.
Yendelo, 6, *n.*, a means of going.
Yenganana, *v.*=**zenganana.**
Yenga-yenga, *v.t.* = **lunga-lunga,** App.
Yengela, *v.*, to be full to overflowing, *only used as below :—*
  mansanga '*pl.* 7, ma-) **yengela muna meso** *or* **o meso** (ma-) **yengela o mansanga,** the eyes became filled with tears.
  yengela o *or* **yo mazi** (*pl.* 7), *v.*, to be full of fat, very fat.
Yengeneka, *v.t.*=**zengeneka,** App.
Yengola o meso (*pl.* 7), *v.*, to look longingly at.
Yengoloka, *v.*, to cry out aloud in song, sing loudly.
Yeno, 6, *n.*, udder.
Yeno, *see* **ya-,** App.
Yenzomoka, *v.i.*, flow out slowly (as viscid liquids).
Yeto, *see* **ya-,** App.
Yeva, *v.i.*+grow stout.
Yeza, *v.t.*=**veza,** p. 447.
-ayezi, *a., see* **kiezi,** App.
Yi, 12, *n.*, dung, excrement.
-yi-, formative prefix of the reflexive form in tenses which lose the **ku-**.
Yidi, 6, *n.*, a foolish person, a fool, a useless wight.
  kitula e yidi, to make a fool of, to treat as a fool, inhumanly.
Yididika, *v.t.*, to render very bulky.
Yididilwa, *v.*, to have it grow dark about one, be benighted, belated, to sit up late, to be benighted mentally, in the dark,

Yididilwa, *continued.*
ignorant about (a matter), in a state of ignorance, to have (a matter) slip from one's mind, to forget (for the time being).

Yidima, *v.i.,* to grumble, mutter to one's self; to roar (of the fire *or* furnace).

Yidimiana, *v.i.,* to complain, grumble, one against the other.

Yidimina, *v.t.,* to grumble, complain, mutter one's dissatisfaction about *or* to (somebody else).

Yika, *v.t.,* to rebuke, *also* to order, give instructions to.

Yikesa, *v.t.,* to support (a matter), second, join in.

Yikilwa, 6, *n.*, an article (*gram.*).

Yikula, *v.t.,* to add to, increase, qualify (*gram.*).

Yilalala, *v.i.,* to be very bulky.

Yilwa, *v.t.,* to be instructed in the art & mystery of witch doctoring.

Yima muna ntima, *v.t.,* to come into one's mind *or* head (of an idea), to occur to one; **diyimini muna ntima andi,** it came into his head.

yimwa muna ntima, *v.,* to have come into one's head.

Yimba, *v.t.,* to pounce upon, seize, catch.

Yinda, *v.i.,* to be constantly threatening to rain & again clearing a little, be very uncertain (of the weather); to explode very slowly & after much fizzing (of bad gunpowder).

Yinda, *v.t.,* to compose (a speech, poetry, &c.); *also* to sing an ode at the grave of a great man who has been buried some time, begging for blessings in hunting, & presenting the **nzabu a menga,** p. 406; *so* to sing a psalm *or* ode.

Yinduziana, *v.i.,* to consider one another, to show each other consideration, respect, to give each the other the preference.

Yinga, 8, *n.* (Bako.), a cyst of measles in pork.

Yingalu, *pl.* 5, *n.*, habit of carrying things to excess, excess, lack of self-control, incontinency, immoderation, dissoluteness, lasciviousness.

Yisa, *v.t.* (Bako.), to cook sufficiently, burn.

Yisu, 6, *n.*, greenness, rawness, uncooked condition.

Yitakiana, *v.i.,* to be puzzled, at a loss to know how to do *or* understand something, to be perplexed.

Yitakianwa, *v.i.,* to be the subject of perplexity.

Yitalala, *v.i.,* to be overshadowing, to be lowering (of the weather).

Yitalela, *v.t.,* to overshadow, enshroud; **tombe kiyitalela e lekwa yawonso,** darkness enshrouds everything.

Yiva, *v.i.,* to be, become bad.

Yivisa, *v.t.,* to vilify, make bad.

Yizama, *v.i.,* to bend, bow down.

Yizika, *v.t.,* to bend, bow down.

Yo, *pl.* 6, *n.*, heat.

Yondo, 6, *n.*, a plumed tuft, a tuft of hair.

Yosona, *v.t.,* to beat cruelly.

Yovo (=**yo ovo**) **y' ovo,** *conj.*, and that.

Yovona, *v.t.,* to beat cruelly.

Yoya, *v.i.*+to be unable to do anything further, & so let things take their course, to give up, give way.

Yoyelo, 6, *n.*, weakness.

Yukisa, *v.t.,* to render accustomed to, to accustom.

Yukwa, *v.,* to be used to, accustomed to.

Yulula, *v.t.* (Bako.)=**vilula,** p. 448.

Yulumuka, *v.i.,* to hang down to the ground (of drapery).

Yuna, *dem. pron., cl.* 1 *sing.*, 3rd *pos.* emphatic, *used only after the verbal particle* **i,** he; **i yandi yuna,** it is he; **i mono yuna,** it is I.

Yunga, 8, *n.* (Bako.), the unicorn beetle, *also* other fine metallic-coloured beetles.
Yutu, 6, *n.*, a relative.
Yutumuka, *v.t.*+to wear a training robe & come in great state, to display like a turkey cock.

Z.

Za, *def. aux.v., fut. conseq. subj.*, to do after, then (when used of the past), to then proceed to ; **wele kuna, kaza vova kwa yau vo**, he went there, & hen he said that--; **una baluaka kuna ezandu baza sumba e ngulu**, when they reached the market, they then proceeded to buy a pig.
-**za** (is therefore=**bosi**). **Jizu wafwa kaza fuluka**, Jesus died & rose again.
Zaba, *v.t.*, to dip, immerse, & take up at once out of the water, baptize.
Zadila, *v.t.*, to throng, crowd about.
Zadi-zadi, 6, *n.*, quickness, ability in learning.
 nkwa ntu a zadi-zadi, a quick learner, one who soon takes a thing in.
Zala, *v.i.*+to fill, completely occupy, inside & out (as water in a sunken boat), to pervade ; **o Nzambi ozele mwawonso**, God pervades all space.
 zala muna, *v.i.*, to fill (of the substance filling) ; **o maza mazele muna mbungwa**, the water filled the cup.
Zala, *v.i.*+to rise (of the tide).
Zaluluka, *v.i.*, to be filled up completely, of something which previously had been partly full.
Zalulwisa, *v.t.*, to fill up something which has been partly filled already.

Zamba, *v.*, to give a present, pay for a performance, pay ferry *or* passage money.
Zamba, 6, *n.*, a fringe.
Zananana, *v.i.*, to be held by the extreme end, to stick far out & only held by the extreme end ; *also* to have a rough, irregular, untrimmed edge.
Zangama, 6, *n.*, the last small "hand" of plantain *or* bananas on a bunch (the perquisite of the man who cuts the plantain).
Zangananwa o ntima (4), *v.*, to be troubled in one's mind.
Zangata, *v.t.*, to mention (with respect), name, allude to.
Zangikilwa, 6, *n.*, a stand.
Zanginika o ntima (4), *v.*, to be anxious, troubled in mind, to make anxious.
Zangumuka, *v.i.*, to rise, get up (a superior may use this to an inferior, but never *vice versá*).
Zaninika, *v.t.*, to hold just at the extreme end, to cause the edge to be rough.
e zanu, 6, *n.*, the complete absence of all fear *or* respect, insubordination.
 baka *or* **kitula e zanu**, *v.t.*=**zanuna**, App., but may be used with abstract nouns ; *also* to have no compunctions in reference to—; an animal which has used a track so often that it has no longer any suspicion *or* fear of it is said to **kitula e nzila e zanu**.
Zanuna, *v.t.*, to be no longer afraid of, lose all fear with regard to, lose respect for, to do as one likes with. *An evil or depreciatory idea is always present when* **zanuna** *is used, never loving confidence; it cannot be used with abstract nouns.*
Zavuna, *v.t.*, to bite & tear.
Zavuti, 6, *n.*, the rough edge of torn cloth *or* of broken wood.

Zawulu, 6, *n.* (Bako.), a spoon (= **zalu**).

Zaya, *v.* (to know), is often used where it would be more correct to say imagine, conclude, fancy, &c.; **i nzaya nzeye vo wayele,** that is why I fancied (knew) that you were gone.

o zaya vo, *see under* **sia, i sia o zaya vo,** & **kisamuna,** App.

Zayi, 12, *n.*
nkwa zayi, a wise person, one of good sense; *hence*, a generous person, *it being assumed that generosity is wisdom.*

Zayilu, 6, *n.*, a means of knowing.

Zazana, *v.i.*, to bewail, lament with gesticulations of grief, throwing up the hands & knocking one's self about.

Zatuna, *v.t.*+to jerk off.

Zazuna, *v.t.*=**zatuna,** p. 477 & App.

Zeboka, *v.i.*, to become limp, flabby, faint, wearied, weak; *also* to become foolish, act like a fool.

Zekana, *v.,* to strive together in dispute, to dispute, wrangle, struggle (with a heavy load).

Zeke, 6, *n.*=**zieka,** App.

Zelele, 6, *n.*, a mass of people, but used only with **vu**; thus **e vu ye zelele kina ko,** an immense host of people were there.

Zeloka, *v.*, to dismount (from a hammock), to be put down from a nursing sling.

Zeloka, *v.i.*, to melt (of metals).

Zelola, *v.t.*, to melt (metals).

Zelola, *v.t.*, to take out *or* set down from (a nursing sling).

Zelomona, *v.t.*+to melt down.

Zembalala, *v.i.*+to hang helplessly (as a broken limb *or* in a place of danger).

Zembama, *v.i.*, to be swung *or* supported in a hammock *or* on a nursing band, to get into a hammock.

Zembeka, *v.t.*, to carry (an infant in a sling).

Zembeleka, *v.t.*, to drape, hang (curtains, flags, &c.).

Zenga e ntalu (2), *v.*, to agree upon *or* fix a price.

Zenganana, *v.i.*, to be dumbfounded, to have not a word to say for one's self, be astonished, astounded.

Zenganana, *v.i.*, to be treated without respect, profaned; *see* **zengeneka,** App.

Zengeneka, *v.t.*, to nonplus, to leave ...not a word to reply, to leave no room for reply, to dumbfound, astound.

Zengeneka, *v.t.*, to treat without the least respect, to be utterly regardless of value, importance *or* sacredness of things, to profane; *see* **nzengenga,** App.

Zengo, 6, *n.*, the proper *or* usual height (for—), high *or* low water mark, pitch, highest *or* lowest pitch, line of limit in height *or* depth, the lines of the tropics, the trajectory of a bullet, the proper elevation of a gun.

Zengomoka, *v.i.*, to act madly, like a fool, to become infuriated, to be seized with a frenzy, be carried away, be beside one's self.

Zenzomoka, *v.i.*, to flow out slowly as thick viscid fluids.

Zeoka, *v.i.*, *see* **zeboka,** App.

Zeolola, *v.*, to impart, give or bestow a small quantity of something of which one has plenty to another.

Zetona, 2, *n.* (P. azeitona; Heb. zeth *or* zethan), olive tree, an olive.

mazi ma zetona, olive oil.

Zevo, 6, *n.* (Bako.), the chin.

ozevo weyi (at the end of the proposition); *lit.* what about ... then, how much more, much less; **omono kwame ovo kilendi kota ko, ongeye ozevo weyi,** if I may not enter, much

3 P

Zevo, *continued.*
less you (*lit.* what about you then?)

Zewoka, } *v.i.* = **zeboka,** App.
Zewuka, }

Zeyalala, *v.i.,* to be fastened loosely.

Zeyeleka, *v.t.,* to fasten loosely (tie, nail, braid, &c.).

Zeze, 12, *n.* = **uzeze** (App.).

Zi in the Dictionary appears as **ji.**

Ziaku, 2, *n.* (P. —?), one who is accursed.

Ziatalala, *v.t.,* to hang closely, tightly, to *or* from, hold on tightly, to be fastened (upon), to be severe, unsparing toward.

Ziatidika, *v.t.,* to fasten...(upon), to cause to be severe, &c., *as above.*

Ziatidila, *v.i.,* to fasten (itself upon).

Zieke, 6, *n.,* a plant of the order of the musaceæ (Strelitzia). Its leaves branch from a subterraneous root-stock, and there is no stem of any kind. It bears a banana-like fruit full of seed.

Zietakana, *v.i.,* to be entirely forgotten.

Zietakanwa, *v.i.,* to have lost all recollection of, to have entirely forgotten.

Zieziana, *v.i.,* to be off the track, wander blindly.

Ziezianisa, *v.t.,* to give evasive answers, to put on the wrong track, to show the wrong road.

Zika ye nzala (2), *v.,* to be hungry, starve.

Zikamena (*mid. of* **zikidila**), *v.i.,* to be shut in *or* out, excluded.

Ziki-ziki, 6, *n.,* a special pointing out, indication, means of identification.

-aziki-ziki, *adj.,* indicative, demonstrative.

Zikinisa, *v.t.,* to specially indicate, point out.

Ziku, 6, *n.* + reliability, *also* faithfulness to one's marriage vows,

Ziku, *continued.*
reliability in such matters; *hence,* chastity.

nkwa ziku, one who can be relied upon, who is trustworthy.

sia e ziku, *v.t.,* to make sure.

-aziku, *a.,* firm, sure, reliable, trustworthy, *also* chaste.

Zikuka, *v.i.,* to be at perfection, in the prime of life, in the flower of one's age, to be at one's best, be perfect, in one's zenith, to have completed one's education, be very clever.

Zikuka, 9, *n.,* the prime of life, the flower of one's age, perfection.

Zikula, *v.t.,* to come to the point *or* the crux *or* to business, to treat the principal matter of a palaver, to say what one wants to say, to bring to perfection, maturity, know thoroughly, bring one's studies, plans, hopes, &c., to a full and satisfactory end : **ozikwidi e kifwalansa kiandi,** he has perfected his French ; **se tuzikula o makani meto,** let us now accomplish our plans ; **ekoko diame dizikwidi o kokola,** my fowl is a full-blown rooster (is in full crow).

Zikumuka, *v.,* to rush along, whirl (as a whirlwind *or* wheel).

Zikwa, 6, *n.,* burial, funeral.

Zimbula, *v.t.,* to find, find out, discover.

Zinaziana o moyo (3), *v.,* to long ardently for each other.

Zindalala, *v.i.,* to be persistent, patiently plod on, persevere, obstinately hold on, endure.

Zinga, 6, *n.,* a hole *or* pool left by a river at low water.

Zingidilwa, *v.i.,* to be in trouble (as a mourner).

Zingila, *v.i.,* to last a long while, continue, endure, remain, remain long (at a place).

zinga = to live *or* remain alive in

Zingila, *continued.*
use *or* without wearing out ; **zingila,** to last long.
Zingula e efundu (8), *v.*, to present as a contribution at the enshrouding of a corpse.
Zinguluka, *v.i.*, to last, endure, stay (a long time), be a long time, tarry, live a long time.
Zinwa o moyo (3), *v.*, to be very wishful for *or* to—, to desire earnestly to, to long for ardently.
Ziola, *v.t.*, to smooth out a crease. When a Kongo has been carrying a heavy weight for a long while, on arriving at a haltingplace he will lie on the ground to undergo an operation of "massage" *or* shampooing *à la mode;* he gets a man to walk slowly up and down on his back as he lies, and to press all the muscles. This is **ziola,** "to take out the creases." His head and upper part of the body is next bent back as far as possible, and all the "creases" being taken out, the patient feels refreshed, and takes a quiet nap.
Ziongola, *v.t.*, to find, see.
Ziongola, *v.t.*, to do one's best to ascertain something, investigate, scrutinize.
Ziongola, *v.t.*, to make a round hole.
Ziotola, *v.t.*, to want very much.
Ziotola, *v.t.*, to bring up, revive some old affair, *also* to mention, speak of *or* about, *not used of or to one's betters.*
Ziotolola, *v.t.*, to say over and over again, *not used of or to one's betters.*
Zita, *v.i.*, to be honoured, respected, honourable.
Zitalala, *v.i.*=**zindalala,** App.
Zitu, 12, *n.*
kubikila o zitu (12), *v.*, to prepare for the reception of a guest.

Zitu, 6, *n.*, load, burden, charge.
Zituka, *v.i.*+to assume a healthy appearance (of an ulcer).
Ziungana, *v.i.* (Bako.), to be stirred, twisted round.
Ziungasa, *v.t.* (Bako.), to stir a pot, to twist round.
-azizi, *a.*
ntima (4) **azizi,** a patient, plodding disposition.
Zizi, 6, *n.*, appearance, face, countenance.
Zizila, *v.*+to bear stoically, patiently.
Zo, 6, *n.*, a single plant.
Zoba-zoba, 6, *n.*=**nkenka,** p. 494.
-azoko-zoko, *a.*, perforated *or* bored in many places.
Zolela, 6, *n.*
kuna zolela, *adv.*, voluntarily, of — own free will.
Zolelwa, *v.*, to be wanted, demanded, to be obliged to (do something) ; **ezono yazolelo o kwenda,** yesterday I had to go.
Zolesela, *v.*, to require, to desire ; **unzolesele kenda,** he wanted *or* required him to go.
Zongela, *v.t.*, to sell retail (of dry measure goods).
Zongolo, 6, *n.*, a ring (circular mark), a round hole.
Zonzomoka, *v.i.*, to poke out, stick out, protrude, *of a point only.*
-azowa, *a.*, foolish, absurd (of matters, &c., not people, which takes **-ezowa).**
Zubana, *v.i.*, to be much distressed, troubled, intensely grieved.
Zudika, *v.*, to cause to stand quite still.
Zuka, 6, *n.*, a sum loaned on interest, a loan.
Zuka o matadi (*pl.* 8), *v.*, to stone.
Zula, 6, *n.* (from the root of **zudika,** to mass), a nation, a great following.
Zulama, *v.i.*, to stand quite still.
Zumbalala, *v.i.*, to stand still in frightened perplexity & apprehension.

Zumbi, 6, *n.*, luck, good fortune, chance.

Zumbidika, *v.t.*, to cause to stand still, *as above*.

Zumbulu, 6, *n.*, the whirling past of things seen by one in rapid motion, parallax.

Zumbululu, 6, *n.*, intensive form of above.

Zumbuluka, *v.i.*, to be worried *or* crazed with many cares & duties, to have "too many irons in the fire," to be full of cares.

Zunanana, *v.i.*, to hang down (from).

Zundalala, *v.i.*, to stand high up, be prominent.

Zundidika, *v.t.*, *caus. of above*.

Zunga, 6, *n.*, the surrounding country, the neighbourhood, a district.

Zungana, *v.i.*, go about in all directions (as one searching for something lost).

Zungumuka, *v.i.*+to twist aside, be distorted, go over to the other side *or* party.

Zuninika, *v.t.*, to hang (something) down (from).

Zunu, 13, *n.*

 yaka o zunu, to catch any one up in his speech.

Zuwana, *v.i.*, to be going about, very busy, bustling about; *also* to be rapidly revolving; **mu zuwana**, *adv.*, in rapid revolution.

Zuzuna, *v.t.*, to pull & break (a rope *or* chain).

Zwabula, *v.t.*, to scourge, lash, beat (with a rope, thong, lash, rod *or* small thin stick).

WORDS ACQUIRED TOO LATE FOR INSERTION.

ENGLISH-KONGO.

AND, see **nsangi**, *in late words*.
ANNOUNCE, *v.t.*, **zangata, talalakesa**.
ANNOUNCED, be, *v.i.*, **talalakiana**.
ANNOYED, be, *v.i.*, **fisima**.
ANTS, a nest of, *n.*, **ezunzu**, 8.
APPEARANCE, *n.*, **tongameno**, 6.
AS well as, see **nsangi**, *in late words*.
ASIDE, *adv.*, **muna mpeko** (2).
ASTRIDE, stand, *v.i.*, **tamanana**.

BEAT time (in music), *v.*, **kuma**.
BREATHLESS impatience, *n.*, **esakasaka**, 8.
BRIBE, *n.*, **nzimbu** (2), **za mfwanda** (2).
BURN fiercely, *v.i.*, **sesoka**.
BUT (except), *conj.*, **ngâtu**.
BY, see **ntente**, *in late words*.

CARELESSLY, act, *v.t.*, **pampalakesa**.
CARRY, *v.t.*, **kankula**.
CAVE, *n.*, **mvungu**, 4.
CLOTH, the long front fold of a, *n.*, **nkonzi**, 4.
COMBINED with, *prep.*, **mu nsangi** (2) a.
COUPLE (of living creatures only), *n.*, **nzole**, 4.
CRUELLY, act, *v.*, **ta e nto** (2).
CRUELTY, *n.*, **nto**, 2.
CURSE, *n.*, **mbaza**, 2.

DAY by day, *adv.*, **nkusu mingyende, lumbu ntente**.
DECLARE, *v.t.*, **zangata**.
DELIGHT in, *v.t.*, **fwanda**.
DIE in great numbers, *v.i.*, **lalumuka, lakumuka**.
  in consequence of one's devotion, **kankuka**.

ENJOY, *v.t.*, **fwanda**.
ESPECIALLY, *adv.*, **ngâtu**.
EXCEPT, *prep.*, **ngâtu**.
EXCESSIVELY, see **yavana**, *in late words*.

FILTH, to remove, *v.t.*, **kokomona**.
FOLD of cloth worn in front (long), *n.*, **mbeka**, 2.
FOREIGN lands, *n.*, **wa-ya-wa**.
FOSTER, *v.t.*, **tongona**.

GRIEF, hopeless, *n.*, **manienge** (*pl.* 8); **maniota** (*pl.* 8).
HELMIA bulbifera, *n.*, **esoko**, 8.
HOLD up, *v.t.*, **zangata**.

IF not, *conj.*, **ngâtu**.
INTERPRET, *v.t.*, **saula**.
ITCH, *v.i.*, **fisima**.

JOINT, *n.*, **eyiku**, 8.

KNEAD, *v.t.*, **kandula**.

LARYNX, *n.*, **dinga-dinga**, 6 (Bako.).
LAW, to break a, *v.*, **piampialakesa**.
LIKENESS, *n.*, **tongameno**, 6.
LISTEN eagerly, *v.*, **zakidika o matu** (*pl.* 9).
LOUNGE about, *v.*, **sendomoka**.

MARTYR'S death, to die, *v.*, **kankuka**.
MISTAKE, make a, *v.*, **piampialakesa**.
MUSCLE, *n.*, **ngumbe**, 2.

NEED (have a use for, need of), *v.*, **vwa o mfunu** (4); **vwa o Lkinzi** (4).

NOR, *conj.*, ngâtu.

ODDS and evens, the game of, *n.*, etoka, 8 (Bako.).
OPPOSITE side, the, *n.*, mpiluku, 2.

PAIR, *n.*, mbâdi, 2.
PATIENTLY, *adv.*, o mbwiswa (4) a moyo (3).
PERHAPS, *adv.*, ngâtu.
PERISH in great numbers, *v.i.*, lalumuka, lakumuka.
PLEASURE in, take, *v.t.*, fwanda.
PROCLAIM, *v.t.*, zangata.
PROVOKE, *v.t.*, saka.

REAR, *v.t.*, tongona.
REVERSE side, *n.*, mpiluku, 2.

SHOULDER, top of the, *n.*, kinsunsu, 5.
SIMILARITY, *n.*, tongameno, 6.
SMALL-POX, *n.*, mpimbidi-mbukidi, 2 (Bako.); kinsumbu, 5 (Bako.).
SMEGMA PREPUTII, *n.*, womvo, 12.
SO, *conj.*, dianu vo, diau vo, ozevo.
SORROW, *n.*, ngunda, 2.
without hope, manienge, *pl.* 8; maniota, *pl.* 8.
SPELL (evil influence), *n.*, mbaza, 2.
SPOT, one of a series of tiny, *n.*, nonòno, 6.
STAND astride, *v.*, tamanana.
STOP doing (not used of motion), *v.*, kuma.

STOP, *continued*.
at, make no further progress in what one is doing, *v.t.*, kumina.
STRENGTH, *n.*, nasi, 4.

TAUNT, *v.*, landa o mambu (*pl.* 7).
TELL (relate), *v.*, talalakesa.
THOUGHTLESSLY, act, *v.t.*, pampalakesa.
TIME (in drill), mark; beat (in music), *v.i.*, kuma.
TOGETHER with, *prep.*, mu nsangi (2) a.
TOLD, be (related), *v.i.*, talalakiana.
TOSS up the folds of cloth in front of one, in dancing, *v.*, bala e mbeka (2), *or* o nlamvu (4), *or* o nkonzi (4).
TRANSLATE, *v.t.*, saula.
TROUBLED, be, *v.i.*, fisima.
TRUTHFUL person, *n.*, nkwa yeleka (*pl.* 5).
TURNS, take (stop for one another), *v.*, kumana.

UNLESS, *conj.*, ngâtu.
UTTERMOST, *see* yavana, *in late words*.

WARM (of fluids), *a.*, -ankinzi-ampololo.
WATCH suspiciously, *v.t.*, konda.
WELCOME, *v.t.*, niengenena.

YAM, Helmia bulbifera, *n.*, esoko, 8.
YEAR by year, *adv.*, mvu ntente.

KONGO-ENGLISH.

Bala e mbeka (2), *or* o nlamvu (4), *or* o nkonzi (4), *v.*, to toss up the folds of cloth in front of one, in dancing.

Dianu vo, *conj.* + so.
Diau vo, *conj.* + so.
Dinga-dinga,'6 (Bako.), *n.*, the larynx.

Ekokola, 8, *n.*, that which sticks to the pot, when cassava pudding is cooked. When the ekokola has become hard and dry, it is called mbola (2).
Esaka-saka, 8, *n.*, breathless impatience.
Esoko, 8, *n.*, Helmia bulbifera, a species of yam, which bears its tubers on its vine above the ground; the wild variety is not good for food.
Etoka, 8 (Bako.), *n.*, the game of odds and evens.
Eyiku, 8, *n.*, a joint.

Ezunzu, 8, *n.*, a nest of ants.

Fisima, *v.i.*, to itch, be troubled, annoyed.

Fwanda, *v.t.*, to enjoy, take pleasure in, delight in; **ke fwandanga madia mandi ko**, he does not enjoy his food.

Kandula, *v.t.*, to knead.

Kankuka, *v.i.*, to die in consequence of one's devotion, to die a martyr's death.

Kankula, *v.t.*, to carry.

Kieleka, 5, *n.*
   nkwa yeleka (*pl.*), a truthful person.

Kinsumbu, 5, *n.* (Bako.), small-pox.

Kinsunsu, 5, *n.*, the top of the shoulder.
   - **ankinzi - ampololo**, *a.*, warm (of fluids).

Kokomona, *v.t.*, to remove filth.

Konda, *v.t.* + to watch suspiciously.

Kuma, *v.i.*, to stop doing (not used of motion).

Kuma, *v.i.*, to mark time (in drill), to beat time (in music).

Kumana, *v.t.*, to stop (doing something. not motion) for each other, to give each other a chance, take turns.

Kumina, *v.t.*, to stop at, making no further progress in what one is doing.

Kusu, 6, *n.*=**lukusu** (p. 328).

Lakumuka,⎫ *v.i.*, to perish, die in
Lalumuka,⎭ great numbers.

Landa o mambu (*pl.* 7), *v.* + to taunt.

Manienge,⎫ *pl.* 8, *n.*, sorrow, hope-
Maniota,⎭ less grief, sorrow without hope.

Mbâdi, 2, *n.*, a pair, a couple (of things which always go in pairs).

Mbaza, 2, *n.*, a curse, *or* spell, *or* some evil influence, which causes one to be always in trouble.

Mbeka, 2, *n.*, the fold of cloth (long) worn in front. (This word is used in reference to those much respected.)

o **mbwiswa** (4) **a moyo** (3), *adv.*, patiently.

Mfunu, 4, *n.*
   vwa o mfunu, *v.* + to have a use for, need of; *also*, to be of use, useful; **mpwidi e lekwa kiaki o mfunu**, I have need of this thing; **e lekwa kiaki kivwidi o mfunu kikilu**, this thing is very useful.

Mfwanda, 2, *n.*
   nzimbu za mfwanda, a bribe.

Monzi, 3, *n.* (Bako.), the penis.

Mpeko, 2, *n.*, the side (of a path); bank (of a river).
   muna mpeko, *adv.*, on one side, aside.

Mpiluku, 2, *n.*, the reverse, the opposite side.

Mpimbidi-mbukidi, 2, *n.* (Bako.), (I swelled and burst), small-pox; *also*, a sickness-resembling an attenuated form of small-pox; chicken-pox (?).

Mvungu, 4, *n.*, a cave.

Mwalakazi, 3, *n.* + one who evidences tender affection, as a mother towards her child (**walakazi**).

Nasi, 4, *n.*, strength.

Ngâtu, *conj.*, unless, if not, except, but; **ngâtu kenda**, unless he goes; **ngâtu ngeye**, except you.

Ngâtu, *conj.*, especially; *after a negative*, nor; **ngâtu ngeye**, especially you.

Ngâtu, *adv.*, perhaps; **ngâtu unu kekwiza**, perhaps he will come to-day.

Ngumbe, 2, *n.*, a muscle.

Ngunda, 2, *n.*, sorrow.

Niengenena, *v.t.*, to welcome.

Nkamba, 4, *n.*
   yika o nkamba, *v.*, to join in a crowd of onlookers *or* participants.

Nkonzi, 4, *n.*, the fold of cloth (long) worn in front.
Nkusu mingyende, *adv.*, day by day.
Nonòno, 6, *n.*, a small spot, *among many such; pl.*, a number of small spots aggregated.
Nsangi, 2, *n.*, a mixture.
   mu nsangi a, *prep.*, together with, combined with, as well as, and.
Ntêka, 4, *n.*, a descendant.
Nteka, 2, *n.*=ntekela (p. 898).
Ntente, 2, *n.*
   lumbu ntente, *adv.*, day by day.
   mvu ntente, *adv.*, year by year.
Nto, 2, *n.*, cruelty.
   ta e nto, *v.*, to act cruelly.
Nzole, 4, *n.*, a couple, two (of nouns of the 1st class, *or* living creatures only).

Pampalakesa, *v.t.*, to act carelessly, thoughtlessly.
Piampialakesa, *v.t.*, to break a law, make a mistake.

Saka, *v.t.*, to provoke.
Saula, *v.t.*, to interpret, translate.
Sendomoka, *v i.*, to lounge about.
Sesoka, *v.i.*, to burn fiercely.

Talalakesa, *v.t.*, to announce, tell, relate.
Talalakiana, *v.i.*, to be announced, told, related.
Tamanana, *v.i.*, to stand astride.
Tongameno, 6, *n.*, an appearance, similarity, likeness.
Tongona, *v.t.*, to bring up, rear, foster.

Vôdia, *pl.* 6, *n.*
   langa e vôdia, *v.*, stop your noise (an insolent expression).

Wa-ya-wa, *pl.* 6, *n.*, foreign *or* far-off lands.
Womvo, 12, *n.*, smegma preputii.

Yavana, *adv.*, to the uttermost, excessively; *an elliptical expression*, until..., *without mentioning the end or possibility;* kundekena yavana ko, do not provoke me until I can no longer restrain myself.

Zakidika o matu (*pl.* 9), *v.t.*, to direct the ears, listen eagerly (to good news only).
Zangata, *v.t.*, to hold up, announce, proclaim, declare.

APPENDIX

TO THE

GRAMMAR AND SYNTAX

pronounced as **w** before it, which is never the case ; it is always **nzo zole,** *two houses,* not **nzw ezole.**

This principle is seen in other cases also, when a final is pronounced as **e** before a word having a consonant initial ; thus :—

Mwana-zumba, *a bastard,* is pronounced **mwane-zumba.**

e FINAL.

E final does not elide before a word having an initial **e**. The only exception to this rule are the monosyllables **se, ne, nze, ke, ye,** and **e** standing alone as a Particle, these do elide before **a** and **e**; also the **e** final of **ese,** *a father,* elides before the initial **a** and **e** of the Personal Pronouns.

S' anunu,	*they are now old,*	for **se anunu.**
S' asumuki,	*they are now sinners,*	,, **se asumuki.**
S' ekwendanga,	*he is going,*	,, **se ekwendanga.**
N' esi nsi ame,	*like my countrymen,*	,, **ne esi nsi ame.**
N' akw' ame,	*like my people,*	,, **ne akwa ame.**
K' akw' ame ko,	*not my people,*	,, **ke akwa ame ko.**
K' evata diame ko,	*not my town,*	,, **ke evata diame ko.**
Kw' es' andi,	*to his father,*	,, **kwa ese andi.**

-se FINAL.

-se final, in nouns, is often pronounced as **shi,** in some districts, when followed by an initial **a** *or* **e**.

Ndoshi au, *their presence,* for **ndose au.**
Munshi ame, *my sugar-cane,* ,, **munse ame.**

e INITIAL.

E initial elides *after the Article* **o**, which is sometimes placed before it, in treating the Noun of which it is the initial as a Noun of the First Class.

O 'yakala (eyakala): the man.
O 'zina (ezina): the corpse, *thus euphemistically spoken of.*

E initial also elides *after the* **o** *final of* **konso,** *any* (except the **e** of **esi**), and after the **i** *final of* **mwisi,** *an inhabitant.*

Konso 'vata: any town.
Konso 'yakala: any man.
Mwisi 'vata: a man of the town.
Mwisi 'kanda: one of the clan.

E initial elides *after the Personal Pronouns, and the Demonstrative Pronominal Particles* **i** and **u**.

Pers. Pron.	**Oyandi 'baba:**	he, the dumb man.
	Omono 'kesa diandi:	I, who am one of his soldiers.
	Nge 'toko:	you, young man.
Pos. Pron.	**Ediame 'vata:**	my own town.
	Ediaku 'buluku:	your own donkey.
	Ediandi 'meme:	his sheep.
	Edieto 'sikilu:	our drum.

Dem. Pronl. Parts.
Edieno 'sau: your ferry.
Ediau 'yembe: their pigeon.
Kadi u 'baba: for you are dumb.
I 'vata didi: this is the town.

E initial does not elide after the Conjunction ovo, *or, if;* although it does elide after the Locative, ovo, *on* (second pos.).

Ovo 'teva diaku: on your mat.
Ovo evata dikweme: if the town is burnt.

O INITIAL.

O initial (prefix to the verb in the second and third pers. sing.) elides after the Demonstrative Pronominal Particle i and se.

I 'kwendel' o mbazi:
That is why you must go to-morrow.
O Mfumu yandi kibeni i 'singa kwiza:
The Lord Himself shall come.
Owau se 'tinini:
Now he has run away.
Owau se 'vovele wo:
Now you have said it.
Owau se 'mon' e mpasi:
Now you will have trouble.
Yandi i 'vitidi e lekwa yawonsono:
He was before all things.

O FINAL.

O final in the Objective Pronouns, mio, kio, dio, flo (that is to say, in those compounded with i), elides before the Interrogative and Impatient Interjection, e.

Nga sumba nsumba ki' e?
Shall I buy it then?
Unu tukesa mi' e?
Shall we fell them to-day?
Nusolwele fi' e?
Have you found it?
Ozevo simba di' e!
Hold it then!

In the case of the other Objective Pronouns it does not elide.

Onata zo e?
Will you carry them
Mbonga lo e?
May I take it?

O FINAL.

O final in yo elides before the prefix o of Pronouns.

Y' omame masa mpe:
And my corn too.

Euphonic Influence.

A further instance of the remote euphonic influence noted on page 525 is found in the word **menena**, Applied Form of -**ina**, *to be*, 3rd pers. pl. 8th class, instead of **menina**.

O mankondo mama, adieyi menena e mbwaki ?
Why are these plantains red ?

Its natural form would be **ma-inina**, which contracts (p. 524) into **menina**; but the resultant **e** of the prefix **me-** causes a further change, and the second **i** becomes **e**, **menena**; so that Euphonic law reduces **ma-inina** to **menena**.

In some Bantu languages, such as Se-Chuana, the consonantal and other changes due to Euphony are far more numerous and complicated than in Kongo.

Contractions.

There are a few well-known contracted words among the Bantu languages, such as **nkento**, *a woman*, from **nkazi ntu**, *or* **nkazi muntu**, which is found as **omukazendu** in Herero (Damara-land).

Nkulùntu, *an elder*, from **nkulu-muntu**, is another instance; the irregular accent being thus accounted for.

Nzo, *a house*, is found as **ndaku** in the language of the Bangala (Ba-iboko). Otherwise there is not much evidence of contraction in Kongo words.

There are a few instances of such influence at work on reduplicated words; thus, e **kamba-kamba**, *borne by many*, is found also as e **kakàmba**.

The Bakongo also often contract in the case of reduplicated numerals; thus they will say **ta-tatu** instead of **tatu-tatu**, *three each;* and **zo-zole** for **zole-zole**, *two each*, and so on.

Nonòno, *a number of tiny spots*, is a contraction of **nono-nòno**, from **nona**, *to pick up*.

THE NOUN.

Derivative Nouns.

[p. 533.]

The Twelfth Derivative.

When the Simple Form of the Verb [lu...u (luvangu)] is the basis of the construction of this Derivative, it is active in its meaning.

When it is formed from the Applied Form of the Verb [lu...ilu (luvangilu)] the Noun has a passive meaning; it may, however, be so formed to convey the idea of the Applied Form, and indicate a means of accomplishing.

    Simple Form. **Luvangu:** the manufacture, how they make.
    Applied Form. **Luvangilu:** the manufacture, how it is made.

The Eleventh Derivative denotes *a manner, an act, a doing;* or with the sense of the Applied Form, *what it is made for.*
The Twelfth Derivative, *a process,* or *a purpose for which.*

  11*th Der.* **Mpanga:**   a making.
            Mpangwa: a being made.
  12*th Der.* **Luvangu:** the process of making.
            Luvangilu: the process of being made, *or* the purpose for which it is made (the being made for).

Often it is not possible to trace these ideas, and where this form is used, it appears to be adopted as a convenient form to express the abstract idea of the general performance of the action indicated by the root. The eleventh would indicate a specific act; the twelfth the act generally.

The Fifteenth Derivative.

The Prefixes **ki-** and **u-** used in the construction of this form, are sometimes necessarily applied to a Compound Noun, or to a Noun qualified by some word or clause; in such case the Prefix is not applied to the qualifying word or clause. Thus, from **mbuta a makesa,** *captain of soldiers,* comes **kimbuta a makesa,** *a captaincy of soldiers,* not **kimbuta kia makesa,** which would mean *the captaincy of soldiers* in another sense, namely, the superiority of soldiers over ordinary civilians; so that in this instance, **mbuta a makesa** is the idea to which the **ki-** is to be applied, so **mbuta-a-makesa** is treated as a Compound Noun, and receives its Prefix accordingly. Any further qualifying word receives the Prefix also.

    E kimbuta-a-makesa kiame kikatwilu:
      My captaincy has been taken away.
    Kimwana-a-Nzambi kiandi:
      His Sonship with God.

This construction is further referred to in this Appendix, in the Syntax, under "The Subject,—Compound Nouns."

The Seventeenth Derivative.

The Prefix fi- is applied to any Prefix of the Noun to which it is applied.

Filukaya: a tiny leaf.
Fikinkutu: a tiny coat.
Fidinkondo: a tiny plantain.

The Twenty-first Derivative.

This Derivative, which follows properly on the Seventh, is formed by adding ilu, elo, inu, *or* eno to the Verb Stem, according to its Conjugation. It expresses, not the thing which was the instrument of the performance of the action, as the Seventh does, but the *means, opportunity, circumstances, excuse, reason, manner, and method*. This Derivative is a sixth class Noun.

Baka, to catch; **bakilu,** an opportunity *or* excuse for catching.
Kwenda, to go; **yendelo,** a reason for going.
Vova, to say; **vovelo,** a chance *or* reason for saying.

Classification of Nouns.

Nouns bearing the Prefix ne-, retain either their original class, or become first class Nouns; thus, from **nunu** (cl. 4), *an old man*, comes, **nenunu** (cl. 1 and 4), *a very old man*, or as a first class Noun making its plural in **anenunu**, or **akinenunu**.

Formation of the Plural.

Nouns in **mu-**, which make the Plural in **miu-**, are accented on the u of the mu-, because the u is radical, hence also its persistence in the Plural.

The rule therefore stands thus:—All Nouns in **mu-**, which take the accent on the **mu-**, form the Plural in **miu-**. The instances quoted on page 546 will serve to illustrate this. **Mùngula,** *warmth,* might be expected to take its accent on the second syllable as though **mungùla,** but as the accent is on the first syllable, it is clear that the u is radical, and that the word is a contraction of mu+ùngula, and its Plural is therefore mi+ùngula=miùngula.

Reduplicated Nouns.

The Reduplication of Nouns in the formation of the Diminutive forms, the Sixteenth and Seventeenth Derivatives, is explained on pages 535–537. Nouns are also reduplicated to give a partitive idea; thus, **mbele,** *a knife;* **mbele-mbele,** *a knife each.*

Babakidi kimbundi-kimbundi:
They received each of them a piece of cloth.

Ubavana mbele-mbele ye mpu-mpu:
Give them each a knife and a hat.

ADJECTIVES.

On page 563, under the word -nkwa, *possessing, having*, some sentences are given illustrating the usage and concord of the word; while they are useful for that purpose, they are inappropriate, for -nkwa is only used where the possession is an acquirement, or a changed condition, and not an original or normal condition or possession. So that it is correct to speak of those whose hair has become grey as **akwa mvu**, for their hair was once of another colour; but it is not correct to speak of black people as **akwa ndombe**, for that is their normal colour, and as there is no change in that respect, **nkwa** *or* **akwa** cannot be used.

So, too, the sentences as to *black-haired goats*, and *white-flowering trees* are inappropriate for the same reason, such being their natural condition; **akwa nzala** is a correct expression, for that should scarcely be a permanent or normal condition.

QUANTITATIVE ADJECTIVES.

[p. 564.]   **-ingi, -ayingi.**

When **-ingi** and **ayingi** are used intensively or emphatically without the Nouns they qualify, they take the Prefix proper to the Noun with which they agree, and prefaced to that, the Article, in all but the first class.

Class—	2	3 & 4	5 & 6	7 & 8	9
Sing.	eyingi	owingi	ekingi	edingi	okwingi
	eyayingi	owayingi	ekiayingi	ediayingi	okwayingi
Plur.	ezingi	emingi	eyingi	omengi	omengi
	ezayingi	emiayingi	eyayingi	omayingi	omayingi

Class—	10 & 11	12	13	14	15
Sing.	oluingi	owingi	owingi	ovingi	efingi
	oluayingi	owayingi	owayingi	ovayingi	efiayingi
Plur.	otwingi	owingi	omengi	omwingi	
	otwayingi	owayingi	omayingi	omwayingi	

Konso ona obakidi eyingi:
Any one who has obtained many.

Awana balongwa omayingi (*or* **omengi**):
Those who were taught many things.

Ovo bawidi edingi:
If they heard much.

[p. 565.]   **-awonso, -awanso.**
                    -awonsono, -awansono.

all, every, every one, each, each one, the whole of them, all of them, the lot, the whole.

These Adjectives are derived from the root **onso**, and might perhaps be more properly written **-au onso**, as in the case of the other word for *all*, **-au ekulu**.

All the things : **lekwa yau ekulu,** *or* **lekwa yau onso.** The form **awonso** has, however, been preferred.

This derivation accounts for an apparent irregularity in these Adjectives from **onso** ; for when used in the singular, as an equivalent of *the whole*, only the Secondary Form is used.

E nzo yawonso (*or* **yau ekulu**) **nsongonia nkutu** :
The whole house was nothing but driver ants (full of them).

O nti wawonso uwumini :
The whole tree is dry.

The plural of the Secondary Form being identical with the plural of the Primary Form, this distinction in the plural is not noticeable ; it is only apparent in the singular, and even then only in Classes 1, 2, 3, and 4.

In the Secondary Form of the plural of the first class there are two forms, **awonso,** *or* **yawonso**; the **y** is not characteristic of the plural of the first class, but it is clearly **yau onso**, and goes to further establish the above conclusion as to the derivation of **-awonso**.

O wantu awonso bazolele o kwenda :
All the people want to go.

Yawonso akwa masumu :
All are guilty.

Konso, *any*, *each*, is most probably derived from the same root, **onso**; being a contraction of **ku-onso**.

Kibeni.

Kibeni must be classed as an Indeclinable Adjective ; its prime sense is, *usual, ordinary, customary, in general use, regular, normal.*

O mvwatu kibeni :
The ordinary clothing.

Nwiza muna lumbu kibeni kia nlongo :
Come on the regular day for medicine.

I etona kibeni dia wivwa wau :
This is the normal colour of these mushrooms.

When used with the Personal Pronouns, it is expressed in English by the Suffix *-self*, or with the Possessive Pronouns by *own*.

Kwiza kekwiza yandi kibeni :
He himself is coming.

Yeno kibeni nuvovele wo :
You, your own selves said so.

E nzo andi kibeni mpe ividi :
His own house too is burnt.

Bakutumwini o nlele ame kibeni :
They took away my own cloth.

SECONDARY NUMERALS, DEMONSTRATIVE FORM.

There is a Demonstrative Form of the Secondary Numerals from 1–9, which is made by prefixing the Article (proper to its class) to the Secondary Form ;

the sense thus imparted is that of the emphasized Definite Article before a Numeral, in English ; thus :—

Primary. **Nzo zole zambote:** Two good houses.
Secondary. **Zizole zambote:** Two are good ; *or*, two good ones.
Demonstrative. } **Ezizole zambote:** { The two are good ; *or*, the two good ones.
Secondary. }

When the Article is applied to Prefixes having a vowel initial, the Semi-vowels, **w** *or* **y**, intervene between the Article and the Prefix ; w before **u**, and y before **i**.

    e+imosi becomes **eyimosi,** one of them, the one.
    e+itatu   ,,   **eyitatu,** three of them, the three.
    o+utanu ,,   **owutanu,** five of them, the five.

Muna nkombo zame, bonga zizole, ezizole zakondwa e mpaka, ke zau ko:
From among my goats, take two ; the two without horns, not those.

Ke tusolwele e lekwa yaku yawonso ko, kansi eyitanu oyikidi, i yau yiyi:
We have not found all your things, but here are the five you mentioned.

The sense of a *certain* (one, two, &c.) *in particular*, is also implied by this form.

Twele ye mfumu eyimosi, Kumpaya:
We went with a certain chief (named) Kumpaya.

Muna evata edimosi mubwidi e diambu dia kutulukisa:
Something happened in a certain town to warn us.

E dinkondo edimosi:
A certain plantain.

O muntu omosi:
A certain man.

In the case of the Numerals from 10 upwards, the Numerals mentioned become Nouns, and precede.

O makumole ma wantu:
The 20 men.

O mazunda mole ye nkama tatu za ngombe kafutiswa:
The 2,300 cattle which he had to pay.

O nzole.

There is another secondary form of the Numeral *two*, in the 1st class, o nzole, *a couple, two;* it is a noun of the 4th class. It is also used of living creatures.

O nzole wina muna nzo wau:
Two are in the house now.

[p. 572.]   **Ye and yo in joining Numerals.**

The Conjunctions used in joining *tens, hundreds,* and *thousands,* are **ye** and **yo,** according to the class of the Numeral following. The **ye** before the Numerals bearing the Prefixes **ma-** and **lu-**, on pp. 572 and 573, are errata.

Matadi nkama yo makumatanu yo mematatu:
153 stones.

THE PRONOUN.

[p. 578.] SUBJECTIVE PRONOMINAL PREFIXES.

FIRST PERSON SINGULAR.

The Subjective Pronominal Prefix of the first person singular is the heavy nasal, **m** *or* **n**, in the present indefinite indicative; but in the present perfect indicative and future indefinite subjunctive, it is the light nasal.

Pres. indef. indic.		*Pres. perf. indic.*		*Fut. indef. subj.*	
nyambula,	I leave;	**ngyambwidi,**	I left;	**ngyambula,**	that I may leave.
nwanda,	I strike;	**ngwende,**	I struck;	**ngwanda,**	that I may strike.
nlanda,	I follow;	**ndende,**	I followed;	**ndanda,**	that I may follow.
nata,	I carry;	**ndete,**	I carried;	**ndata,**	that I may carry.
nsumba,	I buy;	**nsumbidi,**	I bought;	**nsumba,**	that I may buy.

In applying the Pronominal Prefix of the 1st person singular to the Adjective (see p. 578), there are two forms in the Negative, **kianene ko**, and **ki wanene ko**, *I am not great.*

THIRD PERSON SINGULAR AND PLURAL.

The Prefixes, **e-** and **ke-**, of the 3rd person singular, are used indiscriminately, so also **a-** and **ka-**; but **e-** is also an alternative of **be-** in the 3rd person plural; so is **a-** of **ba-**. It follows, then, that the shortest forms of the singular and plural are identical; this is confusing, and it is therefore advisable to use the full forms, **ke-, ka-, be-, ba-**, to avoid all obscurity, and especially so since these forms are used much more widely through the country. It is true that **ka-**, Positive, is identical with the **ka-** of the Unnatural Negative (p. 607); but there is an accent on the latter **ka-**, which effectively distinguishes it.

Kavìla, he perished; **kàvila,** that he may not perish.

It is necessary to choose between the forms in adopting a style, and the full forms are preferable for the above reasons; they are, however, used indiscriminately, in the same sentence, by the natives of San Salvador and its neighbourhood.

THIRD PERSON SINGULAR, e- OR ka-.

On page 647 it is noted that when a personal subject, or its pronoun, is mentioned immediately before a Verb in the third person, the Pronominal Prefix is **o** *or* **w** (before a vowel); when the subject is not mentioned immediately before the Verb, and the Prefix is its only representative, **ke-, e-, ka-,** *or* **a-** is used.

This may serve as a general rule, but further study reveals the following more precise rules. The Prefix **o-** *or* **w-** (before a vowel), or **u-** immediately before an Objective Pronominal Prefix, is, for convenience in treating the subject, here referred to as the Prefix in o; while the Prefixes ke- *or* e-, ka- *or* a-, are referred to as the Prefix in k.

1. When the Subject immediately precedes the Predicate, or even when it is absent, the Prefix in o- is used, *in a simple statement.*

O nleke aku osasukidi:
Your boy has recovered.

O muntu, ona bayikidi, ofwidi:
The man they mentioned is dead.

Wina kwandi muna nzo andi:
He is in his house.

Ke diambu ko, wenda kwandi:
Never mind, he may go.

Ofongele vana ezandu:
He sat on the market place.

2. When the Object precedes the Verb, the Prefix in k is used, unless the Object is further represented by an Objective Pronominal Prefix, or an Objective Pronoun after the Verb, in which case the Prefix is o.

Mbizi kasumbidi:
He has bought some meat.

Nzo andi kazolele o tunga:
He wants to build his house.

Ntete andi kayekekele muna nzo:
He set his carrier's basket up against the house.

Mwana andi kezidi wukisa:
He has come to have his child medically treated.

Kinkutu kiaku kewomalanga:
He is ironing your coat.

Edi kabenze vo tukwenda:
He thought that we were going (*lit.* this he thought, that, &c.).

Edi kavovele vo mbazi betala kio:
He said that they should see it to-morrow.

Edi kazolele, kenda o unu:
He wants to go to-day.

Where the Object is further represented.

E kuma kadi, o nkanda ame osumbidi wo:
Because he bought my book.

E nzo andi kibeni oyokele yo:
He burnt his own house.

Okalokala, e ntumbu, osolwele yo:
At length he found the needle.

O mwana andi kibeni, umvondele:
He killed his own child.

3. When the Verb is preceded by its own Infinitive Noun, the Prefix is always in k.

Kwiza kekwiza:
He is coming.
Yela keyelanga kikilu:
He is very sick.
Teka keteka kio o mbatu:
He will sell it later on in the day.

4. The Interrogative Pronouns, **aweyi, adieyi, ameyi,** &c., **nki, nkia, kwa,** require the Prefix in **k.**

Aweyi kavovele?
What did he say?
Nki kasumbidi?
What has he bought?
Nkia muntu kabokèle?
What man did he call?

5. When a Subjunctive Clause is brought in by **vo** *or* **ovo,** *that;* or when it is understand, the Prefix in **k** is used; but when the Clause introduced is in the Indicative Mood, the Prefix in **o** is used.

Subjunctive.
Nzolele vo kenda:
I wish that he should go.
Tuvovele vo keza:
We said that he should come.
Edi bavovele vo kenda o mbazi:
They said that he should go to-morrow.
Edi tuzolele katoma kio nata:
What we want is that he should carry it carefully.
Utulombele o nswa, ovo, kenda:
He asked of us permission to go (that he might go).

Indicative.
Edi bavovele vo, okwenda o mbazi:
They said that he will go to-morrow.
Nzolele kala vo wenda, kansi owau e ntangwa isakidi:
I wish that he had gone, but now it is too late.
Edi tubenze otoma kio nata:
We thought that he would carry it carefully.

6. The normal position of an Adverb or Adverbial Clause is following its Verb, and when it so appears, the Verb takes the Prefix in **o** (unless some other rule supervenes to the contrary). There are, however, some Adverbs which always precede their Verb, and when they are thus in their normal position, preceding the Verb, they also are followed by the Prefix in **o.** The following are the Adverbs referred to:—**i bosi, deke, kasikila, kosi, kole, nanga, nangi, nangu** (*perhaps*), **okalokala, e elelo, e ntete, oku kwakwendewa, oku kwakwiziwa, oku kwatukwa,** and other variations of these last three Adverbs.

There are other Adverbs which precede their Verb, and also cause it to assume the Applied Form; these induce the Prefix in **k.** They are as follows:—**diau, dianu, i diau, i dianu, i, e kuma, i kuma kiki, nkia** kuma, mu nkia kuma—and like combinations with bila, elonda, and eyandu—, mu nki, mu nkia diambu, adieyi. The Adverbial Particles,'se, sa, sanga, and singa, also require the Prefix in k.

When any other Adverb precedes its Verb for emphasis, the Prefix in k is applied to the Verb.

Adverbs in normal position.

Wele o fuku muna nkonda:
He went hunting by night.

Osumbidi yo o unu:
He bought it to-day.

Kasikila ofila e mpaka:
Perhaps he will raise objections.

Wele kwandi kuna nzo:
He is gone to the house.

Ofongele vana etadi:
He sat on the stone.

Ovangidi dio muna diambu dieto:
He did it for our sake.

Ovene kio kwa yeto:
He gave it to us.

Okalokala umvene wo:
At last he gave it to him.

Adverbs requiring the Applied Form.

Dianu kayambulwidi e ngolo zandi:
Therefore he abandoned his opposition (strength).

I kazolèle wo:
That is why he wants it.

Mu nkia kuma kendèle?
Why did he go?

I kuma kiki kasumbidi kio:
That is why he bought it.

I kezidi:
That is why he came.

The Particles mentioned.

Sa kenda:
He will soon go.

Sanga kavutula wo:
He will soon return it.

Ordinary Adverb preceding, and therefore in abnormal position.

Malembe kekwendanga:
He goes gently.

Malu-malu kele:
He is gone on foot.

Mbatu kekwiza:
He will come presently.

Fuku kele omu nkonda:
At night he went stalking game.

7. It is noted in this Appendix, in the Syntax, under the "Attributes of the Subject—The Article," in Rule 38, that the following Adverbs of time, when preceding their Verb, and especially emphatic, take the Article; in that case they take the Prefix in o instead of that in k. The Adverbs in question are:— o fuku, o mbanu, o nganu, o mbatu, o ngatu, o masika, o mbazi, o unu, e elelo.

O mbazi okwiza:
To-morrow he will come.

O fuku wele kuna evata diandi:
He went by night to his town.

O unu otekele kio:
He sold it to-day.

8. When an Adverbial Clause precedes its Verb for emphasis, the Prefix in k is applied, but where there is no emphasis at all, the Prefix in o is used.

Ngyenda zingi kele:
He went often.

Kuna nzo kele:
He went to the house.

Vana etadi kafongele:
He sat on the stone.

Muna diambu dieto kavangidi dio:
For our sake he did it.

Muna nlungu kele vwanda:
He went and sat in the canoe.

Kuna tuyikidi kele:
He is gone to the place which we spoke of.

Kwa yeto kavene kio:
He gave it to us.

Ke lumbu kiantete ko, o Kalemba, kekungikanga vo i makangu mandi:
It is not the first day that Kalemba is calling me his friend.

Ngika zingi kangikidi wo:
Many times he has so spoken of me.

I ndunganisa yiyi, o Nzambi, kalunganisi owu kavovele:
This is the way in which God has fulfilled what He said.

No emphasis.

Kansi muna diambu dieto ovangidi dio:
But for our sake he did it.

Muna maka mambu otondele:
He was thankful for some things.

Ezaka ntangwa okwizanga:
Sometimes he comes.

Kiau kolo eki olele:
During this time he slept.

9. The Verb in a Relative Clause takes the Prefix in k.

   O mfumu ozolele o kutuvana o nlele katusongele:
    The chief wishes to give us the cloth which he showed us.
   Bakatwidi e kiandu kina kafongele o nkento:
    They took away the chair on which the woman sat.
   I nsadisa kansadisi, o Mpukuta:
    This is the way in which Mpukuta helped me.
   Obongele konso eki kazolele :
    He took whatever he liked.
   Bamvene e ntaku zina kayikidi :
    They gave me the brass rods which he directed.
   Zina kanete ke zifwene ko:
    Those which he took were insufficient.

10. After **yambula**, *let*, or its abbreviated form, **mbula**, the Prefix in k is employed.

   Nunyambula kenda:
    Let him go.
   Mbula kakota:
    Let him enter.
   Yambula kateka dia :
    Let him eat first.

11. The following Conjunctions induce the Prefix in k:—

   Kasi owu : but now... !
   Kimana, kinumana: so that, in order that.
   Kufwila owu *or* wau...ko : although, even if.
   Mpasi, mpasi owu (*but not* mpasi ovo): so long as, but only.
   Mpasi yavana : nevertheless, all the same, even then, still, yet.
   Musungula, ngâtu : nor, neither (*i.e.* after a negative clause).
   Nanga, nangi, nangu : unless, if not, except.
   O nlongo=mpasi.
   Una : since, when, as, while, as *or* so soon as, after.
   Una...una : as...so.
   Vava, ova (*but not* ovo) : when, after, as *or* so soon as.
   Wau : now that, since, when, as, while, as *or* so soon as.
   Wau kadi : now that, because.
   Ovo wau : if so, in that case.
   Wowo...wowo : as...so.
   Yavana : until, before, so that.

The other Conjunctions (so far as they have been at present obtained) are followed by the Prefix in o.

   Kufwila wau kele ko :
    Although he has gone.
   Mpasi kenda kaka :
    So long as he goes.
   Kimana keza :
    So that he may come.

Una kavovele wo:
When he said that.
Ova kesumba kio:
When he buys it.
Wau kazolele kala, wau kena:
As he wanted to be, so he is.
Yavana kekwiza:
Until he comes.
Oyangalele wau kekwenda:
He is happy now that he is going.
Una kavovele wo, oyambwidi e mpaka zandi:
When he said that, he did not further object.
Ngâtu o mwana ankazi kasunda o ngwa andi ankazi:
Neither is a nephew superior to his uncle.
Musungula kanusadisa:
Neither will he help you.
Ova keluaka, umbokela:
When he arrives, call me.
Vava kasolwele kio, kiese kamwene:
When he found it, he was delighted.
Yavana kavewa o nswa, kayenda ko:
Until he had permission, he did not go.
Kufwila owu kafutidi e mfuka ko, o nzuka usidi:
Even if he paid the debt, the interest remains (unpaid).

After the other Conjunctions.

Ovo o Nzambi otoma kunsadisa:
or **O Nzambi, ovo otoma kunsadisa:**
If God helps me well.
O mfumu aku, ovo ozolele o sumba o mungwa:
If your chief wants to buy salt.
Ovo o mpangi ame okwikidi wo:
If my brother agrees to it.
Ovo tukuntuma, okwenda:
If we send him, he will go.
Ovo otumini o nleke andi:
If he sent his servant.
Kala wenda, nga ovulukidi:
If he had gone, he would have been saved.
Kala vo osinsa, nga ovangidi edi mpovele:
If he had tried, he would have done what I said.
Kana okwenda, kana osala, ke diambu ko:
Whether he goes or stays, it does not matter.

12. The Prefix in **k** is used after **i bosi**, *after that, then, and the next thing was*, &c., when the Verb follows it immediately, without any pause; but when there is a pause (comma) after the **i bosi**, the Prefix in **o** is used. In the first

case, the matter introduced by **i bosi** simply follows on in the course of things, without any special importance, while in the latter case, **i bosi** commences a fresh sentence, or stage in the proceedings, and introduces a new matter of importance.

I bosi katusongele e nzo andi :
After that he showed us his house.

I bosi kambokele :
Then he called him.

Toma kunsonga, i bosi kevanga kio :
Show him carefully, then he will do it.

After pause.

I bosi, otadidi e lekwa yawonso kavangidi :
In the next place he looked at all the things which he had made.

I bosi, otombokele, wele kuna evata diandi :
After this, he came up, and went to his town.

I bosi, oyuvwidi edi dia Mpongi :
The next stage in the proceedings was this, he asked about Mpongi's affair.

I bosi, okotele, o muntu akaka... :
After this, another man came in (and then...).

[p. 578.]   OBJECTIVE PRONOMINAL PREFIXES.

The Objective Pronominal Prefix of the 1st person singular is always the light nasal, **m** *or* **n**, in all moods and tenses.

Kundata : to carry me.
Kandata : that he may carry me.
Kandete : he carried me.

PRONOMINAL PARTICLES.

On the top of page 579 there is a list of Pronominal Particles used when a Noun stands in apposition to a Personal Pronoun; the list has been deranged in the printing, and should read as follows :—

Person.	Singular.	Plural.
I.	i.	tu, twa, tu a.
II.	u.	nu, nwa, nu a.

It is better to write these as separate Particles, rather than as Prefixes.

Kadi ongeye u mfumu :
Because you are a chief.

Mono i nleke aku :
I am your servant.

[p. 579.]   EMPHATIC PERSONAL PRONOUNS.

The Emphatic Personal Pronouns, **twame, kwandi, kwau,** &c., are idiomatically used with the Infinitive in the manner illustrated by the following sentences. The 1st & 2nd persons singular and plural are perfectly normal in their employment, and the 3rd persons singular and plural also, in so far as they refer to living creatures; but **kwandi** is used both in the singular and plural in reference to inanimate objects, and the vegetable kingdom; **kwau** never being used in reference to inanimate objects, only of living creatures.

Oyandi mpe, kwenda kwandi:
He too is to go.

Ezaka ntangwa a mpuku mpe, bakama kwau:
Sometimes rats too are caught.

O mankondo mpe, diwa kwandi:
Plantains too are edible.

Oyeto aleke mpe, zonza kweto:
We children too quarrel.

Omono mpe sumba kwame:
I too will buy.

Oyeno mpe fwa kweno konso lumbu:
You too will die some day.

Kwandi.

Kwandi is often used in a reassuring sense, as *only* is used in English.

Nlemvo kwandi:
It is only Nlemvo (it is all right).

Mbwa kwandi:
Only a dog (supposed to have been something worse).

PERSONAL PRONOUNS COMBINED WITH **yo**.

The combinations of the Personal Pronouns with the Conjunction **yo** are given on page 581. When the Personal Pronoun is brought for emphasis to the head of the sentence, the Preposition is still combined with a Pronoun after the Verb. These Pronouns are as follows:—

Person.	Singular.	Plural.
I.	yame	
II.	yaku	yau *in all persons.*
III.	yandi	

Mono ketuka kiyanga yame:
He was just walking with me.

I yandi kazolele nwana yandi:
It is with him that he wants to fight.

Yeto kamonanini yau:
He (saw) stopped and talked with us.

I yeno kasauziana yau:
It was between you and him that there was such ill-feeling.
lit., It was you with whom he entertained the mutual aversion (with you).

Kadi yeto kadidi yau:
For he ate with us.

[p. 585.]   INTERROGATIVE PRONOUNS.

The Interrogative Pronouns **akieyi, aweyi,** &c., may appear without the Prefix **a-, kieyi, weyi,** &c. The Prefix **a-** adds force to the question, and evidences a desire or need to know.

In making an inquiry as to the comparative size, &c., of several things, the things are stated, and the question may then be framed as though the things were persons; that is to say, Personal Pronouns and even Nouns may be used in the question; the Interrogative Pronoun proper to the Class of the things may also be used, instead of the Personal Interrogative.

Vana vena o malonga mau amatanu, nani i mote; *or* **adieyi diwete?**
    Which is the most beautiful of those three plates?

Andieyi *or* **nki i nene, e nzo vo, ovo e kiandu kina mo?**
    Which is the greater, the house or the chair which is in it?

[p. 585.]   DEMONSTRATIVE PRONOUNS.

POSITIONS.

The positions of the three forms of the Kongo Demonstrative Pronouns are better explained as follows:—

Although, in English, there are only two Positions recognised by the Demonstratives, *here* and *there; this* and *that; these* and *those;* there are in Kongo three Positions recognised.

The First Position is used of that which is close to the speaker, just as the First Position in English: **eki**, *this;* **eyi**, *these;* **oku**, *here.*

The Second Position is used in reference to that which is with or near to the person addressed: **ekio**, *that* (where you are); **eyo**, *those;* **oko**, *there.*

The Third Position regards that which is at a distance remote from both the speaker and the person addressed: **ekina**, *that;* **eyina**, *those;* **kuna**, *there.*

[p. 587.]   EMPHATIC DEMONSTRATIVES.

In the First and Second Emphatic Forms, 1st class, plural, 2nd position, beside the form, **awowo,** *those,* there is an alternative form in use, **awoyo.**

The Emphatic Demonstratives used after the Particle **i,** given on page 589, have only the forms of the 1st position tabulated, as the forms of the 2nd and 3rd positions are identical with those of the First Emphatics; exception must be made, however, in the case of the 1st class, which are as follows:—

	Singular.	*Plural.*
1*st Position.*	**i yandi yuyu**, this is he;	**i yau yaya**, these are they.
2*nd* „	**i yandi yoyo**, that is he;	**i yau yoyo**, those are they.
3*rd* „	**i yandi yuna**, that is he;	**i yau yana**, those are they.

ADVERBS.

[p. 606.]

Dianu, diau.

Dianu, diau, i dianu, and **i diau,** *for this reason, therefore, that is why,* always require the Applied Form of the Verb which they modify; but **dianu vo** and **diau vo,** *therefore, so,* are Conjunctions, and have no such influence.

I dianu basumbila kio :
That is why they bought it.

Dianu wendela :
Go for that very reason.

Diau nzolele tungila e nzo akaka :
That is why I wish to build another house.

Kwenda yadi kwenda, kansi, mbwene o muntu umpovese vo, Kwendi ko ; dianu vo, kikwenda diaka ko :
I should have gone, but I saw some one who told me not to go, so I am not going any more.

Yansadisa nsadisa zingi, diau vo nzolele kansadisa owau :
I have often helped him, so I want him to help me now.

Adi.

Adi, *once,* appears as an Adverb, as well as the root of the Auxiliary Verb **-adi.**

Adi tu mfumu, kansi owau tu mpasi wantu :
We were chiefs, but now we are common people.

Kiamakulu.

Kiamakulu, *for good, once for all, finally, definitely,* requires the Applied Form of the Verb which it modifies, when it is emphatic, and figures as the most important point of the remark; otherwise the Simple Form of the Verb may be used.

When it appears in a question, or a reply, it is preceded by its article **e,** with or without the Applied Form, accordingly as it may be emphatic or otherwise.

Nga osumbila kio e kiamakulu e ?
Will you buy it then right out?

Elo kadi, e kiamakulu nsumbila kio :
Yes, I will buy it right out.

Tuteka kunsindikila kiamakulu, i bosi... :
We will first send him off for good, and then....

Ozevo nukwikididi dio kiamakulu e ?
So you agreed to it definitely?

LOCATIVE ADVERBS.

When the Locative Adverbs follow immediately upon an Intransitive Verb, either in a positive or negative sentence, they assume a shortened form, **ko, vo, mo**; unless the Locative is emphatic. When emphatic, or under other circumstances than those above referred to, they assume the ordinary forms.

Wele ko:
He has gone there.

Fonga kafongele vo:
He sat on it.

I bosi badiukidi mo:
Then they entered into it (therein).

Kizolele ko kwenda ko:
I do not want to go there.

Kukoti mo kwaku ko:
Do not enter.

After a Transitive, the ordinary forms.

Nata kio kuna:
Carry it there.

Kuna kasisidi kio:
He left it there.

THE PREPOSITION.

LOCATIVE PREPOSITIONS.

It is noted on page 609 that when the Locatives are used before a Noun expressing a living creature, **kwa**, or some combination of **kwa** with **oku, kuna**, &c., is the only form of Locative admissible; this requires to be modified in the case of such Verbs as naturally take **muna** after them, as **kwikila muna**, *to believe in;* **sia e vuvu muna**, *to rely on;* **yekeka muna**, *to throw the responsibility upon;* **dia e mpaku muna**, *to levy a tax upon;* in such cases some form of **muna** is used, rather than **kwa**.

Ke bekwikilanga muna Mfumu eto ko:
They do not believe in our Lord.
I muna Makitu basidi e vuvu:
They relied upon Makitu.
Bayekekele e diambu diau omu mono:
They made me responsible for their affair.
Mu esi nsi bedilanga e mpaku:
On the people of the country they levy the tax.

Vana is occasionally used in the same way.

Bafukidi eteva vana mfumu wau kalele:
They covered the chief with a mat as he slept.

. The Locative Prepositions assume abbreviated forms when they immediately follow the Verb, in Negative Clauses. The forms are:—**ku, va, mu**, without any Article Prefix, or sign of Position. The Objective Pronoun intervening does not prevent the use of these forms. The lengthened forms are admissible, but their presence is emphatic.

Kizolele kota mu nzo andi ko:
I do not want to enter his house.
Kufongi va eteva diame ko:
Do not sit on my mat.
Kiele ku evata ko:
I did not go to the town.
Ke mu diambu dieto ko:
Not on our account.
Kuvovela ku makasi ko:
Do not speak angrily (in anger).
Kala kuna:
There remain.

These shortened forms very often appear when the Preposition follows immediately on the Verb, when there is no idea of position implied; also in a reply as to, *from* or *in where*, or *into what*, when the Locative commences the sentence.

   Obudidi zo mu nzimbu :
   He exchanged them for beads.
   O fuku wele mu nkonda :
   At night he went hunting.
   Ku evata kele :
   He is gone to the town.
   Mu nkele kasidi wo :
   He put it in the box.

PREPOSITIONAL PHRASES.

Further Prepositional Phrases should be added to those given on page 612; among them :—

 ...**ke**..., ...**by**..., from...to..., *of past time only*.
 yamu...**ya**..., ...**by**..., from...to..., *of future time only*.
 muna nzinguluka a, round, in the environment of.
 e kikaka yo *or* **muna**, ⎫
 e vaudi yo *or* **muna**, ⎭ apart from, separate from.

In the case of the two latter phrases, **yo** is used with persons, **muna** with things.

   Lumbu ke lumbu kezidi :
   He came day by day.
   Bemona o wete yamu mvu ya mvu :
   They will be happy for ever (year by year).
   Bafongele muna nzinguluka a nkisi :
   They sat round the fetish.
   Sia kio e kikaka muna mbele zakaka :
   Put it apart from the other knives.
   Nukala e vaudi yo wantu awaya :
   Keep separate from these people.

   Muna nsi a ntima.

In the Prepositional phrase, **muna nsi a ntima**, the Noun, **nsi a ntima**, is not a Compound Noun, **nsi-a-ntima**; but where it is qualified by a Possessive Pronoun, the Pronoun follows immediately after the Noun **nsi**, not after **ntima**.

   Muna nsi andi a ntima :
   From, at *or* to the bottom of his heart.

   Ya, ye, yo.

The rules as to the combination of the Article in this Preposition will be found in this Appendix, in the Syntax, under "The Attributes of the Subject."
For an idiomatic use of **ya, ye, yo**, see page 932, under **ya**.

   Mu nsangi a.

The Preposition **mu nsangi a** implies *in commixture with, together with, combined with*, and hence becomes almost equivalent to the English Conjunctions, *as well as, and, also*.

   Omwene o wonga mu nsangi a kiese :
   He had some fear together with joy.

THE CONJUNCTION.

[p. 616.]   **Ovo,** *if, when.*

When the Conjunction **ovo,** *if, when,* is used with the Present Indefinite tense, uncertainty is implied, it is then equivalent to *if;* but when it is used with the Perfect tense, or when it is followed by **se,** the event, though yet future, is sure to take place in due course; it is then better expressed by *when.*

        Ovo okwiza, umbokela:
           If he comes, call me.
        Ovo wizidi, umbokela:
           When he comes, call me.
        Ovo se kekwiza (s'ekwiza), umbokela:
           When he is coming, call me.
        Ovo ikumbaka, mpasi kemona:
           If I catch him, he will "see" trouble.
        Ovo e ngunga ivovele, kwiza nkwiza:
           When the bell rings, I will come.
        Ovo se beluaka, tuzaya wo:
           When they arrive, we shall know it.
        Ovo olembi kunsamunwina, i maku momo:
           If you do not tell me, that will be your fault.

[p. 616.]   **Vo, ovo,** *that.*

On page 616 it is noted that **vo** is used as a Conjunction, equivalent to *that,* after Verbs of *ordering, informing, saying, knowing, wishing, thinking,* &c. When **vo** is far separated from its Verb, it takes the Prefix of its Article, and becomes **ovo,** and is preceded by a comma (or the pause it represents).

        Edi katusamunwini, yeto aleke, ovo, mbazi tukwenda:
           What he told us boys was that we are going to-morrow.
    Wenda kunsamunwina kuna kimfundu-mfundu, ovo, yandi mvinganga:
           Go and whisper to him that I am waiting for him.

Musungula.

Musungula means *especially, as well as, as well, also,* when it connects with Positive sentences, but *neither, nor, certainly not,* when it connects with a Negative clause.

        Awonso bekwenda, musungula yandi:
           All go, and he will also.
        Ke ngeye ko, musungula yandi:
           Not you, and certainly not he.

Ngâtu.

Ngâtu is used in the same way as **musungula**, but after Negative clauses only.

Kuyiyi ko ngâtu vova o luvunu:
Do not steal nor tell lies.

Musungula and ngâtu.

These Conjunctions are followed by the Verb in the Infinitive Mood in reference to *past* and *present* time; but in reference to *future* time, only the Future Consequent Subjunctive may be used; **kwiza** and **kwenda** only take the Future Indefinite tense.

Ke bele ko, ngâtu sinsa o kwenda:
They neither went nor tried to go.

Kikusadisa ko musungula yàvovesa diambu:
I will not help you, neither will I say anything to you.

Kalendi tuma ko, ngâtu kwiza:
He can neither send nor come.

[p. 617.]
Una.

Una is only used of past time.

Una ngyele:
When I went.

-nkwa, -nkwa kala.

-nkwa or **-nkwa kala**, when they take the Prefix proper to the Object of the previous sentence, or a Locative Prefix, imply *lest, for fear that, in case of ...ing, in case that*.

Toma kanga e nkombo zinkwa taya:
Tie the goats carefully, lest they run away.

-nkwa kala vo.

This Conjunction, when it takes the Prefixes proper to **diambu** (di-), **uma** (u-), *or* **kuma** (ki-), implies a probability existent; *if perhaps, if indeed, in the event of having, in case that, if it is so that*.

Dinkwa kala vo nwayenda:
If indeed you went (as you say).

THE VERB.

The Passive Voice.

Verbs in **aya** have most of them a Passive Form in **awa,** as well as the Forms in **iwa** and **yua,** given on page 620.

Active.   *Passive.*
Baya, to shine ;   **bawa,** to have the light shine at.
Taya, to escape ;   **tawa,** to have...escape from.
Kaya, to divide ;   **kawa,** to be divided.

Zaya, *to know,* and **laya,** *to wink,* do not form their Passives with **awa,** but take **zayiwa,** and **zayua,** and **layiwa.**

Yima and **va,** *to yield, bear* (fruit), do not use the Passive for that which is yielded, the Active is used in such case ; **va** is never used in the Passive at all ; but **yimwa** is used of the place in which the tree bears.

O nti wau yima kikilu:
This tree bears wonderfully.

Nsafu zingi zayima omu nti wau:
Many nsafu were yielded by this tree.

E kiana kieto kiayimwa nguba zingi:
Our garden yielded a large crop of ground-nuts.

E kiana kieto ke kivànga diaka ko:
Our garden no longer yields.

O nti wau ke uvà diaka ko:
This tree will not bear any more.

Passive Verbs bearing an Objective Prefix.

There is a singular usage of the Passive Voice, which wears an aspect of irregularity, in that it is marked by the possession of an Objective Pronominal Prefix. It implies that the action is performed with something which is the property of the individual referred to by the Objective Prefix, without his (&c.) consent.

Kututùngwa : of ours to be built.
Kutubòngwa : of ours to be taken.
Kutuvèwa : of ours to be given to....

E nzimbu zatuvewa kwa Tata:
Our money which was given *by somebody else* to Father.

E nzo yantungwa kwa mfumu:
The house *of mine* (partly built) which *some one* built (finished the building of) for the chief.

E mbele yàbongwa kwa Kulu:
That knife *of yours* which was taken by Kulu.
E ntete miànukùtumunwa kuna Ntampa:
The bundles *of yours* which were seized at Ntampa.
O luse luandi lumene kunsumamwa kwa nsende:
His brow was all pierced with thorns.
Kina kiampewa kwa Nzinga:
That *of mine* which was given to Nzinga.

[p. 621.]   THE MIDDLE VOICE.

Many Middle Voice and Intransitive Verbs appear to be Active Transitives, since they appear to be followed by an Object; but such Object is really an Adverbial Adjunct.

Bangama o mwini: to be roasted in the sun.
Fonga e mbadi: to sit in mbadi cloth.
Kwenda o malu-malu: to go on foot.

[p. 621.]   THE FORMATION OF THE MIDDLE VOICE.

The following additions have also to be made to the tables of suffixes used in the formation of the Middle Voice:—

SUFFIXES.		EXAMPLES.	
Active.	*Middle.*	*Active.*	*Middle.*
-izieka	-aziama	vangizieka	vangaziama
-idila	-amena	tatidila	tatamena
		zikidila	zikamena.

[p. 627.]   THE APPLIED FORM.

The Applied Form is used sometimes in combination with **wau**, *so, like this;* and **ne i, ne...i, nze i, nze...i,** *like.*

Tunga, to build; **tungila wau,** to build in this manner (like this).

Nani otungilanga e nzo andi wau:
Who is building his house like this.
Ke tulendi bakila nsusu wau ko:
We cannot catch a fowl like this.
Nzolele nwasonekena wau:
I want you to write like this.
Ne i nzo ame otungila yo:
Like my house you must build it.
Ne luvuma lua titi i kevempokela:
Like the flower of the grass he perishes.

When an Adverb which induces the Verb to assume the Applied Form is far removed from the Verb by some intervening clause, the Adverb loses its influence, and the Verb assumes the Simple Form.

I diau didi, ovo o mfumu ozolele wo, ntwika yo:
Therefore, if the chief is willing, I will send it.
I kuma kiki, wau katulongela wo, tuzitaziananga:
For this reason, because he so taught us, we respect one another.

THE PASSIVE OF THE APPLIED FORM.

On page 629, the sense implied by the Passive of the Applied Form is illustrated by the Verb **bakila**, *to catch for*. Thus :—

  O mfumu wabakilwa e nsusu :
  The chief had the fowl caught for him.

It is also possible to say :—

  E nsusu yabakilwa o mfumu :
  The fowl was caught for the chief.

  E nsusu yambakilwa :
  The fowl was caught for him.

In this way the Passive Verb may have a Secondary Object brought in by the Applied Form.

[p. 631.]   THE CAUSATIVE FORM.

There is a singular use of the Causative Form with many Verbs, by which the idea of *assistance* or *fellowship* is imparted, rather than an idea of causation ; the usage in no way precludes the use and sense of the ordinary Causative with the Verb. Thus from **sala**, *to work*, comes **sadisa**, *to help in work, to help* (generally) ; as well as **sadisa**, *to cause to work*.

From **yela**, *to be sick*, comes **yelesa**, *to help in sickness*, i.e. *to nurse;* as well as **yelesa**, *to make sick*.

Other instances are :—

  Didisa :   to weep with (those who weep).
  Kembesa : to rejoice with (those who rejoice).
  Natisa :   to help to carry.
  Bakisa :   to help to catch.

So that the Causative Form implies *causation* or *assistance*.

[p. 634.]   THE RECIPROCAL FORM.

The Reciprocal Form is used more often in Kongo than in English ; when the mutual idea is unavoidably present, it must be stated.

  Ngyele monana yandi :
  I went to see him.

  Ozolele bundana yame :
  He wants to fight with me.

The following forms are applied to Verbs having suffixes in **la, na**, and **ma** :—

SUFFIXES.		EXAMPLES.	
Simple.	*Reciprocal.*	*Simple.*	*Reciprocal.*
ela	elaziana	bokela	bokelaziana
ena	enaziana	tonena	tonenaziana
ila	ilaziana	sambila	sambilaziana
ima	imaziana	yidima	yidimaziana
	imiana		yidimiana
ina	inaziana	tanina	taninaziana

[p. 635.] THE REPETITIVE FORM.

The Monosyllabic Verb **ta,** *to do,* &c., takes **tewolola** as its Repetitive Form; **kaya,** *to divide,* &c., takes **kawulula,** *to divide repeatedly.*

[p. 682.] THE REFLEXIVE FORM.

The Applied Form of the Reflexive sometimes conveys the idea of the performance of the action being the prelude to some other action; *to first...and then.*

Okuvolela o nkanu, i bosi nukunlonga e?
He will commit some crime, and then you will teach him, eh?

i.e., you will wait until he has committed some crime, and then, and not until then, will you admonish him; *or* you will wait for some crime of his to be the prelude to your instructing him properly.

Bakutùngila vava nzanza wau, i bosi bavakulwisi o wantu awonso:
They first built on this plateau, and then levied black-mail on all passers-by.

Bekusùmbila o tiya twayingi, i bosi benwana e vita:
They will first buy a lot of powder, and then they will fight.

The Negative of this idiomatic use of the Applied Form of the Reflexive implies that the action was or will be interrupted, or hindered, or not accomplished before something else happened; *did not...before,* or *will not...before.*

E nsusu ke ikukòkwela ko, walembi kumbona:
You will see me before cock crows;
lit., the cock will not crow without your seeing me.

Ke bayiluàkisìdi yandi ko, ofwidi:
He died before they got him there.

Ke tutomene mo kubùndila ko, e ntangwa ivekele:
We did not well thresh it before the sun went down.

Ke bayisùmbila kio ko, e nzimbu zisukidi:
They did not buy it, their money failed; *i.e.,* failed before they could buy it.

If the last sentence were a simple statement of fact, that they did not buy it for their money failed, **basumbila** would have been used instead.

The Reflexive has also a Causative Form.

Kuwomba: to get away safely.
Kuwombesa: to get one's self safely out of a scrape.
Kutonda: to love one's self.
Kutondesa: to make one's self loved.

REDUPLICATED VERBS.

Among the Verb Forms should be noted the Reduplicated Form; it is referred to on page 687, with some remarks on its Conjugation.

In some verbs it has an intensive sense, as from **lunga,** *to take care of,* comes **lunga-lunga,** *to take great care of.*

The more general idea imparted by the Reduplication is this:—that the action is or must be performed *as quickly as possible, for a short time only,* or *in a short time,* that is to say, *with the least possible delay;* it is an impatient expression, indicative of the fact that until the action is complete and finished there will be no peace of mind; it is the Urgent Form of the Verb. Thus we have from :—

Tunga, to build; **tunga-tunga,** to build quickly.
Vova, to speak; **vova-vova,** to speak quickly, briefly.
Sumba, to buy; **sumba-sumba,** to buy quickly, at once.
Lamba, to cook; **lamba-lamba,** to cook at once *or* quickly.

Monosyllabic Verbs, and Dissyllables in **ia** (as **dia**), are triplicated in all but the Perfect Tenses.

Dia, to eat; **dia-dia-dia,** to eat quickly.
Kia, to dawn; **kia-kia-kia,** to dawn quickly.
Sia, to put; **sia-sia-sia,** to put quickly.
Ta, to do, &c.; **ta-ta-ta,** to do at once.
Wa, to hear; **wa-wa-wa,** to listen for a few moments, at once, readily.

The Reduplicated Form causes some complication in conjugation. The Pronominal Prefixes are only applied once.
The Perfect Suffix twice.
The Continuative Suffix once.
The Objective Pronominal Prefix (if present) is only applied once:—

kekutuvana-vananga : he is giving us for a few moments.

The Verbs **kwiza** and **kwenda** retain the Pronominal Prefixes on reduplication, in the Present Perfect Tenses, and in the Future Indefinite Subjunctive; this is induced by the weakness of the stems, **-iza** and **-enda.** (See page 975.)

[p. 642.] THE PERFECT FORM.

Verbs having the termination **-ana,** form their Perfect in **-anini.**

Simple.	*Perfect Active.*
Bulangiana	**bulangianini**
Zolana	**zolanini**

Va, *to yield (fruit),* makes its Perfect in **vene.**
Kia, *to dawn, grow light,* in **kiele.**

THE PERFECT OF VERBS IN **la** AND **na.**

On page 642 a list of Suffixes is given with their Perfect Forms; but it is necessary to call attention to the fact that these forms only result when the termination is a suffix, and not radical.

When the termination **-ula** is a suffix, it makes its Perfect according to the long table on page 642; but when the **-ula** is radical, it follows the rule of the Simple Verb; thus, in **kulula,** the termination **-ula** is a suffix, which has been added to the root **kula;** it therefore makes its Perfect in **kulwidi;** but in the case of **bula, fula, kula, lula, sula, tula, vula,** and **wula,** the **-ula** is part of the Verb, and since it is radical, the Perfect is formed as a regular Verb in **u;** that is to say, by replacing the final **a** by **-idi,** the radical **l** becoming **d** before the **i** in the suffix. The Perfects, therefore, of these Verbs are **budidi, fudidi, kudidi, ludidi, sudidi, tudidi, vudidi,** and **wudidi.** Where the **-ula** is radical, the Verb must be dissyllabic; when of more than two syllables it is clearly a suffix, for no roots have more than two syllables, so there is no difficulty in recognising the character of the termination.

The same rule applies to the terminations **-una, -ola,** and **ona;** when

CONJUGATION OF THE REDUPLICATED VERB.

Mood.	Tense.	To come quickly.	To go quickly.	To cook quickly, at once.	To eat quickly.
Infinitive		kwiza-kwiza	kwenda-kwenda	lamba-lamba	dia-dia-dia
Indicative	Pres. Indef.	nkwiza-kwiza	nkwenda-kwenda	nlamba-lamba	ndia-dia-dia
	,, cont.	nkwiza-kwizanga	nkwenda-kwendanga	nlamba-lambanga	ndia-dia-dianga
	,, Perf.	ngizidi-ngizidi	ngyele-ngyele	ndambidi-lambidi	ndidi-didi
	,, cont.	ngizidi-ngizidinge	ngyele-yelenge	ndambidi-lambidinge	ndidi-didinge
	Past Indef.	yayiza-yiza	yayenda-yenda	yalamba-lamba	yadia-dia-dia
	,, cont.	yayiza-yizanga	yayenda-yendanga	yalamba-lambanga	yadia-dia-dianga
	,, Perf.	yayizidi-yizidi	yayele-yele	yalambidi-lambidi	yadidi-didi
	,, cont.	yayizidi-yizidinge	yayele-yelenge	yalambidi-lambidinge	yadidi-didinge
	Narrative	yakwiza-kwiza	yakwenda-kwenda	yalamba-lamba	yadia-dia-dia
	,, cont.	yakwiza-kwizanga	yakwenda-kwendanga	yalamba-lambanga	yadia-dia-dianga
Subjunctive	Future Indef.	ngiza-ngiza	ngyenda-ngyenda	ndamba-lamba	ndia-dia-dia
	,, cont.	ngiza-ngizanga	ngyenda-ngyendanga	ndamba-lambanga	ndia-dia-dianga
	,, Conseq.	yayiza-yiza	yayenda-yenda	yalamba-lamba	yadia-dia-dia
	,, cont.	yayiza-yizanga	yayenda-yendanga	yalamba-lambanga	yadia-dia-dianga
Imperative	,, Indef.	wiza-wiza	wenda-wenda	lamba-lamba	dia-dia-dia
	,, cont.	wiza-wizanga	wenda-wendanga	lamba-lambanga	dia-dia-dianga
	,, Remote	wayiza-yiza	wayenda-yenda	walamba-lamba	wadia-dia-dia
	,, cont.	wayiza-yizanga	wayenda-yendanga	walamba-lambanga	wadia-dia-dianga

radical, the Perfects are **-unini, -olele, onene**; but when suffixes, **-wini, -wele,** and **-wene.**

Infinitive.	Perfect.	Infinitive.	Perfect.
Kula	kudidi	kukula	kukwidi
Kuna	kunini	bakuna	bakwini
Kola	kolele	sekola	sekwele
Kona	konene	tokona	tokwene

THE INFINITIVE MOOD.

There are idiomatic usages of the Infinitive Mood which need to be noted ; the following sentences illustrate them :—

Eyaka lumbu a nsâla mpe bakama kwau :
  Some days cray-fish are caught also.
Elo kadi, e nsafu mpe diwa kwandi :
  Yes, nsafu too are edible.
Omono mpe kwenda kwame :
  I too will go.
O nti wau yima kikilu :
  This tree bears very freely.
Oyeno mpe kangama kweno konso lumbu :
  You too will be tied up some day.
Yau aleke zonza kwingi :
  The children are very quarrelsome.

The Infinitive Form is used as a Gerund in the manner noted on page 714.

Kwiza nkwiza : I am coming.

It is used as a Noun, or in the "Absolute construction" in the following idioms :—

O luaka muna lumbu kina :
  On the arrival of that day (when that day arrived).
O baka muna evata diau, bavavidi o madia :
  On reaching their town, they sought food.
O tala muna nzo eto, kinga mwankatu :
  On looking into our house, it was (empty) not there.
O sinsa o vova, ntungamene kwame :
  When I tried to speak, I had nothing to say for myself.
O kwenda, mpasi zankatu :
  If you go (on going), it will be trouble for nothing.

TENSES.

THE PRESENT INDEFINITE TENSE.

On page 649 it is explained that the Indicative Mood in Kongo has no future tense. Whenever future time is spoken of, the time or circumstances of the action are distinctly mentioned, and the action is represented as being then present. Instead of saying : *I will come to-morrow*, Kongos say : *to-morrow I come;* that is to say, the time, *to-morrow*, is stated, and then the action is considered present at the time stated. When the action is actually in progress, the Continuous or Progressive Form is used; but when the action is not actually in progress at the moment, but is referred to some future time, the Simple Form only is used. In this way the Simple Form becomes practically Future Indefinite; while the form in -**anga** becomes Present Indefinite, or rather Present Progressive, and it might be simpler so to designate them; but to do so would be incorrect. This is borne out by the fact that when an Auxiliary Verb is used, the Verb assisted takes the suffix -**anga**, while the Auxiliary takes the Present Indefinite prefixes only; thus :—

Nzo andi ketunganga:
He is building his house.
Nzo andi ketoma tunganga:
He is building his house well.
Yela kekwama yelanga:
He is constantly ailing.

This tendency to use the Present Indicative tense in speaking of future action is common to most languages.

To-morrow he comes to fetch me.
Next week I am going to Brussels.
The ship sails in three days' time.

The Verb -**ina**, *to be*, has no Continuous Form, and its Present Indefinite tense is always used in the Simple Form. It is only used in reference to present time, never of the future; the future being always expressed by the verb **kala**, which follows the rule of the Regular Verbs.

Kuna tukala:
There we shall be.
Kwaku ngina, kwaku nkala:
Here I am, here I will remain (be).
Nzala yingi tuna yau:
We are very hungry.
Kwaku bekalanga e lumbu yawonso:
Here they are always.

When it is desired to express definitely continuous action in the future, the Continuative Form may be used, as a Future even; indeed, there is every reason to regard the tense as one and identical, whether used of present time or of the future, the context alone making clear as to the time.

Ozevo, kuna ntu tumonanga aka e kiese:
So then, in the future we shall always be happy.
Ova ke wau ko, e lumbu yawonso oyelanga aka:
If not you will always be ill.

Since then the Progressive or Continuous Form in -**anga** is used when the action is at the time in progress, it follows that when the form in -**anga** is absent, the action is deferred, or not at the time in progress, that is to say, future. The Simple Form of the Present Indefinite tense is therefore practically a Future, and the Continuous of it a Present (except in the cases above noted).

The Present Perfect Tense.

Fonga and **vwanda,** *to sit, sit down,* prefer the Perfect tense, where the Present Indefinite would be used in English, for when a person is sitting the act of sitting down is complete, he sat down, hence the Perfect. **Vwata,** *to wear, dress in,* also prefers the Perfect.

E nkumbu andi nani? andiona ofongele vana eteva dia mfumu:
What is the name of him who is sitting on the chief's mat?

After **ovo, vava,** *when, if,* and a future Predicate, the contingent Verb often assumes the Perfect tense; it is a strong way of expressing the certainty of the act, treating it even as already accomplished.

Vava dimana, bavaikidi:
When it is finished they will come out.

Ovo bekwenda, bafwidi:
If they go they will die (are dead).

In relating a narrative of consecutive acts in a clause introduced by **una** *or* **vava,** having the Verb in the Past Perfect, the Present Perfect may follow.

Una zavutukidi, zinkumbulwidi mawonso mabwidi:
When they had returned, they detailed to me all things that had happened.

The Present Perfect tense is used in stating, or calling to witness as to what one is just telling, warning, writing, ordering, doing, &c.

Inusonamène mama:
I write these things to you.

Inutemonwene wau:
I warn you now.

Itumini, wenda!
I sent you, go!

The Past Tense.

The Past Indefinite or Perfect tenses, prefixed by **-nga** *or* **nga i,** are equivalent to *ought to have, should have,* the action being considered as a natural consequence to something expressed or understood.

Nga i nwavanga didi:
You ought to have done this.

Nga wakombele vava ezono:
You ought to have swept here yesterday.

When **i** is used it is more emphatic.

The Past Perfect.

There is not a "yesterday tense"; but "yesterday," when stated, makes the event to have been perfected and accomplished at a time not now to be regarded as present; a Past Perfect has therefore to be used after **ezono,** or any clear statement of a perfect action combined with past time.

Ezono yayele:
Yesterday I went.

Ezuzi zalueke:
The day before yesterday they arrived.

The following sentence illustrates another idiomatic use of the Past Perfect :—

Wawidi wo, elelo sa katonda:
He will know now how to say " thank you."
lit., (another time) he will have learned (heard) now, he will soon say " thank you."

THE NARRATIVE TENSE.

The Narrative tense (or a form identical with it) has also a usage other than that of an Indefinite Past ; it may be used of a future event to signify that the action *must* be performed, there can be no hesitation, or question about it.

Yakwenda :
I must go.

Yakumvana kio :
I must give it to him.

Yalundumuka :
I must run.

O mbazi twakwenda kumbaka :
To-morrow we must go to catch him.

Wanua tu kio :
You will have to drink it, say what you may.

The Negative of this must be formed by means of the auxiliary verb **lembi**, *to not....*

Walembi kio teka :
You must not sell it.

After **i mbangi tu se**, *so at last*, the Narrative tense implies, with this combination, *so...have...at last*. The action must, however, be definitely complete.

I mbangi tu se wakwiza !
So you have come at last !

The Narrative tense is also used after **wau** in the following idiomatic manner : —

Kansi wau se yakumbaka :
But now that I have caught him.

Wau yatemokwa o meso :
Now that I have my eyes open.

This construction expresses a present state the result of something which happened in the indefinite past. The first sentence having an Objective prefix shows that it is the Narrative tense by the presence of the tense prefix **-ku-**.

THE SUBJUNCTIVE MOOD.

The Verbs **kwiza** and **kwenda** prefer the Future Indefinite Subjunctive to the Future Consequent tense ; *in this respect they do not conform to the three following rules.*

Yambula, mbula.

Yambula, or its contracted form **mbula,** requires the Subjunctive Mood in the Verb which follows it, and the Future Consequent tense is that which is generally used. There is, however, a usage of the Present Indefinite Indicative after **yambula** which implies a promise or assurance.

> **Yambula yasumba kio:**
> Let me buy it.
> **Yambula, nsumba kio :**
> Allow me, and I will buy it ; *or,* let me, I will buy it.
> **Mbula bakota:**
> Let them enter.
> **Mbula ngyenda :**
> Let me go.
> **Mbula beza:**
> Let them come.

Kimana, kinumana.

Kimana and **kinumana** also require the Future Consequent Subjunctive in the Verbs which follow them.

> **Kimana ke bamona nzala:**
> Lest they suffer hunger.
> **Kimana batoma luaka:**
> So that they may arrive safely.
> **Kimana benda kwau:**
> In order that they may go.
> **Inutumini nwenda:**
> I send you to go.

Ngâtu, musungula.

Ngâtu and **musungula** require the Infinitive Mood in a Verb following them, but when referring to future time the Future Consequent Subjunctive may follow.

> **Kisadisa ko, ngâtu yàvovesa diambu:**
> I will neither help you nor say anything to you.
> **Katuminu ko, ngâtu kenda :**
> He was not sent, neither will he go.

[p. 691.] ### Kala and -ina, *to be.*

The Verbs **kala,** and **-ina** *or* **-na,** *to be,* are used to express the idea of *to have.* The combination of these Verbs with the Article, and with the Preposition **ya, ye, yo,** and with the Personal Pronoun proper to the Noun, is noted on pages 286 and 840; it remains to be remarked that the difference between **kala yo** and **kala o** is this :—When used with the Article, the possession is *normal,* and has been *long continued;* when used with **ya, ye,** *or* **yo,** the possession is *an acquirement,* and is *not a normal condition.* The use with **-ina** *or* **-na** is identical. The Article may be absent in accordance with the rules noted later on in the Syntax, under "Attributes of the Subject—The Article," in this Appendix.

Wina kwandi o moyo:
He is still alive.
Wina kwandi yo moyo:
His life has come back to him again.
i.e., He has revived.
Tuna bi wingi omu ntima mieto:
We have much evil in our hearts.
(To use **yo** in this case would imply that the evil was abnormal, and a recent acquirement.)
E mbele ame ina o mva:
My knife has a handle.
Bena ye kiese kingi:
They are very happy.
Tuna kweto o meso mole-mole, yeto awonsono:
We, all of us, have two eyes.
Ondiona kaka wina ye disu dimosi:
He alone has only one eye (he was not born so).
Ke bena meso ko:
They have no eyes.
O lumbemba-mbemba lualu ke luna nsala ko:
This butterfly has no wings.
Kina ya nzimbu ko:
I have no money.
(Money does not belong to one naturally, it has to be earned.)

These distinctions, while perfectly accurate, are often very delicate, and care and thought is necessary in making them.

Sometimes the Verb *to have* is expressed by the Verb *to be*, followed by the Personal Pronoun combined with the Preposition **yo**; in this case no possession is implied, only that the articles mentioned happen to be with the speaker.

Ordinary construction of the verb to have.

Nkia lekwa tuna yau?
What things have we (do we possess)?

Idiom just explained.

Nkia lekwa ina yeto?
What things have we (happen to be with us)?
Nkombo zingi zina yeno:
You have many goats with you.
Mankondo makaka mena yeto:
Other plantains are with us; *or*, we have other plantains.

This latter idiom is in constant use among the Bakongo as the ordinary Verb, *to have*.

[p. 690.] **Kala.**

This Verb has a Past Tense Indefinite and Perfect bearing the prefix **e** as well as that in **a**; they are in every way identical in meaning and time.

Twekala *or* **twakala**: we were.
Bekedi *or* **bakedi**: they were.

[p. 690.]   **-na** *or* **-ina.**

This Defective Verb does not take the Continuative Form, neither does it appear in any other tense than the Present Indefinite, and then always implies present time; it has, however, a Passive and an Applied Form.

Passive. **-iniwa**, to have in.
Applied. **-inina**, to be for.

O mwana andi winiwa nkwiya nsambwadi:
His child is possessed of seven demons.

Adieyi kinina wau?
Why is it like that?

When **-ina** is combined with an Objective prefix, the initial i is strengthened by **y**, as is the case with the weak-stemmed Verbs **kwiza** and **kwenda**, see page 654.

Ubayina e wisa:
He has authority over them.

Kansi owau tunuyina o makasi:
But now we are angry with you.

-eka.

The Bakongo use a Defective Verb **-eka**, *to be;* it is found in the Present Indefinite Tense only, in the same way as **-ina**, and has a Passive Voice, and an Applied Form.

Active. **-eka**, to be.
Passive. **-ekwa**, to have in.
Applied. **-ekina**, to be for.

Person.	Class.	Singular.	Plural.
1	1	ngyeka	tweka
2		weka	lueka
3		keka	beka
	2	yeka	zeka
	3 & 4	weka	mieka
	5 & 6	kieka	bieka
	7 & 8	dieka	meka
	9	kweka	meka
	10 & 11	lueka	tweka
	12	bweka	bweka
	13	weka	meka
	14	veka	mweka
	15	fieka	

Kuna mbazi tombe kweka:
It is dark outside.

Kolo kingi ku vula ngyeka:
I have been a long time on the station.

Nduna wekwa nkwiya:
He who is possessed of demons.

Dieyi twekina mu luvambu lualu?
Why are we in this chain?

These examples are in the Dialect of the Bakongo.

THE AUXILIARY VERBS.

-kini.

The Defective Auxiliary **-kini** is used among the Bakongo; it is found only in the Past Perfect tense; it is equivalent to, *to be still...; to be yet...; to continue and complete what is now in progress, and then...; to first finish, and then....*

Dia bakini dia:
They are still eating.

Twakini sala salu kietu, i bosi...:
We must first finish our work, and then....

[pp. 695, 6.] **-lembi, -lembele.**

This Auxiliary is found in the Perfect as **-lembele**, but in other tenses it takes i final : **-lembi,** *to fail to, to not*....

Dianu kalembele (*or* kalembi) kwizila:
That is why he failed to come.

[p. 694.] **Lenda.**

When the Auxiliary Verb **lenda**, *can,* is used in a Negative Clause in reference to present or future time, the Future Indefinite Subjunctive is used (negative), **-lendi.**

Ke tulendi kio nata ko:
We cannot carry it.

Kalendi vova ko:
He cannot speak.

[p. 695.] **Mana.**

Mana may also be rendered by, *to be all*....

O luse luandi lumene kunsumamwa kwa nsende:
His brow was all pierced with thorns.

Nanga.

Nanga is equivalent to, *to...perhaps, to...very likely.*

Onanga lunga:
He is perhaps right.

Tunanga kwenda o mbazi:
We shall go to-morrow very likely.

Sa.

Sa implies that the action will be certainly done some time or other, sooner or later; *to be going to...all in due course, to...soon or presently, or all in due course;* it is only found in the Present Indicative.

Tusa sumba kio:
We shall buy it all in due course.

Sa (*perf.* -sidi).

Sa, making its Perfect in **-sidi,** is found in the Present Perfect and Past tenses, it is only used in a Negative statement, to which it adds some measure of an emphasis or definiteness, *to take care not to.* The Negative Particles are always used, for **sa** does not convey in itself any Negative idea (as is the case with **lembwa**).

Ke basa wo samunwina muntu ko:
They took care not to mention it to any one.

There is no idea of *taking care* in it, but that phrase conveniently expresses the emphasis.

[p. 694.] ### Simba.

Simba cannot be classed with the Auxiliary Verbs as on page 694, for it always takes the Article before the Infinitive which follows, and is an ordinary Regular Verb, not an Auxiliary at all.

Basimbidi o dila; *not* basimbidi dila:
They began to cry.

[p. 695.] ### Vika.

Vika may be rendered by, *used to, before, aforetime, previously.*

Wavika kubasia e vuvu:
He used to trust in them.

Ovikidi nwana ndwana zingi:
He used previously to fight a great deal.

[p. 696.] ### Za.

Za is a Defective Auxiliary Verb found in the Future Consequent Subjunctive, *to do after, to do then, then to proceed to...*; see also page 696.

Bele kuna ezandu baza nikuna nkindu:
They went to the market and stirred up a row.

Una kalueke, kaza kubayuvula vo...:
As soon as he arrived, he proceeded to ask them....

[p. 698.] ### Kwiza *or* kwenda, *before another verb.*

The rule as to this construction is given on page 698; to that should be added that where the Continuative Form is used it appears on the second Verb. In Dissyllables *only* the final **a** of the stem becomes **i**, and when the Continuous Form Suffix is added, it is **-nge** (as that applied in the Perfect). In verbs of three or more syllables the final **a** of the stem is unchanged, and the suffix is **-nga.**

Wele avavinge:
He went seeking.

Diatila kwandi kayenda adiatilanga:
He went walking (on foot, not carried).

Kwendi avitinge ko:
Do not go on in front.

When a Verb in the Reflexive Form follows **kwiza** and **kwenda** in this manner, the Prefix **ku-** of the Reflexive Form does not appear, but instead the Prefix **yi-**.

Kekwenda ayisaninge (from **kusàna**):
He will go boasting.

Wele ayikokelanga:
He went dragging himself along.

THE INTERJECTION.

E.

The Interrogative Interjection e is used at the end of an interrogative sentence which has no Interrogative Pronouns or Adverbs (-eyi, nki, nkia, nani) to mark its interrogative character; but when such Interrogative Adverbs or Pronouns are present it is not used.

Kwenda okwenda e?
Are you going?

Nga otondele e?
Is he grateful?

Nani umbokele?
Who called me?

Akweyi kena?
Where is he?

Nkia nzo?
What house?

Nki kina mo?
What is in it?

When a question is asked as an alternative to a previous question, the e is not repeated; neither is it required after any but the first of a series of questions.

Nga kuzolele o kwenda ko e? ovo kulendi ko?
Do you not wish to go, or can you not?

Aweyi tuvanga? tuteka kio, ovo veta kio, ovo tukayila kio kwa wantu akaka?
What shall we do, sell it, or throw it away, or give it to other people?

ACCENT.

Nouns in mu-, Plural miu-.

There are a few Nouns bearing in the Singular the Prefix mu-, which make in the Plural miu-, because the Prefix mu- is a contraction of mu+u, u being the first letter of the Stem; for this reason the u of the contracted Prefix in the Singular takes the Accent, while the u of the miu- takes the Accent in the Plural.

Mùngula, warmth, *plural* miùngula; *i.e.*, Mu+ungula, mi+ungula.

Triplicated Monosyllabic Adjectives.

When a Monosyllabic Adjective is triplicated for special emphasis, it is accentuated on the Prefix and Penult.

-anda, long; màndandànda, luàndandànda, very long.
-ampa, new; kiàmpampàmpa, very new.
-anse, fresh; yànsensènse, very fresh.

The Numeral -ya, *four*.

The Cardinal Numeral -ya, *four*, takes its Accent on the Prefix immediately preceding the Stem when it has more than one syllable (nyà, màya).

Primary.	*Secondary.*	
màya	àya	ìya
tùya	zìya	memàya
mùya	mùnya	ùya

The Ordinal Numeral -eya, *the fourth*, is accented on the Stem only.

weyà	dieyà	veyà
yeyà	kweyà	fieyà
kieyà	lueyà	

The Applied Form.

The Perfect Continuous Tense of the Applied Form takes the Accent as follows:—

    Ofòngèlènge   kasùmbìdìnge   banàtinìnge

The same Tense in the Simple Form of the Verb would be accentuated thus:—

    Ofòngelènge   kasùmbidìnge   banàtinìnge

The extra accent comes in consequence of the rule at the foot of page 702, in which the distinction between the Perfect of the Simple and the Applied Forms is noted as indicated by an extra Accent on the Applied Form.

Simple.	*Applied.*
Obàkidi	obakìdi

The Double Applied Form.

The Double Applied Form when complicated with other Form Suffixes is thus accentuated :—

Nàtisìnina : to cause to carry for...for.
Bàkisìdila : to cause to catch for...for.
Sàlukìdila : to flinch about.. for.
Vàngamènena : to be complete in...for.

The Perfect Tenses of the Double Applied Form are accentuated as follows :—

Tudòdokèlele   tudòdokèlelènge
Kasùmbidìdidi   kasùmbidìdidìnge
Kasàulwìdidi   kasàulwìdidinge

Forms in -ana.

The Suffix -ana carries a persistent Accent on the first a, zòlàna, not zòlana. The Suffix -anàna accentuates on the second a. These Accents are not influenced or shifted by the other Accents in the same word.

beyìndusiànanga   benàtànanga
kitàmbukakànanga   ikònanànanga
kifwàntalakànanga   bàkànisìnina
kitiàkalakànanga   bàkànìsi
bewàsaziànanga   zòlànina
bazòlànanga   zòlànìni (*Perf. Applied*)

The Applied Reflexive Form.

The Applied Form of the Reflexive Form is thus accentuated :—

kùkwìzila   kayìyizìdi
kùkwèndela   bayìyendèle
kùsùmbila   tuyìsumbìdi

Accented Pronominal Prefixes.

It is noted on page 670 that there is no Objective Pronominal Prefix for the 2nd person applied to the Verb ; the person addressed is aware of the fact, and needs no such mention. In those tenses which retain the Prefix -ku- between the Subjective and Objective Prefixes, the presence of the -ku- serves to indicate that there is an Objective Prefix understood, otherwise there would be no -ku-. In those tenses which do not retain the -ku-, there is a special accent on the Prefix, instead of the first syllable of the Stem. So strong is this accentuation that it appears almost to double the first consonant of the root (although there is no real closed syllable in Kongo, nor indeed in any Bantu language). Kàvuluza, *that he might save you*, is pronounced almost as kavvuluza.

Kàtala : that he may see you.
Twàsadisa : that we may help you.
Bànata : that they may carry you.
Yàsumbìla : that I may buy...for you.

This sharp accentuation of a Prefix occurs also in the 3rd person singular of the Negative of the Future Consequent tense Subjunctive, to distinguish between :—

Kasùmba, that he may sell ; and **kàsumba,** that he may not sell.
Kavìla, that he should perish ; and **kàvìla,** that he should not perish.

As this tense does not take the second Particle of Negation, some such distinction is necessary.

A negation by Accent is common in other Bantu languages ; in Mpongwe (Gaboon), for instance, **ebekenda,** *he will go;* **ebekènda,** *he will not go;* **ekamba,** *he speaks;* **ekàmba,** *he does not speak.*

There are a few words which seem to be accentuated contrary to the rules :—

        Elelènsi : a plain.
        E kakàmba : borne by many.
        Lelèmba : to do slowly.
        Nkulùntu : an elder, head-man.
        Kulùntu : seniority, headship.
        Palàta : silver.
        Lùmbwa-mbòkoso : a chatterbox.
        Nonòno : a number of tiny spots.

They are all probably contracted or compound words.

Elelènsi, probably from **elele-nsi**; the monosyllable **nsi** throwing its Accent back on the previous syllable, and the Accent on the first syllable of the root being lost.

E kakàmba, a contraction of **e kamba-kamba.**
Lelèmba, probably a contraction of **lemba-lemba.**
Nkùluntu, from **nkulu muntu,** so **nkulu-ntu,** the monosyllable **ntu** throwing its Accent back on the previous syllable.
Kulùntu, from the above.
Palàta, from the Portuguese **pràta,** hence **palàta.**
Lùmbwa-mbòkoso is probably thus accentuated for the sake of euphony.
Nonòno, a contraction of **nono-nono,** from **nona,** *to pick up.*

CIRCUMFLEX.

Kuna, muna, and **vana** final.

When these Locatives are emphatic at the end of a sentence, the Accent is broadened out into a Circumflex.

        Okalokala bansolwele mûna:
        At length they found him in there.
        Adieyi nunsisìdi vâna?
        Why did you leave him there?

The Circumflex, or broadened Accent, is used to distinguish between two roots which are otherwise exactly alike, as noted at the foot of page 703.

Baka,	to catch ;	bâka,	to rend.
Bula,	to strike ;	bûla,	to lance an abscess.
Bula,	to break.		
Deka,	to cut up small ;	dêka,	to ache.
Deka,	to trim the hair ;	dêka,	to shine.

Deka,	to crack.		
Fuka,	to be forged ;	fûka,	to come to an end.
Fula,	to blow, forge ;	fûla,	to bring to an end.
Kita,	to buy ;	kîta,	a vivid impression.
Kula,	to drive away ;	kûla,	to redeem.
Lekoka,	to burn fiercely ;	lêkoka,	to be released (of a spring
Lumba,	to put down heavily ;	lûmba,	to mix.
Mbaku,	gain ;	mbâku,	an ambassador.
Mvudi,	a water buck ;	mvûdi,	greens.
Mvuku,	forbearance ;	mvûku,	manure.
Mvula,	rain ;	mvûla,	selfishness.
Nanga, ⎫		nânga, ⎫	
Nangi, ⎬	unless, except ;	nângi, ⎬	perhaps.
Nangu, ⎭		nângu, ⎭	
Ngatu,	presently ;	ngâtu,	perhaps, unless, especially
Nkaka,	a manis ;	nkâka,	a grandparent.
Nlekoko,	ardour ;	nlêkoko,	patience.
Nsala,	feathers ;	nsâla,	a cray-fish.
Nsona,	a day of the Kongo week ;	nsôna,	an orphan.
Padisa,	to cause to kick ;	pâdisa,	to cause a counter-move.
Pala,	to kick ;	-apâla,	thin.
Sala,	to work ;	sâla,	to be left.
Sadila,	to work for ;	sâdila,	to be broad.
Sadisa,	to help in work ;	sâdisa,	to make broad.
Vila,	to be lost ;	vîla,	to finish off.
Vilwa,	to make a mistake ;	vîlwa,	to want to.
Vuka,	to copulate ;	vûka,	to be spared, let off.
		vûka,	to be stripped off.

And all derivatives of these words, and their cognate words.

PUNCTUATION.

The Stops used in the Punctuation of a sentence should naturally represent the actual pauses, and inflexions of voice in speech ; it is more convenient also to speak of Commas, and other Stops, than to explain each time the pauses, and inflexions of voice which they indicate.

Very little need be written as to the Punctuation in Kongo ; sentences and clauses divide themselves so naturally that there is little or no difficulty in deciding the position of a Stop.

THE COMMA.

A Comma is frequently needed before a Noun in Apposition, to preserve the sense.

O Makitu, wa mfumu a nsi:
Makitu the chief of the country.

Without the pause, the **wa** might be mistaken for **wa**, *of.*

In this Appendix, under the " Pronoun—Subjective Pronominal Prefixes, 3rd Pers., Sing. and Plural," it is noted that a pause after **i bosi** shows that the sentence introduced by it is a new departure or stage in the proceedings being related ; it makes a difference in the Prefix applied to the Verb ; instances are there given.

When there is a pause before **vo**, *that*, it becomes **ovo** ; **ovo**, *that*, should therefore have a Comma before it.

Edi kavovele, ovo, ke tuvangi wo ko:
He said that we should not do so.

THE NOTE OF INTERROGATION.

If a question contains several alternatives, the Note of Interrogation, and the rise of voice which it requires, come at the end of the first question, and not after the alternatives ; when there are no alternatives, the Note of Interrogation comes at the end of the question.

Nga diansongi edi dia vanga o mawete muna lumbu kia vundu e?
   ovo o vanga o mayi; o vuluza o moyo, ovo o vonda.
Is it lawful on the Sabbath day to do good, or to do harm ? to save a life, or to kill?

SYNTAX.

THE SUBJECT.

COMPOUND NOUNS.

The Subject may be a Compound Noun. In such case the principal Noun rules the sentence; but its own component parts concord with their own principal Noun.

E kimfumu a evata kinkatwilu:
The chieftainship of the town is taken away from him.

The Subject is **ki-** (**mfumu-a-evata**), and to this the Verb accords **kinkatwilu**; but the Adjectival Phrase, **a evata**, agrees with its own Noun, **mfumu**, making **mfumu a evata**, *chief of the town;* to this idea the Abstract Prefix **ki-** is added, which thereupon implies *the chieftainship-of-the-town* [(chief-of-the-town)-ship].

O mumpingilefwa dia kintinu a nsi olueke:
The successor-to-the-inheritance of the office-of-king-of-the-country has come.

Here the Noun **mumpingila**, *the inheritor*, is the Subject of the Verb, **olueke**; this Subject is further extended by taking the Noun, **efwa**, as a Suffix, and this extension is further qualified by the Adjectival Phrase, **dia kintinu a nsi**, which agrees with the Noun, **efwa**, which it qualifies. This sentence therefore gives a double instance of such complication, for **kintinu a nsi = ki +** (**ntinu-a-nsi**); its component parts are **ntinu-a-nsi**, *king-of-the-country*, which on receiving the Prefix **ki-**, implies the *office-of-king-of-the-country*.

The expression, **kintinu kia nsi**, is admissible, and implies *the kingship of the country;* but in such a sentence as that given above the more correct idiom would be that therein used.

E kimvuluzi a ekanda diaku muna moko ma atantu au kwa ngeye kiyekelo:
The office-of-deliverer (delivership) of your clan from the hands of their enemies, to you it is given.

Here the Subject is **kimvuluzi**, which is composed of **mvuluzi-ekanda-diaku**, bearing the Prefix **ki-**; the **mvuluzi** being further qualified by the Adjectival Phrase, **a ekanda diaku**, which agrees with **mvuluzi**; so that it is really **ki-(mvuluzi-a-ekanda-diaku)**, *the office-of-deliverer-of-your-country;* the Possessive Pronoun, **diaku**, of course concords with its Noun **ekanda**.

A complicated construction results under these circumstances, but it is grammatically correct; and since the Verb **yeka** (*or* **yekwa**) requires the abstract Noun of the office or title to follow it, there is no other way of expressing it.

E kimbuta a makesa kiandi kivika telekwa:
His captaincy of the soldiers will soon be announced.

Osiwa e kiyekwa kia unlongi a Esi Ekongo:
He was delegated to the office of teacher of the Kongos.
i.e., he was appointed teacher of the Kongos.

This construction is also referred to in this Appendix under "The Noun—Fifteenth Derivative."

NOUNS CONNECTED BY CONJUNCTIONS.

When the subject is composed of two or more Nouns connected by the Conjunction, **ya, ye, yo,** they may figure as in the sentences at the foot of page 704; but in that case the first **yo** would be translated in English by *both*.

Yo ngeye yo yandi nwenda:
Both you and he go (you go).

O mundele ye ngamba zandi zilueke:
The white man and his carriers have arrived.

O mfumu ya aleke andi babakamene:
The chief and his followers are caught.

THE RELATIVE PRONOUN.

The Relative Pronoun is not always expressed in introducing the Relative Clause; it is often understood.

Mbongele o nlele wasumbidi ezono:
I took the cloth which you bought yesterday.

I yau yiyi e nzo oyikidi:
This is the house that you mentioned.

ATTRIBUTES OF THE SUBJECT.

COMPOUND ATTRIBUTES.

When two or more Attributes qualify one Noun, the subsequent Attributes (whenever possible) are coupled to the first Adjective by the Conjunction **ye** *or* **yo**, but as Nouns (abstract where possible), not as Adjectives. If one of these subsequent Attributes is a participial idea (in English), the Infinitive Noun represents it.

The Quantitive Adjectives, **-ingi, -akaka, -awonso,** &c., are excepted from this rule, as also the Numerals, the Possessive and Demonstrative Pronouns (which are adjectival); they precede all other Attributes, and are not followed by **ya, ye,** *or* **yo.**

O wantu ambi yo ulau:
Bad and wild people.

O wantu alau yo bi (*abstract, not* **mbi**)**:**
Wild and bad people.

Kadi nti ambote yo mfunu:
For it is a good useful wood.

O mfumu au anunu yo zolwa:
Their aged and beloved chief.

Makesa mangolo ye nkabu ye zizi:
Strong, brave, loyal soldiers.

Wana ame anzolwa yo zola:
My beloved and loving children.

Makangu maku matatu mankulu ye vuvu:
Your three old and trusted friends.

Muntu ambi yo lufuma :
A bad and cruel man.

E nsusu a malu mankufi yo matete:
The short-legged spotted fowl.

Some Adjectives are not or cannot be thus expressed. For instance, when the subsequent idea is not one of a combination of Attributes, but a further Attribute of an already qualified Noun, it follows on as an Adjective, just as an Adjective follows on after a Quantitive Adjective, Numeral, or Possessive, or Demonstrative Pronoun.

E kinkutu kiaku kiambwaki kiankulu:
Your old red coat.

In English we should not say, *your old and red coat*, neither in Kongo do they introduce a Conjunction. The Conjunction is more often omitted in English, but wherever it is altogether inadmissible, it is omitted in Kongo.

O nlele andi ebundi ampa:
His new blue cloth.

Mateva mame matatu ma mfubu mampwena mampa:
My three new great pandanus mats.

NOUN IN APPOSITION.

A Noun in Apposition may be an Attribute to the Subject. In such case it is preceded by the Particle -a (which serves to introduce an Adjectival Clause, see pp. 561, 562). The Particle, in such case, receives the Secondary Prefix of the Class proper to the Noun, to which it introduces a qualifying clause (p. 562).

O Jizu Kristu, wa Mfumu eto:
Jesus Christ our Lord.

O mfumu Makitu, wa ntu a nsi:
The chief Makitu, paramount chief of the country.

E diambu diadi diambote kikilu, dia ngiza andi :
It is a very good thing indeed, his coming.

Ona tunina e nsundidi, ya lutufakeso lua atantu eto:
By whom we have the victory, the utter rout of our enemies.

Muna diadi tunina ye nzimbu zampa, za frank ye sentime:
For this reason we have a new currency, francs and centimes.

There is also another idiom in use when the Noun in Apposition appears more as though it were in a list. In such case it appears without Article or Particle.

Salu kimosi kizeye ko, vata:
One class of work I do not know, agriculture.

Vena ye ma kiesivi ndembele mona, ekumbi dia ntoto :
There is one marvellous thing which I did not see, a railway train.

Omaka mana ke bekitanga mo ko, nkwezo:
Certain produce they do not trade in, india-rubber.

THE ARTICLE.

The following rules for the use of the Article have all been grouped here for convenience and comparison.

1. In a simple *positive* predication the Subject and Object take the Article proper to their Class. In a *negative* predication the Article is absent between the Particles of Negation (ke...ko), except in the cases noted under other rules.

O mpangi ame osumbidi o nkanda:
My brother bought a book.

O mpangi ame kasumbidi nkanda ko:
My brother did not buy a book.

Tusaukidi e Nzadi o unu:
We crossed the river to-day.

Ke tusaukidi Nzadi ko o unu:
We did not cross the river to-day.

E nzo andi ke imene tungwa ko:
His house is not finished building.

Bamvene e nkumbu a Luvunina:
They gave him the name of Luvunina.

Ke bamvene nkumbu ambote ko:
They did not give him a nice name.

Kuna nsi eto ke kwina mfinda ko:
There are no forests in our country.

Muna mfinda zeno ke mwina ntemo ko:
In your forests there is no light.

Vana eyanga dina ke vena dole ko:
There are no mud-fish in that pond.

2. The Article in Kongo gives more or less of definiteness to its Noun; it indicates that it has previously been spoken of, or it is a case in point, or in some way well known; but when the Article is absent, and there is no rule to cause such absence, its absence specially marks the indefiniteness of the Noun; in such case, in English we might use *some...or other, any, one of*.... This is specially the case after ovo, *if,* and in negative clauses generally. There are other rules for the presence or absence of the Article to be noted further on.

In the case of Negative Clauses, the Article is present when the Noun is definite, or where the subject of conversation is a case in point; it is absent in a general remark.

In the Imperative Negative, and Subjunctive Negative, the presence of the Article indicates that, at the time in question, the contrary to what is ordered or suggested is being done; in such case the Adverbs, *so, like that, as (you,* &c.) *do,* would often be used in English.

Umpana e mbele:
Give me *the* knife.

Umpana mbele:
Give me *a* knife.

E lumbu kiakina, ndonga ampwena yanlandanga:
　That day a great crowd was following him.
Ke babongele nkutu ma ko:
　They did not take anything at all.
O Mbala osumbidi o nkele:
　Mbala bought a gun.
O Mbala kasumbidi nkele ko:
　Mbala did not buy a gun.
Nga e mbele aku ina muna nzo e?
　Is your knife in the house?
Nga mbele aku, ina muna nzo e?
　Is that a knife of yours which is in the house?
Kizeye e lekwa kiaki mfunu ko:
　I do not know the use of this thing.
Ovo muntu olembi kwenda:
　If any man does not go.
Ovo o muntu olembi kwenda:
　If the man does not go.
Ovo muntu okunsadila, mbula kandemvokela:
　If a man (any one) will work for me, let him obey me.
Ovo o muntu okunsadila, mbula kandemvokela:
　If the man will work for me, let him obey me.
Ovo e mbele ame ina muna nzo, twasa yo:
　If my knife is in the house, bring it.
Ovo mbele ame ina muna nzo, twasa yo:
　If any knife of mine is in the house, bring it.
Ovo mbele ina muna nzo, twasa yo:
　If there is a knife in the house, bring it.
Ovo e mbele ina ina muna nzo, twasa yo:
　If that knife is in the house, bring it.
Ovo e yitu yeno ikunusaula, ke diambu ko:
　If your relatives hate you, never mind.
Ovo yitu yeno ikunusaula, ke diambu ko:
　If any of your relatives hate you, never mind.
Wenda tala ovo o ngwa aku ankazi wina muna nzo:
　Go and see whether your uncle is in the house.
Wenda tala ovo ngwa aku ankazi wina muna nzo:
　Go and see whether it is one of your uncles who is in the house.
Ke basolwele nsabi ko:
　They did not find the key.
Oyikidi vo batuvana ma twadia:
　He told them to give us something to eat.
Edi mbenze se betunganga e nzo au:
　I think that they are now building their house (*not before mentioned*).
Ovo muntu okuyuvula ovo muntu wina muna nzo:
　If any one asks you whether any one is in the house.

O mbunzi ame osumbidi kwanga kia ntaku tanu:
My brother bought five ntaku worth of kwanga.

Mbula benda kolo kiandwelo:
Let them go for a little while.

Ne yandi okutuvovesa diambu:
As though he would say something to us.

Bonga o nlele wau, ovo e nkanda miomio, ovo e mbele yasumbidi ezono, ovo nlele akaka:
Take this cloth, or these books, or the knife I bought yesterday, or some other cloth.

Ovo o nlele akaka:
Or the other cloth.

Ovo nlele akaka:
Or other cloth.

Imperative Negatives.

Ke nusimi o vova e ndinga zakaka ko:
Do not forbid the speaking of other languages (*there being a case in point*).

Ke nusimi vova ndinga zakaka ko:
Do not forbid the speaking of other languages (*general admonition*).

Ke nuteleka e mioyo mieno ko:
Do not be so anxious.

Ke nuteleka mioyo ko:
Do not be anxious (*generally*).

Kufungi o makasi ko:
Do not be so angry (*as I see you are*).

Kufungi makasi ko:
Do not be angry (*general admonition*).

Kuvondi o mwana ko:
Do not kill the child (*as you seem to be doing*).

Ke nutubi mbongo zeno ko:
Do not throw away your goods (*general*).

Ke nutubi e mbongo zeno ko:
Do not throw away your goods (*case in point*).

Ke nutokanisa o wana eno ko:
Do not worry your children (*as you do*).

Subjunctive Negative.

Kala vo kakufika e lumbu ko:
Had he not shortened the days (*which were fixed*).

Edi katungidi e kozo, e ngandu ke zadia e nkombo zandi:
He built a stock-yard fence so that the crocodiles should not eat his goats (*as they used to do*).

Unkanikini vo kayambula o tunga e nzo ko:
He ordered him not to stop the building of the house (*but he is doing so*).

Unkanikini vo kayambula tunga nzo ko:
He ordered him not to stop building the house (*neither has he done so*).

Simple Negative.
>**Ke benatanga e mpu a mfumu ko:**
>They are not bringing the (said) hat of the chief.
>**Ke benatanga mpu a mfumu ko:**
>They are not bringing the chief's hat (*it must belong to some one else*).

3. In a simple reply to a question, if a Noun commences the sentence, it takes an Article.

If the reply is not a sentence at all, but a Noun, it may take an Article if the Noun is qualified by a Demonstrative Pronoun, or a Relative Clause.

Replies.
>**Lekwa kiaki kavwidi o nkinzi:**
>He needs this thing.
>**Kadi mbele andi ividiḍi:**
>Because his knife is lost.
>**Lolonzi ame ngizidi tambula:**
>I have come for my watch.
>**Nki kezidi vava? Nlele andi:**
>What has he come for? His cloth.

Qualified by a Demonstrative Pronoun.
>**Nki kelombanga? E mbele yayi:**
>What is he asking for? This knife.
>**Aweyi? E kiandu kiaki:**
>What? This chair.

Qualified by a Relative Clause.
>**Nkia nzo? E nzo ina isongele:**
>Which house? The house which I showed you.

4. There is no Article before Reduplicated Partitive Nouns, unless it is used in the construction of the Verb *to have*, as in the third sentence.
>**Babakidi kimbundi-kimbundi:**
>They got a piece of cloth each.
>**Nubavana mbele-mbele:**
>Give them a knife each.
>**Tuna kweto o meso mole-mole:**
>We have each of us two eyes.

5. The Article is not used in a Catalogue, or a Heading, or Title, or in indicating one, or certain individuals out of a number, for some purpose known to all.
>**Betekanga nkove, kwa, evembe, ye minse:**
>They are selling cabbages, potatoes, spinach, and sugar-cane.

Title page.
>**MWELO A ZAYI:**
>"The portal of knowledge," a Primer.

Heading.
>**Mavangu ma Ntumwa:**
>The Acts of the Apostles.

Nkombo aku ivondwa:
Your goat is to be killed.

Mwana andi mpe osala:
His child too is to stay.

Mvungudi otiama e nkuni:
The herdsman is to fetch firewood.

6. In a Positive statement in which the Object is first mentioned or thrown to the end of the sentence, to give it prominence, it does not take an Article, unless the Object is further represented by an Objective Pronoun after the Verb, or when the Demonstrative Particle i precedes the Verb, which always happens under the above circumstances, when the Noun is qualified by a Demonstrative Pronoun.

E kuma kadi, o nkanda ame osumbidi wo:
Because he bought my book.

E kuma kadi, nkanda ame kasumbidi:
Because it was my book that he bought.

Ezaka ntangwa mpasi monanga za nzala:
Sometimes I suffer hunger.

Nkombo kazolele teka:
He wants to sell a goat.

Aleke bezidi, nkanda balombele:
The boys have come, they ask for a book.

Nzo andi ketunganga:
He is building his house.

E mponda kamvondele, nsosolo kansukidi:
He killed him by stabbing him with a sword.

O muntu, ovo mfuka zandi kedia:
If a man gets into debt.

With an Objective Pronoun as well.

E kuma kadi, e nganzu, ovo olembele yo yoka, evata diaku divia:
Because your town will be burnt unless you burn a fire ring round it.

O nlungu ame bakanini wo o yiya:
They made up their minds to steal my canoe.

With the Particle i.

O nlele ame mpe i kabongele:
And he took my cloth too.

E ntaku za mfumu i bakayanini:
They shared together the chief's ntaku.

Qualified by the Demonstrative Pronoun, and having the Particle i.

Aleke bezidi, o nkanda una oyikidi i bazolele:
The boys have come, they want the book which you spoke of.

E nzo yayi i ketunganga:
He is building this house.

At the end of the sentence.

Tuzolele kio tala, e lekwa kiaku:
We want to see it, that thing of yours.

Sumba nsumba zo, e nkombo:
I will buy them, those goats.

Ke tumwene yo nkutu ko, e leke yaku:
We did not see them at all, those boys of yours.

7. In a Negative statement, when the Object precedes its Verb, or is placed at the end of the sentence, outside the Particles of Negation, it is represented by an Objective Pronoun after the Verb; in such case the Object always takes the Article.

E nzo andi nkutu, kazolele yo tunga ko:
He does not even want to build his own house.

E nsusu aku, kimwene yo kwame ko:
I did not see your fowl.

Ezaka ntangwa o madia mandi kazolele mo dia ko:
Sometimes he does not like to eat his food.

Kizeye dio kwame ko, e diambu dina oyikidi:
I do not know the matter you mention.

Kisumbanga zo kwame ko, e nkombo za yela:
I do not buy sick goats.

8. The Article o is prefaced to the Name of a person, when it stands as the Subject of a Verb, no matter what its position in the sentence; but if the sentence in which it appears is an answer to a question, the Name does not take an Article.

If a Style or Title (Uncle, Chief, &c.) is prefaced to the Name, or stands instead of it, the Style or Title follows the rule, and the Name follows after, without any further Article, as though the Style or Title were part of the Name.

O Zeka obokele aleke ame:
Zeka called my boys.

O Luvezo wizidi kungyuvula diambu:
Luvezo came to ask me something.

O ngwa ame ankazi Nzinga olueke:
My uncle Nzinga has arrived.

O Nelamvu ozolele o sumba e esikilu diaku:
Nelamvu wants to buy your musical instrument.

O Diamoneka otungidi e mbangu andi:
Diamoneka made her basket.

O ngwa ankazi Nlemvo, ke yandi ko:
Not Uncle Nlemvo.

O nsanga ame Nsona wele kuna evata diandi:
My sister Nsona has gone to her town.

O Nsiku kalendi kwenda ko:
Nsiku cannot go.

Out of normal position.

Wele kwandi, o Lukelo:
Lukelo has gone.

Osumbidi kio, o Nkunku:
Nkunku has bought it.

Kwiza kekwiza, o Tata:
Father is coming.

Bavangidi ne i kavovele, o Mfumu:
They did as the Lord commanded.

Kazeye tunga nzo ko, o Ngwa ankazi:
Uncle does not know how to build a house.

Wau kitekele o mwini, mpasi kemona o Tata:
Now that the sun has come out, Father will suffer.

Nkia ndata kenata kio, o Bakana?
How will Bakana carry it?

Bakayanini e mfundi kalambidi o Ponte:
They divided out the mfundi that Ponte cooked.

Utusamunwini owu kavangidi o Sodiadia:
He told us what Sodiadia had done.

In an answer.

E kuma Nlemvo wayele ezono:
Because Nlemvo went yesterday.

Luvezo unsamunwini wo:
Luvezo told me.

Ingeta, ezaka ntaugwa Sita okwendanga:
Yes, sometimes Sita goes.

The Verb **wana**, when it is used in the sense of *to find*, and has for its Object a Noun Clause indicating the state of things found, if the Subject of the Noun Clause is the Name of a person, the Name takes the Article; in that case the Name is not the Object of the Verb, but the Subject of the Noun Clause, so the Name takes the Article.

Bele wana o Kikudi yau kevinganga:
They went and found Kikudi waiting for them.

9. When the Name of a Person, or a Style, or Title, is the actual Object of a Verb, it does not take an Article, whatever its position in the sentence, not even when it precedes the Verb for any reason, nor in a Relative Clause. But when the Name, or Style, or Title, is represented by a Personal Pronoun, or by an Objective Pronominal Prefix on the Verb, the Name, &c., may be mentioned after the Clause or sentence; in such case it takes an Article.

Basamunwini Luvezo e diambu diau ekulu:
They told Luvezo all about it.

Nkia ndata kenata Bakana?
How will he carry Bakana?

Kubokela Tata Bukusu ko:
Do not call Father Bukusu.

Nwenda sadisa Situa:
Go and help Situa.
Nda yuvula Makwekwe:
Go and ask Makwekwe.
Adieyi onatinanga Nengudi?
Why are you carrying Nengudi?

Out of normal position.

Ingeta, mfumu Kikudi besadisanga:
Yes, they are helping the chief Kikudi.
Nlandu kaka tumwene:
We only saw Nlandu.

Relative Clause.

Bokela Ndomfunsu, ona ovwidi Baka:
Call Ndomfunsu, who owns Baka.
Vana kio kwa Ewete, ona osadisanga Luvila:
Give it to Ewete, who is helping Luvila.

Represented before the Verb.

Kadi yandi babokele, o Nkia-ngudi:
Because it was Nkia-ngudi they called.
Tunzolele beni, o Ngwa ankazi Lotutala:
Of Uncle Lotutala we are very fond.
Wenda kunsusumuna, o Mvemba:
Go and call Mvemba.

10. The Article may appear before each of a man's Names, when more than one is mentioned, and the Name is the Subject of the Verb. It is more courtly so to do, but it is certainly a cumbersome form of speech, and may be dispensed with.

O Manwele o Kedi unsamunwini vo——:
Manwele Kedi told me that——

11. Sometimes Animals, &c., are personified; in such case they take the Article as 1st Class Nouns.

O dievwa umbakidi:
The jackal caught him.
O ngo ovovele vo——:
The leopard said that——

12. The Names of Places follow the rules of Common Nouns, not those of the Names of Persons.

E nsi ina ifinamene e Ngombe:
That country is near Ngombe.
Kimwene kwame Kindinga ko:
I did not see Kindinga (a town).

13. A Noun in Apposition takes no Article.

Dia kumosi kidianga ko, mfundi:
One thing I do not eat, mfundi.

Omaka mana kə mena o nluta ko, malonga ye yinkutu:
Some barter stuff brings no profit—plates and coats.

14. When a Noun is qualified by -ingi, *much, many;* or by -andwelo, *or* -akete, *a little, few*, it does not take the Article, unless the sentence is prefaced by:—

i   diau
i kuma kiki   dianu
e kuma   i diau didi
e kuma kadi   okala vo kadi
e kuma?   kadi
nkia kuma?   adieyi?

and such words stating and requiring a reason. In such case it takes an Article.

The Noun qualified by -ingi, &c., also takes an Article when further qualified by a Demonstrative Pronoun, or a Relative Clause, or when it occurs in a Relative Clause, or in a Clause commencing with **wau, una, ova, vava, yavana, kufwila owu...ko.**

Where -ingi would be translated by *much of*, or *many of;* and -andwelo, *or* -akete, by *few of, a little of*, its Noun takes the Article, and is followed by a comma.

Nzau zingi zina muna mfinda zeto:
There are many elephants in our forests.
Wantu andwelo bevwatanga e mbadi:
Few people wear palm fibre cloth.
Nzo zakete zisidi kuna evata diandi:
Few houses remain in his town.
Maza mengi mezidi muna nlungu:
Much water came into the canoe.

Reason, &c.

E kuma, e kwanga yakete kikilu isidi:
Because there are very few kwanga left.
Nkia kuma nubongele e nsonso zakete?
Why did you take so few nails?

Qualified by a Demonstrative Pronoun.

O mavia mau makete mafwene:
Their few fields are sufficient.

Qualified by a Relative Clause.

E nguba zakete, zina babakidi, ke zifwene ko:
The few ground-nuts they got are not sufficient.
E nanazi (zina) tusolwele, zingi:
Many were the pine-apples which we found.

In a Relative Clause.

Awana banete e ntaku zakete kaka, ke yau ko:
Not those who carried only a few rods.

After **wau**, &c.
>**Wau kafudidi e nsengo zakete:**
>Since he forged but few hoes.

Many of, &c.
>**O wantu, engi bamwene o wonga:**
>Many of the people were afraid.

>**E ngamba, zingi zifwidi:**
>Many of the carriers died.

15. The strengthened form, **-ayingi**, is generally employed instead of **-ingi** when the Article is present; but **-ingi** is the more frequent form when the Article is absent.

-ayingi has also this peculiarity, that when it qualifies the Subject of the Verb, the Subject takes an Article whether it would or not with **-ingi**; but when it qualifies the Object, the Object only takes an Article when it would with **-ingi**; *see the above rules*.

>**E nsangu zayingi**⎱ **zivwidi mwangana:**
>**Nsangu zingi** ⎰
>Much news is spread abroad.

>**E nkayi zayingi**⎱ **zivondelo:**
>**Nkayi zingi** ⎰
>Many antelopes have been killed.

>**Banzitisi o luzitu luayingi:**
>**Luzitu luingi banzitisi:**
>They respected him greatly (with great respect).

>**E nzo zayingi zambote zividi:**
>**Nzo zingi zambote zividi:**
>Many good houses have been burnt.

Qualifying the Subject.
>**E nzau zayingi zina muna mfinda zeto:**
>There are many elephants in our forests.

>**O maza mayingi mezidi muna nlungu:**
>Much water came into the canoe.

Qualifying the Object.
>**Bantwese madia mayingi:**
>They brought me much food.

>**E mfumu zimfundidi mambu mayingi:**
>The chiefs charged him with many things.

Reason.
>**Nkia kuma batwasidi e mbasa zayingi?**
>Why did they bring so many mbasa?

>**E kuma, e nzo zayingi bazolele tunga:**
>Because they want to build many houses.

Qualified by a Relative Clause.
>**E nguba zayingi, zina babakidi, ke zifwene ko:**
>The many ground-nuts which they obtained are not enough.

After **wau.**

Wau tusumbidi o mamla mayingi:
Now that we have bought many mamla stems.

16. Before **kwa**, *how many* (primary form), the Noun never takes an Article; but when **kwa** is in the Secondary Form (*see* p. 566), the Noun takes the Article.

Sometimes, however, the Secondary Form is used as the Primary; in that case it does not take an Article, any more than the simple Primary Form in **kwa.**

The difference between the true Secondary Form and that used as a Primary Form is very often difficult to distinguish. When the Secondary Form is used with the Article, the Noun has been the subject of thought and conversation and the simple question is asked as to how many of them. When the Secondary Form is used as a Primary Form, without the Article, the Noun has not been mentioned or considered specially, and the question is rather, how many, if at all.

Primary.

Nti kwa okesele?
How many trees did you fell?

Nsonso kwa ovava?
How many nails do you want?

Nkumbu kwa wele?
How many times did you go?

Secondary.

O maki mpe, makwa osumbidi?
The eggs too, how many did you buy?

E ntaku, zikwa zisidi?
The ntaku, how many were left?

E mfundi, zikwa nudianga muna lumbu?
How many cassava puddings do you eat a day?

When the Secondary Form is used for the Primary.

Ntaku zikwa zisidi?
How many ntaku are left?

Nzo zikwa zividi?
How many houses were burnt?

Maki makwa ozolele?
How many eggs do you want?

Kwa-ekwa and **-kwa-ekwa,** *how many each,* follow the same rule.

Primary.

Mbele, kwa-ekwa babongele?
How many knives each did they take?

Secondary.

E mfundi mpe, zikwa-ekwa nuzolele?
How many cassava puddings do you want, each of you?

Secondary Form used for the Primary.

Maki mekwa-ekwa nulambidi?
How many eggs have you boiled, each of you?

17. In a Relative Clause all common Nouns take an Article, whether the Clause be positive or negative.

Obokele Mbandila, ona ozolele o teka e nkombo o mbazi:
He called Mbandila, who wants to sell a goat to-morrow.

Ke vena ona unsundidi o nene ko:
There is no one (who is) greater than he.

Ana ke bazolanga o lunda e nsiku miandi ko:
Those who do not wish to keep his laws.

Ona, kifweno o nata e nsampatu zandi ko:
Whose shoes I am not worthy to carry.

Dina kafongele o nkento:
That (mat) on which the woman sat.

Mana ke mena o nsiku ko:
Against which there is no law.

Ona kavangidi e diambu ko:
Who had done nothing.

Tufongele vana vakedi e ndonga:
We sat down where the crowd was.

Ke tutunga vana vena o matadi ko:
We will not build where the stones are.

Muna ke mwasiwa nkutu o muntu ko:
Where no man had ever been laid.

Kuna ke kwina o ntemo ko, ke kwau ko:
Not where there is no light.

Kuna kulungidi o wantu i tukwenda:
We are going to the place where the people are congregated.

Sia kio vana vena o maza:
Put it where there is water.

Kala kuna kwina e leke yame:
Remain where my boys are.

Kizolele kota muna mwina e tombe ko:
I do not like to go into a dark place (where there is darkness).

Kuna nsi eto, kuna ke kwina e mfinda ko, ke kwau ko:
Not in our country, where there are no forests.

Osisidi kio vana ke vakedi o muntu ko:
He left it where there was no one about.

Muna ke mwakedi o ntoto ayingi ko:
Where there was not much earth.

In the following sentence the Negative Clause is not part of the Relative Clause which ends at the word **mo**.

Ana bewanga mo, ke be monanga wonga ko:
Those who hear of these things are not afraid.

18. A Participle may initiate a Relative Clause; in such case the Noun which it qualifies takes an Article.

E nzo katungidi o nleke aku:
The house which your boy built.

O wantu betunganga e nzo zau, ke bekwenda ko:
The people who are building their houses need not go.

A Participle thus initiating a Relative Clause may agree with its own Object by "attraction," and the construction result which is noted at the foot of page 707, and is further explained in these notes on the Syntax, under " The Predicate, Subjective Prefixes—Concord by Attraction ;" in such case the rule of the Relative Clause prevails, with the sole exception of the names of Persons, Styles, or Titles, which do not take the Article.

Nani okuntwasa e nsangu za mambu mevova o se aku?
Who will bring me word of what your father says?

Kina kizolele o ntima ame:
That which my heart loves.

Belandanga e fu ivanganga o wantu ambi:
They follow the customs of bad men.

E nkombo ina ididi o mèvwa:
The goat which the jackals ate.
(*this might be translated*, the goat which ate the jackals.)

Concord by attraction; Subject a Proper Noun.

Oyau kaka, ana bekwikilanga o mambu mavova Nzambi:
They only who believe the words which God spoke.

Nda kubasamwina o mambu mampwena màvangidi Nzambi:
Go and tell them what great things God has done for you.

Ne i wau uvovele mfumu:
Just as the chief said.

Kuna kulele Mpukuta ke kwambote ko:
The place where Mpukuta sleeps is not a good one.

Kuna kwayalukila Mfumu Makitu:
The place to which the chief Makitu removed.

Bansamunwini kuna kwayenda Ngudi-ankama:
They told me where Ngudi-ankama had gone.

Tulueke muna evata muna mufwila Nsona:
We came into the town in which Nsona died.

Muna sapala muna mwatunga Ngwa aukazi Nsompi:
In the copse where Uncle Nsompi built.

Kuna kwina Nkwezi Lukelo:
Where Nkwezi Lukelo is.

Kuna kwina mfumu:
Where the chief is.

When there is no "Concord by Attraction," and a Proper Noun stands as the Subject of the Verb, the Noun takes an Article.

I bosi toma kutusamunwina oma kevova o Kidudu:
And then tell us properly what Kidudu says.
Utusongele oma katusonekène o Ntima-nsieme:
He showed us what Ntima-nsieme wrote to us.
Kazolele kunsamunwina oma kavovele o mfumu ko:
He does not want to tell us what the chief said.
Twawa o mambu mampwena kamvangidi o Mfumu:
That we may hear the great things which the Lord has done for him.

The Demonstrative Verbal Particle i may preface a Relative Clause. In such case the rules as to Relative Clauses are in full force.

Ana bena ye fu yayi i bemona o wonga:
It is those who have such customs who fear.
Konso muntu ozolele o vioka i nulembi mwesa e mpasi:
Any one who wishes to pass by, he it is to whom you must do no harm.
Ana bewanga mo i ke bemona e mpasi ko:
It is those who attend to these things who do not suffer.

19. A Noun qualified by a Cardinal Numeral does not take an Article. The following exceptions to this rule must, however, be borne in mind:—A Noun thus qualified takes the Article when it appears in a Relative Clause; or when qualified by a Demonstrative Pronoun, or Relative Clause; or when the Numeral is combined with the Demonstrative Pronoun (see the list at the foot of page 573); or when that particular Number is specially definite; or after **kwa**, *how many;* or in quoting some well-known instance or case in point. Where the Noun forms part of a clause in which the Verb is preceded by **una, wau, vava, ova, ovo, yavana, kufwila owu...ko**, it takes the Article, since it is always definite.

Qualified by Numeral; Indefinite.

Sumba nsusu ya:
Buy four fowls.
Lumbu kimosi twele akangala:
One day we went for a stroll.
Tuvondele nkayi zole:
We killed two harnessed antelopes.
Lumbu tatu tulele muna nzila:
We slept three (days) nights on the road.

In a Relative Clause.

Tusumbidi e kimbundi kina o mavwata masambanu:
We bought a piece of cloth which was six fathoms long.
Muna evata dina tulele e lumbu tatu:
In the town in which we slept three days.
Vana yo kwa awana banete e zenzo tanu:
Give them to those who carried five barrels.
Vana vena e mbangi zole:
Where there are two witnesses.

Qualified by a Demonstrative Pronoun, or a Relative Clause.

Kizolele e nkombo zazi zau atanu ko :
I do not want these five goats.

O mateva mau amatatu, ke mau ko :
Not these three mats.

E nsusu tanu, zina oyikidi :
The five fowls which you mentioned.

E ntaku zazi makumasambanu :
These sixty ntaku.

Specially definite.

E yandu nana ngikidi, ke yau ko :
Not the eight chairs I mentioned.

E lumbu ekimosi :
One of the days.

Nutunga e nzo eyimosi :
You must build one of the houses.

Ufwene vo o muntu mosi ofwa, ke mu wantu awonso ko :
Better that one man (in particular) die than all.

O muntu omosi :
One of the men.

After **kwa.**

Nkumbu kwa ndenda kaya e ntaku nkama yo makumaya muna wantu makumole ?
How many times can I divide 140 rods among twenty men?

Wantu kwa balenda nata o mazitu mole ?
How many men can carry two loads (each)?

Instance or case in point.

Nga e mbizi zole, ke zau ko zatekwa muna lutaku e ?
Are not two fish sold for a rod?

E nlungu miole miakukwidi ezono, miakangwa e nkangwa mosi :
The two canoes which drifted away yesterday were tied in the same way.

With **una, wau,** *&c.*

E ngonde nsambwadi ova zavioka :
After seven (or the seven) months.

E mvu miole una milungidi :
When the two years were up.

Una kiviokele e lumbu tanu :
When the five days were over.

A Noun qualified by a Partitive Numeral does not take an Article, except in a Relative Clause.

Ubavana mankondo mole-mole :
Give them two plantains each.

In a Relative Clause.

E ngamba zina zinete o malonga matatu-matatu :
Those carriers who have carried three plates each.

20. There is an idiom in which the Object of the Verb is qualified by a Possessive Pronoun (*adj.*), and neither the Subject nor the Object takes an Article; in such case it is always implied that the Subject performs the action predicated himself, for himself, on his own account, not for any other. In this construction the Article is conspicuously absent from both Subject and Object, not even appearing as a Prefix to the Personal Pronouns.

>Mpangi ame wateka mbwa zandi vana ezandu:
>My brother himself sold his dogs on the market;
>*With the Articles:*—
>O mpangi ame wateka e mbwa zandi vana ezandu:
>My brother sold his dogs on the market.
>Ngwa ankazi otunganga nzo andi:
>Uncle is building his house himself;
>(*With the Articles:*—Uncle is building his house).
>Kadi Kikudi ovwidi nzo andi:
>For Kikudi has his own house.
>Nata kayi kiaku:
>Take a cutlass for yourself;
>(*With the Article:*—Take your cutlass).
>Bonga nguba zaku:
>Help yourself to ground-nuts, *or* take ground-nuts for yourself.
>Tuzolele tunga belo kieto:
>We wish to build a quarter for ourselves.
>Mono nsumba mbizi ame:
>I will buy my own meat.
>Mpangi ame wele tiama nkuni zandi:
>My brother is gone to get his own firewood.
>Tuzolele solola nsi eto:
>We wish to find a country for ourselves.
>Mono mpwidi lekwa yame:
>I own my own things.
>Ovo onata e vevo kiame, nata mpe vevo kiaku:
>If you carry my umbrella, take one for yourself.
>Kunati madia maku ko:
>Do not take food for yourself;
>(*With the Article:*—Do not take your food).

21. When a Common Noun is qualified by a Demonstrative Pronoun (*adj.*), or a Relative Clause, it always takes the Article, whether in a Positive or Negative Clause.

>*Qualified by a Demonstrative Pronoun.*
>Kisumba kwame e nkombo yayi ko:
>I will not buy this goat.
>Kalendi sweka e diambu diadi ko:
>He cannot hide this affair.
>Kolo kingi ke bamwene e ntetembwa ina ko:
>They did not see that star for a long while.

Katungidi e nzo yayina ko:
   He did not build that house.
Kusonekene e ngamba zazi ko:
   You have not written (the names of) these carriers.
Tuyokele e ebaya dina diambote:
   We burnt the good plank.
Kikakilwa e nzila yayi ko:
   I will not have this road shut against me.
Kivwidi e lekwa kiaki mfunu ko:
   I have no use for this thing.

Qualified by a Relative Clause.
Ke tuzolele o nlele una ulembi zinga ko:
   We do not like cloth which does not wear well.
Ke tuvidisi e mbele ina watuvana ko:
   We did not lose the knife you gave us.
E nzo ina oyikidi yambote kikilu:
   The house you mentioned is a fine one indeed.
Nsumbidi e ngulu zina twamwene ezono:
   I have bought the pigs which we saw yesterday.
O nleke wina wau:
   Such a boy as that.
Kisumba e nkombo ina wau ko:
   I will not buy such a goat.
Kisumba e nkombo ina oyikidi ko:
   I will not buy the goat you mentioned.

22. No Article comes between **nkia**, *what*, and its Noun.

Nkia muntu?
   What man?
Nkia ntangwa?
   What time?
Nkia nkombo ifwidi?
   What goat is dead?

23. In a Clause introduced by **ne** *or* **nze**, *as, as though*, the Nouns do not take an Article.

Ne banza vo nzo zau zividi:
   As though their houses were burnt.
Nze yandi wele vava nzimbu:
   As if he had gone to seek some beads.
Ne yeno nuvwidi mbele yayi nkinzi:
   As though you had some need of this knife.
Bakotele ne yau bemonanga nsoni:
   They entered as though they were ashamed.
Ne kazeye lekwa kina mfunu ko:
   As if he did not know the use of that thing.

24. No Article is used in the construction noted under " while (a little while)," on page 810.

   Una bafongele kimfonga-mfonga :
   When they had been sitting a little while.

25. The Article is always present in subordinate sentences, whether Positive or Negative, which are connected with the principal by **wau, una, ova, vava, yavana, wau kadi, kufwila owu...ko,** with any Predicate but **kala** *or* **ina,** *to be.*

See rule 30.

 O Nzambi, wau kazolele o kelelwa o wantu e kimenga ko :
  Since God does not desire human sacrifices.
   The simple statement would be :—
  O Nzambi kazolele kelelwa wantu kimenga ko :
   God does not desire human sacrifices.
   Wau ke vena e kuma ko :
    Since there is no reason.
   Wau ke bena o nsiku ko :
    Seeing that they have no law.
 Wau ke babongele nkutu e ma ko, tubayambwidi :
  As they did not take anything, we let them go.
   Una bamwene o muntu muna nzo :
    When they saw a (*or* the) man in the house.
  Una ke bamwene o muntu muna nzo ko :
 When they saw no one (*or* did not see the man) in the house.
   Una kafudidi nkutu o vova ko :
    Before he had finished speaking.
 (*lit.* while as yet he had not at all finished to speak.)
   Una kiatungidi e nzo ame ko :
    Before I had built my house.
   Une ke kiabwidi e sivu ko :
    Before the cold season set in.
   Ova ke vamonekene o muntu ko :
    Before any one appeared.
   Vava ke kiasemeno e nza ko :
    Before the creation of the world.
 Esi nsi, yavana ke bayambwidi o vonda e ndoki ko—— :
  The people, until they abstain from killing witches——
 Aleke eto, kufwila owu tubalongele e fu yambote ko :
  Our boys, although we taught them proper behaviour.
 Kufwila owu kalembele yambula e nsita zandi ko :
  Although he did not give up his passion.
   Yavana ke nukondelo nkutu o tukau ko :
    So that you were lacking in no gift.
 E nsangu, una zaluaka, o wantu awonso o wonga ubabakidi :
  When the news arrived, all the people were seized with fear.
    (*lit.* fear seized them.)

26. No Article appears after the Conjunctions, **ovo, kana,** *either, or, neither, nor;* **ngâtu, musungula,** *neither, nor, especially* or *certainly not,* when they connect with a *negative* clause or sentence; neither is there any Article after **nanga, nangi, nangu, ngâtu, nganu,** *except.* When **ovo, kana, ngâtu, musungula** connect with a *positive* sentence, the Article is used.

   Kukangala ko, ngâtu teka maza :
    Do not walk about nor fetch water.
  Kibasengele lulendo ko, ngâtu kanga yitu yau :
   I did not behave proudly to them, nor tie up their relations.
    Awonso nangu Dimbu :
     All but Dimbu.
  O wantu awonso bekwenda, nangu mfumu :
    All the people will go except the chief.
 Bonga konso nsusu ozolele, nanga nsusu ampembe :
   Take any fowl you like, except the white one.
 Kunati nzimbu ko, ovo mbele, ovo nti, ngâtu nkele :
   Take neither money, nor a knife, nor staff, nor gun.

With Positive Clauses.
  Kana o nlele wau, kana e mpu, ke diambu ko :
   Whether this cloth, or the hat, it does not matter.
 Bonga konso nsusu ozolele, ovo e ekoko dina, ovo e nkento ina :
   Take whichever fowl you like, either that cock or that hen.

27. There is never any Article after the Preposition **-a,** *of;* or after any of the Locatives.

    Mwisi a mfomo :
     Tobacco smoke.
    Ntambi za wantu :
     The footsteps of people.
    Nzo a mfumu :
     The house of the chief.
   Wele kuna belo kiandi :
    He is gone to his part of the town.
   Vana kio kwa nsusu :
    Give it to the fowls.
    Muna nkele :
     In the box.
    Vana fulu :
     On the spot.

28. When a Narrative *commences* with an Impersonal Verb bearing a Locative Prefix, no Article ever precedes the Noun, not even when it is qualified by a Relative Clause.

   Vakezi muntu vana ezandu o unu :
    There was a man at the market to-day.
  Kulueke Mundele kuna evata dieto :
    There came a white man to our town.

Muvikukidi tembwa kiampwena :
There beat down a great storm of wind.
Vakala muntu wakala yo wana andi wole :
There was a man who had two sons.

If, however, the Impersonal Verb introduces a *secondary incident* into a Narrative, an Article is prefaced to the Noun in Positive sentences. In such case, some Conjunction is expressed or implied in English, *and, now, too, also ;* or an Adverb, *after that, then, at last,* &c.

I bosi, vezidi o muntu——:
After that there came a man——
Vakedi mpe o nlungu vana ekumu :
There was a canoe also at the beach.

(*Negative.*)
Ke vakedi mpe nlungu va ekumu ko :
There was no canoe either at the beach.
Mwakala e ndonga a aleke muna nzo :
Now there was a crowd of boys in the house.
Vamonekene o nkunzi a mfumu :
(After that) a messenger from the king appeared.

(*Negative.*)
Ke vamonekene nkunzi a mfumu ko :
There appeared no messenger from the chief.

These remarks only apply to cases where the Impersonal Verb introduces the Subject, and commences the sentence.

29. When the Verbs **kala, -na,** *or* **-ina,** *to be,* are used with or without the Article to express the Verb *to have* (*normally*), the Noun which completes the Predicate takes or omits the Article in accordance with the general rules of the Article ; so also when these Verbs bear an Impersonal Prefix (Locative or **ki-** for *time*), they follow the general rules.

When these Verbs precede a Noun under any other circumstances than those above noted, they are never followed by an Article.

When the Verb *to be* is understood, but not expressed, or where the Demonstrative Verbal Particle **i** (which is equivalent to the Verb *to be* in all its parts) precedes the Noun, and serves as the Verb *to be;* or after the Pronominal Particles **i, u, tu, twa, nu, nwa** (*see page* 579) ; or after the Particles **se, ne** *or* **nze** ; or when **-ina** is combined with **vo** (**bena vo**) ; the Noun following never takes an Article, not even in a Relative Clause, and so far overrides that far-reaching rule.

With **kala** *or* **-ina,** to have (*normally*).
Wina kwandi o moyo :
He is alive (with life).
Awana bena o meso mole :
Those who have two eyes.
E mbizi ina ke ina nkila ko :
That animal has no tail (*negative clause*).

Bearing a Locative Prefix.

Bafongele vana vakedi o maza:
They sat down where there was water.

Wele kuna kwina o mbunzi ame:
He is gone to the place where my brother is.

With **kala** *and* **-ina,** *to be, under other circumstances.*

Mbula kakala aka nkaza ame:
Let her continue to be my wife.

Mbula kakala nkaza ame:
Let her be my wife.

Kazolele kala mfumu ko:
He does not wish to be chief.

Nzolele kukûla, yakala mfumu ngani:
I wish to redeem myself, that I may be free.

Ke tukedi ntaudi zandi ko:
We were not his boys.

Ozevo okala kaka mpofo:
Then you will always be a blind man.

Wau ngina mfumu aku:
Since I am your chief.

Twakalanga ntaudi zandi:
We were his boys.

O mbazi nkala nkwa aku:
To-morrow I shall be your companion.

Kadi mfumu kena:
Because he is chief.

The Verb, to be, *understood.*

Unkitwidi nkaza andi:
He made her (to be) his wife.

Ovangidi kio mbele andi:
He made it (to be) his knife.

Tuwumbidi lo kinzu:
We moulded it into (being) a cooking pot.

Ikumvanga mvwama kikilu:
I will make him (to be) a very rich man.

Adieyi bankitulwidi mbundu?
Why have they made a slave of me? (*lit.* me to be a slave).

E nkombo ke ilendi kituka ngulu ko:
A goat cannot be transformed so as to be a pig.

Ozengele wo nti ankufi:
He cut it so that it was a short stick.

Insumbidi mbundu ame:
I bought him to be my slave.

Una ngyele kubatala, kinga wana aku ankazi!
When I went to see them, they were your nephews!

Tuwidi e titi isosola, nsa, tukulukidi:
We heard the grass rustle, it was a nsa, we crouched down.
Aleke yau awole, Bakana yo Mpongi:
The two boys are Bakana and Mpongi.
O wantu yau atanu, wana ame nkutu:
Those five people are all my children.
Ondioyo mbundu a Makitu:
That man is a slave of Makitu.

With the Particles.

Kadi eyayi i nzo eto:
For this is our house.
Nga vo i mfumu eto——:
As for our chief——
I mpanga tuvangidi kio:
That is how we made it.
Kizolele kala diaka i mfumu ko:
I do not wish to be any longer chief.
Konso ona ovanganga esumu i mbundu a esumu:
He who commits sin is the slave of sin.
Kumoni o wonga ko, tu mpangi zaku:
Do not be so afraid, we are your brothers.
Ovo o yeno nu mfumu:
If you are chiefs.
Ovo yeno i mfumu:
If you are the chiefs.
Ovo yau i a mfumu:
If they are the chiefs.
Ovutukidi se mfumu ngani:
He came back (being) a free man.
Kansi owau se nleke ambi:
But now he is a bad boy.
Wina kwandi ne bulu:
He is like an animal.
Untungila e nzo, ne nzo aku:
Build me a house like yours.
Kina ne i wantu akaka ko:
I am not like other people.
Wina nze mfumu eto:
He is like our chief.

-ina vo, &c.

A mfumu bena vo minkwikizi:
The chiefs who are Christians.
Owau se bena vo wana ansôna:
Now they are orphan children.
Ana bena vo i mfumu zeto:
Those who are our chiefs.

Relative sentence.
Kina kina ne nsongo :
Which is like copper.

30. After an Auxiliary Verb the Infinitive Noun never takes an Article; otherwise the Infinitive Noun follows the rule of other Nouns. After **zola** it is sometimes dispensed with.

Toma nata :
Carry carefully.
Osinga kwenda :
You will go all in due course.
Bevika luaka :
They will soon be here.

After any other Verb the Infinitive Noun takes, or omits the Article according to the general rules above given.

Misundidi o lambuka :
They are longer.
Nani ozolele o sumba kio ?
Who wishes to buy it ?
Balutidi o zola e mbika ke mu mbizi ko :
They preferred gourd pips to meat.
Bazolele kikilu o kwenda :
They want very much to go.

N.B.—*The rules which regulate the use of the Article in combination with other parts of speech, or members of the sentence, are here given that all may be together, and thus afford better means of comparison.*

31. The Adjective **konso**, *each, every,* always precedes its Noun, but never receives an Article Prefix, neither does the Noun it qualifies take an Article under any circumstances.

Konso muntu kenda kwandi :
Any one may go.
Konso etadi, etadi kwandi :
Any stone will do (*lit.* any stone is a stone).
Bokela konso muntu :
Call any one.
Konso aleke banata yo :
Any boys may carry them.

32. The Secondary Adjective **-aka**, *some,* takes the Article Proper to its Noun as a Prefix.

Ezaka ntangwa :
Some times.
Eyaka lekwa :
Some things.

33. The Personal Pronouns follow the rule of the Nouns as to the use of the Article or otherwise. They receive the Article as a Prefix when a Noun would have it, and dispense with it when it would be absent in a Noun.

The Personal Pronouns, however, take no Article prefix in a reply; or in a curt assertion; or before **kaka,** and **aka,** *only;* or after a Locative; or after **ovo,** *or* **kana,** *either, or;* or after the Particle **i**; or in a Negative Clause; see also rule 20.

With the Article Prefix.

Wau vo oyandi mpe mwisi Ekongo:
Since he too is a Kongo.

Oyeto tumvovese vo:
We said to him that.

Oyeno nu akwa ngangu:
You are the wise ones.

Oyau mpe benda dia:
They too may go and eat.

Reply.

O mwisi Ekongo nani? Yandi:
Which is the Kongo? This is he.

Nani? Mono i muntu:
Who? I am the man.

Nani ofilanga e mpaka? Yeto kweto kibeni:
Who raises objections? We ourselves do so.

Nani ovutukidi? Mono kwame:
Who has returned? I.

Nani utumini? Yandi kibeni:
Who sent you? He himself.

Nani i mfumu? Ngeye i mfumu:
Who is chief? You are the chief.

Curt assertion.

Mono i mfumu a evata:
I am the chief of the town.

Yandi i nleke ame, untuma ovo ozolele wo:
He is my servant, send him if you like.

Mono kwame i Mvungudi ambote:
I am the good Shepherd.

Before **kaka.**

Mono kaka nzeye dio:
I only know it.

After a Locative.

Ovene kio kwa mono:
He gave it to me.

Oko kwa yeno:
To you.

After **i.**

Vo i mono:
As for me.

Edi babenze, i mono:
They think that it is I.

Bena ne i yeto:
They are like us.
Ovovele nze i yandi:
He speaks like him.

In a Negative Clause.
Kansi ke mono ko:
But it is not I.

After **ngâtu, nangu,** *or* **ovo.**
Ke yandi ko, ngâtu mono:
Neither he nor I.
Konso muntu nangu yandi:
Any one but he.
Ovo ngeye, ovo yandi, ke diambu ko:
Either you or he, it does not matter.

34. The Personal Pronouns take the Article Prefix before the Demonstrative Particle **i**, or even without it, when comparisons, or contradistinctions are being made; also before **mpe,** *too, also, as well;* or after **musungula,** *or* **ngâtu,** *especially, in particular,* when it connects with a Positive Clause, otherwise the Article Prefix is absent.

Comparisons, &c.
Omono i mfumu, oyeno i leke:
I am the chief, you are the servants.
Oyeto i asukami, ongeye i mvwama:
We are poor people, you are rich.
Ovo wantu akaka balembele kwenda, omono, kwenda nkwenda:
If other people will not go, I (for my part) will.

Mpe, *&c.*
Omono mpe, nzeye o tanga:
I also know how to read.
Oyau mpe bene ye ngangu:
They too are clever.
Musungula oyeno, longa ikunulonga:
Especially you, I will teach you.
Nzolele o wantu awonso benda, musungula oyeno esi belo kiame:
I want all the people to go, especially you who belong to my quarter.
Oyeto awonso mpe tuzolele o toma vwata:
All of us too, we wish to dress well.

Musungula *and* **ngâtu** *after a Negative Clause.*
Ke vekwenda muntu ko, musungula ngeye:
No one shall go, especially you.
Kimwene aleke ko, ngâtu yandi:
I did not see any boys, certainly not him.

35. When the Personal Pronouns are qualified by **-awonso,** *all,* they do not take the Article Prefix unless they are preceded by **musungula,** *especially, in particular,* or followed by **mpe,** *also, too, as well.*

Tuzolele o kwenda, yeto awonso:
We want to go, all of us.

Kekubavondesa ko, yau awonso:
He will not put all of them to death.

Akinani tukwenda yau ? Yeto awonso:
With whom shall we go? With us all.

36. After **e kuma,** and such words stating or requiring a reason, the Personal Pronouns take the Article Prefix, unless the case is exceptional, or **kaka,** *only,* is expressed or understood; in that case the Article Prefix is absent.

E kuma kadi oyeno, zonza kwingi:
Because you are very quarrelsome.

Kadi oyeto, kwiza tukwiza:
Because we are coming.

Exceptional.

Kadi yeno nuzolele kumwesa e mpasi zazi:
Because you like to bring this trouble upon yourselves.

With **kaka.**

Kadi yandi kaka basadisi:
Because they only helped him.

37. Adverbs derived from Nouns, when not formed with the Locatives, or **ya, ye,** *or* **yo,** are simply preceded by the Article; this will be apparent from the list on page 604. When such an Adverb is brought out of its normal position, so that instead of following the Verb, it precedes it, the Article is dropped. The following Adverbs of time may take their Article when they precede the Verb, when they are highly emphatic:—**o fuku, e mbanu, o nganu, o mbatu, o ngatu, o masika, o mbazi, o unu, o elelo.** In the same way the Locative Adverbs and Prepositions take the Article as a Prefix, when specially emphatic, and preceding the Verb.

E kuma kadi, nswalu kabamwene:
Because he saw them quickly.

Kadi malembi kediatanga:
Because he walks slowly.

Mbazi kekwiza:
He comes to-morrow.

Mbatu okuna yo:
Plant it later on in the day.

Ngovo nutambwidi, nuvana e ngovo:
Freely you have received, freely give.

Ezaka ntangwa betela ikwendanga:
Sometimes they coincide.

Kimfundu-mfundu kevovanga:
He speaks in whispers.

Lumonso ketanga:
He plays left-handedly.

Specially emphatic.
> **O unu okwenda :**
> This very day he will go.
>
> **O mbanu okwiza :**
> He will be sure to come presently.
>
> **O fuku wele :**
> He actually went by night.

Locative Adverbs specially emphatic.
> **Okoko i kena :**
> He is there (with you).
>
> **Omuna tukunwana :**
> There we shall surely meet him.
>
> **Ovava ke vau ko :**
> Not there.

Locative Adverbs specially emphatic.
> **Okuna nzo ; kùmwene ko e ?**
> At the house ; do you not see him ?
>
> **Okwaku kwina o maza, ke kwau ko :**
> Not here where there is water.
>
> **Ovavana ezandu :**
> There on the market.

38. In *simple statements* the Adverbs, **nswalu**, *quickly;* **malembe**, *gently;* **kieleka**, *truly;* **kikilu**, *indeed*, are not preceded by an Article; but an Article appears in the phrase, e **kieleka kiau**, *surely*.

> **Wenda nswalu :**
> Go quickly.
>
> **Nata malembe kikilu :**
> Carry it very gently.
>
> **Toma kunsamunwina kieleka :**
> Tell me truly.

39. After e **kuma, i kuma kiki, e kuma kadi, okala vo kadi, kadi, dianu, diau, i diau didi, i, nkia kuma ? e kuma ? adieyi ?** and such words stating or requiring a reason, the Adverbs, **o nswalu, o malembe**, and e **kieleka**, take their Articles, when they assume their normal position—following the Verbs they modify.

> **E kuma kadi, o kwenda o nswalu, diampasi :**
> Because it was difficult to go quickly.
>
> **I diau didi ndembele kio natina o malembe :**
> That is why I did not carry it carefully.
>
> **I tuvovelanga o nswalu :**
> That is why we talk rapidly.
>
> **Adieyi nuzolele dio kunsamunwina e kieleka wau ?**
> Why do you want to tell me truthfully about it now?

3 X

40. The Conjunction and Preposition **ya**, *and*, or *with*, may combine with the Article proper to the Noun following it, and thus become, **ya, ye,** *or* **yo**, as the case may require; in so doing it follows the rules of the Article, combining in those cases in which a Noun takes an Article, and not combining where an Article should be absent, except in the cases noted below.

Wenda ye vevo kiaku :
Go with your umbrella.

Banete o loso, ye ntaku, yo mungwa, yo malonga, ye nsonso, yo nkele mosi :
They carried rice, and salt, and plates, and nails, and one gun.

41. When the Conjunction and Preposition **ya, ye,** *or* **yo**, is used in a Negative Clause, the first time it occurs it does not combine with the Article, except in those cases in which a Noun would take it; as in a Relative clause, &c., see the rules above. The second and any subsequent occurrences combine with the Article.

Ke tuna ya kwanga ye mbizi ko :
We have no kwanga or meat.

Ke tuna ya mbele ko :
We have no knife.

Kina ya mwana akaka ko :
I have no other child.

Ke twizidi ya nkele ye mbele yo maswanga ko :
We have not come with guns and knives and spears.

Relative Clause Negative.

Mana ke makedi yo mfunu ko :
Which were useless.

Nuvondele o muntu kena ye diambu ko :
You have killed a man who was innocent.

After **wau**, *&c.*

Wau kina ye nzo ko :
Now that I have no house.

Una kakedi yo mwana ko :
When he had no child.

42. **Ya, ye,** *or* **yo**, are used before Nouns qualified by a Numeral.

Tukwenda ye mfumu zole :
We shall go with two chiefs.

43. When **ya, ye,** *or* **yo**, are used before **konso**, *whichever, any*, &c., they agree with the Noun or Pronoun qualified by the **konso**.

Yo konso nti :
And every tree.

Ye konso nkombo :
And any goat.

Yo konso ona :
And any one who——.

Ye konso zina :
And any which——.

44. **Ya** is used without an Article before the Names of Persons, when the Person in question is not a personal acquaintance; it carries with it the English idea of, *a certain, or some one named.*

Bele ya Tezo :
They went with a certain Tezo.

Vana ezandu dina bawananini ya Mpandu :
On that market they met with a person named Mpandu.

I bosi bavambanini ya Ntoni :
Then they separated from (the man) Ntoni.

45. **Ya** is used without combination with the Article, when surprise is expressed, or when any unusual or astonishing circumstances are spoken of.

O mfumu wekala ya nzimbu zingi :
The chief had a great deal of money.

Ne yeno nwatuka ya moyo muna mafwa :
As if you had come back alive from the dead.

Owau wina ya wana engi :
Since you have many children.

Bena ya kiese kingi :
They are very happy.

THE POSITION OF ATTRIBUTES.

In the preceding consideration of the "Attributes of the Subject" there are given sentences which may serve to illustrate also the position of such attributes in the sentence; there will be found also certain rules on pp. 708–9.

It needs further to be noted that in a series of qualifying words and clauses the Possessive Pronoun has the precedence, and stands next to its Noun; next in order come Numerals, or the Demonstrative Pronoun, or combinations of both; then the most characteristic, or important attribute; then any further qualification; if there are more than one remaining, then -ampa, *new;* -ankulu, *old;* -ambote, *good;* -ambi, *bad;* and such qualifications rank last in mention.

E mbele aku yayi:
This knife of yours.

Nsusu zeno tatu:
Your three fowls.

E nti miau antatu miambote:
Those three good trees.

O malonga mame maya manti mampembe mampa mambote:
My four good new white wooden plates.

Konso.

Konso, *each, any, every,* always precedes the Noun or Pronoun which it qualifies.

Konso muntu:
Any man.

-aka, -akaka.

The shorter form, **-aka**, is practically the Secondary Form of **-akaka**, *some, other, some more.* **-aka** precedes its Noun, concording with it, and taking the Article proper to the Class of its Noun as a Prefix.

The longer, or Primary form, **-akaka**, follows its noun.

Ezaka nsonso; *or* **e nsonso zakaka:**
Some nails.

Akaka is preferred with Nouns of the 1st Class plural, and precedes its Noun, unless it implies *some more*, or follows a Preposition; in that case it follows its Noun.

Akaka antu bazolele zo:
Other *or* some people like them.

O wantu akaka balueke:
Some more people have come.

Muna diambu dia wantu akaka:
For the sake of other people.

Otherwise -aka is generally to be translated by *some;* -akaka, by *other;* -aka...-akaka *or* -aka...aka..., in comparisons, by *some...other.*

Ezaka ntangwa bekwizanga, e ntangwa zakaka ke bekwizanga ko:
Sometimes they come, at other times they do not.

Emiaka nti misavukidi, emiaka ke misavukidi ko:
Some trees have budded, others have not.

Kwame, &c.

The Pronouns **kwame, kwaku, kwandi, kweto, kweno,** and **kwau,** follow immediately after the Predicate; but an Objective Pronoun has precedence, if there be one; when there is an Auxiliary (or Auxiliaries), it comes after the principal Verb.

Bele kwau:
They have gone.

Kizolele kwame kwenda ko:
I do not wish to go.

Onete yo kwandi:
He carried it.

Kizolele mo kwame soneka ko:
I do not wish to write them.

Adieyi nulembele vika zo natina kweno?
Why did you not carry them off quickly?

The Predicate.

Combinations of Two or More Verbs.

When two or more Verbs, connected by the Conjunction **yo,** combine as one Predicate, the first alone receives the Subjective Pronominal and Tense Prefixes, the other Verbs appear in the Infinitive mood, bearing any Objective Pronominal Prefixes which may appear on the first Verb. No Objective Pronoun is repeated.

Nunlanda yo kunlemvokela:
Follow and obey him.

Bampavidi yo kunsolola:
They sought and found me.

Nutoma kubakayisa yo kubatambula:
Greet them well, and accord them a reception.

With an Objective Pronoun.

Tubongele zo yo toma lunda:
We took them, and carefully kept them.

Fula dio yo kufika:
Finish it then, and make it short.

The Auxiliary Verbs.

When the idiom requires that the Verb which receives the Auxiliary should be preceded by its Infinitive Noun, or the 11th Derivative Noun (see page 532), which is formed by prefixing the light nasal to the stem, it is never the

Infinitive Noun, or the 11th Derivative Noun of the Auxiliary which thus precedes, but always that of the principal Verb.

I ngyenda ndembele kwenda:
This is why I did not go;
(*lit.* This is the going I failed to go.)
I ndata kalendele kio nata:
This is how he was able to carry it.
Bansamunwini e mpaika kavikidi vaika:
They told me how soon he went out.
Kwenda kelembi kwenda:
He will not go.
Sumba yadi kio sumba, kansi——:
I should have bought it, but——.
Luaka tunanga luaka o mbazi:
We shall perhaps arrive to-morrow.

THE ORDER OF COMBINED AUXILIARIES.

Sometimes more than one Auxiliary will assist one Verb, in such case the *Negative* Auxiliaries take the first precedence, **lemba, -lembi, kambwa, -adi**; next in order of precedence are those of *certainty (delayed)*, **za, singa, sa**; next, *possibility*, **nanga**; then, *potentiality*, **lenda, fwete**; then, those of *time, or position in point of time*, **teka, vika, vita, -kanini, -kini** (Bako.); next, the Auxiliary Verbs, **baka, bonga, tuka**; then, those of *manner*, **toma, kwama, sala**; and lastly, those of *completeness*, **mana** and **vwa**.

It is probably correct that **zola**, *to want*, when followed by the Infinitive Noun without its Article, is an Auxiliary Verb; it takes the precedence of all the Auxiliaries; an Objective Pronoun, if there be one, immediately precedes the principal Verb; except when the Auxiliaries **mana** and **vwa** are employed; these two Auxiliaries immediately precede the principal Verb, and the Objective Pronoun must precede them.

1	2	3	4	5	6	7	8	9
Want.	Negative.	Certainty.	Possibility.	Potentiality.	Time.	(?)	Manner.	Completeness.
zola	lemba	za	nanga	lenda	teka	baka	toma	mana
	-lembi	singa		-fwete	vika	bonga	kwama	vwa
	kambwa	sa			vita	tuka	sala	
	-adi				-kanini			
					-kini			

EXAMPLES.

Baza nanga lenda vika toma kio vwa katula:
They will then most probably be soon able to completely take it away in a careful manner.
Bazolele teka mana luaka:
They wish to arrive all of them (completely) first.
Adieyi balembele kwama kwizila?
Why do they not come constantly?
Bafwete vika luaka:
They ought to be here very soon.

Awana balembi singa kwenda:
Those who will fail to go when the proper time comes.
Olenda toma dio soneka, ovo ozolele wo:
You can write it well, if you care to do so.
E nzimbu zame zawonso kabongele zo mana dia, odidi zo:
All my money he must needs appropriate completely.

(In recounting the outrageous circumstances of the last example, a good orator would introduce thus the Verb **bonga**, and state what was done, and then repeat the statement, **odidi zo**, the whole interested part of the audience repeating the **odidi zo** with him at the same time; this is a very effective style of harangue, the audience being in this way worked up into excitement and indignation, and thus the point is carried.)

THE COMPLEMENT OF THE PREDICATE.

In English the Verb *to be* admits of an Adjective as its complement; in Kongo this is never the case, only Nouns or Adverbs (or Noun or Adverbial Clauses) can so serve; sometimes the Verb *to be* is transformed into the Verb *to have* (*to be with*), to get over the difficulty. Unless an Adverb is preferable, a Noun or Noun Clause corresponding to the adjectival idea in English is used; where the idea is participial, the Infinitive Noun serves to express it. In Relative Clauses the Particle **vo** follows immediately after the Verb *to be*, when a Noun is its complement.

Akwa umvwama bena; *or* **mvwama bena:**
They are rich.
Kuna makasi kena:
He is angry.
Kena diaka ku makasi ko:
He is no longer angry.
Bena ye kiese kingi:
They are very happy; *lit.* They have great happiness.
Awana kaka bena vo avimpi yo kumama:
Only those who are healthy and strong.
Kuna kwa awana bena vo minkwikizi yo zolwa:
To those who are faithful and beloved.
Awana bena mvwama mu nsangi a kiese:
Those who are rich as well as happy.

VERBS OF RESTRICTED SENSE.

Certain Verbs indicating motion concern themselves only with the place from which the action proceeds, and not at all with the direction towards which the action tends; among them are, **katuka,** *to go away from, to leave;* and **yaluka,** *to migrate from.* When the place *from* is of no moment, while the place *towards* only is mentioned, or the motion is viewed in both its aspects, *from* and *towards*, either the Applied Form must be used before the place *towards* (the place *from* being omitted); or the Verbs **kwenda,** *to go,* or **kwiza,** *to come,* must be made use of. **Kulumuka,** *to descend to,* refers to the place *to which* the descent is made, and the above rule must be adjusted accordingly.

Katuka muna nzo:
Go out of the house.
Bekulumuka ova nsi:
They will come down to the ground.
O wantu awonso bakatukidi muna nlungu, bezidi kuna eseke:
All the people got out of the canoe (and came) on the beach.
Bayalukidi kuna Ngombe a Ntumba, bele kuna Mputu-Kasongo:
They migrated from Ngombe a Ntumba to Mputu-Kasongo.
Bakatukila kuna nsi akaka:
They went away to another country.

SUBJECTIVE PREFIXES.

On page 621 it is noted that Kongos are most careful that the Subject of conversation should be the Subject of the Verb.

In a narrative it often happens that there is no one Subject, but a course of circumstances, or actions are being narrated; in such case, various Subjects occupy the attention one after the other, and for the time being rule sentence after sentence, until superseded by other matter; but the Subject for the time being is paramount, and if necessary the Passive or Middle Voice is used, or even the Passive of the Middle Voice, in a way and extent which is strange to those who are used to European Syntax, but which is nevertheless perfectly correct as ideal Grammar and Syntax.

This idiom prevails even in the presence of a Relative Pronoun, which although the object, is emphatic, and takes the first place in the clause, as is seen in the following sentences:—

Ona bafwilwa:
He who died for them; *lit.* Him by whom they were died for.
Bamwene mpe ona batungila e nzo:
They saw him for whom they built the house.

PREFIX AFTER COMPOUND SUBJECTS.

On page 710 the rules given from "when the predicate possesses" (line 11) to the end of the page must be superseded; the statement that the Verb concords with the first of two subjects if emphatic is not correct. Out of many subjects the last mentioned rules; the Verb assumes the Prefix proper to the Number and Class of the last named; but if one of the Subjects is personal, the Personal Noun rules; and where one person is specially mentioned with his subordinates, the person may rule the Verb.

E nkele zaku yo makuba maku malueke:
Your boxes and bales have arrived.
Nguba ye kwa yambalu kikilu:
Ground-nuts and potatoes are exceedingly dear.
E nzo zandi yo masole mandi mataikidi:
His houses and forest clearings are sold.
O Mundele ye mbongo zandi wizidi:
The White-man and his goods have come.
O mfumu Makitu ya aleke andi wele kuna evata diaku:
The chief Makitu and his retainers have gone to your town.

O mfumu Leopold ye ndonga kikilu wizidi tala e lekwa yatuka kuna Ekongo:
King Leopold and a great crowd has come to see the things which came from the Kongo.

Ana bafwa, ye tembwa mpe, bawanga e ndinga andi:
The dead, and even the winds, obeyed his voice.

Nangu olenda ye ndonga andi banwana ye esi evata dina:
Perhaps he is able, with his party, to fight (that they should fight) with the people of that town.

In this case the Subject of **olenda** and his party (pl.) become the Subject of **nwana**.

PREFIX AFTER COLLECTIVE NOUNS.

After Collective Nouns (though singular in form) the Verb may wear the Prefix proper to the Class and Number of the Collective Noun; or the plural Prefix proper to the Noun to which the Collective Noun refers—or rather, the Noun which expresses the individuals considered collectively in the Collective Noun—whether such Noun is expressed or understood; such Collective Nouns are few.

Mbidi a wantu wafwa (*or* bafwa):
Great numbers of people died.

Ndonga yingi bele (*or* yele) anlandi:
A great multitude went after him.

Bemba kingi (kia mbizi za maza) kibakamene (*or* zibakamene):
A great shoal (of fish) was caught.

PREFIX AFTER PERSONAL AND PERSONIFIED NOUNS.

In agreeing with many Personal Nouns of various classes, considered as persons, the Verb may receive a Prefix of the 1st Class, but in such case the Noun must be prefaced by the Article of the 1st Class (if any Article appears at all), not the Article proper to its own Class, although the Attributes of the Noun may concord with its own Class; the 1st Class Article indicates the personification. O mfumu olueke, *the chief has come;* here the 2nd Class Noun, mfumu, is brought into the 1st Class and thus personified; otherwise it is: e mfumu ilueke. O mbuta aku wizidi, *your relative has come*, or, e mbuta aku izidi.

Tulundanga o malongi batulongele o mase meto:
We keep the teachings which our fathers taught us.

O selo kiaku, ovo ozolele o kwiza:
If your steward likes to come.

A mfumu za nsi ke bazolele wo ko:
The chiefs of the country do not like it.

Animals, trees, and things, may be thus personified, if they are for the moment supposed to hear, see, think, speak, or act, and the Verb receives a personal prefix accordingly. The Seasons may be thus personified.

O ngo vo, Ngongo ame:
The Leopard said, I do not want to.

O Sivu, ovo obwidi:
: When the Cold Season has set in.

PREFIX AFTER CONJUNCTIONS OF TIME.

After the Conjunctions of Time, **wau, una, ova, vava, yavana,** &c., or even where they are understood, the Verb assumes an Impersonal prefix, **ki-** (**lumbu, kolo, tandu,** or some such noun of time being understood).

Una ke kiasumbilu o nti ko:
: Before the tree was bought.

Una kivene o mfumu o nswa:
: When the chief gave permission.

Wau kizidi o mayela mama:
: Now that this epidemic has come.

Wauna kiafulwa Kristu muna mafwa:
: Since Christ has been raised from the dead.

I nsonama kiasonama o mambu:
: That is how the words were then written.

CONCORD BY ATTRACTION.

There is a singular idiom in Relative Sentences by which the Verb takes its Subjective Prefix "by attraction" from the Noun immediately preceding it, although it is not really its Subject at all, being actually the Object. It appears that the Subject in such sentences follows the Verb, rather than come between it and the Relative, and the Verb assumes the prefix proper to the word which immediately precedes it.

E lekwa kina kizolele o mwana ame:
: The thing which my child wants.

This sentence might also be translated :—
: The thing which loves (*or* wants) my child.

This is the explanation of the singular construction noted at the foot of page 707. Further examples are here given :—

Bazikidi o muntu ndiona ovondele e esi evata:
: They buried the man who was killed by the towns-folk, *or* who killed them.

Tumwene e nkombo isumbidi Kipati:
: We saw the goat which Kipati bought.

Ntambwidi o nkanda watusonekena Mpongi:
: I have received the letter which Mpongi wrote to us.

Batwese e nkayi yasikidi Makwekwe ezono:
: They brought the antelope which Makwekwe shot yesterday.

In the same way there may be an "Attracted" Subject to Intransitive Verbs.

Vana esambu diame divwende Kiantongona:
: At my side sat Kiantongona.

Kuna Kindinga, evata diakete, diekala omaka makangu mame:
: At Kindinga, a small town, were some friends of mine.

Unsamunwina kuna kwatuka o wiki:
: Tell me where the honey came from.

Some such "Concord by Attraction" as above noted must explain the following singular idiom. Where an action is only performed by one particular class, or thing, the Predicate concords with the Object. The Passive or Middle Voice would appear to be more appropriate, but the Active is used and the Verb "by attraction" takes as its Subject the Subject of conversation.

O madia mama, mfumu media :
Only chiefs eat this food.

O mayela, ndoki melokanga :
Sickness is only caused by witches.

Ezaka ntangwa wantu kwandi zituntanga nzaza :
Sometimes only men haul the barges.

O nlele, Mindele ukubanga :
Only White-men weave cloth.

E mvwatu, akala mitunganga :
Only men sew clothes.

E mfundi, akento zilambanga :
Only women cook puddings.

OBJECTIVE PRONOMINAL PREFIXES.

Nouns of the 1st Class only can be represented by a Pronominal Prefix, the rules as to their form and use are given in the Grammar on pp. 670-87, and in the Syntax on page 716. In the latter place it is noted that they are not applied to the Auxiliary, but to the principal Verb. Such a sentence as :—

Nanga tukunlenda o baka :
Perhaps we shall be able to catch him,

is no exception to the rule; the Article before the Infinitive Noun shows that **lenda** is not serving as an Auxiliary, but as an ordinary Verb, and so receives the Objective prefix, which might appear with equal correctness on the Infinitive Noun, **baka**, thus :—

Nanga tulenda o kumbaka.

MODIFICATIONS OF THE PREDICATE.

Many Adverbs take an Article: the rules which determine the use of the Article with the Adverb, &c., are given in this Appendix to the Syntax, under "The Attributes of the Subject—The Article—Rules 37-39." The influence of the Adverbs and Adverbial Clauses on the Pronominal prefix of the 3rd Person singular is noted in the Grammatical Section of this Appendix, under "The Pronoun—Subjective Pronominal Prefixes."

Ne, nze.

Ne, and **nze**, *as, like as, as though,* take the Demonstrative Verbal Particle **i** after them, when they precede a Noun qualified by a Demonstrative or Relative Pronoun, or when they commence a clause; indeed, wherever the verbal idea *as though (it were), &c.*, is to be implied.

Kina ne i disu dia lulungu, dina dimenene—— :
It is like (as though it were) a pepper seed, which grew.

Ne luvuma lua titi i kevempokela :
Like a flower of the grass he will disappear.

Otherwise.
> **Wina ne bulu:**
> He is like an animal.

PARTICLES OF NEGATION.

When two Negative sentences are joined by **ne** *or* **nze**, *as though, just as if, as if, as though;* or **kufwila owu...ko,** *although,* the second Particle of Negation appears once only, and that at the end of the combined sentences.

> **Kumpangi diau adimosi ne ki mfumu eno ko:**
> Do not treat me as though I were not your chief.
> **Kunati e nkele ne banza vo ke izita ko:**
> Do not carry the box as though it were not heavy.
> **Kungika ne ki makangu maku ko:**
> Do not speak of me as though I were not your friend.
> **Kufwila owu ngina vo ki mfumu ko:**
> Not losing sight of the fact that I am not the chief.

POSITION OF MODIFIERS OF THE PREDICATE.

Ko, mo, vo.

The Locatives, **ko, mo, vo,** are really the Objective Pronouns proper to **kuma, muma,** and **vuma,** used adverbially, but in the matter of position they follow the rules of the Objective Pronoun (page 716). The Conjunction **unkwa,** *lest,* is verbal to some extent in character, and follows the rules as to the position of the Auxiliaries (page 711).

> **Ozolele ko kota:**
> He wishes to enter there.
> **Kazolele ko kota ko:**
> He does not wish to enter there.
> **Maza mavaikidi mo ezono:**
> Water flowed from that place yesterday.
> **Unkwa mo wana ma:**
> Lest that he should find something therein.

Mpe.

Mpe, *also, too,* when it especially refers to the Verb, or to its Object, follows immediately after the Verb; nothing can intervene but the Objective Pronoun, but that also may follow the **mpe**; indeed, it is preferable for the sake of Euphony, if for no other reason, that the Objective Pronoun should follow the **mpe**; **natà mpe dio** is more euphonic than **nata diò mpe,** although either would be correct in Syntax.

> **Bekwendà mpe kuna Lukunga:**
> They go also to Lukunga.
> **Tubamwenè mpe:**
> We saw them too.
> **Londà mpe vava:**
> Mend here too.
> **Natà mpe dio kunà nzo:**
> Carry it also to the house.

Kwiza kekwizà mpe :
He will come too.

When **mpe** is more especially connected with the Subject, the **mpe** follows the Subject, but after any Adjective qualifying the Noun ; but between the Noun and any Adjectival Clause.

E ngubà mpe, ke zisumbwanga diaka ko :
Ground-nuts also are no longer being bought.

E nzo akù mpe ividi :
Your house too is burnt.

Mamà mpe bevanga :
These things, too, they will do.

Oyetò mpe, tuzolele wo :
We, too, like it.

E nsusu zandi mpe, zina katwela, zabilama :
His fowls, too, that he kept were very numerous.

When **mpe** more especially modifies a combination of the Demonstrative Pronoun with the Verbal Particle i, the **mpe** comes after the Subjective Personal Pronoun.

I yandi mpe yuyu :
He it is too.

I wau mpe wuwu :
So it is too.

I diau mpe didi :
This too is why.

Nkutu, diaka, kaka, aka.

The Adverbs **nkutu**, *at all, even, indeed, on no account, never;* **diaka**, *again;* **kaka**, and **aka**, *only, always,* when referring especially to the Verb or to its Object, follow immediately upon the Verb, the Objective Pronoun or mpe only being allowed to intervene.

Nkutu, kaka, and **aka,** may refer to the Subject ; only Adjectives may intervene. When referring to the Demonstrative Pronoun combined with i, it follows the Subjective Personal Pronoun. They sometimes modify other Adverbs, and accordingly follow immediately after them, if they precede the Verb.

Kunsimbi nkutu ko :
On no account touch me.

Ke tumwene kio nkutu ko :
We did not see it at all.

Wenda dio nata diaka :
Go and carry it again.

Sumba kaka masele mole :
Buy only two masele (fish).

Besinsanga aka o kumbaka :
They are always trying to catch him.

Akaka nkutu babayambwidi bakota :
They even allowed other people to enter.

I yau kaka yaya bekwenda:
Only these are to go.

I wau mpe wuwu tuvovele:
And so we said.

Sa nkutu nwàmona:
Indeed you will soon see him.

Owau nkutu wizidi:
He is even now come.

Nkutu may come between the Auxiliary and its Verb.

Toma nkutu kunsimba:
Hold him indeed carefully.

ADVERBS WHICH PRECEDE THE VERB.

On page 713 certain Adverbs and Adverbial Phrases are mentioned as preceding the Verb which they modify; to those must be added **i bosi, deke, kasikila, kosi, kole, nanga, nangi, nangu** (perhaps), **okalokala, e elelo, e ntete, se, sa, sanga, singa, oku kwakwiziwa,** and other variations of that Adverb based on **kwiziwa, kwendewa,** and **tukwa.** Other Adverbs may precede the Verb when specially emphatic.

I bosi tukwenda:
After that we will go.

E elelo nutungulukidi:
This time you have been found out.

Owau e ntangwa ifwene:
Now it is time.

POSITION OF THE PARTICLES OF NEGATION.

The general rule given on page 607, to the effect that the Particles of Negation include within them the clause to be negatived, needs only to be supplemented by the following remarks:—

When the Verbs **kala** or **-ina,** *to be,* are followed by the Particle **vo,** in such cases as those given below, or before combinations of the Locatives with **-ina,** the second Particle of Negation precedes the **vo,** or the Locative, as the case may be. The **ko** is sometimes heard at the end of the clause, but the rule above given is considered as more correct.

Kufwila owu kena ko vo mwana ame:
Although he is my son.

Wau ke bena ko vo makangu mandi:
Since they are not his friends.

Kisamunwini muntu ko vovo nwina:
I did not tell one of you (*lit.* any man among you).

Ke mayikwanga nkutu ko vovo nwina:
Let them not even be mentioned among you.

ADVERBIAL CLAUSES—POSITION OF COMPONENT PARTS.

Subordinate Clauses which are connected with the principal by **wau, una, ova, vava, yavana, wau kadi, kufwila owu...ko,** and such Conjunctions, first state their own Subject, if there be a Noun or Pronoun as Subject; then the Conjunction, then follows the rest of the sentence. It is sometimes more convenient to put the Subject in the emphatic position at the end of the sentence or clause.

O mfumu eto, wau kekwenda ko, omono mpe kikwenda kwame ko:
Since that our chief is not going, I will not go.

O Mpongi, kufwila owu kele ko ko, kitwika kio ko:
Although Mpongi has gone there, I will not send it.

E mvu makumaya una milungidi:
When the forty years were complete.

O Nsona, ovo ozolele wo;
or, Ovo ozolele wo, o Nsona:
If Nsona likes.

O Kipati, yavana kekwiza;
or, Yavana kekwiza, o Kipati:
Until Kipati comes.

The Object.

The rules of Syntax as to the Object are, in many respects, identical with those which govern the Subject, especially those which concern the Attributes. The rules as to the presence or absence of the Article before the Object, will be found under "The Subject."

The Objective Pronoun.

When the Object consists of two or more Nouns, the Objective Pronoun concords in number and class with the last-named Noun, if Pronoun is required at all.

O meza mame ye kiandu kiame nunata kio:
Carry my table and chair.

E mpu ye vevo ke nusisi kio ko:
Do not leave behind the hat and umbrella.

E mini yo mabindwa, o Mvemba wina mau:
Mvemba has the candle and matches.

The Object with yo.

When the Subject of the Verb is qualified by **konso**, *each, every*, and the Object by the Possessive Pronoun, the Object must be preceded by the Preposition **ya, ye**, *or* **yo**, *with*. The same rule prevails in English in the case of Intransitive Verbs, but not in the case of Transitives. It may be objected, however, that Intransitive Verbs have no Object, some further explanation of the preceding remark is therefore necessary.

In English an Intransitive Verb in combination with a Preposition may become a Transitive. *To go* is an Intransitive Verb, but by combination with the Preposition *into* (*to go-into*), it becomes a Transitive Verb, as its synonym, *to enter*. So we say in English:—

They went in every man with his sword in his hand.

The English idiom admits then the usage of the Preposition *with*, in combination with what are otherwise Intransitive Verbs, when the subject of the Verb is qualified by *each* or *every*.

> They came every man with his gun :
> *i.e.* Every man came-with his gun.
> We went away each of us with a new coat :
> *i.e.* Each of us went-away-with a new coat.

No such combination is possible in English with Transitive Verbs; in the case of Transitives the *with* is omitted, thus :—

> They found every man his gun.
> We received each of us a new coat.

In Kongo the Preposition **ya, ye,** *or* **yo,** *with,* has to appear, whether the Verb is Transitive or Intransitive, when the Subject is qualified by **konso**, and the Object by a Possessive Pronoun.

> **Bezidi kwau, konso muntu yo nkele andi :**
> They came each man with his gun.
> **Tukatukidi kweto, konso muntu oku twina ye kinkutu kiampa :**
> We went away each one of us with a new coat.

So far the Kongo and English idioms accord, the Verbs being Intransitive (apart from the combined Preposition *with*). The following sentences show the Kongo idiom retaining the Preposition after a Transitive Verb :—

> **Basolwele konso muntu yo nkele andi :**
> They found each man his gun.
> **Tutambwidi konso muntu oku twina ye kinkutu kiampa :**
> We received each of us a new coat.

In Kongo, when such constructions occur, whether the Verb be Transitive or Intransitive, the Preposition **ya, ye,** *or* **yo,** *with,* must precede the Object ; and whether or not there is a Possessive Pronoun, or an Indefinite Article in English, the Object is always qualified in Kongo by the Possessive Pronoun.

> **Nutwasa konso muntu ye mbele andi :**
> Bring every man a knife.
> **Nutala konso muntu yo mandi mambu :**
> Each of you mind his own business.
> **Basamunwini konso muntu ye mpangi andi :**
> Each man told his brother.

ERRATA.[1]

Under the word		should be
ABOUT,	adiei ;	adieyi.
ACE,	waji, 12 ;	wazi, 2 (P. as).
ACQUIRED,	vua ;	vuwa.
ADMIRATION,	etondo, 8 ;	tonda, 9.
ADULTERER,	munta (3) e zumba ;	munta-zumba, 3.
AFTERWARDS (at length),	oku kwakwiji wa ;	oku kwakwiziwa.
ALBINO, a.,	-alundu ;	-andundu.
AMASS,	vwiisa ;	vwisa.
ANGLE,	konko, 4 ; fuma, 4 ;	konko, 6 ; fuma, 6.
ANGRY,	wisawidi ;	wiyisawidi.
ANIMAL (that has given birth),	has given ;	has not given.
ANNOY,	fiengesa ;	fiengenesa.
ANOINT,	bukula ;	nwika.
ANOINTED,	n. (the) mbukulwilu ; a., -abukulwilu ;	be, v., nwikwa. p., -nwikinu.
ANXIETY,	ntelekwa (4) ;	nteleko (4).
APERIENT,	pulugante ;	pulukanti.
APOSTLE,	ntumu, 1 & 4 ;	ntumwa, 2.
APPETITE,	nzodi, 4 ;	kinzola-nzola, 5.
ART,	ungangu, 12 ;	ngangu, 2, pl.
AS (like),	ne i nze i ;	ne i, nze i.
ASCARIS,	edongololo ;	ediongololo.
AT, at large,	-amvumvidi ;	-amvumvudi.
at last,	oku kwakwiji wa ;	oku kwakwiziwa.
BADLY,	adie i ;	adieyi.
BALANCE,	balansa ;	balanza.
BANG,	nxindu, 4 ; nkindu, 2 ;	ezu, 8.
BAY,	nsuvila, 4 ;	omitted.
BE, to, in the table of Pronouns,	Pers. 1. 2. 3. Sing., i, u, u ; twa, nwa, a ;	Pers. 1. 2. 3. Sing., i u, — Pl., twa, nwa, a.

---

[1] The list of Errata on pp. 510–514 have been incorporated with this, in order that all the Errata may be together, and thus avoid confusion. This supersedes and cancels pp. 510–514.

All corrections are made according to the spelling now adopted, by which j and x are replaced by z and s.

The length of this list is due chiefly to the fact that two-thirds of the work has been printed while the author was on the Kongo, or on his way out, which prevented the proper revision of the proofs—the long blindness referred to in the Preface of 1886 having deranged the plans made, and caused special difficulties.

Under the word		should be
BEE,	nyumbwila,	ngyumbwila.
	nyoxi ;	niosi.
BELATED,	fukika ;	fukikwa.
BELONG to,	vua ;	vuwa kwa.
BENCH,	ebanda ;	ebandu.
BESEECH,	vingila ;	vinga.
BLOOM,	vumisa ;	vuma.
BLOT,	etonxi ;	etonti.
BLOW,	about in the wind ;	about (of the wind).
(wind),	(wind), *v.i.*, kia ;	(of the wind), kiya.
	kikianga ;	kikiyanga.
BOAST,	sana ;	kusana.
BOLDNESS,	kiakala ;	kiyakala.
BOX (tin trunk),	nkele alundu ;	nkele elundu.
BRAID,	nsalaji, 2 ;	(red) salazi, 2 (P. sarge).
BRANCH, *n.* (of a tree),	tai ;	tayi.
(as a tree),	tai (6) ;	ntayi (2).
BRAVERY,	kiakala ;	kiyakala.
BREAK (smash), *v.i.*,	buka ;	budika.
BUD,	bundu, 6 ;	nsavu, 2.
BUNDLE,	dinga, 6 ;	dinga, 6 (of beads).
BURN (scorch),	baba ;	babisa.
(be scorched),	babama ;	baba.
(singe),	vumpa, fumpa, &c. ;	fumpa & fumpula *omitted.*
(be singed),	fumpuka ;	*omitted.*
BUZZARD,	kutukudia, 7 ;	kimbi, 5.
CALABASH, interior pulp of,	makomvi ;	makomve.
CALL,	*v.t.*, boka ;	*v.i.*, boka.
CANOE,	ebwanda, 8 ;	bwanda, 6.
CARE (concern),	nsungameno ;	nsungamena.
for,	sungamena ;	*see* like ; think about ; concerned, be.
not to care for,	to care ;	to be cared.
CARELESSLY,	do bad ;	do badly.
CARPET,	nku ;	nkuwu.
CASSAVA,	mvwiyi ;	mvuyi.
CATCH,	vangalakesa ;	vangalakana muna.
(in a snare),	vwamvula ;	vwamvulwisa.
CHAIN,	luvambu, 10 ;	luvambu, 2 & 11.
CHANCE,	elau ;	elawu.
CHASTISE,	tumba ;	tumbula.
CHEER,	wondelela, wonza ;	kulula o moyo (3).
CHILLY,	ye todi ;	e todi.
CHOKE,	sweneswa ;	swenesa.
CHRISTIAN, *p.* 36, *line* 5,	munkwidi ;	munkwikizi.
CICADA,	kintendele ;	kintendela.
CIRCUMCISE,	yota ;	yotèsa.
CIRCUMCISED person,	esewa ;	nkwa esewa, nsewa, 1.
CIVET,	mfuki, 2 ;	mfuki, 4.

Under the word		should be
CLAN,	kilukene; alukene;	kilukeni; alukeni.
CLEANSE,	kianza;	kianzisa.
CLIMB (a hill),	balula;	baluka.
CLOSE, nearly,	v.t., vengalala;	v.t., vengeleka.
	v.i., vengeleka;	v.i., vengalala.
COLOUR, purple,	ndua;	nduwa.
COME out,	(fall);	(of the teeth).
to one's self,	vunguka;	vungukwa.
COMET,	niania;	nienie.
	kiniania;	omitted.
CONFLUENCE,	ebwilu;	omitted.
CONTAIN,	ximba;	see Hold.
CONVENIENT,	abisa;	abiza.
CONVERTED,	Jisu;	Jizu.
COOK (well),	viisa;	visa.
CORPULENCE,	kinkobe;	omitted.
CORPULENT,	ye kinkobe;	omitted.
person,	nkwa kinkobe;	kinkobe, 5.
COURAGE,	kiakala,	kiyakala.
COURT,	nkanu;	omitted.
CRAFTINESS,	nluba, 4;	unluba, 12.
CREEK,	nsuvila, 4;	omitted.
	nsuku;	nsuku, 4.
CREW,	asau, *pl.*;	nsau, *pl.* 2.
CROW,	kokela;	kokola.
CROWN,	ekoloa;	ekolowa.
CUNNING,	nluba, 4;	unluba, 12.
CUT (scratch across),	kwalamuna;	kwalumuna.
DAM (obstruction),	nkaku, 4;	nkaku, 2.
DAZZLED, be.	bukama;	bukamwa (o meso).
DESIRE (sexual),	tongo, *pl.* 10;	longo, 10.
DESPISE,	savuka;	savula.
DESTROY (spoil),	vunzalakesa, vunzakesa, vunzuna;	omitted.
DETACH,	samuna;	sununa.
DIRTY,	-angeme;	-angemi.
DISGUSTING,	-angeme;	-angemi.
DISHONEST, be,	yia;	yiya.
DISOBEY (transgress),	sununa;	sumuna.
DISTRIBUTE,	(provide), &c.;	omitted.
DIVERT,	banzula;	banzula (deflect).
DOVE,	bwela, 6;	mbwela, 2.
DRAIN,	kelela;	kelola.
DROOP,	lenga;	lengela.
DROP,	etonxi;	etonti.
DRUNK,	-ankwola;	-ankolwa.
DULL day,	day;	(hazy) day.
EACH other, *line* 19,	vulu za;	vuluza.
EASE (facility),	nsazu, 2;	sazu, 6.

Under the word		should be
EASY,	-ansazu;	-asazu.
EAT quickly,	vempa;	vempula.
EAVES,	nsambu;	nsamba.
ECLIPSED (be surpassed),	suvuka, sunduka;	suvwa, sundwa.
ELEPHANTIASIS,	twavinga, *pl.* 10;	mbadi, 2, *pl.*
ELOQUENCE,	kimpovi;	ngangu (2) za vova.
EMBOUCHURE,	ebwilu, 8;	*omitted.*
ENGINE,	ekumbi, 8;	makina, *pl.* 8.
ENRAGED,	suka e ekudi;	sukwa e ekudi.
ENVELOPE,	v., fukumuka;	v.i., fitika, zinga.
EVEN, be,	baba;	*omitted.*
	lengalakana;	lengoka.
make,	lengalakesa;	lengola.
EXECUTE punishment,	tumba;	tumbula.
EXPEND,	(spend);	(spend) in, for.
FACE, make a,	(grimace);	(grimace) at.
FALL, *n.*, the nouns, &c.	ngwulumuka;	ngulumuka.
FARM, border,	ndila, 2;	ndila, 4.
FAVOUR,	mfumu una ye edienga;	mfumu omonanga e edienga.
have, find,	mona e edienga;	*omitted.*
show,	mwesa e edienga;	mona e edienga.
FEED,	(provide), &c.;	*omitted.*
FERRY-MAN,	nsau, 1;	nsau, 2.
FEUD,	unzonji, 12;	nzonzi, 2.
FIRST, at,	e kulu;	ekulu.
place, in the,	boxi;	*omitted.*
FLOW out,	volomoka;	*omitted.*
FLOWER,	mvuma, 2;	mvuma, 2 & 11.
FOLLOW (chase after),	lamika;	lamika e ntinu (2) kwa.
FOOLISHNESS,	vwengele;	uvwengele.
FRANCE and FRENCH,	Falansa;	Fwalansa.
GENTLE, be,	lembeka;	lembama.
GET in a rage,	fuluta o makasi;	fuluta yo makasi.
up (a hill),	balula;	baluka.
up (a tree),	samba;	sambila.
GODFATHER,	njitu, 1;	nzitu, 2.
GORGE (chasm),	nkengi;	nkenge.
GENTLE, make,	lemba;	lembeka.
GREEK,	Helini;	mungrekia, 3. language, kingrekia, 6.
GUILE,	nluba, 4;	unluba, 12.
HATCH,	teta;	tetoka.
HE,	konsoyo;	konso oyu.
HILT,	dingwa;	dinga.
HOLE (pool),	ejinga, 8;	zinga, 6.
HOWEVER,	konso-u;	konso owu.
HUMILITY,	nleka, 4;	unleka, 12.
IF ONLY,	mpaxi ou;	mpasi owu.

Under the word		should be
JEW,	mwixi Juda;	Nyuda, 1.
JUDGMENT,	nkanu, 4;	lufundisu, 10.
KEEP back (withhold),	tatama;	tatamena.
LAST, at,	kwendiwa;	kwendewa.
LIBERATE (give freedom),	tumba;	vana.
LICENTIOUSNESS,	umpuki, 12;	yingalu, *pl.* 5.
LIGHT (not heavy),	sasala;	e esasala (8).
LIKE, let him do, &c.,	unyambula;	unyambwila.
LOSE,	vilakanwa, jimbalakanwa;	*omitted.*
LOSS,	mpilakanwa, njimbalakanwa;	mpidisa.
LOTS,	za, *twice;*	a.
LUCK,	elau;	elawu.
MAIZE,	masa mamputu;	*should be the translation of Portuguese corn.*
MANY, how many,	used before a noun;	used after a noun.
MASH, *v.*,	bulunga;	*omitted.*
MEEKNESS,	nleka, 4;	unleka, 12.
MORNING,	menemene, 6;	mene-mene, 2.
MOUTH of river,	ebwilu, 8;	*omitted.*
MUST,	ngienda;	ngyenda.
NEED, wish for,	zolela;	zola.
NEXT,	Konso;	Konzo.
NOURISH,	(provide), &c.;	*omitted.*
ORDINANCE,	nkanka, 2;	nkanikinu, 4.
PERCUSSION cap,	porrete;	espoleta.
POOL,	ejinga, 8;	zinga, 6.
POOR,	-asukami;	-ansukami; 1st *Cl. pl.* -asukami.
PRESS,	in a crowd;	out in a crowd.
PROHIBITION,	lukandu, 10;	nkandu, 2.
PROVIDE,	sansa;	vambula.
PUT one inside the other, &c.,	kwakanisa;	bandakesa.
QUIET (content),	lufiaulwisu;	*omitted.*
RECALL to mind,	sengomona bakula;	sengomona, bakula.
SALUTE, *p.* 185, *line* 6,	wodia;	odia.
SAY, *line* 6,	to;	*omitted.*
SHELL, cowry,	kidiambwa, 5;	nkidiambwa, 2.
SO (as much as this),	kiaki tezo;	ekiaki tezo.
SOUND, very faint,	ki zuzu kulu;	kizuzukulu.
SUPPLY,	sansa;	vambula.
TEAR off,	food;	*omitted.*
TEST (the heart),	ntalwa;	ntalu.
TIME, morning,	menemene, 6;	mene-mene, 2.
TRACK, of beasts,	elambu, 8;	*omitted.*
UNCIRCUMCISED person,	esutu, &c.;	nkwa esutu *or* ebolo; nsutu, 1; mbolo, 1.

Under the word		should be
Wheel,	ekalu, 8 ;	lungungu, 10.
When,	whenever ;	whenever, after.
Would,	use the future subjunctive ;	use the present indicative stating the time.
Zenith,	kintumba a ezulu ;	kintumba e ezulu.

Kongo-English.

A,	Bamfumu ;	Ba(mfumu).
A-, subj. pref.,	imperfect ;	indefinite.
Ana,	ana ke kwenda ;	kwenda ana ke.
-abakaka,		-abakala.
Bambala,	bambale, betele ;	bambala, betela.
Bele,		bela.
Bo,	then ;	them.
Dinga,	a bundle ;	beads.
Ebolo,	person ;	organ.
-efuba,	has ;	is soft.
Ejina,	2 ;	*omitted.*
Ejinga,		eziya.
Ekubilu,	factory ;	weaving factory.
Ekulu,	them ;	then.
	(same) ;	(s'ame).
Ekuma,	the time ;	a change in the time.
Elaka Emu,	Emu ;	Elalamu.
Elawu,	perf. of kwenda to go ;	*on the next line, after* the word ele.
Elolo,	a bush ;	the fruit of the lolo (6), a bush.
	Also a...roots ;	a crimson fruit.
Esewa,	person ;	organ.
Esofele,	açafãro ;	açafrão.
Esutu,	person ;	organ.
Etadi,	mini (7) ;	mini (6).
Etaka,		etaku.
Etenta,	e etenta ;	etenta.
afieyi,	14 ;	15.
Funda,	to try a case, to hear, judge a case ;	accuse.
Fwemoka,	compressibility ;	compressible.
i-, pers. pron. pref.,	when ;	only.
line 3,	I ;	*omitted.*
Je,	je+i ;	zi+e.
Jiakuna,	noisily ;	*omitted.*
Jinga o nkondo,	to clasp the hands over the head ;	to cross the arms and clasp the shoulder.
Kaka,	kala ;	kaka.
Kala,	kede ;	kedi.
ke kala owu ko,	*or* ya u ;	*omitted.*

(1043)

Under the word		should be
Kala and okala, *line* 18,	present ;	future.
line 19,	present ;	omitted.
page 287, *col.* 2, *line* 8,	ngienda ;	ngyenda.
„ „ „ „ „ 10,	as an aux. verb ;	omitted.
„ „ „ „ „ 13,	olueka ;	oluaka.
okalokala,	koala ;	okala.
Kandalala, to be grieved,		kendalala.
Kavika-e sami,		kavika e esami.
page 291, *col.* 1, *line* 36,	inge instead of anga form ;	form inge, instead of anga.
„ „ „ 2, „ 14,	Baneti ;	Banete.
„ „ „ 2, „ 21,	kimona ;	kimoni.
Kendengele,	9 ;	6.
Keleketa,	hard ;	hard and ring.
Ki-,	(momw) ;	(mo, mw).
Kia,	vara kukia ;	vava kukia.
Kiakala,		kiyalaka.
Kiavu,	adze ;	axe.
Kibwanga,	payment, wages, hire ;	omitted.
Kimbembe,	a bird (a lark ?) ;	a small hawk.
Kimoyo,	one living ;	the liver (the organ).
Kinkenda,	kesa ;	keza.
Kinfufu,		kinkufu.
page 306, *col.* 1, *line* 27,	ketutondanga ;	kututondanga.
„ 307, „ 1, „ 37,	kwendiwa ;	kwendewa.
„ 311, „ 2, „ 17 & 30,	ngienda ;	ngyenda.
Langa,		langu.
Lengomoka,	as a ;	of.
Lengola,	comfortable ;	omitted.
Loa,	catch ;	fish.
Lomba,	ntalu (4) ;	ntalu (2).
Lufiaulwisu,	joy, &c. ;	that which causes joy, &c.
Lukailu,		lukayilu.
Lul-,	collect ;	collective.
page 330, *col.* 1, *line* 1,	Lumbuta, contd. ;	omitted.
„ 334, „ 2, *last line but one,*	M- ;	ma-.
Manga,	there is no notion of the injection of a poison ;	omitted.
Mayukuta,	6 ;	8.
Mbadi,	mafuba, *twice ;*	mafubu.
-ambimbi-imbi,		-àmbimbìmbi.
Mbondo,	1000 ;	500.
	10 ;	5.
Mbu,	*pl.* lubu ;	*sing.* lubu.
Mene,	6 ;	2.
Mete,	&c. ;	omitted.
Mfuka,	mundia (3) a mfuka ;	mundia-mfuka, 3.

Under the word		should be
Mfumfula,	bank;	omitted.
Mfunani,		Mfunanani.
Mpaxi,	konso yo zolele;	konso oyo ozolele.
ampaya,	ampaya meno;	-ampaya: meno.
Mu,	muvu;	muwu.
Mula,		mulà.
-amvubi,	greed;	greedy.
Mvuma,	2;	2 & 11.
Mwana, *page* 363,	mwana e zumba;	mwana a zumba.
Mwini,	akiendantangwa;	a kiyenda-ntangwa.
Mwixi,	Juda;	Yuda.
Ndaulau,	small white;	small winged white.
Ndwa,		ndua.
Ng.,	heavy nasal;	light nasal.
Nga, *page* 371,	nkai;	nkia.
-angani,	mwana angani;	mwana ngani.
Ngwulumuka,		ngulumuka.
Ngyele,		ngyela.
Nkandu,	a close season;	omitted.
Nkankalakani,	1;	2.
Nkenka,	the game of African backgammon;	omitted.
-ankunza,		-ankunzu.
Nkwala,	2;	4.
Nlangu, a strip of jungle,	nlangu;	nlanga.
Nsalaji,	serjar;	sarge.
Nsunuke,		nsununke.
Nsuvila,	gulf, bay;	omitted.
Ntalwa,		ntalu.
Ntangwa,	esaka;	ezaka.
Ntekulo,		ntekulu.
Ntikavuki,	straight;	perpendicular.
Ntokoji,	1 & 4;	2.
Nwengena,	*the sentence*, o nxinga... neck;	*under* nwenga.
Nyosi,		niosi.
Nyukutu,		niukutu.
Nyumbwila,		ngyumbwila.
Ola,	tatu;	etatu.
Sa,	ngienda;	ngyenda.
Saka,	ejito;	ezitu.
Salaji,	saraça;	sarge.
Samuijiana,		samuziana.
Samwina,	v.;	v., to tell to, report to.
Sukami,	-asukami;	-asukami, *pl. cl.* 1.
Sansa,	to provide, &c.;	to look after, care for, bring up.
Sulu (fish),		omitted.
Ta, *v.* (*line* 20),	Mbwinga;	mbwingina.

Under the word		should be	
Ta, 13, *n.*,	nsosolo ;	nsolo.	
Tampahana,		tampakana.	
Tangidika,	nkunda, 9 ;	nkunda, 4.	
Tekumuna,	*the sentence*, yandi... bullet ;	*following* struck, *under* tela.	
Tembwa,	kikianga ;	kikiyanga.	
Tiya twa lukuti,	although, &c. ;	*omitted.*	
Toma,	tomo ;	toma.	
Tombola,	ntombola ;	utombola.	
Tuka,	lwaka ;	luaka.	
Twavinga,	elephantiasis, &c. ;	an obscure disease, characterised by anæmia, & loss of colour in the hair & skin.	
page 439, *col.* 1, *line* 21,	wumu ;	wuwu.	
„ „ „ „ „ 23,	wau una ;	wauna.	
„ 440, „ „ „ 19,	mwene ;	mbwene.	
Vaka, a house, &c.,		vaka, 6, *n.*, &c.	
Vela, a hut,	5 ;	6.	
Vele,	ovo vele vo, & meaning *twice ;*	*omitted.*	
Velela,	mwàndavelèla ;	Mwàndavèlela.	
Vengomoka, &c.,	ref. to venga & vengesa ;	to App. of 1894, p. 922, *under* vengomoka, &c.	
Vetoka,	vetoele & vetoene ;	vetokele & vetokene.	
Vumbana,		vumbama.	
Vumosi,		vamosi ; vumosi is bad Kongo.	
Vunguka o zayi,		vungukwa o zayi.	
Watu,	*interj. ;*	*conj.*	
Wi,		wiyi.	
Wokela,	(11, tu-) ;	(10, tu-).	
Wundula,	(Mpa.) ;	*omitted.*	
Winikina,	nsuga ;	nsunga.	
Xianzuka,	get ;	jet.	
-xidi,	to be put ;	to put.	
Xika,	6, *n. ;*	6, *n.* (P. bexiga).	
Yaku,	*adv. ;*	*prep.*	
Yila,	to begin ;	*omitted.*	
Yoyomoka,		yoyomona.	
Yundula,	(Mpa.) ;	*omitted.*	
Zayua,	zayina ;	zayiwa.	
page 501, Mata,	framboe siapian ;	framboesia pian.	
Evumbu,	evumbudia ;	evumbu dia.	
Twavinga,		*see under* twavinga, *above.*	
page 505, *line* 33,	tumbala ;	tumbula.	
„ 502, oaths, Ndembo,	Jindanla ;	Zindaula.	

GRAMMAR.

Page	Line	For	read
525	7	disu, masu ;	disa, masa.
530	31	zenzelwa ;	zengelwa.
535	43	kindelele ;	kindèlelèle.
538	5	alueka ;	alueke.
541	21	dinkindo ;	dinkondo.
542	26	down ;	dawn.
543	10	nu ;	mi.
544	33	kuta ;	kutu.
558	14 & 16 of note	ntiya ;	utiya.
	18	eyitu ;	ezitu.
561	20	kiadi ;	kiaki.
	30	asundidi ;	osundidi.
	33	zolo ;	zola.
563	4	obsolete ;	*omitted.*
	24	limbu ;	lumbu.
	37	e yaba ;	eyaka.
566	26	asumbidi ;	osumbidi.
568	1	umoxi ; 1st class ;	omosi.
	8	jiana ; 2nd class ;	zinana.
571	21	divwida ;	divwidi.
572 & 573		ye before the prefixes me, ma, & lu ;	yo.
573	9	ya ;	za.
	40	zau emosi ;	yau emosi.
574		XIV., mau emole ;	mwau emole.
577	20	nau ;	yau.
	24	yangi ;	yanga.
579	1st table	Plural, u ;	tu or twa.
		Sing., tu or twa ;	u.
	9	umfuma ;	u mfumu.
	34 & 36	kawku, kawu ;	kwaku, kwau.
	47	nzolete ;	nzolele.
580	2	but, only in affirmative clauses ;	*omitted.*
	4	kwame ;	*omitted.*
583	2	samba ;	sumba.
	5	ku ;	ke.
	8	welo ;	wele.
586	5th col.	wuna ;	una.
588	41	that person ;	this person.
589	15	persons ;	positions.
592	20	kwangi ;	kuvangi.
593	13	by kuma ;	by kuna.
605	25–9	kuma ;	kuna.
606	30	musungula ;	*omitted ; being a conj.*
608	1	kimani ;	kimoni.

Page	Line	For	read
614	19	kede;	kedi.
	26	mpaxi ovo;	mpasi vo.
	35	vana;	*omitted.*
618	31	baku;	baka.
643	17	or ;	of.
648	40	was ;	is.
653	Neg. fut. conseq. & cont. subj.	{ kiasumba ko; { kiasumbanga ko;	omit ko. omit ko.
660	Narrative tense	come ;	came.
690	4	kela ;	kelo.
691	16	bene ;	bena.
694		ximba is not an auxiliary, *see* Appendix.	
706	45	persons ;	persons, when standing as the object of the verb.
707	44	ketungidi ;	katungidi.
708	18	Zwaki ;	o Zwaki.
709	13	e ntinu ;	o ntinu.
710	12 to 47	*see* Appendix ; Syntax *in loc.*	
717	34	dianu muna njimbu ;	dianu ikunusumbididilanga e mbele muna nzimbu.

APPENDIX OF 1894.

Sorrow,	nienge, 4 ;	manienge, *pl.* 8.
-adi,	is used also...died ;	*omitted.*
Kala,	less remote than ;	the same as.
Kungendela,		kungyendela.
Mànkoka,	.	mankoka.
Mwa,	mpaka ;	mpaku.
Nanga,	*conj.;*	*adv.*
Nga i,	*past;*	*past indef.*
Nienge,	sorrow ;	joy.
Nkanka,	za ;	a.
Vanganisa,	*v.i.;*	*v.t.*

INDEX.

DICTIONARY.

	Dict. & Gram. of 1887.	Appendix of 1894.
English-Kongo	1	722
Kongo-English	245	815

APPENDICES.

Words acquired too late for insertion in the main work—

English-Kongo	485	941
Kongo-English	491	942
Games.	492	
Animals, birds, fishes, reptiles	495	
Food stuffs, trees, plants	498	
Diseases, native medicines	501	
Titles of Kongo Nobility, precedence	502	
Oaths	502	
Native customs, superstitions	503	
Secret Societies, Guilds, Ndembo, Nkimba, circumcision, clubs	506	
Prefix series	508	
Abbreviations used	508	
Errata	510	

GRAMMAR.

The Alphabet	518	945
Euphonic Law	521	945
Change of Consonants	522	945
Elision and Contraction of Vowels	522	945
Preferences	524	
Influence	525	948
Contracted words		948
The Alliterative Concord, General principle	526	
The Noun	528	949
Derivative Nouns	528	949
Kongoized foreign words	539	
Classification of Nouns	541	950
Table of Classes	553	
Declension of Nouns	553	
Reduplicated Nouns		950
The Article	555	
The Adjective	556	951
Verbal Adjectives	557	
Structure of Adjectives	558	

	Dict. & Gram. of 1887.	Appendix of 1894.
Participial Adjectives	559	
Prefixes applied to Adjectives	559	
Comparison of Adjectives	560	
Adjectival Clause	561	
Quantitative Adjectives	564	951
The Numerals	567	952
The Pronoun	576	954
Personal Pronouns	576	
Pronominal Prefixes	577, 647, 670	954
3rd Pers. Sing. Preff. in o or k	647	955
Declension of Pronouns	580	962
Possessive Pronouns	582	
Interrogative Pronouns	584	962
Demonstrative Pronouns	586	963
Relative Pronouns	590	
Pronouns of Adverbial, Prepositional and Conjunctive force	590	
The Locatives	593	
Table of Locatives	596	
The Adverb	598	964
Locative	598	965
Pronominal	601	964
Derived from Nouns	602	
Sundry Adverbs	605	964
The Negative	607	
The Preposition	609	966
Locatives	609	966
Prepositional Phrases	612	967
The Conjunction	613	968
The Verb	618	970
Conjugations	618	
Suffix Modifications	619	
Verb Forms	619	
The Active Voice	620	
The Passive Voice	620	970
The Middle Voice	621	971
The Applied Forms	627	971
The Causative Forms	631	972
The Reciprocal Forms	634	972
The Repetitive Form	635	973
The Reversive Form	637	
The Form in -akana	637	
The Reflexive Form	682	973
Reduplicated Verbs	687	973
Indefinite Verb Form Suffixes	639	
The Continuative and Perfect Forms	641	974
Verbs Preferring the Perfect	644	978
Prefix Modifications	645	

	Dict. & Gram. of 1887.	Appendix of 1894.
Mood. General principle	645	
The Infinitive Mood	646	976
Pronominal Prefixes; Subjective	647	
Objective	670	
The Negative	648	
Tenses. General principle	648	
Indicative Mood	649	976
Special idiomatic usages of certain tenses		977
Subjunctive Mood	650	979
Imperative Mood	652	
Participles	652	
Table of Tenses	653	
The Conjugation of the Verb having a Subjective Pronominal Prefix only	656	
Kwiza, *to come*, and kwenda, *to go*	656	
Tonda, *to love*	666	
With an Objective Pronominal Prefix	670	
Kuntonda, *to love her;* kutonda, *to love you*	674	
Reflexive Form	682	973
Kutonda, *to love myself*	682	
Reduplicated Verbs	687	973
Comparative Table of Conjugation	688	
The Verb *to be*, kala and -ina	690	980
to have	691	980
-eka (Bako.)		982
The Verbal Particle i	692	
The Auxiliary Verbs	692	983
Kwiza and kwenda before another Verb	698	984
The Interjection	699	986
Accent	701	987
Punctuation		991

SYNTAX.

The Subject	704	
When a Compound Noun		992
A Noun connected with others by Conjunctions	704	993
An Infinitive Noun	704	
A Pronoun	705	993
A Locative Clause	705	
Position of the Subject	706	
Attributes of the Subject	706	993
Compound Attributes	707	993
Noun in Apposition		994
The Article.		
Rule 1 before nouns, General principles	706	995
2 definiteness & indefiniteness		995
3 in a Reply		998
4 before Reduplicated Partitive Nouns		998

		Dict. & Gram. of 1887.	Appendix of 1894.
—5	in a Catalogue or Heading		998
6	before emphatic Object ; Positive		999
7	Negative		1000
8	before Names, &c., of Persons when Subject		1000
9	Object		1001
10	before each of a Man's names		1002
11	before Animals personified		1002
12	before names of Places		1002
13	before a Noun in Apposition		1002
14	when the Noun is qualified by -**ingi**		1003
15	-**ayingi**		1004
16	before a Noun followed by **kwa**, *how many*		1005
17	in a Relative Clause		1006
18	initiated by a Participle		1007
	prefaced by i		1008
19	before a Noun qualified by a numeral		1008
20	before a Noun qualified by a Possessive Pronoun idiomatically		1010
21	by a Demonstrative Pronoun or a Relative Clause		1010
22	after **nkia**		1011
23	in a Clause introduced by **ne** or **nze**		1011
24	in an idiomatic usage of the Diminutive Noun		1012
25	in subordinate sentences introduced by **wau**, &c.		1012
26	after certain Conjunctions		1013
27	after the Preposition **a** or Locatives		1013
28	in a sentence initiated by an Impersonal Verb		1013
29	with the Verb *to be*		1014
30	with the Infinitive Noun		1017
With other Parts of Speech.			
31	The Adjective **konso**		1017
32	-**aka**		1017
33	The Personal Pronoun		1017
34	before i		1019
35	qualified by **awonso**		1019
36	after e **kuma**, &c.		1020
37	The Adverb in normal position		1020
38	**nswalu, malembe, kieleka, kikilu**		1021
39	after e **kuma**, &c.		1021
40	The Conjunction and Preposition, **ya, ye, yo.** General		1022
41	in a Negative clause		1022

		Dict. & Gram. of 1887.	Appendix of 1894.
—42 before a Noun qualified by a Numeral.			1022
43 before **Konso**			1022
44 before names of Persons; idiomatic use			1023
45 **ya** of surprise			1023
Position of Attributes		708	1024
The Predicate.			
Concord with its Subject.			
of a simple Verb		709	
when coupled by **yo**		710	1025
ovo		711	
when the Subject is a Collective Noun			1029
Personal or Personified Noun			1029
Interrogative Pronoun		711	
after a Conjunction of time			1030
Verb assisted by an Auxiliary		711	1025
its concord		711	
Order of Auxiliaries			1026
Complement of the Verb *to be*		711	1027
Verbs of restricted sense			1027
Concord by "attraction"		707	1030
Objective Pronominal Prefixes			1031
Modifications of the Predicate		712	1031
Particles of Negation		607	
after **ne, nze, kufwila owu...ko**			1032
Position of Modifying words generally		712	
Interrogative & Inferential Adverbs		713	
Adverbs of manner, place & time		713	1032
mpe			1032
nkutu, kaka, aka			1033
Adverbs which precede the Verb			1034
Particles of Negation		607	1034
Adverbial Clauses; position of component parts			1034
The Object		715	1035
when Nouns connected by Conjunctions		715	1035
Noun Clause and Sentence		715	
Numeral		715	
Idiom with **konso** and **yo**			1035
Position of the Object		716	
of Pronominal Prefixes		716	
of the Indirect Object		716	
Attributes of the Object		718